Steuerdaten-CDs und demokratischer Rechtsstaat

Frankfurter kriminalwissenschaftliche Studien

Bd./Vol. 158

Zu Qualitätssicherung und Peer Review der vorliegenden Publikation

Die Qualität der in dieser Reihe erscheinenden Arbeiten wird vor der Publikation durch Herausgeber der Reihe geprüft.

Notes on the quality assurance and peer review of this publication

Prior to publication, the quality of the work published in this series is reviewed by editors of the series.

Daniel Wicklein

Steuerdaten-CDs und demokratischer Rechtsstaat

PL ACADEMIC RESEARCH

Bibliografische Information der Deutschen Nationalbibliothek
Die Deutsche Nationalbibliothek verzeichnet diese Publikation in der Deutschen Nationalbibliografie; detaillierte bibliografische Daten sind im Internet über http://dnb.d-nb.de abrufbar.

Zugl.: Frankfurt (Main), Univ., Diss., 2016

Die Publikation wurde unterstützt vom DFG-geförderten Exzellenzcluster „Die Herausbildung normativer Ordnungen“ an der Goethe-Universität Frankfurt am Main.

DFG NORMATIVE ORDERS
Exzellenzcluster an der Goethe-Universität Frankfurt am Main

D 30
ISSN 0170-6918
ISBN 978-3-631-71742-4 (Print)
E-ISBN 978-3-631-71968-8 (E-Book)
E-ISBN 978-3-631-71969-5 (EPUB)
E-ISBN 978-3-631-71970-1 (MOBI)
DOI 10.3726/b11053

PL Academic Research ist ein Imprint der Peter Lang GmbH.

Peter Lang – Frankfurt am Main · Bern · Bruxelles · New York · Oxford · Warszawa · Wien

Diese Publikation wurde begutachtet.

www.peterlang.com

Vorwort

Die vorliegende Arbeit entstand von Herbst 2009 bis Sommer 2014 während meiner Zeit als wissenschaftlicher Mitarbeiter an der Professur von *Prof. Dr. Klaus Günther* am Institut für Kriminalwissenschaften und Rechtsphilosophie an der Johann Wolfgang Goethe-Universität in Frankfurt. Der Diskurs über die Steuerdaten-CDs hat sich seitdem weiterentwickelt. An den Grundlinien der hier vertretenen Meinungen ändert dies jedoch nichts. Text und Fußnoten sind daher im Wesentlichen auf dem Stand von Sommer 2014 geblieben. Insbesondere berührt die Ende 2016 durch den EGMR verworfene Beschwerde,[1] die einen Steuerdaten-CD Fall zum Gegenstand hatte, das hiesige Argument nicht, da die Frage der Verletzung der EMRK nicht Gegenstand dieser Arbeit ist. Selbiges gilt für die Entscheidung des Verfassungsgerichtshofes Rheinland-Pfalz.[2] Insofern wurde nur an einigen Stellen vorsichtig nachgebessert. Die 2014er-Version enthielt insbesondere einen Abschnitt über die damalige Gesetzesinitiative zur Einführung eines Straftatbestandes „Datenhehlerei". Die Ausführungen wurden für die hier vorliegende Version ersetzt. Sie beziehen sich nun auf den tatsächlich eingeführten § 202d StGB.

Ich danke meinem Doktorvater *Prof. Dr. Klaus Günther* vor allem für seine stetige Ermunterung, meine Ideen selbstbestimmt zu verfolgen. Er hat mir während der Arbeit immer mit Rat und Tat zur Seite gestanden. Darüber hinaus danke ich ihm, mir auch in zeitlicher Hinsicht die nötige Freiheit zum Verfassen der Arbeit eingeräumt zu haben.

Mit *Prof. Dr. Matthias Jahn* hatte ich nach seiner Berufung nach Frankfurt ebenfalls eine Reihe von ertragreichen Gesprächen. Ich danke ihm für seine Hinweise und konstruktive Kritik. Beides hat mir beim Verfassen der Arbeit sehr geholfen. Darüber hinaus danke ich ihm für die Zweitbegutachtung der Arbeit.

Prof. Dr. Cornelius Prittwitz danke ich für die Übernahme des Vorsitzes bei meiner Disputation.

Daniel Wicklein
Offenbach, Anfang Januar 2017.

* Die verwendeten Abkürzungen ergeben sich aus dem Literaturverzeichnis oder aus Kirchner, Abkürzungsverzeichnis der Rechtssprache, 8. Auflage.

1 EGMR Entscheidung vom 6.10.2016, Az. 33696/11.

2 VerfGH Rheinland-Pfalz, Urteil vom 24.2.2014, VGH B 26/13.

Inhaltsverzeichnis

Literaturverzeichnis

Fachliteratur

Alm, James; Torgler, Benno: Do Ethics Matter? Tax Compliance and Morality, Journal of Business Ethics, 2011, S. 635ff.
Zitiert als: *Alm/Torgler,* Do Ethics Matter?, Journal of Business Ethics, 2011, S.

Ambos, Kai: Allgemeininteresse überwiegt, Datev Magazin, 2/2010, S. 42ff.

Ambos, Kai: Beweisverwertungsverbote. Grundlagen und Kasuistik, internationale Bezüge, ausgewählte Probleme, Berlin, 2010.
Zitiert als: *Ambos,* Beweisverwertungsverbote, S.

Amelung, Knut: Informationsbeherrschungsrechte im Strafprozess – dogmatische Grundlagen individualrechtlicher Beweisverbote, Berlin, 1990.
Zitiert als: *Amelung,* Informationsbeherrschungsrechte im Strafprozess, S.

Backes, Otto; Lindemann, Michael: Staatlich organisierte Anonymität als Ermittlungsmethode bei Korruptions- und Wirtschaftsdelikten, Heidelberg, 2006.

Baumann, Raimund; Brenner, Harald: Die strafprozessualen Beweisverwertungsverbote: systematische Darstellung für die Praxis anhand von höchstrichterlicher Rechtsprechung, 2. Auflage, Stuttgart, 2004.
Zitiert als: *Cramer/Bürgle,* Die strafprozessualen Beweisverwertungsverbote, S.

Bauschke, Hans-Joachim: Whistleblowing – ein Zwischenbericht, ÖAT, 2012, S. 271ff.

Beck, Susanne; Meinicke, Dirk: Stellungnahme des DGRI zum Entwurf eines Gesetzes zur Strafbarkeit der Datenhehlerei (Drucks. 18/1288) (RefE), CR 2015, S. 481ff.

Beling, Ernst: Deutsches Reichsstrafprozessrecht mit Einschluß des Strafgerichtsverfassungsrechts, Berlin und Leipzig, 1928.
Zitiert als: *Beling,* Deutsches Reichsstrafprozessrecht, S.

Beling, Ernst: Die Beweisverbote als Grenzen der Wahrheitserforschung im Strafprozess, Breslau, 1903.

Bernsmann, Klaus: Privatisierung der Justiz? – Ein Fallbeispiel, Organisationsbüro der Strafverteidigervereinigungen [Hrsg.], 22. Strafverteidigertag vom 20.-22. März 1998 in Erfurt, Köln, 1999, S. 151ff.
Zitiert als: *Bernsmann,* Privatisierung der Justiz?, 22. Strafverteidigertag, S.

Beste, Hubert: Private Elemente der Strafverfolgung, Organisationsbüro der Strafverteidigervereinigungen [Hrsg.], 22. Strafverteidigertag vom 20.-22. März 1998 in Erfurt, Köln, 1999, S. 175ff.
Zitiert als: *Beste,* Private Elemente der Strafverfolgung, 22. Strafverteidigertag, S.

Betzinger, Michael; Rutemöller, Michael: Zwischenruf: Grenzen der Rechtsstaatlichkeit, ZRP, 2008, S. 95ff.

Beulke, Werner: Beweiserhebungs- und Beweisverwertungsverbote im Spannungsfeld zwischen den Garantien des Rechtsstaates und der effektiven Bekämpfung von Kriminalität und Terrorismus, Jura, 2008, S. 636ff.

Bienert, Anja: Private Ermittlungen und ihre Bedeutung auf dem Gebiet der Beweisverwertungsverbote, Aachen, 1997.
Zitiert als: *Bienert,* Private Ermittlungen, S.

Birk, Dieter: Steuermoral, Steuerkultur und Rückwirkung von Steuergesetzen, Mellinghoff, Rudolf [Hrsg.], Steuerrecht im Rechtsstaat: Festschrift für Wolfgang Spindler zum 65. Geburtstag, Köln, 2011, S. 13ff.

Bockemühl, Jan: Private Ermittlungen im Strafprozeß: ein Beitrag zu der Lehre von den Beweisverboten, Baden-Baden, 1996.
Zitiert als: *Bockemühl,* Private Ermittlungen im Strafprozeß, S.

Braum, Stefan: Strafrechtliche Grenzen der Privatisierung, Organisationsbüro der Strafverteidigervereinigungen [Hrsg.], 22. Strafverteidigertag vom 20.-22. März 1998 in Erfurt, Köln, 1999, S. 161ff.
Zitiert als: *Braum,* Strafrechtliche Grenzen der Privatisierung, 22. Strafverteidigertag, S.

Brinkschulte, Sarah: Bankgeheimnis und Steuerstrafrecht – Die Tendenz zur Aufhebung des Bankgeheimnisses und die Auswirkungen auf die steuerstrafrechtlichen Ermittlungen, Köln, 2013.
Zitiert als: *Brinkschulte,* Bankgeheimnis und Steuerstrafrecht, S.

Brockmeyer, Hans-Bernhard; Orlopp, Gerd [Hrsg.]: Abgabenordnung einschließlich Steuerstrafrecht, 11. Auflage, München, 2012.
Zitiert als: Klein-*Bearbeiter*, AO, 11.A, §, Rn.

Bruns, Ilona: Liechtenstein oder das Beweisverwertungsverbot, StraFo, 2008, S. 189ff.

Buchert, Christoph: Der Irrweg der EU-Kommission – Zu den Überlegungen über eine Einführung einer staatlichen Whistleblower-Prämie, CCZ, 2013, S. 144ff.

Bunte, Herrmann-Josef: AGB Banken und Sonderbedingungen – mit AGB-Sparkassen und AGB-Postbank, 3. Auflage, München, 2011.
Zitiert als: *Bunte,* AGB Banken und Sonderbedingungen, Rn.

Bürger, Sebastian: Steuerflucht, Berlin u.a., 2006.

Campos Nave, José A.: Ankauf einer Steuersünder-CD, BB, 2010, Nr. 11, „Die erste Seite".

Coen, Christoph: Ankauf und Verwertung deliktisch beschaffter Beweismittel in Steuerstrafverfahren aus völkerrechtlicher Sicht, NStZ, 2011, S. 433ff.

Czakert, Ernst: Seminar I: Der internationale Informationsaustausch bei der Festsetzung und Beitreibung von Steuern, IStR, 2010, S. 567ff.

Dallmeyer, Jens : Beweisführung im Strengbeweisverfahren: die Beweisbefugnisse als Voraussetzungen der Wahrheitserforschung im Strafprozess, Bad Vilbel, 2002.
Zitiert als: *Dallmeyer,* Beweisführung im Strengbeweisverfahren, S.

Delnon, Vera; Niggli, Marcel Alexander: Verkaufen und Kaufen von strafbar erlangten Bankkundendaten durch ausländische Behörden als schweizerisch-deutsches Tatgeschehen: Eine Anmerkung zum Aufsatz von Andreas Eicker, Jusletter, 8. November 2010, S. 2ff.

Denninger, Erhard: Verfassungstreue und Schutz der Verfassung, Veröffentlichungen der Vereinigung der Deutschen Staatsrechtslehrer, Berichte und Diskussionen auf der Tagung der Vereinigung der Deutschen Staatsrechtslehrer in Bonn vom 4.-7. Oktober 1978, Berlin und New York, 1979, S. 8ff.

Denninger, Erhard: Freiheit durch Sicherheit?, StV, 2002, S. 96ff.

Dose, Catharina: Übermittlung und verfahrensübergreifende Verwendung von Zufallserkenntnissen, Berlin, 2013.

Droste, Bernadette: Handbuch des Verfassungsschutzrechts, Stuttgart u.a., 2007.

Durst, Diana: Aspekte der Verteidigung in Sachen Liechtenstein, PStR, 2008, S. 134ff.

Eicker, Andreas: Zur Strafbarkeit des Kopierens und Verkaufens sowie des Ankaufens von Bankkundendaten als schweizerisch-deutsches Tatgeschehen, Jusletter, 30. August 2010, S. 1ff.

Eicker, Andreas: Ist die im Ausland geäusserte Bereitschaft, in der Schweiz illegal erlangte Daten anzukaufen, wirklich als Staatsschutzdelikt verfolgbar?: Eine Duplik zu den Anmerkungen von Vera Delnon und Marcel Alexander Niggli, Jusletter, 10. Januar 2011, S. 2ff.

Eisenberg, Ulrich: Beweisrecht der StPO – Spezialkommentar, 8. Auflage, München, 2013.
Zitiert als: *Eisenberg,* StPO, 8.A, Kapitel, Rn.

Engländer, Armin; Zimmermann, Till: Whistleblowing als strafbarer Verrat von Geschäfts- und Betriebsgeheimnissen? Zur Bedeutung des juristisch-ökonomischen Vermögensbegriffs für den Schutz illegaler Geheimnisse bei § 17 UWG, NZWiSt, 2012, S. 328ff.
Zitiert als: *Engländer/Zimmermann,* Whistleblowing als strafbarer Verrat von Geschäfts- und Betriebsgeheimnissen?, NZWiSt, 2012, S.

Erb, Volker: Inwieweit schützt § 17 UWG ein ausländisches „Bankgeheimnis"?, Heinrich, Manfred [Hrsg.], Strafrecht als Scientia Universalis. Festschrift für Claus Roxin zum 80. Geburtstag am 15. Mai 2011, Berlin und New York, 2011, S. 1103ff.

Erb, Volker; Esser, Robert; Franke, Ulrich; Graalmann-Scheerer, Kirsten; Hilger, Hans; Ignor, Alexander [Hrsg.]: Löwe-Rosenberg, Die Strafprozeßordnung und das Gerichtsverfassungsgesetz, Band 3, 26. Auflage, Berlin 2014.
Zitiert als: LR-*Bearbeiter,* StPO, §, Rn.

Erb, Volker; Esser, Robert; Franke, Ulrich; Graalmann-Scheerer, Kirsten; Hilger, Hans; Ignor, Alexander [Hrsg.]: Löwe-Rosenberg, Die Strafprozeßordnung und das Gerichtsverfassungsgesetz, Band 1, 26. Auflage, Berlin 2006.
Zitiert als: LR-*Bearbeiter,* StPO, §, Rn.

Eser, Albin [Gesamtredaktion]: Strafgesetzbuch Kommentar, 28. Auflage, München, 2010.
Zitiert als: Sch/Sch-*Bearbeiter*, StGB, §, Rn.

Eser, Albin [Gesamtredaktion]: Strafgesetzbuch Kommentar, 29. Auflage, München, 2014.
Zitiert als: Sch/Sch-*Bearbeiter*, StGB, §, Rn.

Fabrizy, Ernst Eugen: Strafgesetzbuch samt ausgewählten Nebengesetzen. Kurzkommentar, 9. Auflage, Wien, 2006.
Zitiert als: Fabrizy, öStGB, 9.A.(2009), §, Rn.

Fezer, Karl-Heinz [Hrsg.]: Lauterkeitsrecht, 2. Auflage, München, 2010.
Zitiert als: Fezer-*Bearbeiter*, Lauterkeitsrecht, 2.A, §, Rn.

Fezer, Karl-Heinz [Hrsg.]: Lauterkeitsrecht, 3. Auflage, München, 2016.
Zitiert als: Fezer-*Bearbeiter*, Lauterkeitsrecht, 3.A, §, Rn.

Fischer, Thomas: Strafgesetzbuch mit Nebengesetzen, 61. Auflage, München, 2014.
Zitiert als: *Fischer*, StGB, 61.A, §, Rn.

Fischer, Thomas: Strafgesetzbuch mit Nebengesetzen, 63. Auflage, München, 2016.
Zitiert als: *Fischer*, StGB, 63.A, §, Rn.

Flöthmann, Marc: Der Zweck heiligt nicht jedes Mittel – Überlegungen zum Verwertungsverbot geheimdienstlich erlangter Beweismittel im Steuerstrafverfahren, SAM, 2008, S. 63ff.
Zitiert als: *Flöthmann,* Der Zweck heiligt nicht jedes Mittel, SAM, 2008, S.

Fornauf, Marc: Die Marginalisierung der Unabhängigkeit der Dritten Gewalt im System des Strafrechts, Frankfurt, 2010.

Franck, Lorenz: Datenhehlerei nach dem künftigen § 202d StGB, RDV 2015, S. 180ff.

Frank, Christoph; Titz, Andrea: Zwischenruf: Neues Selbstbewusstsein der Staatsanwälte?, ZRP, 2008, S. 127ff.

Frankenberg, Günter: Angst im Rechtsstaat, KJ, 1977, S. 353ff.

Garland, David: Kultur der Kontrolle: Verbrechensbekämpfung und soziale Ordnung in der Gegenwart, Frankfurt, 2008.
Zitiert als: *Garland,* Kultur der Kontrolle, S.

Godenzi, Gunhild: Private Beweisbeschaffung im Strafprozess: Eine Studie zu strafprozessualen Beweisverboten im schweizerischen und deutschen Recht, Zürich u.a., 2008.
Zitiert als: *Godenzi,* Private Beweisbeschaffung im Strafprozess, S.

Godenzi, Gunhild: Das strafprozessuale Verbot staatlicher Beweismittelhehlerei: Königsweg oder Luftschloss?, GA, 2008, S. 500ff.

Golla, Sebastian J.; von zur Mühlen, Nicolas: Der Entwurf eines Gesetzes zur Strafbarkeit der Datenhehlerei – Zur Legitimation und Zweckmäßigkeit eines allgemeinen Perpetuierungsdeliktes im Informationsstrafrecht, JZ 2014, S. 668ff.
Zitiert als: *Golla/von zur Mühlen,* Der Entwurf eines Gesetzes zur Strafbarkeit der Datenhehlerei, JZ, 2014, S.

Göres, Ulrich L.; Kleinert, Jens: Die Liechtensteinische Finanzaffäre – Steuer- und steuerstrafrechtliche Konsequenzen, NJW, 2008, S. 1353ff.

Gössel, Karl-Heinz: Über Anomalien des steuerstrafrechtlichen Ermittlungsverfahrens und die daraus resultierenden Gefahren, Geisler, Claudius [Hrsg.], Festschrift für Klaus Geppert zum 70. Geburtstag, Berlin u.a., 2011, S. 137ff.

Götting, Horst-Peter; Nordemann, Axel: UWG Handkommentar, 3. Auflage, Baden-Baden, 2016.
Zitiert als: Götting/Nordemann-*Bearbeiter*, UWG Handkommentar, 3.A, §, Rn.

Götting, Horst-Peter; Nordemann, Axel; Ackermann, Brunhilde: UWG Handkommentar, 2. Auflage, Baden-Baden, 2013.
Zitiert als: Götting/Nordemann-*Bearbeiter*, UWG Handkommentar, 2.A, §, Rn.

Götting, Susanne: Beweisverwertungsverbote in Fällen gesetzlich nicht geregelter Ermittlungstätigkeit: durch V-Leute, Scheinkäufer und Privatleute, Frankfurt u.a., 2001.
Zitiert als: *Götting*, Beweisverwertungsverbote in Fällen gesetzlich nicht geregelter Ermittlungstätigkeit, S.

Graf, Jürgen Peter [Hrsg.]: Richtlinien für das Strafverfahren und das Bußgeldverfahren (RiStBV) und Anordnungen über Mitteilungen in Strafsachen (Mistra), 1. Auflage, München, 2015.
Zitiert als: Graf-*Temming*, RiStBV Kommentar, 1.A, Nr., Rn.

Graf, Jürgen Peter [Hrsg.]: Beck'scher Online Kommentar Strafprozessordnung, Edition 17, München, Stand 30.9.2013.
Zitiert als: BeckOK StPO-*Bearbeiter*, Stand 30.9.2013, Rn.

Gröpl, Christoph: Die Nachrichtendienste im Regelwerk der deutschen Sicherheitsverwaltung: Legitimation, Organisation und Abgrenzungsfragen, Berlin, 1993.
Zitiert als: *Gröpl,* Die Nachrichtendienste im Regelwerk der deutschen Sicherheitsverwaltung, S.

Günther, Klaus: Kampf gegen das Böse? Zehn Thesen wider die ethische Aufrüstung der Kriminalpolitik, KJ, 1994, S. 135ff.

Günther, Klaus: Schuld und kommunikative Freiheit: Studien zur personalen Zurechnung strafbaren Unrechts im demokratischen Rechtsstaat, Frankfurt, 2005.
Zitiert als: *Günther,* Schuld und kommunikative Freiheit, S.

Günther, Klaus: Welchen Personenbegriff braucht die Diskurstheorie des Rechts? Überlegungen zum internen Zusammenhang zwischen deliberativer Person, Staatsbürger und Rechtsperson, Brunkhorst, Hauke; Niesen, Peter [Hrsg.], Das Recht der Republik, Frankfurt, 1998, S. 83ff.
Zitiert als: *Günther,* Welchen Personenbegriff braucht die Diskurstheorie des Rechts?, Das Recht der Republik, S.

Günther, Klaus: Warum es Anwendungsdiskurse gibt, Byrd, Sharon B. u.a. [Hrsg.], Jahrbuch für Recht und Ethik 1, Berlin, 1993, S. 379ff.

Günther, Klaus: Kritik der Strafe I, WestEnd, 2004, S. 117ff.

Haas, Hermann Heinrich: V-Leute im Ermittlungs- und Hauptverfahren – Neue prozessuale Aspekte, Pfaffenweiler, 1986.
Zitiert als: *Haas,* V-Leute im Ermittlungs- und Hauptverfahren, S.

Habermas, Jürgen: Kampf um Anerkennung im demokratischen Rechtsstaat, ders., Die Einbeziehung des Anderen, Frankfurt u.a., 1996, S. 237ff.

Habermas, Jürgen: Wie ist Legitimität durch Legalität möglich?, KJ, 1987, S. 1ff.

Habermas, Jürgen: Faktizität und Geltung – Beiträge zur Diskurstheorie des Rechts und des demokratischen Rechtsstaats, 2. Auflage, Frankfurt, 1992.
Zitiert als: *Habermas,* Faktizität und Geltung, S.

Haedge, Karl-Ludwig: Das neue Nachrichtendienstrecht für die Bundesrepublik: ein Leitfaden mit Erläuterungen, Heidelberg, 1998.
Zitiert als: *Haedge,* Das neue Nachrichtendienstrecht für die Bundesrepublik, S.

Haensle, Walter; Reichold, Rahel: Heiligt der Zweck die Mittel? Zur rechtlichen Zulässigkeit des Ankaufs von Steuerdaten, DVBl, 2010, S. 1277ff.
Zitiert als: *Haensle/Reichold,* Heiligt der Zweck die Mittel?, DVBl, 2010, S.

Hannich, Rolf [Hrsg.]: Karlsruher Kommentar zur Strafprozessordnung, 7. Auflage, München, 2013.
Zitiert als: KK StPO-*Bearbeiter,* 7.A, §, Rn.

Hardin, Russell: Do we want trust in government?, Warren, Mark E. [Hrsg.], Democracy and trust, Cambridge, 1999, S. 22ff.

Harte-Bavendamm, Henning; Henning-Bodewig, Frauke [Hrsg.]: Gesetz gegen den unlauteren Wettbewerb, 3. Auflage, München, 2013.
Zitiert als: Harte-Bavendamm/Henning-Bodewig-*Bearbeiter,* UWG, 3.A, §, Rn.

Hartmann, Martin: Die Kreativität der Gewohnheit – Grundzüge einer pragmatistischen Demokratietheorie, Frankfurt, 2003.
Zitiert als: *Hartmann,* Die Kreativität der Gewohnheit, S.

Hartmann, Martin: Vertrauen als demokratische Erfahrung, Schmalz-Bruns, Rainer; Zintl, Reinhard [Hrsg.], Politisches Vertrauen – Soziale Grundlage reflexiver Kooperation, Baden-Baden, 2002, S. 77ff.

Hassemer, Winfried: Unverfügbares im Strafprozeß, Kaufmann, Arthur [Hrsg.], Rechtsstaat und Menschenwürde: Festschrift für Werner Maihofer zum 70. Geburtstag, Frankfurt, 1988, S. 183ff.

Hassemer, Winfried; Matussek, Karin: Das Opfer als Verfolger: Ermittlungen des Verletzten im Strafverfahren, Frankfurt u.a., 1996.
Zitiert als: *Hassemer/Matussek,* Das Opfer als Verfolger, S.

Hecker, Bernd: Europäisches Strafrecht, 3. Auflage, Berlin und Heidelberg, 2010.

Hecker, Bernd: Europäisches Strafrecht, 4. Auflage, Berlin und Heidelberg, 2012.

Heermann, Peter W.; Schlingloff, Jochen [Hrsg.]: Münchener Kommentar zum Lauterkeitsrecht, Band 2, §§ 5–20 UWG, 2. Auflage, München, 2014. MK-*Bearbeiter*, Lauterkeitsrecht, 2.A, §, Rn.

Heerspink, Frank: Die Ermittlungen zur Liechtenstein-Affäre: fehlende Zuständigkeit der Staatsanwaltschaft, Beweisverwertungsverbote und Möglichkeit der strafbefreienden Selbstanzeige?, AO-StB, 2009, S. 28ff.
Zitiert als: *Heerspink,* Die Ermittlungen zur Liechtenstein- Affäre, AO-StB, S.

Heerspink, Frank: Auf ein Neues: Steuer-CD – Vom Umgang mit Kriminellen und Daten, AO-StB, 2010, S. 155ff.
Zitiert als: *Heerspink,* Auf ein Neues: Steuer-CD, AO-StB, 2010, S.

Heine, Günter: Beweisverbote und Völkerrecht: Die Affäre Liechtenstein in der Praxis, HRRS, 2009, S. 540ff.
Zitiert als: *Heine,* Beweisverbote und Völkerrecht, HRRS, 2009, S.

Heine, Günter: Entwendete und staatlich angekaufte Bankdaten: viel Lärm um nichts?, ASA, 79, S. 525ff.
Zitiert als: *Heine,* Entwendete und staatlich angekaufte Bankdaten, ASA, 79, S.

Heine, Günter: Der staatliche Ankauf von strafbar erlangten Steuer-Daten deutscher Steuerhinterzieher, Heinrich, Manfred u.a. [Hrsg.], Strafrecht als Scientia Universalis. Festschrift für Claus Roxin zum 80. Geburtstag am 15. Mai 2011, Berlin und New York, 2011, S. 1087ff.

Zitiert als: *Heine,* Der strafbare Ankauf von strafbar erlangten Steuer-Daten, FS Roxin, S.

Hellmann, Uwe: Ermittlungsprobleme bei grenzüberschreitender Steuerhinterziehung und „kreative" Lösungen bei der Informationsbeschaffung, Joecks, Wolfgang [Hrsg.], Recht – Wirtschaft – Strafe: Festschrift für Erich Samson zum 70. Geburtstag, Heidelberg u.a., 2010, S. 661ff.
Zitiert als: *Hellmann,* Ermittlungsprobleme bei grenzüberschreitender Steuerhinterziehung, FS Samson, S.

Herzog, Roman; Scholz, Rupert; Herdegen, Matthias; Klein, Hans H.: Grundgesetz Kommentar, Band 1, München, Stand Mai 2013.
Zitiert als: *Maunz/Dürig*-Bearbeiter, GG, Stand 2013, Art., Rn.

Hettinger, Michael: Entwicklungen im Strafrecht und Strafverfahrensrecht der Gegenwart: Versuch einer kritischen Bestandsaufnahme, Heidelberg, 1997.
Zitiert als: *Hettinger,* Entwicklungen im Strafrecht und Strafverfahrensrecht der Gegenwart, S.

Ignor, Alexander; Jahn, Matthias: Der Staat kann auch anders, JuS, 2010, S. 390ff.

Inglehart, Ronald: Trust, well-being and democracy, Warren, Mark E. [Hrsg.], Democracy and trust, Cambridge, 1999, S. 88ff.

Jacobs, Rainer; Teplitzky, Otto [Hrsg.]: UWG: Gesetz gegen den unlauteren Wettbewerb, Großkommentar, Band 2, 1. Auflage, Berlin u.a., 2006.
Zitiert als: UWG GroßKomm-*Bearbeiter,* 1.A, 2006, Stand § 17 jedoch 1.5.1991, §, Rn.

Jahn, Matthias: Beweiserhebungs- und Beweisverwertungsverbote im Spannungsfeld zwischen den Garantien des Rechtsstaates und der effektiven Bekämpfung von Kriminalität und Terrorismus, Ständige Deputation des Deutschen Juristentages [Hrsg.], Gutachten C für den 67. Deutschen Juristentag 2008, München, 2008.
Zitiert als: *Jahn*, Gutachten 67.DJT, C.

Jahn, Matthias: Grundfragen und aktuelle Probleme der Beweisverwertung im Straf- und Steuerstrafverfahren – Zugleich ein Beitrag zur Fortentwicklung der Beweisbefugnislehre nach dem „Fall Liechtenstein", ders. [Hrsg.], Strafrechtspraxis und Reform – Festschrift für Heinz Stöckel zum 70. Geburtstag, S. 259ff.
Zitiert als: *Jahn*, Grundfragen und aktuelle Probleme der Beweisverwertung im Straf- und Steuerstrafverfahren, FS Stöckel, S.

Jahn, Matthias; Kirsch, Stefan: Fragen der Criminal Compliance im Schnittfeld von materiellem Recht, Strafverfahrens- und Verfassungsrecht, Rotsch, Thomas [Hrsg.], Handbuch Criminal Compliance, Baden-Baden, 2014.

Jescheck, Hans-Heinrich: Beweisverbote im Strafprozeß, Rechtsvergleichendes Generalgutachten für den 46. Deutschen Juristentag, Ständige Deputation des Deutschen Juristentages [Hrsg.], Verhandlungen des 46. Deutschen Juristentages, Essen 1966, München und Berlin, 1966.
Zitiert als: *Jescheck*, Generalgutachten 46.DJT, S.

Joecks, Wolfgang: Strafprozessordnung – Studienkommentar, 3. Auflage, München, 2011.
Zitiert als: *Joecks*, StPO, 3.A, §, Rn.

Joecks, Wolfgang: Die Verwertung „illegal" beschaffter Daten, SAM, 2011, S. 21ff.

Joecks, Wolfgang; Miebach, Klaus [Hrsg.]: Münchener Kommentar zum Strafgesetzbuch, Band 4, §§ 185–262 StGB, 2. Auflage, München, 2012.
Zitiert als: MK-*Bearbeiter*, StGB, 2.A, §, Rn.

Joecks, Wolfgang; Miebach, Klaus [Hrsg.]: Münchener Kommentar zum Strafgesetzbuch, Band 2, §§ 38–79b StGB, 2. Auflage, München, 2012.
Zitiert als: MK-*Bearbeiter*, StGB, 2.A, §, Rn.

Joecks, Wolfgang; Miebach, Klaus [Hrsg.]: Münchener Kommentar zum Strafgesetzbuch, Band 1, §§ 1–37 StGB, 2. Auflage, München, 2011.
Zitiert als: MK-*Bearbeiter*, StGB, 2.A, §, Rn.

Joecks, Wolfgang; Miebach, Klaus [Hrsg.]: Münchener Kommentar zum Strafgesetzbuch, Band 6/1, Nebenstrafrecht II, 1. Auflage, München, 2010.
Zitiert als: MK-*Bearbeiter*, StGB, 1.A, §, Rn.

Joecks, Wolfgang; Miebach, Klaus [Hrsg.]: Münchener Kommentar zum Strafgesetzbuch, Band 6/1, Nebenstrafrecht II, 2. Auflage, München, 2015.
Zitiert als: MK-*Bearbeiter*, StGB, 2.A, §, Rn.

Joecks, Wolfgang; Miebach, Klaus [Hrsg.]: Münchener Kommentar zum Strafgesetzbuch, Band 5, §§ 263–358 StGB, 2. Auflage, München, 2014.
Zitiert als: MK-*Bearbeiter*, StGB, 2.A, §, Rn.

Junker, Thorsten: Liechtenstein-Steueraffäre – ist die DVD im Strafverfahren verwertbar?, StRR, 2008, S. 129ff.
Zitiert als: *Junker,* Liechtenstein-Steueraffäre, StRR, 2008, S.

Kaiser, Ingo: Zulässigkeit des Ankaufs deliktisch erlangter Steuerdaten in NStZ, 2011, S. 383ff.

Kauffmann, Philipp Konstantin: Die Affäre Liechtenstein und Schweiz in der Praxis – Zur Verwertbarkeit der angekauften Steuerdaten-CD im Strafverfahren, JA, 2010, S. 597ff.
Zitiert als: *Kauffmann,* Die Affäre Liechtenstein und Schweiz in der Praxis, JA, 2010, S.

Keller, Rainer: Privatisierung von Polizeifunktionen und strafprozessuale Beweisverwertungsverbote, Samson, Erich; Dencker, Friedrich; Frisch, Peter; Frister, Helmut; Reiß, Wolfram [Hrsg.], Festschrift für Gerald Grünwald zum 70. Geburtstag, Baden-Baden, 1999, S.267ff.

Kelnhofer, Evelyn; Krug, Björn: Der Fall LGT Liechtenstein – Beweisführung mit Material aus Straftaten im Auftrag des deutschen Fiskus?, StV, 2008, S. 660ff.
Zitiert als: *Kelnhofer/Krug,* Der Fall LGT Liechtenstein, StV, 2008, S.

Kindhäuser, Urs; Neumann, Ulfried; Paeffgen, Hans-Ullrich [Hrsg.]: Nomos Kommentar Strafgesetzbuch, 4. Auflage, Baden-Baden, 2013.
Zitiert als: NK-*Bearbeiter,* StGB, 4.A, §, Rn.

Kirchler, Erich; Hoelzl, Erik; Wahl, Ingrid: Enforced versus voluntary tax compliance: The „slippery slope“ framework, Journal of Economic Psychology, 2008, S. 210ff.
Zitiert als: *Kirchler/Hoelzl/Wahl,* Enforced versus voluntary tax compliance, Journal of Economic Psychology, 2008, S.

Klengel, Jürgen Detlef; Gans, Tobias: Datenhehlerei – Über die Notwendigkeit eines neuen Straftatbestands, ZRP, 2013, S. 16ff.

Klever, Stefan: Die Rasterfahndung nach § 98a StPO, Münster, 2003.

Koblenzer, Thomas: „Steuersünder-CD“ – Alles Schweizer Käse? Grenzen (steuer-) strafrechtlicher Ermittlungsmethoden, ErbStB, 2010, S. 116ff.
Zitiert als: *Koblenzer,* „Steuersünder-CD“ – Alles Schweizer Käse?, ErbStB, 2010, S.

Koblenzer, Thomas: 10 Fragen zum Ankauf von Steuer-CDs, Steuer Tip, Nr. 35/12, S. 1ff.

Köhler, Helmut; Bornkamm, Joachim [Hrsg.]: Gesetz gegen den unlauteren Wettbewerb, 32. Auflage, München, 2014.
Zitiert als: Köhler/Bornkamm-*Bearbeiter,* UWG, 32.A, §, Rn.

Köhler, Helmut; Bornkamm, Joachim [Hrsg.]: Gesetz gegen den unlauteren Wettbewerb, 33. Auflage, München, 2015.
Zitiert als: Köhler/Bornkamm-*Bearbeiter,* UWG, 33.A, §, Rn.

Kohlhaas, Max [Hrsg.]: Strafrechtliche Nebengesetze, München, Stand Juli 2013.
Zitiert als: Erbs/Kohlhaas-*Bearbeiter*, Strafrechtliche Nebengesetze, Stand Juli 2013, §, Rn.

Kölbel, Ralf: Zur Verwertbarkeit privat-deliktisch beschaffter Bankdaten – Ein Kommentar zur causa „Kieber“, NStZ, 2008, S. 241ff.
Zitiert als: *Kölbel,* Zur Verwertbarkeit privat-deliktisch beschaffter Bankdaten, NStZ, 2008, S.

Koriath, Heinz: Über Beweisverbote im Strafprozeß, Frankfurt u.a., 1994.

Küchenhoff, Benjamin: Dürfen Strafverfolger „gestohlene“ Daten ankaufen?, NJ, 2010, S. 321ff.

Kühl, Kristian: Strafgesetzbuch Kommentar, 27. Auflage, München, 2011.
Zitiert als: L/K-*Kühl*, StGB, 27.A, §, Rn.

Kühne, Hans-Heiner: Die Verwertbarkeit von illegal erlangten Steuerdaten im Strafverfahren, Heinrich, Manfred u.a. [Hrsg.], Strafrecht als Scientia Universalis. Festschrift für Claus Roxin zum 80. Geburtstag am 15. Mai 2011, Berlin und New York, 2011, S. 1269ff.

Laufhütte, Heinrich Wilhelm; Rissing-van Saan, Ruth; Tiedemann, Klaus [Hrsg.]: Leipziger Kommentar zum Strafgesetzbuch, Band 8, §§ 242–262, 12. Auflage, Berlin, 2010.
Zitiert als: LK-*Bearbeiter*, StGB, 12.A, §, Rn.

Laufhütte, Heinrich Wilhelm; Rissing-van Saan, Ruth; Tiedemann, Klaus: Leipziger Kommentar zum Strafgesetzbuch, Band 2, §§ 32–55, 12. Auflage, Berlin, 2006.
Zitiert als: LK-*Bearbeiter*, StGB, 12.A, §, Rn.

Laufhütte, Heinrich Wilhelm; Rissing-van Saan, Ruth; Tiedemann, Klaus [Hrsg.]: Leipziger Kommentar zum Strafgesetzbuch, Band 1, §§ 1–31, 12. Auflage, Berlin, 2007.
Zitiert als: LK-*Bearbeiter*, StGB, 12.A, §, Rn.

Lehr, Gernot: Grenzen für die Öffentlichkeitsarbeit der Ermittlungsbehörden, NStZ, 2009, S. 409ff.

Leupold, Andreas; Glossner, Silke [Hrsg.]: Münchener Anwaltshandbuch IT-Recht, 3. Auflage, München, 2013.
Zitiert als: Münchener Anwaltshandbuch IT-Recht-*Bearbeiter*, 3.A, Teil, Rn.

Lisken, Hans; Denninger, Erhard; Rachor, Frederik [Hrsg.]: Handbuch des Polizeirechts – Gefahrenabwehr, Strafverfolgung, Rechtsschutz, 4. Auflage, München, 2007.
Zitiert als: Lisken/Denninger-*Bearbeiter*, Handbuch des Polizeirechts, 4.A, Abschnitt, Rn.

Löffelmann, Markus: Die normativen Grenzen der Wahrheitserforschung im Strafverfahren: Ideen zu einer Kritik der Funktionsfähigkeit der Strafrechtspflege, Berlin, 2008.
Zitiert als: *Löffelmann,* Die normativen Grenzen der Wahrheitserforschung im Strafverfahren, S.

Lutterbach, Carolin: Die strafrechtliche Würdigung des Whistleblowing, Bremen, 2011.

Matula, Martina: Private Ermittlungen: Die eigene und staatlich initiierte Ermittlungstätigkeit von Privatpersonen im Kontext des strafprozessualen Täuschungsverbots, Hamburg, 2012.
Zitiert als: *Matula,* Private Ermittlungen, S.

Mende, Boris: Grenzen privater Ermittlungen durch den Verletzten einer Straftat, Berlin, 2001.

Meyer-Goßner, Lutz; Schmitt, Bertram: Strafprozessordnung, 56. Auflage, München, 2013.
Zitiert als: *Meyer-Goßner,* StPO, 56.A, §, Rn.

Miller, Arthur S.: Whistle Blowing and the Law, Nader, Ralph; Petkas, Peter J.; Blackwell, Kate [Hrsg.], Whistleblowing – The Report of the Conference on Professional Responsibility, New York, 1972, S. 25ff.

Munz, Eva-Maria: Haushaltsuntreue, Berlin, 2001.

Nader, Ralph: An Anatomy of Whistle Blowing, Nader, Ralph; Petkas, Peter J.; Blackwell, Kate [Hrsg.], Whistleblowing – The Report of the Conference on Professional Responsibility, New York, 1972, S. 3ff.

Neuhöfer, Daniel: Datenhehlerei nach § 202d StGB, jurisPR-Compliance, 4/2015, Anmerkung 6.

Offe, Claus: How can we trust our fellow citizens?, Warren, Mark E. [Hrsg.], Democracy&Trust, Cambridge, 1999, S. 42ff.

Offe, Claus: Wie können Mitbürger einander vertrauen?, Hartmann, Martin [Hrsg.], Vertrauen: die Grundlage des sozialen Zusammenhalts, Frankfurt, 2001, S. 241ff.

Ohly, Ansgar; Sosnitza, Olaf [Hrsg.]: Gesetz gegen den unlauteren Wettbewerb, 5. Auflage, München, 2010.
Zitiert als: Piper/Ohly/Sosnitza-*Bearbeiter,* UWG, 5.A, §, Rn.

Ohly, Ansgar; Sosnitza, Olaf [Hrsg.]: Gesetz gegen den unlauteren Wettbewerb, 7. Auflage, München, 2016.
Zitiert als: Piper/Ohly/Sosnitza-*Bearbeiter,* UWG, 5.A, §, Rn.

Ostendorf, Heribert: Gekaufte Strafverfolgung: Die Strafbarkeit des Erwerbs von „geklauten" Steuerdaten und ihre Beweisverwertung, ZiS, 2010, S. 301ff.
Zitiert als: *Ostendorf,* Gekaufte Strafverfolgung, ZiS, 2010, S.

Otto, Harro: Grenzen und Tragweite der Beweisverbote im Strafverfahren, GA, 1970, S. 289ff.

Parma, Viktor; Vontobel, Werner: Schurkenstaat Schweiz? Steuerflucht: Wie sich der größte Bankenstaat der Welt korrumpiert und andere Länder destabilisiert, München, 2009.
Zitiert als: *Parma/Vontobel,* Schurkenstaat Schweiz?, S.

Pawlik, Michael: Zur strafprozessualen Verwertbarkeit rechtswidrig erlangter ausländischer Bankdaten, JZ, 2010, S. 693ff.

Peres, Holger: Strafprozessuale Beweisverbote und Beweisverwertungsverbote und ihre Grundlagen in Gesetz, Verfassung und Rechtsfortbildung, München, 1991. Zitiert als: *Peres,* Strafprozessuale Beweisverbote und Beweisverwertungsverbote, S.

Peters, Karl: Beweisverbote im deutschen Strafverfahren, Gutachten für den 46. Deutschen Juristentag, Ständige Deputation des Deutschen Juristentages [Hrsg.], Verhandlungen des 46. Deutschen Juristentages, Essen 1966, München und Berlin, 1966.
Zitiert als: Peters, Gutachten 46. DJT, S.

Peters, Karl: Die ethischen Grundlagen des Strafprozesses, Herren, Rüdiger [Hrsg.], Kultur, Kriminalität, Strafrecht: Festschrift für Thomas Würtenberger zum 70. Geburtstag am 7.10.1977, Berlin, 1977, S. 77ff.

Pfeiffer, Gerhard: Strafprozessordnung: Kommentar, 5. Auflage, München, 2005. Zitiert als: *Pfeiffer,* StPO, 5.A, §, Rn.

Pfisterer, Valentin M.: Walking a Fine Line – A Contextual Perspective on the Purchase of „Stolen“ Banking Data by German Authorities, German Law Journal, 2013, S. 926ff.

Zitiert als: *Pfisterer,* Walking a Fine Line, German Law Journal, 2013, S.

Proxmire, William: The Whistle Blower as Civil Servant, Nader, Ralph; Petkas, Peter J.; Blackwell, Kate [Hrsg.], Whistleblowing – The Report of the Conference on Professional Responsibility, New York, 1972, S. 12ff.

Radbruch, Gustav: Grenzen der Kriminalpolizei, Festschrift für Wilhelm Sauer zu seinem 70. Geburtstag am 24. Juni 1949, Berlin, 1949, S. 121ff.

Rehbein, Mareike: Die Verwertbarkeit von nachrichtendienstlichen Erkenntnissen aus dem In- und Ausland im deutschen Strafprozess, Berlin, 2011.

Zitiert als: *Rehbein,* Die Verwertbarkeit von nachrichtendienstlichen Erkenntnissen, S.

Richter, Wolfram F.: Geplante Steuerhinterziehung und ihre effiziente Bestrafung, Essen, 2007.

Rode, Christian: Verteidigung durch Selbstanzeige: Die Liechtenstein-Finanzaffäre und die Sperrwirkung der Tatentdeckung, Arbeitsgemeinschaft Strafrecht des Deutschen Anwaltsvereins [Hrsg.], Strafverteidigung im Rechtsstaat: 25 Jahre Arbeitsgemeinschaft des Deutschen Anwaltsvereins, Baden-Baden, 2009, S. 365ff. Zitiert als: *Rode,* Verteidigung durch Selbstanzeige, FS AG Strafrecht des DAV, S.

Rogall, Klaus: Gegenwärtiger Stand und Entwicklungstendenzen der Lehre von den strafprozessualen Beweisverboten, ZStW, 1979, S. 1ff.

Rogall, Klaus: Beweiserhebungs- und Beweisverwertungsverbote im Spannungsfeld zwischen den Garantien des Rechtsstaates und der effektiven Bekämpfung von Kriminalität und Terrorismus, JZ, 2008, S. 818ff.

Rückert, Joachim: Abwägung – die juristische Karriere eines unjuristischen Begriffs oder: Normenstrenge und Abwägung im Funktionswandel, JZ, 2011, S. 913ff.
Zitiert als: *Rückert,* Abwägung – die juristische Karriere eines unjuristischen Begriffs, JZ, 2011, S.

Rudkowski, Lena: Kernprobleme einer gesetzlichen Regelung zum Schutz von Whistleblowern, CCZ, 2013, S. 204ff.

Säcker, Franz Jürgen; Rixecker, Roland [Hrsg.]: Münchener Kommentar zum Bürgerlichen Gesetzbuch, Band 4, Schuldrecht: Besonderer Teil II, 6. Auflage, München, 2012.
Zitiert als: MK-*Bearbeiter,* BGB, 6.A, §, Rn.

Salditt, Franz: Herausforderung – aktuelle politische und andere Erwartungen an das Strafrecht, Spindler, Wolfgang [Hrsg.], Steuerzentrierte Rechtsberatung. Festschrift für Harald Schaumburg zum 65. Geburtstag, Köln, 2009, S. 1269ff.

Samson, Erich; Langrock, Marc: „Pecunia non olet"? – Staatlicher Ankauf von entwendeten Daten deutscher Steuerhinterzieher, wistra, 2010, S. 201ff.
Zitiert als: *Samson/Langrock,* „Pecunia non olet"?, wistra, 2010, S.

Satzger, Helmut: Der Staat als „Hehler"? – Zur Strafbarkeit des Ankaufs rechtswidrig erlangter Bankdaten durch deutsche Behörden, Hellmann, Uwe; Schröder, Christian [Hrsg.], Festschrift für Hans Achenbach, Heidelberg u.a., 2011, S. 447ff.
Zitiert als: *Satzger,* Der Staat als „Hehler"?, FS Achenbach, S.

Satzger, Helmut [Hrsg.]: Strafgesetzbuch, 1. Auflage, Köln, 2009.
Zitiert als: SSW-*Bearbeiter,* StGB, 1.A, §, Rn.

Satzger, Helmut [Hrsg.]: Strafgesetzbuch, 3. Auflage, Köln, 2017.
Zitiert als: SSW-*Bearbeiter,* StGB, 1.A, §, Rn.

Schilling, Hellen: Illegale Beweise: eine Untersuchung zum Beweisverfahren im Strafprozeß, Baden-Baden, 2004.
Zitiert als: *Schilling,* Illegale Beweise, S.

Schmid, Pirmin: Computerhacken und materielles Strafrecht unter besonderer Berücksichtigung von § 202a StGB, Konstanz, 2001.
Zitiert als: *Schmid,* Computerhacken und materielles Strafrecht, S.

Schmidtchen, Dieter: Vom nichtmarginalen Charakter der Steuermoral, Smekal, Christian; Theurl, Engelbert [Hrsg.], Stand und Entwicklung der Finanzpsychologie – Clemens-August Andreae zum Gedenken, Baden-Baden, 1994, S. 185ff.

Schöbel, Enrico: Steuerehrlichkeit: eine politisch-ökonomische und zugleich finanzsoziologische Analyse der Einkommensteuerrechtsanwendung und -befolgung in Deutschland, Frankfurt, 2008.
Zitiert als: *Schöbel,* Steuerehrlichkeit, S.

Schroth, Ulrich: Ankauf und Verwertung rechtswidrig erlangter Daten, Hilpert, Konrad; Schroth, Ulrich [Hrsg.], Politik – Recht – Ethik: Vergewisserungen aus der Vergangenheit und Perspektiven für die Zukunft, Stuttgart, 2011, S. 186ff.

Schünemann, Bernd: Die Liechtensteiner Steueraffäre als Menetekel des Rechtsstaats, NStZ, 2008, S. 305ff.

Schünemann, Bernd: Die Zukunft des Strafverfahrens – Abschied vom Rechtsstaat?, ZStW, 2007, S. 945ff.
Zitiert als: *Schünemann,* Die Zukunft des Strafverfahrens, ZStW, 2007, S.

Schwedhelm, Rolf; Wulf, Martin: Strafbefreiende Selbstanzeige und Tatentdeckung im Rahmen der „Liechtenstein Ermittlungen", Stbg, 2008, S. 294ff.

Sendler, Horst: Die Verwertung rechtswidrig erlangter Beweismittel im Strafprozeß mit Berücksichtigung des anglo-amerikanischen und des französischen Rechts, Berlin, 1956.

Zitiert als: *Sendler,* Die Verwertung rechtswidrig erlangter Beweismittel, S.

Sieber, Ulrich: Straftaten und Strafverfolgung im Internet: Gutachten C zum 69. Deutschen Juristentag, Ständige Deputation des Deutschen Juristentages [Hrsg.], Verhandlungen des 69. Deutschen Juristentages, München, 2012, Band I, Gutachten Teil C, München, 2012.

Sieber, Ulrich: Ermittlungen in Sachen Liechtenstein – Fragen und erste Antworten, NJW, 2008, S.881ff.
Zitiert als: *Sieber,* Ermittlungen in Sachen Liechtenstein, NJW 2008, S.

Siebrecht, Michael: Rasterfahndung: eine EDV-gestützte Massenfahndungsmethode im Spannungsfeld zwischen einer effektiven Strafverfolgung und dem Recht auf informationelle Selbstbestimmung, Berlin, 1997.
Zitiert als: *Siebrecht,* Rasterfahndung, S.

Simonet, Michael: Notwendigkeit eines Gesetzes zum Schutz von Whistleblowern?, RdA, 2013, S. 236ff.

Slobogin, Christopher: Why Liberals Should Chuck the Exclusionary Rule, University of Illinois Law Review, 1999, S. 363ff.

Soiné, Michael: Erkenntnisverwertung von Informanten und V-Personen der Nachrichtendienste in Strafverfahren, NStZ, 2007, S. 247ff.

Spatscheck, Rainer: Wird Gauner, wer mit Gaunern dealt? – Erkenntnisgewinnung und -verwertung in den Liechtenstein-Fällen 2008, Hassemer, Winfried [Hrsg.], In dubio pro libertate – Festschrift für Klaus Volk zum 65. Geburtstag, München, 2009, S. 771ff.
Zitiert als: *Spatscheck,* Wird Gauner, wer mit Gaunern dealt?, FS Volk, S.

Spernath, Valentin: Strafbarkeit und zivilrechtliche Nichtigkeit des Ankaufs von Bankdaten, NStZ, 2010, S. 307ff.

Spindler, Gerald; Schuster, Fabian [Hrsg.]: Recht der elektronischen Medien – Kommentar, 2. Auflage, München, 2011.
Zitiert als: Spindler/Schuster-*Bearbeiter*, Recht der elektronischen Medien, 2.A, §, Rn.

Stahl, Rudolf; Demuth, Ralf: Strafrechtliches Verwertungsverbot bei Verletzung des Steuergeheimnisses: ein Zwischenruf im Fall Zumwinkel, DStR, 2008, S. 600ff.
Zitiert als: *Stahl/Demuth,* Strafrechtliches Verwertungsverbot bei Verletzung des Steuergeheimnisses, DStR, 2008, S.

Steward, Potter: The Road to Mapp vs. Ohio and Beyond: The Origins, Development and Future of the Exclusionary Rule in Search-and-Seizure Cases, Columbia Law Review, 1983, S. 1365ff.

Stratenwerth, Günter; Wohlers, Wolfgang: Schwarzgeld – Strafbarkeitsrisiken für die Mitarbeiter schweizerischer Banken, ZStrR, 2010, S. 429ff.
Zitiert als: *Stratenwerth/Wohlers,* Schwarzgeld, ZStrR, 2010, S.

Stuckenberg, Carl-Friedrich: Der missratene Tatbestand der neuen Datenhehlerei (§ 202d StGB), ZIS 2016, S. 526ff.

Sydow, Fritz: Kritik der Lehre von den „Beweisverboten", Würzburg, 1976.

Teubner, Gunter: Gegenseitige Vertragsuntreue. Rechtsprechung und Dogmatik zum Ausschluss von Rechten nach eigenem Vertragsbruch, Tübingen, 1975.
Zitiert als: *Teubner,* Gegenseitige Vertragsuntreue, S.

Townsend, Robert: The Whistle Blower as Entrepreneur, Nader, Ralph; Petkas, Peter J.; Blackwell, Kate [Hrsg.], Whistleblowing – The Report of the Conference on Professional Responsibility, New York, 1972, S. 20ff.

Trüg, Gerson: Steuerdaten-CDs und die Verwertung im Strafprozess, StV, 2011, S. 111ff.

Trüg, Gerson; Habetha, Jörg: Beweisverwertung trotz rechtswidriger Beweisgewinnung – insbesondere mit Blick auf die „Liechtensteiner Steueraffäre", NStZ, 2008, S. 481ff.
Zitiert als: *Trüg/Habetha,* Beweisverwertung trotz rechtswidriger Beweisgewinnung, NStZ, 2008, S.

Trüg, Gerson; Habetha, Jörg: Die „Liechtensteiner Steueraffäre", NJW, 2008, S. 887ff.

Van Kampen, T.A.; de Rijke, L.J.: The Kredietbank Luxembourg and the Liechtenstein tax affairs: notes on the balance between the exchange of information between states and the protection of fundamental rights, EC Tax Review, 2008, S. 221ff.

Vogel, Friedemann; Christensen, Ralph: Korpusgestützte Analyse der Verfassungsrechtsprechung: Eine Abwägung von Prinzipien findet nicht statt, Rechtstheorie, 2013, S. 29ff.

Vogel, Klaus [Hrsg.]: Gefahrenabwehr: allgemeines Polizeirecht, 9. Auflage, Köln 1986.
Zitiert als: *Vogel/Martens,* Gefahrenabwehr, 9.A, S.

Von Heintschel-Heinegg, Bernd [Hrsg.]: Beck'scher Online Kommentar StGB, Edition 23, München, Stand 22.7.2013.
Zitiert als: BeckOK-*Bearbeiter*, StGB, Stand 22.7.2013, §, Rn.

Von Heintschel-Heinegg, Bernd [Hrsg.]: Beck'scher Online Kommentar StGB, München, Stand Dezember 2016.
Zitiert als: BeckOK- *Weidemann*, StGB, Stand Dezember 2016, § 202d, Rn.

Von Heintschel-Heinegg, Bernd; Stöckel, Heinz [Hrsg.]: KMR StPO – Kommentar zur Strafprozessordnung, Band 2, Köln, Stand Januar 2014.
Zitiert als: KMR-*Bearbeiter*, StPO, §, Rn.

Wagner, Allen E.: The Good Faith Exception to the Exclusionary Rule: Some Implications for the Police, Journal of Criminal Justice, 1987, S. 75ff.
Zitiert als: *Wagner*, The Good Faith Exception, Journal of Criminal Justice, 1987, S.

Wagner, Jürgen: Die „Liechtenstein-Affäre", SAM, 2008, S.101ff.

Walther, Felix: Dürfen Compliance-Organisationen deliktisch erlangte Bankdaten ankaufen?, CCZ, 2013, S. 254ff.

Warren, Mark E.: Democratic theory and trust, Warren, Mark E. [Hrsg.], Democracy&Trust, Cambridge, 1999, S. 310ff.

Warren, Mark E.: Introduction, Warren, Mark E. [Hrsg.], Democracy&Trust, Cambridge, 1999, S. 1ff.

Weichbrodt, Johannes: Der verbotene Beweis im Straf- und Zivilprozess: zur Rolle strafprozessualer Beweisverbote bei der Durchsetzung zivilrechtlicher Ansprüche, Tübingen, 2012.
Zitiert als: *Weichbrodt*, Der verbotene Beweis im Straf- und Zivilprozess, S.

Werner, Elke: Alles, was (Straf-)Recht ist! Steuerdaten-Affäre Schweiz, IWB, 2010, S. 164ff.

Wohlers, Wolfgang: Anmerkung zu BVerfG JZ 2011, JZ, 2011, S.252f.

Wohlwend, Sigvard: Der Datendieb: wie Heinrich Kieber den größten Steuerskandal aller Zeiten auslöste, Berlin, 2011.
Zitiert als: *Wohlwend*, Der Datendieb, S.

Wolter, Jürgen [Hrsg.]: SK-StPO: Systematischer Kommentar zur Strafprozessordnung mit GVG und EMRK, Band 2, 4. Auflage, Köln, 2010
Zitiert als: SK-*Bearbeiter*, StPO, 4.A, §, Rn.

Zimmer, Mark: Whistleblowing: wichtige Erkenntnisse oder gefährliches Pflaster?, CCZ, 2013, S. 31ff.

Zimmermann, Gernot: Anmerkung zu 2 BvR 2101/09, Fachdienst Strafrecht (Beck online), 2010, 311378.

Justizakten und Verwaltungsvorschriften

Amtsgericht Nürnberg: Verfügung der Staatsanwaltschaft Nürnberg-Fürth, Az 513 Js 1382/11 vom 1.10.2012. – Urteil des Amtsgerichts Nürnberg, 46 Ds 513 Js 1382/11, unbekanntes Datum. – Protokoll der öffentlichen Sitzung des Amtsgerichts am 2.8.2012, Az 46 Ds 513 Js 1382/11. – Anklageschrift der Staatanwaltschaft Nürnberg-Fürth, Az 513 Js 1382/11 vom 15.12.2011.

Amtsgericht/Landgericht Koblenz, Verfassungsgerichtshof Rheinland-Pfalz: – Verfassungsbeschwerde, Aktenzeichen 355/13 H/09 St vom 17.7.2013. – Beschluss des Landgerichts Koblenz, 4 Qs 16/13, 2050 Js 16.909/13 StA Koblenz Ha. vom 12.6.2013. – Beschluss des Landgerichts Koblenz, 4 Qs 10/13 2050, Js 16.909/13 StA Koblenz St. vom 15.5.2013. – Beschluss des Amtsgerichts Koblenz, 30 Gs 3443/13, 2050 Js 16909/13 vom 7.5.2013. – Beschluss des Amtsgerichts Koblenz, 30 Gs 2099/13, 2050 Js 16909/13 vom 22.3.2013.

Bundesanwaltschaft der Schweiz: Anklageschrift im abgekürzten Verfahren, Verfahrensnummer SV.10.0018-BUL vom 5.10.2011.

Federal Court of Australia: Affidavit of AJT, Exhibit Volume 3, Az. QUD-347/10 Federal Court of Australia, Denlay vs. Commissioner of Taxation.

Generalstaatsanwaltschaft Hamm: Gutachten zur Rechtmäßigkeit des Ankaufs von Steuerdaten-CDs. Aktenzeichen unbekannt, kein Titel, kein Autor. Gutachten wurde nach Prozess an den Tagesspiegel weitergegeben und von diesem veröffentlicht, abrufbar unter: http://www.tagesspiegel.de/downloads/4334482/1/Gutachten,zuletzt abgerufen 20.1.2014.

Justizministerium des Landes Nordrhein-Westfalen: Geschäftliche Behandlung von Anfragen und Auskunftsersuchen zu wissenschaftlichen Zwecken RV d. JM vom 28. Dezember 2000 (1410 – II C. 1) in der Fassung vom 17. September 2014 (1410 – V.1), abrufbar unter: http://www.jvv.nrw.de/anzeigeText.jsp?daten=414&daten3=gesch%C3%A4ftliche_behandlung_von_Anfragen_#inhalt,zuletzt abgerufen 27.12.2016.

OLG Innsbruck: Beschluss in der Rechtshilfesache 7 Bs 553/11y vom 20.3.2012.

Permanent Subcommittee on Investigations: „Exhibit list“ zum „Hearing on Tax Haven Banks and U.S. Tax Compliance“ am 17. und 25. Juli 2008 abrufbar unter: http://www.hsgac.senate.gov//imo/media/doc/071708PSIExhibits.pdf?attempt=2, zuletzt abgerufen 28.1.2014.

Permanent Subcommittee on Investigations: Tax Haven Banks and U.S. Tax Compliance – Staff Report, United States Senate, Released in Conjunction with the Permanent Subcommittee on Investigations July 17, 2008 Hearing, abrufbar unter: http://www.hsgac.senate.gov//imo/media/doc/071708PSIReport.pdf?attempt=2, zuletzt abgerufen 17.1.2014.

Staatsanwaltschaft Berlin: Aktenvermerk zu 1 St Js 144/08, veröffentlicht in der ZSteu, 2008, S. 176ff.

U.S. Government Printing Office: Hearing before the Permanent Subcommittee on Investigations of the Committee on Homeland Security and Government Affairs United States Senate of the One Hundred Tenth Congress Second Session, July 17 and 25, 2008, abrufbar unter: http://www.gpo.gov/fdsys/pkg/CHRG-110shrg44127/html/CHRG-110shrg44127.htm, zuletzt abgerufen 29.1.2014. Zitiert als: Protokoll der Anhörung des US Senats 110–614.

Tageszeitungen und Magazine

Aufgenommen wurden die mit vollem Namen gekennzeichneten, umfangreicheren Beiträge in Tageszeitungen und Magazinen. Die redaktionellen Meldungen werden ohne Aufnahme ins Literaturverzeichnis und ohne Autor in den Fußnoten zitiert, entweder nach der jeweiligen Druckausgabe oder der Internetausgabe, dann mit Nachweis zum Hyperlink.

Carstens, Peter: Fünf Millionen und eine neue Identität, FAZ, 18.2.2008, S. 4.

Chenoweth, Neil (unter Mitarbeit von Matthew Cranston): Would you trust this man?, erschienen am 4.Mai 2011 in der Printausgabe des Australian Financial Review, zitiert nach der ehemals auf der Webseite afr.com abrufbaren Version.

Dunsch, Jürgen: Der Datenklau regt in Vaduz fast alle auf, FAZ, 22.2.2008, S. 20.

Frommelt, Martin: Mein Liechtenstein – Unser Fürstentum ist stolz auf seine direkte Demokratie und seine Größe. Und auf den sauberen Finanzplatz., FAZ, 24.2.2008, S. 38.

Hulverscheidt, Claus: Straffreiheit für Asoziale, sueddeutsche.de, 2.1.2014, abrufbar unter: http://www.sueddeutsche.de/wirtschaft/selbstanzeigen-von-steuerhinterziehern-straffreiheit-fuer-asoziale-1.1854464, zuletzt abgerufen 17.1.2014.

Jahn, Joachim: Straffrei trotz Steuer-CD, FAZ.NET, 27.7.2013, abrufbar unter: http://www.faz.net/aktuell/wirtschaft/recht-steuern/unzureichende-beweise-straffrei-trotz-steuer-cd-12307162.html, zuletzt abgerufen 15.1.2014.

Jahn, Joachim: Notwehr des Fiskus, FAZ, 20.2.2008, S. 11.

Jahn, Joachim: Gestohlene Daten sind ein wackliges Beweismittel, FAZ, 9.4.2008, S. 23.

Kirchner, Christian: Steueranspruch und Moral, FAZ, 12.4.2008, S. 11.

Köppel, Roger: Der deutsche Steuerkolonialismus, FAZ, 27.2.2008, S. 10.

Leyendecker, Hans: Steuerfall Alice Schwarzer: Die Last der späten Reue, sueddeutsche.de, 3.2.2014, abrufbar unter: http://www.sueddeutsche.de/politik/steuerfall-alice-schwarzer-die-last-der-spaeten-reue-1.1878983, zuletzt abgerufen 4.2.2014.

Lüderssen, Klaus: Aus Unrecht entsteht kein Recht, NZZ, 14.3.2008, zitiert nach der im Internet zugänglichen Version, abrufbar unter: http://www.nzz.ch/aktuell/startseite/aus-unrecht-entsteht-kein-recht-1.688746, zuletzt abgerufen 20.1.2014.

Lüderssen, Klaus: Ein Fall von Steuerstaatsnotstand?, FAZ, 21.2.2008, S. 37.

Müller, Reinhard: Eine Frucht des verbotenen Baumes, FAZ, 19.2.2008, S. 4.

Pelz, Christian: Aufgespürte Steuerhinterzieher erwartet eine diskrete Lösung, FAZ, 27.2.2008, S. 23.

Plickert, Philip: Die Ökonomie des Steuerbetrugs, FAZ, 22.2.2008, S. 14.

Ramelsberger, Annette: Der zweite Mann, sueddeutsche.de, 10.5.2010, abrufbar unter: http://www.sueddeutsche.de/politik/steueraffaere-der-zweite-mann-1.293759, zuletzt abgerufen 18.1.2014.

Randt, Karsten: Steuersünder: Handel mit Steuer-CDs floriert, FAZ.NET, 4.2.2014, abrufbar unter: http://www.faz.net/aktuell/finanzen/meine-finanzen/steuern-sparen/nachrichten/steuersuender-handel-mit-steuer-cds-floriert-12783312.html, zuletzt abgerufen 4.2.2014.

Ross, Andreas: Gegenangriff aus Vaduz, FAZ, 20.2.2008, S. 1.

Sieber, Ulrich: Der Fall Liechtenstein, FAZ, 31.3.2008, S. 8.

Steltzner, Holger: Das Ende der Ära Zumwinkel, FAZ, 15.2.2008, S. 1.

Steltzner, Holger: Staat, Steuer und Moral, FAZ, 22.2.2008, S. 13.

Von Petersdorff, Winand: Die Jagd auf die Steuersünder hat begonnen, FAS, 17.2.2008, S. 35.

Wagner, Joachim: Straflose Steuerflucht, Cicero 3/2011, S. 92ff.

Sonstige Quellen

Buermeyer, Ulf : Juristische Analyse: Streaming-Abmahnungen jenseits der roten Linie, abrufbar unter: http://www.heise.de/newsticker/meldung/Juristische-Analyse-Streaming-Abmahnungen-jenseits-der-roten-Linie-2071680.html, zuletzt abgerufen 16.1.2014.

Bundesregierung: Protokoll der Regierungspressekonferenz am 18.2.2008 http://archiv.bundesregierung.de/Content/DE/Archiv16/Pressekonferenzen/2008/02/2008-02-18-regpk.html, zuletzt abgerufen am 18.11.2013.

CDU Hessen und Bündnis 90/Die Grünen Hessen: Verlässlich gestalten – Perspektiven eröffnen Hessen 2014 bis 2019: Koalitionsvertrag der CDU Hessen und Bündnis 90/Die Grünen Hessen für die 19. Wahlperiode des hessischen Landtags

2014 – 2019, abrufbar unter: http://www.gruene-hessen.de/partei/files/2013/12/Koa-Vertrag-gesamt.pdf, zuletzt abgerufen 23.1.2014.

Kieber, Heinrich: Der Fürst. Der Dieb. Die Daten, abrufbar unter: http://blog.boersennews.de/wp-content/uploads/images/bn/2010/08/DerFuerst_DerDieb_DieDaten.pdf, zuletzt abgerufen 19.11.2013.

OECD: Harmful Tax Competition, An Emerging Global Issue, abrufbar unter: http://www.oecd.org/tax/transparency/44430243.pdf, zuletzt abgerufen am 18.11.2013.

Kapitel 1: Zielsetzung und einführende Bemerkungen

A. Fragestellung

Thema dieser Arbeit ist die Frage, ob die im öffentlichen Diskurs sogenannten *Steuerdaten- CDs* durch staatliche Stellen angekauft werden durften und ob beziehungsweise wie man sie für das Strafverfahren verwenden darf. Des Weiteren werden der Umgang mit den Daten und die Ziele der handelnden Akteure untersucht. Diese sind im Einzelnen: Gerichte, sonstige Behörden (Steuerfahndung, Finanzämter, Bundesnachrichtendienst), Rechtswissenschaftler und Anwälte, Vertreter der institutionalisierten Politik sowie Vertreter der Presse.

Das Thema hat daher neben seiner primär normativen Fragestellung empirische Elemente und ist darüber hinaus insofern interdisziplinär, als es sowohl Debatten in den benachbarten Geisteswissenschaften als auch der Finanzpsychologie aufgreift. Eine Annäherung an das facettenreiche Thema ist aus den verschiedensten Perspektiven heraus möglich. Eine rein dogmatische Annäherung wäre zwar denkbar, jedoch für eine adäquate Abbildung des Spannungsfeldes unzulänglich und somit nicht zielführend für eine Skizzierung der eigentlichen Problemlagen.

Ausgangspunkt der Betrachtungen ist der erste *„Steuerdaten-CD Fall"*. Aus der Tagespresse ist dieser als *„Liechtenstein Affäre"* bekannt und dadurch auch zu einiger Berühmtheit gelangt. Dieser Fall hat sich mit einigen kleinen, zum Teil aber recht wichtigen Abwandlungen noch viele Male wiederholt. Es ging später dann primär um steuerrelevante Daten, die Schweizer Instituten abhandengekommen waren.

Grundsätzlich dürften sich die meisten rechtlichen Fragen für die Schweizer Fälle in nahezu identischer Form stellen. Wesentliche Unterschiede sind hier vor allem das fehlende Tätigwerden des Bundesnachrichtendienstes, Fragen der Verursachung, Fragen bezüglich der Qualität der Daten und eine andere Strafbarkeit der Datenlieferanten und der Käufer nach Schweizer Strafgesetzen. Diese Unterschiede dürften aber an den grundlegenden Argumentationslinien wenig verändern und im Wesentlichen auf alle späteren Fälle übertragbar sein. Zum Teil werden Erwägungen für die Schweizer Fälle mit berücksichtigt.

Das Thema ist jedoch in alle Richtungen im Fluss. Weder ist bisher klar, wie die Justiz in Zukunft diese Fälle behandeln wird, noch ist die Stellung des Gesetzgebers in diesem Bereich eindeutig. Die politisch (und populistisch[3]) geführte Diskussion ist

3 Damit ist jetzt auch das ehemalige „Kavaliersdelikt" Steuerhinterziehung dort angekommen, wo der restliche Diskurs der Strafrechtspolitik sich schon länger abspielt. Vgl. zu diesen Entwicklungen Garland, Kultur der Kontrolle, S. 59 (dort bezogen vor allem auf die USA, im Kern aber, wenn auch abgeschwächt, auf Deutschland übertragbar). Vgl. insgesamt zum veränderten Diskurs in Sachen Kriminalpolitik bereits

vielmehr in vollem Gange.[4] Auch die Dogmatik beginnt für die Fallgruppe der durch Private, nicht Verletzte erlangten Beweise gerade erst die Probleme zu erkennen, die sich insbesondere auch für die immer bedeutsameren grenzüberschreitenden Konstellationen ergeben.[5]

Es werden hier Antworten auf diese drängenden Fragen angeboten, die offenen Fragen dahinter überwiegen aber bei Weitem. Wenn der Arbeit insofern eine Rekonstruktion des Spannungsfeldes gelingt, wäre schon viel gewonnen. Darstellen lässt sich dies am besten, wenn man möglichst viele Stimmen[6] der an dem Diskurs Beteiligten darstellt, ohne sie durch das Anlegen eines dogmatischen Rasters direkt zu beschneiden. Diese Herangehensweise ist auch durch der Tatsache geschuldet, dass sich im Bereich der Beweis(verwertungs)verbote bisher weder eine einheitliche Dogmatik, noch eine einheitliche Begrifflichkeit herausgebildet hat, was die Systematisierung ohnehin erheblich erschwert.

B. Entwicklung des Diskurses in zeitlichem Kontext

Als die Arbeit Ende 2009 begonnen wurde, war der Diskurs um die seinerzeit sogenannte „Liechtenstein-Affäre" in der Presse weitgehend abgeschlossen. Die Annahme war daher insofern, dass das ganze Thema gewissermaßen retrospektiv und abschließend betrachtet werden könnte. Im Anschluss an den Erwerb der Liechtenstein-CDs folgten aber bekanntlich noch viele weitere Erwerbungen. Die in vielen Artikeln einschlägiger Fachzeitschriften geäußerte Erwartung, die ganze Sache werde gerichtlich aufgearbeitet[7] und dies unter Umständen sogar in Strafverfahren

---

Günther, Kampf gegen das Böse? Zehn Thesen wider die ethische Aufrüstung der Kriminalpolitik, KJ, 1994, S. 135 (145ff). Zugegebenermaßen beziehen sich diese Autoren hier und auch sonst auf Täter deutlich schwerer bestrafter Delikte. Dass diese Etikettierungsneigungen der Gesellschaft sich wandeln können und strukturell gleich andere Gruppen treffen können, ist Teil der These dieser Arbeit.

4 Zuletzt ging es vor allem um die Selbstanzeige in Steuerstrafsachen, hier ein wahlloses Beispiel von sueddeutsche.de vom 2.1.2014, Überschrift des Kommentars von *Hulverscheidt*: „Straffreiheit für Asoziale".

5 Vgl. hierzu auch *Godenzi,* Das strafprozessuale Verbot staatlicher Beweismittelhehlerei: Königsweg oder Luftschloss?, GA, 2008, S. 500 (500): „Die zur staatspolitischen Grundsatzdebatte ausgewachsene ‚Steueraffäre' zwischen Deutschland und Liechtenstein illustriert mustergültig, dass eigenmächtige Beweisbeschaffungen Privater geeignet sind, das Fundamentalprinzip staatlicher Strafverfolgung in seinen Grundfesten zu erschüttern."

6 Hier wird der Versuch unternommen, möglichst alle zumindest mit einem Aufsatz an der Diskussion beteiligten Autorinnen und Autoren zu berücksichtigen.

7 So z.B. *Stahl/Demuth,* Strafrechtliches Verwertungsverbot bei Verletzung des Steuergeheimnisses, DStR, 2008, S. 600 (600): „wird voraussichtlich die Gerichte beschäftigen"; *Schünemann,* Die Liechtensteiner Steueraffäre als Menetekel des Rechtsstaats, NStZ, 2008, S. 305 (305) meinte sogar, der Fall könne „vielleicht in Zukunft eine ähnliche Schlüsselstellung gewinnen wie der berühmte *Miranda*-Fall für das amerikanische

gegen die handelnden Staatsdiener oder gar Regierungsmitglieder, hat sich bisher nicht erfüllt.[8]

Es gibt deutliche Hinweise dafür, dass bisher wenige Fälle, vielleicht sogar nur ein einziger, eine Hauptverhandlung erlebt haben, in der es außer den hier infrage stehenden Daten keine „weiteren" Beweise gab.[9] In den meisten Fällen dürfte durch Hausdurchsuchungen zusätzliches Beweismaterial gefunden worden sein. Nach der Veröffentlichung der ersten Fälle sanken jedoch die Chancen für eine erfolgreiche Beweissicherung. Durch die schiere Masse an Fällen spricht dennoch einiges dafür, dass auch weiterhin tausende Fälle anhängig sind.[10] Soweit ersichtlich hat zur Frage, ob ein Beweisverwertungsverbot für die Hauptverhandlung angenommen werden kann, – zumindest bezüglich der Daten selbst – kein Strafgericht je entschieden.[11] Letztlich scheint es, als wurden[12] und werden alle oder nahezu alle einschlägigen Fälle in einer rechtlichen Grauzone unter größtmöglichem Ausschluss einer kritischen Öffentlichkeit abgewickelt.

Allerdings dürften nun zusehends auch die problematischen Fälle in den Fokus rücken, denn viele Taten fallen nun nach und nach der Verjährung anheim (die *Kieber* Daten stammen wohl aus der Zeit bis 2002). Bis mindestens Ende 2015 wurden noch Steuerdaten-CDs angekauft,[13] aus welchem Jahr die Daten auf den CDs

---

Strafverfahren"; *Junker,* Liechtenstein-Steueraffäre, StRR, 2008, S. 129 (129f): „Die Frage der Verwertbarkeit der vom BND angekauften und an die Staatsanwaltschaft weitergegebenen Daten liechtensteinischer Bankkunden wird deshalb aller Voraussicht nach [...] zum Gegenstand eines höchstrichterlichen Grundsatzurteils werden."; noch 2010 *Pawlik,* Zur strafprozessualen Verwertbarkeit rechtswidrig erlangter ausländischer Bankdaten, JZ 2010, S. 693 (693): „Der juristische Härtetest dieser Maßnahme steht dagegen noch aus: Ist die Verwertung der angekauften Daten in den Strafverfahren gegen die betroffenen Bankkunden zulässig?".

8 Zumindest eine Gruppe von 24 Strafanzeigen gegen diverse Amtsträger wurde „gemäß § 170 Abs. 2 der Strafprozessordnung eingestellt, ohne in Ermittlungen einzutreten", Brief der Staatsanwaltschaft Berlin vom 3.6.2008. Vgl. auch den dazugehörigen Aktenvermerk, Az 1 St Js 144/08, beides veröffentlicht in der ZSteu, 2008, S. 176ff.

9 Siehe Kapitel 7 C.

10 Man kann hier nur spekulieren. Einige Zahlen nennt *Wagner,* Straflose Steuerflucht, Cicero, 3/2011, S. 92ff. Ansonsten ließe sich allenfalls aus der Menge der angekauften Datensätze ein solcher Schluss ziehen.

11 Die in Kapitel 7 C dargestellten Entscheidungen aus NRW betreffen diese Frage nicht, die aus Bayern lässt die Frage offen.

12 Hierfür spricht neben den Gesprächen des Autors mit den Strafverteidigern, dass nie etwas veröffentlicht wurde.

13 Neue Steuer-CD: Es geht um unzählige Milliarden, FAZ.NET, 31.10.2015, abrufbar unter http://www.faz.net/aktuell/wirtschaft/wirtschaftspolitik/neue-steuer-cd-es-geht-um-unzaehlige-milliarden-13886629.html [zuletzt abgerufen: 05.01.2017].

stammen, ist nicht bekannt.[14] In all diesen Fällen werden die Staatsanwaltschaften nun entscheiden müssen, ob sie tatsächlich Anklage erheben können.

Wenn sie tatsächlich Anklagen alleine auf Grundlage der „Steuer-CD-Daten" erheben wollen, bleibt fraglich, ob diese zugelassen werden und ob die Daten dann tatsächlich in der Hauptverhandlung verwendbar sind. Es spricht also einiges dafür, dass es sich bei der vorliegenden Fragestellung um keine rein akademische[15] handelt. Theoretisch könnten bis wenigstens etwa 2030 oder darüber hinaus noch eine Reihe von höchst schwierigen Fällen vor deutschen Gerichten landen, in denen dann tatsächlich jeweils zu entscheiden wäre, ob die fraglichen Daten verwendet werden dürfen. Hier dürfte je nach Fall neben der normativ zu beantwortenden Frage, ob die Daten verwendet werden dürfen, auch die Frage aufkommen, wie stichhaltig oder fehlerbehaftet diese Daten sind. Hier hängt viel vom Einzelfall ab.

Der anfangs von den meisten deutschen Parteien (wohl) befürwortete Erwerb der Daten ist zwischen denselben mittlerweile höchst strittig. Die allgemeine öffentliche Diskussion, die anfangs durchaus auch mit rechtlichen Argumenten geführt wurde, ist inzwischen eine rein politische. Es besteht anscheinend allgemeiner Konsens, dass die gesamte Gerichtsbarkeit, das Bundesverfassungsgericht eingeschlossen, diese Praxis für rechtens hält.

Die öffentliche Meinung scheint hingegen eine neue Richtung einzuschlagen und zwar eine, die aus der Warte vergangener Jahrzehnte vielleicht unerwartet anmutet. Die rege Berichterstattung scheint dies zu bestätigen, denn über Selbstverständliches muss nicht berichtet werden. Insofern kann man das Thema als einen „Lackmustest" für ein sich veränderndes Werte- oder Normbewusstsein in der Gesellschaft sehen.[16]

Es erscheint undenkbar, dass ohne die massive Zustimmung in der Bevölkerung die Datenankaufpraxis fortgesetzt worden wäre. Spätestens an dieser Stelle kann man die politische Ebene nicht mehr aus der Argumentation ausblenden, denn selbst wenn man annimmt, dass der Ankauf nicht strafbar oder gar rechtens war, gäbe es doch in keinem Falle einen rechtlichen Imperativ zum Kauf.[17]

---

14 *Randt,* Handel mit Steuer-CDs floriert, FAZ.NET, 14.2.2014, beschrieb dieses Vorgehen im Jahre 2014 als weiterhin gängige Praxis.

15 Als solche scheint *Joecks,* Die Verwertung „illegal" beschaffter Daten, SAM, 2011, S. 21 (25) zu verstehen.

16 Vgl. auch folgendes Zitat aus der Presse: „Der Umgang mit Steuerhinterziehern ist in den vergangenen Jahren deutlich ruppiger geworden. Auch in den Medien. Die Namen von Hinterziehern wie dem ehemaligen Springreiter Paul Schockemöhle, der einen Schatz in Liechtenstein versteckt hatte, tauchten mal in den Neunzigerjahren auf, doch ein solches Bohei wie heute wurde damals nicht gemacht.", *Leyendecker,* Steuerfall Alice Schwarzer: Die Last der späten Reue, sueddeutsche.de, 3.2.2014.

17 Seitens der Exekutive werden hier das Gebot der gleichmäßigen Besteuerung und das Legalitätsprinzip mobilisiert, so zum Beispiel in der mündlichen Verhandlung vor dem Verfassungsgerichtshof Rheinland-Pfalz von Vertretern des rheinland-pfälzischen Finanzministeriums.

Der gesamte Komplex ist auch nicht vollständig zu beschreiben, wenn man ihn losgelöst von den damit verfolgten Zwecken betrachtet. Diese bestehen zumindest in der Instrumentalisierung von Strafvorschriften zum „Trockenlegen von Steuersümpfen“,[18] also dem durch zwischenstaatliche Abkommen sicherzustellenden, automatischen Abgleich von Steuerdaten mit diversen anderen Staaten, derzeit vor allem der Schweiz. Mit „Instrumentalisierung des Strafrechts“ ist gemeint, dass dieses repressive, staatliche Instrument nicht zur Durchsetzung internationaler Abkommen zur Verfügung steht. Hier stellt sich die Frage nach der *Legitimität* eines solchen Vorgehens.

Die Erhebung von Steuern und das Beitreiben derselben ist die Grundlage der Finanzierung unseres Gemeinwesens. Der Staat braucht wirksame Mittel zur Überprüfung der Richtigkeit der Abgabenmenge der Steuerpflichtigen. Jedoch ist er hier, wie in allen anderen Bereichen auch, an rechtsstaatliche Verfahren gebunden. Diese rechtsstaatlichen Binsenweisheiten haben im Rahmen der hiesigen Fälle jegliche Selbstverständlichkeit verloren. Die rechtsstaatlichen Verfahren wurden vorliegend nicht eingehalten und allein an dieser *Methodenwahl* setzt die Kritik an. Es gibt auch keinen „Staatsnotstand“,[19] der dies rechtfertigen könnte. Durch dieses Vorgehen werden einzelne Steuerstraftäter nur Mittel zum Zweck bei der Durchsetzung einer bestimmten Politik.

Weiterhin ist die Belohnung von Straftaten, die in befreundeten Staaten begangenen wurden, zu verurteilen. Ein solches Vorgehen widerspricht dem Geist der europäischen Integration, dem auch die Schweiz und Liechtenstein sich verpflichtet fühlen. Hier kann auf eine Vielzahl von bilateralen Abkommen sowie auch auf Abkommen zwischen der EU und diesen Ländern verwiesen werden.

C. Rechtliche Fragen

Bei den rechtlichen Fragen sind fünf verschiedene Kreise zu unterscheiden. Zum einen besteht im Liechtenstein-Fall,[20] wie vermutlich auch in allen Schweizer Fällen,[21] eine Strafbarkeit zumindest der Datenlieferanten nach den Gesetzen des jeweiligen

18 Dies ist weder die Formulierung des Autors noch ist diese der Objektivität der Debatte zuträglich, aber Hauptschlagwort in den Medien.

19 So auch *Trüg*, Steuerdaten-CDs und die Verwertung im Strafprozess, StV, 2011, S.111(116); *Lüderssen*, Ein Fall von Steuerstaatsnotstand?, FAZ, 21.2.2008, S. 37.

20 Vorliegend kommen insbesondere eine Strafbarkeit nach § 123 liStGB (Auskundschaftung eines Geschäfts- oder Betriebsgeheimnisses) und/oder § 124 liStGB (Auskundschaftung eines Geschäfts- oder Betriebsgeheimnisses zugunsten des Auslands) in der damals geltenden Fassung infrage. Die präzise Subsumtion erfolgt an den relevanten Stellen.

21 Für die Schweizer Fälle ist zumindest eine Person zu einer bedingten Freiheitsstrafe verurteilt worden. Zudem haben *Heine* und *Eicker* die Strafbarkeit für diese Fälle untersucht, auf diese Ausführungen sei hier verwiesen: *Heine,* Der staatliche Ankauf von strafbar erlangten Steuer-Daten, FS Roxin, S. 1087 (1088ff.); *Eicker,* Zur Strafbar

Tatlandes. Diese Fragen werden hier nicht systematisch angesprochen, es geht ausschließlich um deutsches Recht und am Rande auch um Völkerrecht.

Im Zentrum steht hingegen die Frage, ob der Datenbeschaffer sich nach deutschem Recht strafbar gemacht hat[22] und ob die für den deutschen Staat handelnden Personen sich nach deutschem Recht strafbar gemacht haben.[23] Dies sind Fragen des materiellen Strafrechts. Zudem werden auch die völkerrechtlichen Fragen in Grundzügen dargestellt.[24]

Weiterhin spielte der Bundesnachrichtendienst in der *Liechtenstein-Affäre* eine bedeutende Rolle. Inwiefern er diese Rolle auch spielen *durfte,* ist eine weitere Frage, die es hier zu beantworten gilt.[25] Diese Frage ist rechtlich besonders interessant, weil das „Geheimdienst- oder Nachrichtendienstrecht" ein Rechtsgebiet ist, welches wissenschaftlich weitgehend gemieden wird.[26]

All diese möglichen Rechtsverstöße führen zur Hauptfrage der Beweisverwertung. Dogmatisch ausgedrückt geht es darum, ob die hier infrage stehenden Informationen mit einem *Beweisverwertungsverbot* in der Hauptverhandlung zu belegen sind und ob ein solches auch ausstrahlen kann, d.h. ob ihm *Vorwirkung* beziehungsweise *Fern-* oder *Fortwirkung* zukommt. Die Verwendung im Besteuerungsverfahren liegt außerhalb des Themas.[27]

---

keit des Kopierens und Verkaufens sowie des Ankaufens von Bankkundendaten als schweizerisch-deutsches Tatgeschehen, Jusletter, 30. August 2010, S. 1ff. Davon zu trennen ist die Frage der Strafbarkeit von deutschen Staatsdienern nach Schweizer Recht. Hierzu ebd., S. 1ff. (ablehnend). *Delnon/Niggli,* Verkaufen und Kaufen von strafbar erlangten Bankkundendaten durch ausländische Behörden als schweizerisch-deutsches Tatgeschehen: Eine Anmerkung zum Aufsatz von Andreas Eicker, Jusletter, 8.November 2010, S. 2ff. (zustimmend), darauf wiederum antwortend *Eicker,* Ist die im Ausland geäusserte Bereitschaft, in der Schweiz illegal erlangte Daten anzukaufen, wirklich als Staatsschutzdelikt verfolgbar?: Eine Duplik zu den Anmerkungen von Vera Delnon und Marcel Alexander Niggli, Jusletter, 10.Januar, 2011, S. 2ff. und eine Strafbarkeit nach Art.271 Ziff.1 Abs.3 und Art 162 StGB-CH und Art.47 BankG-CH für möglich haltend.

22 Siehe Kapitel 4.

23 Siehe Kapitel 6.

24 Siehe Kapitel 7 B I.

25 Siehe Kapitel 5.

26 Hierzu merkt eine 2011 erschienene Dissertation an: „Speziell das Thema der Beweisverwertung von Informationen der Nachrichtendienste wurde bislang kaum behandelt. Sofern Nachrichtendienste in der rechtswissenschaftlichen Betrachtung vorkommen, werden beinahe ausschließlich Probleme des Datenschutzes und Kompetenzfragen thematisiert.", *Rehbein,* Die Verwertbarkeit von nachrichtendienstlichen Erkenntnissen, S. 19, vgl. hierzu auch ebd., S. 22 und S. 112.

27 Damit entfallen auch eine Reihe der sehr interessanten, steuerrechtlichen Fragen rund um die liechtensteinische Stiftung. Hier geht es – verkürzt gesagt – um die Frage, wann bei dieser Anlageform überhaupt Steuerhinterziehung in Deutschland vorliegen kann. Dies ist im Einzelnen deutlich unklarer, als es oftmals suggeriert

Im Anschluss werden, losgelöst von den vorliegenden Fällen, einige grundsätzliche Probleme zur Rolle von Privatpersonen im Strafverfahren angesprochen.

D. Aufteilung der Fragen auf die Kapitel

Nachdem die Kernfragen grob umrissen wurden, soll zur Orientierung kurz vorgestellt werden, in welche Teilfragen diese hier aufgespalten werden:

Im **zweiten Kapitel** wird die (Re-)Konstruktion des Liechtenstein-/Kieber-/*LGT*-Falles mit allen damit verbundenen Unwägbarkeiten unternommen.

Im **dritten Kapitel** wird ein Teil des Diskurses in der Presse dargestellt.

In den **Kapiteln vier bis sechs** werden die möglichen Strafbarkeiten untersucht, was sowohl des in der Presse sogenannten „Datendiebes" als auch der agierenden Staatsdiener umfasst. Zudem wird die Frage der Rechtmäßigkeit des Vorgehens des Bundesnachrichtendienstes geklärt.

Das **siebte Kapitel** beschäftigt sich mit dem Diskurs um die Verwertbarkeit der Daten. Einführend wird ein kurzer Problemaufriss zu den Beweisverboten skizziert.

Der Abschnitt veranschaulicht, dass auch nach 100 Jahren zum Teil regen Diskurses keine konsentierten Ergebnisse vorliegen. Das erschwert einerseits die Entscheidung über ein Beweisverwertungsverbot im vorliegenden Fall nach rein dogmatischen Gesichtspunkten ungemein. Daraus resultiert andererseits ein Lösungsansatz, der aus rechtsstaatlichen Prinzipien eine Lösung abzuleiten versucht.

Im **achten Kapitel** erfolgt die Einschätzung des Verfassers.

Das **neunte Kapitel** umreißt die von dem Fall ausgehenden Implikationen und liefert einen Beitrag zum rechtspolitischen Diskurs.

Im **zehnten Kapitel** werden die bisherigen Ausführungen abschließend zusammengefasst.

---

wird: Vgl. *Göres/Kleinert,* Die Liechtenstein Finanzaffäre, NJW, 2008, S. 1353ff.; vgl. auch zur Verwendung der Steuerdaten-CD-Daten im Besteuerungsverfahren *Brinkschulte,* Bankgeheimnis und Steuerstrafrecht, S. 144ff.

Kapitel 2: Der Liechtenstein-Komplex

Dieses Kapitel ist der Sachverhaltsrekonstruktion gewidmet. Dass diese Frage überhaupt so detailliert gestellt wird, ist für eine rechtswissenschaftliche Arbeit sicher ungewöhnlich. Da die *Liechtenstein-Affäre* in der deutschen Tagespresse intensiv besprochen wurde, verfügen Leser bereits über ein bestimmtes Bild und Vorverständnis der Fälle.

Für eine juristische Beurteilung vermitteln die Berichte in der deutschen Presse jedoch ein zu unvollständiges Bild des Gesamtablaufs. Überdies waren zum Teil schlicht falsche Informationen im Umlauf. Insofern wird versucht, dem Leser ein möglichst plastisches Bild des gesamten Ablaufs zu vermitteln. Auch die Frage, wer der Datenlieferant war und welchen Nutzen er aus seinen Taten ziehen konnte, hat sowohl eine Relevanz für dogmatische Fragen als auch vor allem für rechtspolitische Fragen.

Die juristische wie auch allgemeine öffentliche Debatte litten im Liechtenstein-Komplex unter einem Mangel an zugänglichen Informationen.[28] Der genaue Sachverhalt ist nach wie vor undurchsichtig, was die juristische Wertung des Vorgangs erschwert. Im Folgenden wird daher versucht, den Sachverhalt anhand aller verfügbaren Quellen zu rekonstruieren.

Vonseiten der Exekutive und Judikative gibt es wenig gesicherte Tatsachen. Eine Änderung dieses Zustandes ist nicht absehbar, da eine gerichtliche Aufarbeitung des Komplexes aus verschiedenen Gründen höchst unwahrscheinlich ist.[29] Die bekannten Urteile, wie zum Beispiel das kontrovers diskutierte *Zumwinkel*-Urteil, basieren auf Geständnissen. Die Frage des Datenerwerbs spielte daher (wohl) keine Rolle.

Als primäre Quellen der Rekonstruktion dienen Zeitungen und Zeitschriften, ein Buch[30] sowie ein Dokumentarfilm[31] über den Komplex, die wenigen Urteile auf nationaler und internationaler Ebene (zum Teil nebst weiterer Gerichtsakten) und

---

28 Vgl. *Jahn,* Grundfragen und aktuelle Probleme der Beweisverwertung im Straf- und Steuerstrafverfahren, FS Stöckel, S. 259 (260f.); *Betzinger/Rutemöller,* Zwischenruf: Grenzen der Rechtsstaatlichkeit, ZRP, 2008, S. 95 (96), die davon sprechen, dass „nachdem anfangs Unklarheit über das Vorgehen der deutschen Behörden bestand, [...] mittlerweile von den beteiligten Akteuren eine allgemeine Sprachregelung gefunden" wurde. Der Begriff der „Sprachregelung" scheint eine durchaus treffende Beschreibung der Bemäntelung einer weitgehend unklaren Sachlage zu sein.

29 Dabei spielen neben den Spezifika der hiesigen Fälle auch generelle Tendenzen in der Strafrechtspflege eine Rolle, die sich zunehmend an einem „konsensorientierten Präventionsstrafrecht" ausrichten. Zu Letzterem *Fornauf,* Die Marginalisierung der Unabhängigkeit der Dritten Gewalt im System des Strafrechts, insbesondere S. 144ff.

30 *Wohlwend,* Der Datendieb.

31 Dokumentarfilm von *Frommelt/Wolhlwend,* Heinrich Kieber – Datendieb, ISAN 0000-0002-768C-0000-G.

ein Untersuchungsbericht des US-Senats.[32] Zudem liegt noch ein gut 600-seitiger „Tatsachenbericht“ im Internet vor, der vom Datenlieferanten *Heinrich Kieber* selbst verfasst und dort zugänglich gemacht wurde.[33] Diese Quelle ist mit Sicherheit die fragwürdigste. Allerdings wurden die enthaltenen Informationen zum einen durch den liechtensteinischen Journalisten *Sigvard Wohlwend* größtenteils überprüft, plausibilisiert und in dessen Buch veröffentlicht. Zum anderen ist ein Abgleich mit weiteren vorhandenen Quellen möglich, weshalb man insgesamt ein recht anschauliches Bild der Datenerlangung und -weitergabe gewinnen kann. Zudem wird auf eigens durchgeführte Gespräche mit Strafverteidigern rekurriert, welche Einblick in die Akten hatten. Die in juristischen Fachzeitschriften erschienenen Artikel berufen sich überwiegend auf die Tagespresse.

A. Entwendung durch den Datenlieferanten

Nach Dutzenden gleichlautenden Presseberichten[34] stammen die Daten von der *LGT* Treuhand in Liechtenstein und wurden von *Heinrich Kieber* entwendet, einem liechtensteinischen Staatsbürger, der ebendies auch unter Eid geschworen hat.[35] Dies geschah spätestens 2002, Genaueres ist nicht bekannt,[36] ebenso wenig sind die genauen Umstände des Ansichbringens der Daten geklärt.[37] Für die hiesige Argumentation ist jedoch im Ergebnis alleine wichtig, *dass die Daten gegen den Willen der LGT Treuhand dort entwendet wurden.* Das Datum spielt alleine für die Frage der strafrechtlichen Verjährung eine Rolle. Das Entwenden hat die *LGT Treuhand* in einer Pressemitteilung eingeräumt. Es handele sich um Daten, die 2002 bei

32 *Permanent Subcommittee on Investigations United States Senate,* Staff Report Tax Haven Banks and U.S. Tax Compliance, S. 34: „The subcommittee was able to obtain copies of more than 12,000 pages of internal LGT documents, dated from the mid-1990s to 2002, relating to clients connected to the United States.“ Ein Teil dieser Dokumente wurde als „exhibits“ ebenfalls veröffentlicht, siehe Literaturverzeichnis.

33 *Kieber,* Der Fürst. Der Dieb. Die Daten.

34 Statt vieler sei hier Stern online genannt: „Größter Steuerskandal aller Zeiten“, abrufbar unter: http://www.stern.de/wirtschaft/news/unternehmen/liechtenstein-groesster-steuerskandal-aller-zeiten-611361.html [zuletzt abgerufen 4.1.2014]. So auch *Wohlwend,* Der Datendieb, S. 8ff.; Affidavit of AJT Exhibit, Volume 3, Az. QUD-347/10, Federal Court of Australia, Denlay vs. Commissioner of Taxation, S. 221.

35 Affidavit of AJT, Exhibit Volume 3, Az. QUD-347/10, Federal Court of Australia, Denlay vs. Commissioner of Taxation, S. 632; *US Senate Permanent Subcommittee on Investigations,* Exhibit Nr. 5 auf der Liste zu „Hearing on Tax Haven Banks and U.S. Tax Compliance July 17 and 25, 2008“ S. 1.

36 *Wohlwend,* Der Datendieb, S. 133.

37 *Wohlwend,* Der Datendieb, S. 134f.

der *LGT Treuhand* gestohlen wurden. Als Täter wird *Heinrich Kieber* genannt, der als ehemaliger, externer IT-Mitarbeiter[38] bezeichnet wird.[39]

Bei der „Beute" handelte es sich wohl einerseits um Originaldokumente, deren Verbleib unklar ist, andererseits um die später „berühmt" gewordenen digitalen Daten. *Kieber* hat aller Wahrscheinlichkeit nach nur die digitalen Daten weitergegeben, die anscheinend ursprünglich auf einem Magnetband gespeichert waren,[40] welches alle vorhandenen Kundendaten der *LGT Treuhand* enthielt und von dem er Kopien auf anderen Datenträgern angefertigt hat.[41] Es spricht einiges dafür, dass diese Daten in irgendeiner Form verschlüsselt waren. *Kieber* behauptet, sie seien allerdings nicht sehr schwer zu decodieren gewesen, in einem Artikel einer australischen Zeitung steht: „And he had developed his own software to sort the files."[42]

Kieber wurde in erster Instanz am 21.Oktober 2003:

> „wegen der Verbrechen des schweren Betruges nach den §§ 146, 147 Abs. 2 StGB, der Gewalt und gefährlichen Drohung gegen den Landesfürsten nach § 249 StGB, der versuchten schweren Nötigung nach den §§ 15, 105 Abs 1, 106 Abs.1 Zahl 1 StGB, der Auskundschaftung eines Geschäfts- oder Betriebsgeheimnisses zu Gunsten des Auslandes nach § 124 Abs 1 StGB sowie der Vergehen der Datenbeschädigung nach § 126a Abs. 1 StGB und der Urkundenunterdrückung nach § 229 Abs 1 StGB"[43]

verurteilt.
Diese Verurteilung basiert zum Teil auf Taten im Zusammenhang mit den *LGT*-Daten, zum Teil aber auch mit damit nicht zusammenhängenden Taten. Diese Verurteilung wird sowohl in der filmischen Dokumentation[44] über *Heinrich Kieber*

---

38 Vgl. hierzu auch Affidavit of AJT Exhibit, Volume 3, Az. QUD-347/10, Federal Court of Australia, Denlay vs. Commissioner of Taxation, S. 246, wo *Kieber* über seine Arbeit bei der *LGT* spricht.

39 http://www.lgt.com/_news/attachments/080224_LGT_Medienmitteilung_de.pdf [zuletzt abgerufen 28.9.2011].

40 „Q 136 Yes. And that was a computer tape of some description? A 136 I won't comment on that. Q 137 Okay. A 137 In this direction .... It's electronic, yes. Q 138 And some digital image? A 138 Yes.", Affidavit of AJT Exhibit, Volume 3, Az. QUD-347/10, Federal Court of Australia, Denlay vs. Commissioner of Taxation, S. 245.

41 Vgl. *Wohlwend,* Der Datendieb, S. 135; Kieber: „Well, I don't want to go into specifics, you know – of course, everybody can know that I have breached the law there.", Affidavit of AJT Exhibit, Volume 3, Az. QUD-347/10, Federal Court of Australia, Denlay vs. Commissioner of Taxation, S. 225.

42 *Chenoweth,* Would you trust this man?, Australian Financial Review, 4.5.2011.

43 Das Berufungsurteil des Fürstlichen Obergerichts, AZ. 10 Vr 140/97; 12 UR.2003.8; 01 KG.2003.17; 01 KG.2003.20; ON 79, ist als Faksimile auszugsweise abgedruckt in *Wohlwend,* Der Datendieb, S. XIII. Dort wird das erstinstanzliche Urteil zitiert.

44 *Frommelt/Wohlwend,* Heinrich Kieber – Datendieb.

als auch von *Kieber* selbst[45] und in dem über ihn publizierten Buch erwähnt. Das folgende Berufungsurteil führt aus, dass er sich in zweiter Instanz nur noch:

> „des schweren Betruges nach den §§ 146, 147 Abs. 2 StGB [diese Tat dürfte nicht mit den LGT-Daten in Zusammenhang stehen, Anmerkung D.W.] zu verantworten hat. Daneben fallen dem Angeklagten nur noch die beiden Vergehen der versuchten Nötigung nach §§ 15, 105 Abs. 1 StGB und der Urkundenunterdrückung nach § 229 Abs. 1 StGB zur Last, nicht mehr das Vergehen des Diebstahls nach § 127 StGB, sodass das Verbrechen des schweren Betruges lediglich mit zwei Vergehenstatbeständen (und nicht wie bisher mit dem Verbrechen der Gewalt und der gefährlichen Drohung gegen den Landesfürsten nach § 249 StGB und drei Vergehenstatbeständen) konkurriert."[46]

Von den digital gespeicherten Daten behielt er danach zumindest eine Kopie.[47]

Wegen der später begangenen Taten wird er durch das Fürstentum Liechtenstein wegen „des Verdachts des Verbrechens der Auskundschaftung von Geschäfts- und Betriebsgeheimnissen zu Gunsten des Auslands (§ 124 StGB) und des Vergehens des Datendiebstahls (§ 131a StGB)" steckbrieflich und mit internationalem Haftbefehl gesucht.[48] Offiziell wurde vonseiten der deutschen Regierung der Name *Kieber* nie genannt. *Kieber* hat wohl eine oder mehrere neue Identitäten unbekannter Nationalität erhalten und lebt an einem unbekannten Ort, vermutlich in Australien, und eventuell in einem Zeugenschutzprogramm eines ebenfalls nicht bekannten Landes.[49]

Kieber wurde für seine Taten in jedem Falle von der Bundesrepublik Deutschland[50] und dem Vereinigten Königreich[51] entlohnt. Australien hat ihn aller Wahrscheinlichkeit nach nicht vergütet, zumindest nicht mit Geld. Durch die USA wurde oder wird er über das Whistleblower-Programm des *Internal Revenue Service* bezahlt.[52] Es spricht viel dafür, dass *Heinrich Kieber* durch seine Taten insgesamt einen mittleren zweistelligen Millionenbetrag in Euro erzielen konnte oder noch erzielen wird.

---

45 *Kieber*, Der Fürst. Der Dieb. Die Daten, S. 482ff.

46 Urteil des Fürstlichen Obergerichts, AZ. 10 Vr 140/97; 12 UR.2003.8; 01 KG.2003.17; 01 KG.2003.20; ON 79 als Faksimile abgedruckt in *Wohlwend*, Der Datendieb, S. XIV im Bildteil der Druckausgabe des Buches.

47 Berichte über angeblich ebenfalls entwendete Originaldokumente konnten nicht verifiziert werden.

48 http://www.landespolizei.li/News/Newsdetail.aspx?shmid=392&shact=652414505&shmiid=Ebs0TP8EEVU__eql__, [zuletzt abgerufen 19.11.2013].

49 Aussage von Senator *Levin*, nachzulesen im Protokoll der Anhörung des US Senats, 110–614.

50 So *Albig* auf der Regierungspressekonferenz am 18.2.2008.

51 Der *Telegraph* sprach von 100,000 GBP, http://www.telegraph.co.uk/finance/personalfinance/2786372/Money-talks-in-the-pursuit-of-tax-evaders.html [zuletzt abgerufen 19.11.2013].

52 Laut *Wohlwend*, Der Datendieb, S. 206ff., hat *Kieber* einen entsprechenden Antrag gestellt und wird zudem anwaltlich durch *Jack Blum* vertreten, einem Washingtoner Anwalt, der regelmäßig „Whistleblower" vertritt.

Es gab zu Beginn der Affäre zumindest einen Pressebericht, in dem daran gezweifelt wurde, dass *Kieber* wirklich der einzige Datenlieferant ist. Er habe nur bis 2002 an die Daten kommen können, die deutschen Behörden verfügten aber über Informationen bis 2005.[53] Für die Richtigkeit dieses Berichts konnten keinerlei Belege gefunden werden. Auch in der Presse wurde dieser Punkt im Folgenden nicht in größerem Umfang aufgegriffen. Die *LGT* dementiert diese Darstellung in ihrer Pressemitteilung vom 24.Februar 2002 unter expliziter Bezugnahme auf diese Gerüchte.[54]

B. Beschaffenheit der Daten

Wichtig für die juristische Beurteilung ist auch die Natur der Daten. Insbesondere hierüber wurde in der Presse und in den einschlägigen Artikeln der Fachzeitschriften recht wenig berichtet. *Spatscheck* schreibt, die Fahnder rühmten sich damit, „vollständige Kopien der Berater-Handakten der LGT-Treuhand AG für einen bestimmten Zeitraum zur Verfügung zu haben."[55] Laut *LGT*-Pressemitteilung handelt es sich um:

> „Akten unterschiedlichster Natur. Sie betreffen ungefähr 1'400 Kundenbeziehungen der LGT Treuhand, die vor Ende 2002 eingegangen wurden. Davon ist der grösste Teil, gegen 600 Kunden, in Deutschland wohnhaft. Bei der in den Medien kursierenden Zahl von 4'527 Datensätzen handelt es sich exakt um die Anzahl der Begünstigten aller Stiftungen, die sich auf dem 2002 gestohlenen Datenmaterial der LGT Treuhand befinden."[56]

Die deutschen Stellen haben die Daten nie veröffentlicht. Aufgrund des Steuergeheimnisses ist dieses Vorgehen ausdrücklich zu begrüßen. Eine Einsicht, auch in abgeschlossene Fälle zu wissenschaftlichen Zwecken, wurde ebenfalls verwehrt. Als Grund hierfür wurde für das Land Nordrhein-Westfalen auf die „Rechtsverordnung des JM vom 28. Dezember 2000 (14190 – II C. 1) in der Fassung vom 5. Juli 2005 (1410 – V.1)" verwiesen, weiterhin stehe das Steuergeheimnis entgegen.[57] Ein direkter Einblick in Verfahrensakten war daher nicht möglich.

---

53 *Ramelsberger,* Der zweite Mann, sueddeutsche.de, 10.5.2010. So auch *Hellmann,* Ermittlungsprobleme bei grenzüberschreitender Steuerhinterziehung, FS Samson, S. 661 (672).

54 http://www.lgt.com/_news/attachments/080224_LGT_Medienmitteilung_de.pdf [zuletzt abgerufen 28.9.2011].

55 *Spatscheck,* Wird Gauner, wer mit Gaunern dealt?, FS Volk, S. 771 (772).

56 Http://www.lgt.com/_news/attachments/080224_LGT_Medienmitteilung_de.pdf [zuletzt abgerufen 28.9.2011]. Aus *Kiebers* Aussagen kann man vermuten, dass es sich etwa um 500.000 Seiten handelt, vgl. Affidavit of AJT Exhibit, Volume 3, Az. QUD-347/10, Federal Court of Australia, Denlay vs. Commissioner of Taxation, S. 253.

57 Schreiben der Staatsanwaltschaft Düsseldorf vom 13. Mai 2013 an den Autor. *Ergänzende Anmerkung des Autors:* Die oben zitierte Verwaltungsvorschrift ist mittlerweile in der jeweils geltenden Fassung auf dem Internetportal des Landes Nordrhein-Westfalen frei zugänglich (www.jvv.nrw.de). Die Vorschrift ist mit „Geschäftliche Behandlung von Anfragen und Auskunftsersuchen zu wissenschaftlichen Zwecken"

Auch ein *Subcommittee* des US-Senats hat sich mit dem Fall beschäftigt und in großem Umfang Akten gesichtet und veröffentlicht.[58] In der Ausschusssitzung wird *Kieber* namentlich genannt,[59] folglich handelt es sich um Daten aus dem gleichen Konvolut.[60] *Kieber* selbst sagte unter Eid dazu aus:

> „I obtained copies of the data of every legal entity and, furthermore, copies of vast internal documents before I left the company. All documents provided are authentic, original copies and have not been in any way changed or manipulated."[61]

Im Abschlussbericht heißt es, unter den ausgewerteten Daten befänden sich „bank account records, internal bank memoranda, trust agreements, incorporation papers, correspondence, and electronic communications".[62] Im Folgenden wird dann umfänglich auf Aufzeichnungen von vertraulichen Kundengesprächen bei der *LGT* und am Telefon Bezug genommen.[63]

Kieber hat behauptet, dass es sich bei dem von ihm gelieferten Konvolut um die vollständigen Kundenakten der *LGT Treuhand* handelt.[64] Er hat weiterhin behauptet, dass die Akten Rückschlüsse auf Umstände zulassen, die unter Zugrundelegung der Sphärentheorie des Bundesverfassungsgerichts zumindest Fragen aufwerfen könnten. Als Beispiel soll hier folgende Textstelle wiedergeben werden:

überschrieben. Sie konkretisiert eine Reihe von gesetzlichen Vorgaben. Dies betrifft u.a. §§ 476 StPO, 186 StVollzG und Vorschriften des Datenschutzrechts.

58 „Exhibit List" zum „Hearing on Tax Haven Banks and U.S. Tax Compliance" am 17. und 25. Juli 2008.

59 Aussage von Senator *Levin*, Protokoll der Anhörung des US Senats, 110–614.

60 *Permanent Subcommittee on Investigations United States Senate,* Staff Report Tax Haven Banks and U.S. Tax Compliance, S. 5: „[T]he IRS discovered the Liechtenstein foundations through the documents released by the former LGT employee." Das Zitat steht in einem Abschnitt, der wie folgt eingeleitet wird: „In February 2008, a global tax scandal erupted after a former employee of a Liechtenstein trust company provided tax authorities around the world with data on about 1,400 persons with accounts at LGT Bank in Liechtenstein.", S. 2. Auch dies weist eindeutig auf *Kieber* und dessen „Steuerdaten-CDs" hin. In der Dokumentation „Heinrich Kieber Datendieb" werden auch Verhöre ebenjenes Komitees gezeigt, in denen der Kopf des Verhörten zwar nicht sichtbar ist, jedoch durch die Filmemacher als *Heinrich Kieber* bezeichnet wird.

61 Exhibit Nr. 5 auf der „Exhibit List" zum „Hearing on Tax Haven Banks and U.S. Tax Compliance" am 17. und 25. Juli 2008, S.3.

62 *Permanent Subcommittee on Investigations United States Senate,* Staff Report Tax Haven Banks and U.S. Tax Compliance, S. 4.

63 *Permanent Subcommittee on Investigations United States Senate,* Staff Report Tax Haven Banks and U.S. Tax Compliance, S. 6f.

64 Unter anderem auch bei seinen Gesprächen mit dem *ATO:* „I took an opportunity to obtain a copy – a hard disk copy of the complete database of the trust accounts", Affidavit of AJT Exhibit, Volume 3, Az. QUD-347/10, Federal Court of Australia, Denlay vs. Commissioner of Taxation, S. 224.

„Unabwendbar bekam man den Eindruck, dass wir als Treuhand aus dem Leben des Kunden oft mehr wussten als seine Frau, Kinder oder sonstige Familienmitglieder. Alleine aus den Tausenden verschiedenen oft skurrilen Geschichten, die sich im Leben der Begünstigten abspielten, und den Weg via Vermerk in den Akt fanden, könnte ich ein dickes zweites Buch auflegen. Denn viele Kunden erzählten ihren Kundenberatern auch im Detail wie es ‚zu Hause' oder ‚im Geschäft' zu ging. Berichtet wurde über Ängste und Bürden, interne Familienstreitigkeiten und Versöhnungen, die längste Luxusreise, die neuste Anschaffung, der letzte Trick um an mehr Geld zu kommen. Endlos die Beispiele und all dies fand sich u.a. in den internen Aktenvermerken wieder, vor allem wenn es Auswirkungen auf das jeweils aktuelle Beistatut hatte. Da war z.B. [...] [e]in heissblütiger Kunde, der eine geheime Zweitehefrau samt Kind im Ausland hat und im Falle seines Todes will, dass das gesamte Vermögen dieser Frau im Ausland zufallen soll und nicht an die ‚heimische' Ehefrau.

Oder

Der überängstliche Kunde, der aufgeschreckt durch Medienberichte, in Vaduz sollen sich deutsche Steuerfahnder herumtreiben und Autos mit deutschen Kennzeichen in den Tiefgaragen der diversen Geschäftsgebäude fotografieren, folgende Vereinbarung mit der LGT Treuhand getroffen hatte: Er parkiert sein Fahrzeug in der Schweiz, auf der anderen Seite des Rheins, nimmt den Linienbus nach Vaduz und trifft sich mit seinem Kundenberater für eine Geldübergabe oder -auszahlung jeweils vor der Toilettentüre im unteren Stockwerk des Restaurants Amman, gleich neben der Apotheke Hasler. Und sich dann sofort danach die Wege trennen sollen."[65]

Was davon tatsächlich stimmt, ist schwer zu sagen. Verifizieren ließ sich, dass die Gespräche zwischen Kundenberater und Kunden durchaus eine sehr vertraute Atmosphäre haben konnten und zum Beispiel auch Nachlassfragen diskutiert wurden. Dies kann man auch an den durch den US-Senat veröffentlichten Dokumenten nachweisen.[66] Verifizieren ließ sich überdies, dass allgemein liechtensteinische Treuhänder zuweilen mit Finanzkonstrukten beauftragt werden, die dazu dienen, Verhältnisse geheim zu halten, von denen die Familie nichts wissen soll.[67] Es ist von daher nicht abwegig, dass sich auch solche Informationen in dem Datenkonvolut befanden.

Als Nächstes kann man sich fragen, wie hoch prozentuale Anteil an Kunden ist, bei denen ein strafrechtlich relevantes Verhalten vorlag. Hierzu ist die Datenlage sehr dürftig. Es kann daher nur die Angabe aus einer Regierungspressekonferenz

65 *Kieber*, Der Fürst. Der Dieb. Die Daten, S.142f.
66 Siehe Exhibit Nr. 12: Aktenvermerk über Kundengespräch; Nr.33, 36, 39: Anlagestrategien, familiäre Perspektiven; Nr.48, 49, 50: Aktenvermerk zu Telefongesprächen; Nr.74: Detaillierte innerfamiliäre Verhältnisse; Nr.5b, 11, 75: Testamentsähnliche Dokumente, alles auf der „Exhibit List" zum „Hearing on Tax Haven Banks and U.S. Tax Compliance" am 17. und 25. Juli 2008.
67 Ergebnis des Gespräches des Autors mit *Sigvard Wohlwend*.

herangezogen werden, die von einer 80-prozentigen Quote ausging.[68] Fraglich bleibt, ob sich diese Zahl auf die gesamten Daten und somit auch auf in Deutschland nicht steuerpflichtige Personen bezog. Die Aussage selbst lässt eher vermuten, dass mit dieser Zahl nur die in Deutschland steuerpflichtigen Personen gemeint waren. Damit würden also 20 Prozent der Daten Personen betreffen, für die sich kein Anfangsverdacht auf eine Straftat aus der Zusammenschau von *LGT Treuhand*-Akte und Steuerakte ergibt und die diese Akte auch dem Finanzamt nicht hätten offenbaren müssen. Allerdings gibt es für diese Aussage leider nur Indizien, dennoch erscheint es unplausibel, dass bei der *LGT Treuhand* 100 Prozent der deutschen Kunden eines Steuer- oder sonstigen Deliktes verdächtig sind. Die Quote von 80 Prozent erscheint somit grundsätzlich plausibel.

Eine weitere Frage ist, ob sich aus den Daten selbst ergibt, dass ein strafbares Verhalten vorliegt oder dass Beihilfe zu einem strafbaren Verhalten geleistet wurde.[69] Diese Frage ist äußerst komplex und eine seriöse Beantwortung würde sowohl detaillierte Kenntnisse sämtlicher Akten als auch des Finanzmarkt- und Steuerrechts verschiedener Länder voraussetzen. Aus der Durchsicht der durch den US-Senat veröffentlichten Akten und den Gesprächen mit Steuerstrafverteidigern, die in deutschen Fällen tätig waren, ergibt sich jedoch zumindest, dass aus den Akten nicht eindeutig hervorgeht, dass hier vorsätzlich Beihilfe zu strafbarem Tun geleistet wurde. Dass die Konstruktionen oftmals den Zweck hatten, Steuern zu vermeiden, dürfte wenig zweifelhaft sein. Dies alleine ist jedoch nicht strafbar. Im vierten Kapitel wird die Frage thematisiert, ob dieser Punkt überhaupt für die rechtlichen Fragen erheblich ist.

Rechtlich problematisch könnten beispielsweise Passagen wie die folgende sein:

> „1. F.L. ist zur Gründung entschlossen. Es ist jedoch besondere Vorsicht anzuwenden, da er den australischen Steuerbehörden nicht abnimmt, dass der Fall mit der Bezahlung der 25M endgültig abgeschlossen ist. Die ganze Dokumentation und Aufbau ist so abgeschlossen, dass F.L. sowie dessen Anwälte in Australien vor Gericht bedenkenlos aussagen könnten."[70]

Hier fällt es nicht leicht, Beihilfe zu illegalen Handlungen zu sehen, auch wenn man es anhand solcher Zitate nicht ausschließen kann. Was unter „Vorsicht" zu verstehen ist, lässt sich den Akten schwerlich entnehmen und bietet Interpretationsspielraum.

---

68 *Albig* auf der Regierungspressekonferenz am 18.2.2008.

69 Kieber: „And sometimes ... secretary or trust officer stupid enough to write internal memos, they use a word like ‚bribery, corruption,' we do it all the time, we do it in the future, and things like that. That's what's going to break the neck, yes.", Affidavit of AJT, Exhibit Volume 3, Az. QUD-347/10, Federal Court of Australia, Denlay vs. Commissioner of Taxation, S. 254.

70 Exhibit Nr. 40 auf der „Exhibit List" zum „Hearing on Tax Haven Banks and U.S. Tax Compliance" am 17. und 25. Juli 2008, S. 113.

Die Auslegung des Wortlautes ergibt zunächst einmal kein Problem. Schwieriger verhält es sich in diesem Fall:

> „Das Stiftungsvermögen soll sich auf ca. 100 Mio. USD belaufen und stammt aus einer relativ komplexen Transaktion, die zum Ziel hatte, die börsenkotierten Aktien der [Auslassung zur Anonymisierung] wieder in Familienbesitz zurückzuführen, was schliesslich auch gelungen ist.
>
> ORV hat angeblich mitgewirkt und ist im Detail darüber informiert. Es soll sich wp zufolge um keinerlei ‚Risikogelder' handeln.
>
> Das Wesentliche unserer Besprechung ist, dass der Klient diese Gelder nicht offiziell in sein australisches Vermögen zurückführen kann. Es bleibt somit in der Stiftung und wp ist überzeugt, dass sich daran auch nichts ändern wird, solange das PM-Mandat ordentlich ausgeführt wird. Das Mandat ist als eines der grössten Geschäfte der LGT BIL einzustufen (hat bisher ca. 7 Mio CHF gebracht!). Gerade deshalb ist darauf zu achten, dass keine Belastungen oder Transaktionen über das [Auslassung zur Anonymisierung]-Konto getätigt werden, die den Klienten grundsätzlich ‚nervös' machen."[71]

Dass das Vermögen nicht nach Australien zurückgeführt werden kann, mag steuerliche Gründe haben. Zwangsläufig illegal ist dies aber vermutlich nicht. Zudem lässt sich dem Aktenvermerk insbesondere nicht entnehmen, ob der verfassende Mitarbeiter einschätzen kann, inwiefern hier eine rechtlich relevante Problematik vorliegt oder ob es sich um eine schlichte Steuervermeidungstaktik des Kunden handelt. Nervosität alleine als mögliches illegales Handeln zu werten, dürfte wohl zu weit gehen.

Bezogen auf einen anderen, diesmal amerikanischen Kunden findet sich folgende Aktennotiz:

> „Die Bank of Bermuda hat gegenüber dem Kunden signalisiert, dass sie die Geschäftsbeziehung mit ihm als US-Persons beenden möchte. Aufgrund dieser Umstände ist der Kunde nun auf der Suche nach einem Save Heaven [sic!] für seine Offshore Assets. [...] Es folgt eine lange Diskussion über den Bankenplatz Liechtenstein, das Bankgeheimnis sowie die Sicherheit und Stabilität, die Liechtenstein als Bankplatz und souveräner Staat seinen Kunden gewährleisten kann. Von Seiten der Bank und insbesondere von HL wird grosser Interesse [sic!] signalisiert, die 30 Mio USD entgegenzunehmen. [...]
>
> Die Kunden sind sehr vorsichtig und bestrebt den Trust mit der Bank of Bermuda unter Hinterlassung so weniger Spuren wie möglich aufzulösen. Auch von anderen Institutionen wurde ihnen signalisiert, dass US-Persons nicht die Kunden sind, die man sich in [sic!] Offshore-Business wünscht."[72]

---

71 Exhibit Nr. 45 auf der „Exhibit List" zum „Hearing on Tax Haven Banks and U.S. Tax Compliance" am 17. und 25. Juli 2008, S. 128.

72 Exhibit Nr. 54 auf der „Exhibit List" zum „Hearing on Tax Haven Banks and U.S. Tax Compliance" am 17. und 25. Juli 2008, S. 165f.

Dass Banken Geschäfte mit „US-Persons“ verweigern, ist heute durchaus üblich, auch bei *Onshore*-Banken, die den unkalkulierbaren Prozessrisiken in den USA und den umfänglichen Informationspflichten den US-Behörden gegenüber entgehen wollen. Dies ist vollkommen legitim. Problematischer mag hier das mehr oder weniger explizite Eingeständnis sein, man sei ein *„save haven“* für *„offshore assets“*. Eine solche Bezeichnung wird oftmals mit Steuerhinterziehung in Verbindung gebracht, ist aber kein Rechtsbegriff und deutet daher ebenfalls nicht zwangsläufig auf vorsätzliche Beihilfe zu Steuerstraftaten hin. Hier folgt ein weiteres Beispiel:

> „Nachdem die Probleme in Puerto Rico nun erledigt sind und eine Steueruntersuchung nicht mehr zu vermuten ist, besprechen wir die Situation im Beistatut der [Auslassung zur Anonymisierung]. Diesbezüglich unterzeichnet [Auslassung zur Anonymisierung] als Protektorin einen Auftrag, das Beistatut so zu ändern, dass sie als Erstbegünstigte aufscheint und nach ihrem Tode die Kinder – die jetzigen Erstbegünstigten – als Zweitbegünstigte zu gleichen Teilen. [...]
>
> Die vertragliche Vereinbarung ist zu berücksichtigen bzw. gegenseitig aufzuheben. Der Brief von FIWA darf nicht von [Auslassung zur Anonymisierung] unterzeichnet werden. Der Brief sollte nach dem 22.9 geschrieben werden. Grund ist der Abbau der Investments in USA.“[73]

Auch hier kann nicht mit Sicherheit beurteilt werden, ob Probleme strafrechtlicher Natur vorliegen. Recht eindeutig ist dies hingegen hier:

> „Vor ca. einigen Jahren hat er durch den Verkauf seiner Gesellschaft über die Kreditbank in Belgien einen grösseren Gewinn gemacht. Damals lebte er noch in England, als Non Resident. Aus steuerlichen Gründen (ich habe das System nicht verstanden) haben ihm die Buchhalter Tuch & Ross empfohlen, jährlich das Guthaben für die Dauer, dass Netto £ 25.000.-- an Zinsen gutgeschrieben werden, auf das Konto seiner Frau zu buchen [sic!]. Das Konto wurde von ihm eröffnet und er hatte auch die Unterschrift (ist aber nicht mehr ganz sicher). Vor 8 Jahren kam es zu Streit mit seiner Frau und seit dem lebt er getrennt von ihr. Im Verdruss hat er England verlassen und dabei die Bank beauftragt, das Geld an die UBS in Genf zu überweisen. Da wurde festgestellt, dass der Betrag noch auf dem Konto seiner Frau lag. Die Bank hatte seinen Auftrag, nach Gutschrift der Zinsen das Kapital wieder auf sein Konto zu übertragen nicht ausgeführt. Seine Frau hatte Kenntnis von diesen steuerlichen Transaktionen und auch vom nicht ausgeführten Auftrag. Sie benutzte die Gelegenheit und hat Herrn [Auslassung zur Anonymisierung] angeklagt, ihr das Geld gestohlen und das Land fluchtartig verlassen zu haben!!! Daraufhin hat er das Geld von Genf auf die FL Landesbank überweisen lassen. Nachdem aber die Genfer Bank den englischen Anwälten Auskunft erteilten (!!!!) hat er das Geld in bar von der Landesbank zur BIL gebracht – das war vor 8 Jahren. Die Klage wurde mittlerweile von seiner Frau zurückgezogen.

---

73 Exhibit Nr. 65 auf der „Exhibit List“ zum „Hearing on Tax Haven Banks and U.S. Tax Compliance“ am 17. und 25. Juli 2008, S. 186f.

Seine Frau ist aber immer noch auf das Geld scharf und möchte sich deshalb nicht scheiden lassen. Der ältere Sohn, selbst im Geschäft sehr erfolgreich, hält eher zur Mutter und der jüngere eher zu ihm, pflegt aber guten Kontakt zur Mutter. Damit seine Frau nie Kenntnis von der Stiftung erhält, sollen die Beträge an seinen jüngeren Sohn ‚anonym' ausgezahlt werden. Der ältere hat selbst etliche Millionen und soll deshalb von der Stiftung nicht begünstigt werden.

Das Vermögen, derzeit ca. 10 Mio. CHF wurde ‚schwarz' erwirtschaftet und war immer vom offiziellen getrennt, er rechnet also nicht mit Problemen wegen Pflichtteilsverletzung!!"[74]

Die Annahme von Schwarzgeld dürfte zumindest nach (hier nicht anwendbarem) deutschem Recht Fragen in Sachen Geldwäsche aufwerfen, auch nach liechtensteinischem Recht könnte hier eine Strafbarkeit vorliegen. Des Weiteren finden sich in den Akten Hinweise auf Schmiergeldzahlungen:

„3. Einschätzung der Compliance LGT BIL

Der gute Eindruck den ich von den Kunden habe, wird in der beigelegten E-Mail auch von [Auslassung zur Anonymisierung] von der Bank bestätigt. Folgendes möchte ich aber anbringen. Die ausgeliehenen Transfers auf dem Privatkonto bei LGT BIL haben ein Volumen von ca. USD 1 Mio./pro Jahr. Dies sind die Bürokosten, Frachtkosten und Zahlungen im Rahmen ihrer geschäftlichen Tätigkeit. Ein kleiner Teil der Zahlungen gehen aber in die USA und auch nach Panama und können als Schmiergeldzahlungen eingestuft werden. [Auslassung zur Anonymisierung] hat sie als ihr größter Partner in Ecuador ersucht, diese Zahlungen an Dritte weiterzugeben. Dieses System wurde erst 2002 errichtet und die Kunden sind damit sehr unglücklich. Früher wurden die Zahlungen von [Auslassung zur Anonymisierung] direkt an besagte Personen geleistet. [Name in der Akte geschwärzt, Anmerkung, D.W.] gibt an, dass er nochmals mit [Auslassung zur Anonymisierung] sprechen wird, aber gleichzeitig Angst hat, dass sie [Auslassung zur Anonymisierung] als Kunden verlieren könnten."[75]

C. Ankauf der Daten durch deutsche Stellen und die Rolle des BND

Laut *Wohlwend* nimmt der Datenlieferant am 24.1.2006 per E-Mail Kontakt mit dem Bundesnachrichtendienst auf.[76] Die genaue Datumsangabe konnte nicht weiter verifiziert werden.

74 Exhibit Nr. 74 auf der „Exhibit List" zum „Hearing on Tax Haven Banks and U.S. Tax Compliance" am 17. und 25. Juli 2008, S. 220f.

75 Exhibit Nr. 83, auf der „Exhibit List" zum „Hearing on Tax Haven Banks and U.S. Tax Compliance" am 17. und 25. Juli 2008, S. 274.

76 *Wohlwend,* Der Datendieb, S. 188.

Wichtig ist für die Argumentation im Ergebnis alleine die Tatsache, *dass der Datenlieferant von sich aus den Kontakt suchte* und dass er ebendies mit dem Bundesnachrichtendienst tat. Auch wenn es gelegentlich anderslautende Gerüchte in der Presse gab, scheint alles dafürzusprechen, dass der Erstkontakt vom Datenlieferanten und nicht von deutscher Seite ausging.

Die besagten Daten wurden dann 2006 oder 2007 durch den Bundesnachrichtendienst gegen Geldzahlung erworben, wobei die am häufigsten genannte Summe 4,2 Millionen Euro beträgt.[77] Auf der Regierungspressekonferenz am 18. Februar 2008 wurde eine Zahl im Bereich zwischen 4 und 5 Millionen Euro bestätigt.[78] Weiterhin wurde in den Medien verbreitet, dass *Kieber* 377.198,00 Euro Steuern abgeführt habe und ihm die Aufnahme ins deutsche Zeugenschutzprogramm verweigert worden sei, aber dass er auch zwei Pässe mit falschen Namen erhalten habe.[79]

Was den weiteren Ablauf des Geschehens angeht, liegt weiterhin vieles im Dunkeln. Es kann hier letztlich nur aus dem Buch von *Wohlwend* zitiert werden, der allerdings seine Informationen überwiegend aus einer Zusammenschau der deutschen Presseveröffentlichungen, vor allem aus den Magazinen „Der Spiegel" und „Focus", bezogen hat. Er schreibt:

> „Am 11.Mai 2006 treffen sich BND-Agenten und Kieber zum ersten Mal. Die Zusammenkunft findet unter strengster Geheimhaltung im französischen Straßburg statt. Nach Recherchen von Focus ist Kiebers Gesprächspartner Heiner Wegesin, frisch ernannter Leiter der Abteilung Internationaler Terrorismus und Organisierte Kriminalität beim BND. Abgeschirmt wird das konspirative Treffen von einem Dutzend Beamten des zentralen Observationskommandos. Kieber identifiziert sich und präsentiert seinem Gegenüber den blütenweißen Auszug aus dem liechtensteinischen Strafregister.
>
> Rund sechs Wochen nach der konspirativen Unterredung übergibt Kieber erste Arbeitsproben, die anschließend von der Steuerfahndung Wuppertal auf ihren Gehalt hin

77 So alle bekannten Presseveröffentlichungen, der Sprecher des BMF und der „Tatsachenbericht" von *Heinrich Kieber*, zudem *Ostendorf*, Gekaufte Strafverfolgung, ZIS, 2010, S. 301 (301); *Rode*, Verteidigung durch Selbstanzeige, FS AG Strafrecht des DAV, S. 365 (365); *Jahn*, Grundfragen und aktuelle Probleme der Beweisverwertung im Straf- und Steuerstrafverfahren, FS Stöckel, S. 259 (259ff.); laut *Spatscheck*, Wird Gauner, wer mit Gaunern dealt?, FS Volk, S. 771 (774) nach „Pauschalbesteuerung", zuvor 4,6 Millionen.

78 Protokoll der Regierungspressekonferenz am 18. Februar 2008.

79 Diese Informationen stammen von *Van Kampen/de Rijke*, The Kredietbank Luxembourg and the Liechtenstein tax affairs: notes on the balance between the exchange of information between states and the protection of fundamental rights, EC Tax Review, 2008, S. 221 (221), die sich auf die *Times* (London) vom 18. Februar 2008 berufen. Die falschen Pässe tauchten häufig auch in der deutschen Presse auf, eine Quelle für diese Informationen wurde jedoch nach hiesigem Kenntnisstand nie genannt.

überprüft werden. Die Fahnder sind von der Qualität des angebotenen begeistert und wollen mehr."[80]

Am 15. August „bereiten BND-Agenten in Straßburg das Gipfeltreffen der deutschen Steuerfahnder mit Kieber vor, das am 16. und 17. August stattfindet".[81]

Zudem gibt es in dem „Tatsachenbericht" noch eine Passage, die *Wohlwend* wörtlich zitiert und die er verifizieren konnte, diese lautet:

> „Sie baten mich um eine CD mit zirka zehn Prozent aller Mandate aus Deutschland. Basierend auf der Steuerprüfung dieser zehn Prozent, kam eine konservative Kalkulation auf Einnahmen – inklusive Strafsteuern und Bußen – von rund 50 Millionen Euro. Es war für sie wie ein Sechser im Lotto! Die konservative Hochrechnung auf alle Mandate ergab 500 Millionen Euro. Wie jeder logisch denkende Mensch nachvollziehen kann, war die Idee, dem Informanten etwas davon zu geben, nicht daneben. Nicht dass ich mich für die Annahme der Millionenbelohnung (wie viele waren es nochmal genau?!) schämen würde; die allermeisten Deutschen gönnen mir dies sicher."[82]

Abschließend noch einmal *Wohlwend*:

> „Sechs Millionen Euro im Austausch gegen den vollständigen Satz an Daten, darunter mehrere Hundert deutsche Kunden der LGT Treuhand, so lautet schließlich Kiebers Angebot – plus Kontakt zu den australischen Behörden. Die Verhandlungen geraten ob der Forderungen Kiebers ins Stocken."[83]

Mit dem Verlangen nach Herstellung eines Kontaktes kann man nun auch die Frage stellen, welches Land ihm eine neue Identität gegeben hat. Sicher scheint zu sein, dass er einen australischen Führerschein auf den Namen „Daniel Wolf" besitzt oder zumindest besaß.[84] Mehr ist nie bekannt geworden. Wer ihm eine neue Identität gab, bleibt ungeklärt. *Chenoweth* schreibt zur Rolle des BND, insbesondere in Bezug auf deren Tätigwerden im Konzert mit australischen Behörden, dass sowohl das Angebot *Kiebers* an britische Stellen als auch an den BND mit einer Bedingung verbunden war:

> „‚On both occasions I ask them if they could also make an introduction-contact to the appropriate Australian authority,' Kieber later wrote to the ATO. ‚From there you have been contacted straightaway.' What he apparently wanted was Australian Residency under a new name as part of a witness protection program. [...] But the BND contacted the Australian government, apparently through the Australian Security Intelligence Organisation. [...] Wickenbey Investigations [ein Projekt staatlicher australischer Stellen gegen Steuerflucht/Steuerhinterziehung, Anmerkung D.W.] were about to have

80 *Wohlwend*, Der Datendieb, S. 192f.
81 *Wohlwend*, Der Datendieb, S. 193.
82 *Kieber*, Der Fürst. Der Dieb. Die Daten., S. 609.
83 *Wohlwend*, Der Datendieb, S. 193.
84 *Wohlwend*, Der Datendieb, S. 237ff.

global repercussions. When the government received information about the anonymous emails from the German BND, the matter ended up with the Tax Office, where it was assigned to Michael Monaghan (deputy commissioner serious non-compliance), Jan Farrell (senior assistant commissioner international strategy and operations), and Wickenby chief, assistant commissioner Michael O'Neill.

They embarked on a series of delicate negotiations with the German secret service – not the government – and Kieber.

On October 23, 2006, Monaghan, Farrell and O'Neill were sitting down in an unknown overseas location with Kieber, with BND agents providing security. [...]

For the next three days O'Neill questioned Kieber about his work for LGT and the Australian names on his disks, the trusts and foundations they used and the trust officers and secretaries that operated them.

A partial transcript[85] was tabled in the Federal Court in Queensland in a case before judge John Logan last year. [...]

Two weeks later Kieber was set to receive from the BND three cheques totalling €4.6 million in return for four DVDs of data detailing 1400 German investors' accounts in Liechtenstein. [...]

Was he [Kieber, Anmerkung D.W.] promised citizenship? The government never acknowledged any of its actions in regard to Kieber."[86]

Da neben sämtlichen Presseberichten und *Heinrich Kiebers* Aussage auch die Verlautbarungen der Bundesregierung dafürsprechen, dass der Gesamtkomplex durch den BND abgewickelt wurde, kann man zumindest begründet vermuten, dass der BND einen Beitrag dazu geleistet hat, die Identität und den Aufenthaltsort *Kiebers* zu verschleiern.

Ob dies in der Weise geschah, dass *Kieber* tatsächlich neue, deutsche Pässe erhielt oder der BND dies in Zusammenarbeit mit Diensten oder sonstigen Behörden anderer Staaten arrangierte, ist für die hiesige Argumentation letztlich wenig relevant. Es geht nur darum aufzuzeigen, dass all diese Fähigkeiten solche sind, die den Steuer- und Strafverfolgungsbehörden nicht zustehen und dass *Kieber* hierdurch in Deutschland nicht mehr bestraft werden konnte.

Ein Aufenthalt in Liechtenstein erscheint aufgrund der Landesgröße und *Kiebers* Bekanntheitsgrad unwahrscheinlich. Da er außerdem von Liechtenstein mit internationalem Haftbefehl gesucht wird und die Gültigkeit des liechtensteinischen Reisepasses begrenzt ist, liegt die Vermutung eines neuen Reisedokumentes nahe.

---

85 Dokument liegt dem Autor vor.

86 *Chenoweth,* Would you trust this man?, Australian Financial Review, 4.5.2011; in den Gesprächsprotokollen der Gespräche zwischen *ATO* und *Kieber* waren über die *ATO*-Mitarbeiter hinaus zumindest am 23.10.2006 noch drei weitere Personen zugegen, deren Namen geschwärzt wurden.

Dass das Tätigwerden des BND hier einen Unterschied macht, kann man auch daraus ersehen, dass die folgenden Fälle, welche ohne Hilfe des BND abgewickelt wurden, manchmal zur Verhaftung und Verurteilung der Datenbeschaffer führten und zum Teil auch das von den deutschen Behörden dafür erhaltene Geld beschlagnahmt wurde.[87] All dies spricht nach hier vertretener Sicht dafür, dass der BND im vorliegenden Fall Methoden und Taktiken angewandt hat, die den Steuer- und Strafverfolgungsbehörden nicht zur Verfügung standen und stehen.[88] Dass überhaupt so viel über den Ablauf der ganzen Sache öffentlich bekannt wurde, dürfte in erster Linie an der Persönlichkeit des Datenlieferanten liegen.[89]

Im Gegensatz zu den oben rekonstruierten Sachverhaltsteilen soll das spezifisch geheimdienstliche Vorgehen des BND jedoch als für die Argumentation nötige Unterstellung verstanden werden. Alle bekannten Indizien sprechen zwar dafür, beweisbar ist dies hier aber letztlich nicht. Dieselbe Problematik stellt sich bei der Aussage der Bundesregierung, nach der dem BND *unaufgefordert* ein Angebot unterbreitet worden sei.[90]

Dies ist für einen Großteil der rechtlichen Fragen ein virulenter Punkt, der sich jedoch aller Wahrscheinlichkeit nach niemals klären lassen wird. Da jedoch im Falle der Bundesregierung nach hiesiger Sicht zumindest eine Vermutung für die Richtigkeit der gemachten Aussage spricht und diese zudem mit allen bekannten Aussagen *Kiebers* übereinstimmt, scheint dieser Punkt weniger problematisch.

Noch einmal kurz zusammengefasst: Der Erstkontakt ging vom Datenlieferanten aus. Der BND bekam bei einem ersten Treffen Probedaten. Diese wurden von der Steuerfahndung Wuppertal analysiert. Im Anschluss wurde entschieden, dass die Hauptlieferung durch den BND angekauft wird, und zwar aus Mitteln des BND, die aber vollumfänglich durch das BMF oder eine Behörde erstattet werden sollten. Zwischenzeitlich hatte der BND umfangreichen Kontakt mit anderen Partnerdiensten, wobei vermutlich zumindest auch das „Untertauchen" des Datenlieferanten verhandelt wurde. Die Übergabe der Daten erfolgte vermutlich direkt an die Steuerfahndung Wuppertal, vielleicht auch mit dem Zwischenschritt über den BND. Bei der Übergabe war der BND in jedem Fall beteiligt und sicherte ab. Das Geld wurde vom BND bezahlt. Der BND verschaffte dem Datenbeschaffer neue Identitäten und koordinierte den Gesamtsachverhalt mit anderen ausländischen Diensten.

87 Siehe OLG Innsbruck, 7 Bs 553/11y.
88 Siehe Kapitel 5.
89 Dass der Informant gut 600 Seiten Bericht über seine Taten ins Internet stellen würde, war für die anderen Akteure vermutlich unerwartet.
90 *STS Wilhelm* auf der Regierungspressekonferenz am 18.2.2008.

D. Sachverhalte in der Rechtsprechung

Soweit ersichtlich, spielte der Sachverhalt aufgrund von vorliegenden Geständnissen in Strafverfahren selten eine Rolle. Zumindest in einem Prozess vor dem *AG Nürnberg* wurde dies jedoch thematisiert.

Die Auswertung der Prozessakten vom *AG Nürnberg* bringt zwar keinen neuen Erkenntnisgewinn, unterstreicht aber den Tatsachencharakter der oben bereits rekonstruierten Informationen:

> „Der vernommene Zeuge H***, ermittelnder Finanzbeamter des Finanzamtes Wuppertal, gab an, im August 2007 Material bekommen zu haben, das von einem Datenträger mit Unterlagen von Personen gestammt habe, die in Liechtenstein Vermögenswerte bei der LGT besessen hätten. Über den Datenträger selbst oder dessen Herkunft könne er keine weiteren Angaben machen. Insoweit wisse er auch nicht mehr, als in Zeitungen zu lesen sei. Im Rahmen der folgenden Prüfung seien die jeweiligen Steuerakten der Steuerpflichtigen angesehen worden und Verdachtsprüfungsvermerke gefertigt worden. Im Wesentlichen habe es sich um Stiftungen gehandelt. Je nachdem, ob die Stiftungen in den Steuererklärungen erklärt worden waren oder nicht, seien Strafverfahren eingeleitet worden. [...] Der Zeuge H*** führte weiter aus, dass auf dem Datenträger Unmengen von Material vorhanden gewesen sei. Es habe sich um 867 deutsche Steuerpflichtige sowie zahlreiche Ausländer gehandelt. 169 der Fälle seien eingestellt worden, weil entweder die entsprechenden Erträge in der Steuererklärung erklärt gewesen seien oder weil es etwa zu Selbstanzeigen gekommen war. Es habe letztlich keine einzige falsche Enttarnung gegeben, soweit er das beurteilen könne. Auch die Staatsanwaltschaft Bochum habe ihm eine entsprechende Auskunft erteilt. Die Leute hätten auch selbst die auf dem Datenträger vorhandenen Unterlagen vorbeigebracht, woran man sehen gekonnt habe, dass dies zutreffende Unterlagen waren. Es habe aber nur zwei Verfahren gegeben, in dem letztlich nur die Unterlagen des Datenträgers vorhanden gewesen seien. In dem anderen Verfahren, wo dies der Fall gewesen sei, habe der Verteidiger mittlerweile die Berechtigung an der entsprechenden Stiftung eingeräumt."[91]

Weitere gerichtliche Aufarbeitungen des Sachverhaltes sind nicht bekannt.

91 Urteil AG Nürnberg, Az. 46 Ds 513 Js 1382/11, S. 4f.

Kapitel 3: Der Steuerskandal in der Presse und das Verhalten staatlicher Stellen nach Bekanntwerden des Erwerbs

In diesem Teilkapitel soll die Entwicklung der sogenannten Liechtenstein-Affäre anhand der Tagespresse betrachtet werden. Dies wird chronologisch geschehen; insbesondere die ersten Tage werden sehr detailliert betrachtet, wobei hierfür in erster Linie die *Frankfurter Allgemeine Zeitung* herangezogen wird. Man hätte für dieses Unterfangen sicherlich jede überregionale Tageszeitung verwenden können. Einen größeren „Pressespiegel" hier *en detail* darzustellen, würde dieses Kapitel allerdings überfrachten. Da zudem alle bekannten Zeitungen aus den gleichen Quellen zu zitieren scheinen, wäre darüber hinaus auch kein zusätzlicher Wert gewonnen. Es geht in erster Linie darum, dem Leser einen Überblick zu geben, in welchen Fragmenten der Öffentlichkeit die Informationen vonseiten der Beteiligten präsentiert wurden.

Den Startschuss für die später sogenannte Liechtenstein-Affäre gab in den frühen Morgenstunden des 14.2.2008 gewissermaßen die Hausdurchsuchung beim damaligen Vorstandsvorsitzenden der *Deutschen Post AG*, *Klaus Zumwinkel*, welche vor laufender Kamera stattfand.[92] Die *FAZ* schreibt am 15. Februar vor allem über den Fall Zumwinkel.[93] Ein höchst bedeutsames Detail ist jedoch zu diesem Zeitpunkt noch nicht in der Presse zu finden: die Tatsache, dass die Steuerdaten für eine noch nie dagewesene Summe angekauft wurden.

Bereits zu diesem Zeitpunkt wurde darüber spekuliert, inwiefern dieser später als „Kreuzigung"[94] bezeichnete Akt Teil eines Gesamtkonzeptes sei. In jedem Fall wurde das *ZDF* nicht über offizielle Kanäle informiert und war laut Medienberichten schon vor Eintreffen der Polizei am Haus von *Klaus Zumwinkel*.[95] Am darauffolgenden Tag legte *Zumwinkel* seinen Vorstandsposten bei der *Deutschen Post AG* ebenso wie

92 Razzia beim Vorstandsvorsitzenden der Deutschen Post: Klaus Zumwinkel gerät in den Verdacht der Steuerhinterziehung in Millionenhöhe, FAZ, 15.2.2008, S. 18; vgl. hierzu auch *Lehr*, Grenzen für die Öffentlichkeitsarbeit der Ermittlungsbehörden, NStZ, 2009, S. 409ff., der gerade auch diesen Fall als Negativbeispiel anführt.

93 Der Fall Zumwinkel und die Spur nach Vaduz, FAZ, 15.2.2008, S. 3; Verdacht der Steuerhinterziehung gegen Klaus Zumwinkel, FAZ, 15.2.2008, S. 1; Razzia beim Vorstandsvorsitzenden der Deutschen Post: Klaus Zumwinkel gerät in den Verdacht der Steuerhinterziehung in Millionenhöhe, FAZ, 15.2.2008, S.18; *Steltzner*, Das Ende der Ära Zumwinkel, FAZ, 15.2.2008, S. 1.

94 *Wagner*, Die „Liechtenstein-Affäre", SAM, 2008, S. 101 (101).

95 Vgl. hierzu die Rekonstruktionen zur Rolle des *ZDF* bei *Wagner*, Die „Liechtenstein-Affäre", SAM, 2008, S. 101 (102).

seinen Aufsichtsratsposten bei der *Deutschen Telekom AG* nieder.[96] Das Finanzministerium gab auf einer Pressekonferenz bekannt, dass gegen viele Leistungsträger ermittelt werde, es sei in den kommenden Tagen mit weiteren Durchsuchungen zu rechnen, der damalige Bundesfinanzminister *Steinbrück* riet zur Selbstanzeige.[97]

Ab dem 16. Februar 2008 taucht dann der Name *LGT Treuhand* in den Berichten auf, auch darüber, dass es sich um gestohlene Daten handelt, die nur den Zeitraum bis 2002 abdecken, wird informiert. Weiterhin wurde bekannt, dass die Ermittlungen bei *Zumwinkel* Teil eines umfassenden Ermittlungsverfahrens seien und dass der Bundesnachrichtendienst an der Beschaffung der ab dann sogenannten „Steuerdaten-CDs" beteiligt gewesen sei.[98]

Am 17. Februar 2008 (Sonntag) ist dann in der *FAS* zu lesen, dass der Bundesnachrichtendienst eine CD mit 600 Namen von Kunden der *LGT Treuhand* für fünf Millionen Euro von einem ehemaligen Mitarbeiter der *LGT Bankengruppe* gekauft habe, der diese dort laut *LGT* gestohlen habe. Die Datenqualität sei laut Staatsanwaltschaft hervorragend, Bundesfinanzminister *Steinbrück* rufe weiter zu Selbstanzeigen auf, die Politik blase zur „Jagd auf Steuerflüchtlinge", die *SPD* denke laut darüber nach, Strafen für Steuersünder zu erhöhen, Verfahrenseinstellungen gegen Geldbußen seien nicht akzeptabel.[99] Die Affäre war nun also seit drei Tagen in den Schlagzeilen, ein Großteil der Fakten war der Öffentlichkeit bekannt.

Auch am 18.2.2008 ist die Affäre weiter in den Schlagzeilen, die *FAZ* titelt auf Seite eins „Steinbrück: Eliten bringen System zum Einsturz". Die Zahlungen an den Datenlieferanten, so ein Sprecher des Bundesfinanzministeriums, seien aus „Opportunität" geflossen, *Steinbrück* habe weiter das Vorgehen verteidigt, der Bundesnachrichtendienst habe nur vermittelt, das Geld stamme aus dem Haushalt des Bundesfinanzministeriums.[100] Weiter erfährt man nun, dass der Informant neben fünf Millionen Euro auch eine neue Identität erhalten habe. Die Daten hätten den Bundesnachrichtendienst in erster Linie wegen ihres möglichen Bezuges zur Verbreitung von Massenvernichtungswaffen und zur organisierten Kriminalität etc. interessiert. Dies seien originäre Zuständigkeiten des Dienstes, Steuerhinterziehung gehöre jedoch nicht dazu. Auch der Bundesfinanzminister sei bereits seit Monaten über den Vorgang

---

96 Http://www.focus.de/finanzen/steuern/steuerfahndung/steueraffaere_aid_240985.html [zuletzt abgerufen 18.11.2013].

97 Hunderte von Steuer-Razzien? Steinbrück rät zur Selbstanzeige, FAZ, 16.2.2008, S. 1.

98 Hunderte von Steuer-Razzien? Steinbrück rät zur Selbstanzeige, FAZ, 16.2.2008, S. 1; Nur die Spitze des Eisbergs? Ursprung und Folgen des Falls Zumwinkel, FAZ, 16.2.2008, S. 2; Selbst ist der Steuersünder – Mit einer Selbstanzeige kommt man straffrei davon, FAZ, 16.2.2008, S. 15; Die Bank des Fürsten gerät ins Zwielicht, FAZ, 16.2.2008, S. 15; Rätselraten um belastende CD – Hinweise auf Weitergabe der 2002 gestohlenen Kundendaten, FAZ, 16.2.2008, S. 15; Steuerfahnder ermitteln gegen Leistungsträger, FAZ, 16.2.2008, S. 15.

99 Massenhafte Steuerhinterziehung, FAS, 17.2.2008, S.1; *von Petersdorff*, Die Jagd auf Steuersünder hat begonnen, FAS, 17.2.2008, S. 35.

100 Steinbrück: Eliten bringen System zum Einsturz, FAZ, 18.2.2008, S. 1.

unterrichtet gewesen, die vom Datendieb gelieferten Testdaten hätten bei der Staatsanwaltschaft Wuppertal eine Trefferquote von 70 % aufgewiesen. Für Heiterkeit habe folgende Äußerung von *FDP*-Generalsekretär *Niebel* gesorgt: „Der BND ist ein Auslandsnachrichtendienst und keine Ermittlungsbehörde wie die Steuerfahndung oder die Polizei." Der *FAZ*-Redakteur zitiert hierzu ungenannte Quellen, die diese Äußerung von *Niebel* als Interessenvertretung der Betroffenen auffassen; er kommentiert dann das Vorgehen insgesamt wie folgt: „Dass Bundesnachrichtendienst oder Polizei für Informationen zahlen, unterscheidet sie weder von anderen Sicherheitsbehörden der Welt noch von deutschen Magazinen. Zusätzlich können Nachrichtendienste und Polizei ihren Informanten oder Zeugen weiteren Schutz gewähren – neue Papiere und Identität, Leibwächter, sichere Unterkunft."[101]

Die einzig kritische Bemerkung zum gesamten Vorgang findet sich an diesem Tag auf Seite 11, hier schreibt die *FAZ*:

> „Nicht sicher ist allerdings, ob die Fahnder die Unterlagen vor Gericht überhaupt einsetzen können. Der Kölner Steuerfachanwalt *Michael Streck* sieht ein Verwertungsverbot, weil der Staat die gestohlenen Daten gekauft habe. ‚Das ist Hehlerei', sagt Streck. Sein Kompagnon Rolf Schwedhelm vertritt zwar Zumwinkel, sodass Streck nicht ganz unbefangen ist, doch war er auch jahrelang Präsident des Deutschen Anwaltsvereins. ‚Eigentlich ist das eine Sauerei', ärgert sich Streck. ‚Einer wird hingerichtet – und alle anderen sollen sich nun übers Wochenende selbst anzeigen.'"[102]

Auch am 19. Februar 2008 ist der Skandal weiterhin auf Seite eins, darüber hinaus beschäftigen sich eine Reihe von Artikeln in aller Tiefe mit dem Thema, die *FAZ* titelt: „Steuer-Razzien in ganz Deutschland Steinbrück verteidigt den BND: ‚Der Geheimdienst hat seine Pflicht getan'".[103]

Auf Seite vier wird über den lange geplanten Besuch des liechtensteinischen Ministerpräsidenten *Hasler* berichtet, der das Vorgehen als „rechtsstaatlich bedenklich" bezeichnet hatte. Des Weiteren werden Stimmen aus Liechtenstein zitiert, die vermuten, dass die Razzia bei *Zumwinkel* nur wenige Tage vor dem Besuch von *Hasler* dazu dienen solle, Druck auf Liechtenstein auszuüben, das Bankengeheimnis zu lockern.[104] In der Onlineausgabe der *FAZ* taucht an diesem Tag auch zum ersten Mal der Name „Heinrich K." auf.[105] Zum ersten Mal kommen auch in größerem Umfang kritische Stimmen zu Wort, bezeichnenderweise ausnahmslos Juristen.

Unter der Überschrift „Eine Frucht des verbotenen Baumes" wird zum einen die Problematik eines Beweisverbotes grob umrissen, zum anderen äußern sich diverse

---

101 *Carstens*, Fünf Millionen Euro und eine neue Identität, FAZ, 18.2.2008, S. 4.

102 Eine Welle von Steuerrazzien rollt an – Bei Verdunklungsgefahr haben Strafverfolger Haftbefehle für Hunderte Vermögende parat, FAZ, 18.2.2008, S. 11.

103 Steuer-Razzien in ganz Deutschland Steinbrück verteidigt den BND, FAZ, 19.2.2008, S. 1.

104 Empörung in Vaduz über Bundesregierung, FAZ, 19.2.2008, S. 4.

105 Steuerskandal: Razzien in München und Hamburg, FAZ.NET, 19.2.2008 zitiert nach der über den Archivdienst der FAZ verfügbaren Version.

namhafte Strafverteidiger und Hochschullehrer, die das Vorgehen ausnahmslos sehr kritisch beurteilen.[106] Die *FAZ* enthält auf Seite 13 noch einen weiteren Artikel zur Steueraffäre, in dem sich kritische Stimmen gegen den Einsatz des Bundesnachrichtendienstes richten und die Frage stellen, weshalb ein einzelnes Verfahren medienwirksam vorgezogen wurde, was den anderen Verdächtigen die Chance zur Selbstanzeige gebe.[107]

Auch am 20. Februar befindet sich das Thema weiterhin auf Seite eins der *FAZ*, darüber hinaus sind auch die komplette Seite zwei und diverse andere Artikel dem Themenkreis gewidmet. Nun werden zunehmend kritische Stimmen abgedruckt, insbesondere der Betroffenen. So titelt die *FAZ* auf Seite eins „Liechtenstein klagt über den ‚Angriff eines Großstaates'". Drei Viertel des Artikels beschäftigen sich mit den Reaktionen aus Liechtenstein, zudem wird über eine Strafanzeige von zwei prominenten Berliner Anwälten gegen die Bundesregierung wegen des Ankaufs berichtet.[108] Im mit „Gegenangriff aus Vaduz" betitelten Kommentar wird vor allem auf die Überlebenswichtigkeit des Bankgeheimnisses und des Stiftungsrechts für Liechtenstein eingegangen.[109] In einem Artikel auf Seite elf wird sich kritisch mit der uneinheitlichen Rechtsprechung und Strafverfolgung von Steuerhinterziehung in Deutschland auseinandergesetzt, für den deutschen Fiskus wird gegen sogenannte Steueroasen „eine Art Notwehrrecht" postuliert.[110] In einem weiteren Artikel wird auf die Vorwürfe der Bundesregierung eingegangen, Liechtenstein lebe vom Steuerhinterziehungsgeschäft und schaffe hierfür bewusst die nötigen Bedingungen, insbesondere für Deutsche.[111]

Am 21. Februar wandert die Liechtenstein-Affäre dann langsam von Seite eins auf Seite zwei, die sich aber immer noch fast vollständig mit dem Thema beschäftigt. Der Tenor der Artikel ist weiterhin gemischt. Nach einer Anhörung im Parlamentarischen Kontrollgremium gab es zwar überwiegend Zustimmung zum Einsatz des BND, aber es wurden auch kritische Stimmen laut. Interessanterweise bezeichnete der Ausschussvorsitzende *Oppermann* zum einen den Erwerb der Steuerdaten als „Hauptfang", ging aber zum anderen trotzdem davon aus, dass das Trennungsgebot eingehalten wurde und dass der BND gemäß § 115 AO dazu verpflichtet war, die Daten weiterzugeben. Weiterhin legte er nahe, die Anwesenheit eines Kamerateams bei der *Zumwinkel* Durchsuchung habe der Abschreckung gedient.[112] Unter der

---

106 *Müller*, Eine Frucht des verbotenen Baumes, FAZ, 19.2.2008, S. 4.

107 Strafverfolger durchsuchen deutsche Banken, FAZ, 19.2.2008, S. 13.

108 Liechtenstein klagt über den „Angriff eines Großstaates" – Weiter Steuerrazzien in Deutschland / Heute Gespräche im Kanzleramt, FAZ, 20.2.2008, S. 1.

109 *Ross*, Gegenangriff aus Vaduz, FAZ, 20.2.2008, S. 1.

110 *Joachim Jahn*, Notwehr des Fiskus, FAZ, 20.2.2008, S. 11.

111 „Liechtenstein lebt vom Steuerhinterziehungsgeschäft" – Die Bundesregierung wirft dem Fürstentum vor, die Bedingungen für Finanzdelikte zu schaffen, FAZ, 20.2.2008, S. 2.

112 Oppermann: Der BND hat sich an das Gesetz gehalten: Zweifel im Parlamentarischen Kontrollgremium, FAZ, 21.2.2008, S. 2.

Überschrift „Was in Amerika gilt, sollte auch hier möglich sein" wird über die Forderung der Bundeskanzlerin zum Abschluss eines Abkommens berichtet, welches dem zwischen Liechtenstein und den USA ähnlich sei.[113] Einen inhaltlich deutlich reflektierteren Kommentar hat *Klaus Lüderssen* auf Seite 37 im Feuilleton veröffentlicht. Er lehnt das Vorgehen der deutschen Behörden ab.[114]

Ab dem 22. Februar verliert die Steueraffäre ihre prominente Stelle und wandert einige Seiten nach hinten. Interessant ist in diesem Zusammenhang vor allem, dass nun überwiegend eine sehr kritische Berichterstattung zum gesamten Komplex beginnt und auch viele externe Stimmen in Erscheinung treten.

Unter der Überschrift „Staat, Steuer und Moral" veröffentlicht die *FAZ* einen sehr ablehnenden Kommentar, in dem folgende Sätze stehen:

> „Gerüchte verorten das staatliche Leck [gemeint ist das Informieren des ZDF über die Zumwinkel- Durchsuchung, Anmerkung D.W.] in Berlin. Jedenfalls konnte im Finanzministerium der Jubel über den Coup kaum unterdrückt werden. Man habe die Liechtensteiner Bank geknackt, verfüge über Hunderte von Namen mit Details, Sünder sollten sich besser gleich selbst anzeigen, riet das Finanzministerium sofort nach der Verhaftung Zumwinkels vor laufenden Kameras. Eine solche Inszenierung ist ohne Beispiel, das ist kein Triumph, sondern eine Niederlage für den Rechtsstaat."[115]

Oder:

> „Soll der deutsche Staat seine Steuerforderungen mit illegalen Mitteln eintreiben dürfen? Welches Signal geht von diesem fragwürdigen staatlichen Verhalten aus, das Politiker auch noch zum Anlass nehmen, an Moral und Anstand zu appellieren und Manager an ihre Vorbildfunktion zu erinnern? Die CDU hat jedenfalls selbst schon einmal die Vorzüge des Finanzplatzes Liechtenstein gesucht und dort ihren eigenen Steuerskandal gefunden."[116]

Auf Seite neun findet sich eine kurze Analyse zum Vokabular der im Steuerskandal handelnden Akteure: Hier ist von Raubrittertum, Staatsfeinden, Raffgier, Schmarotzern und Abschaum die Rede.[117] Auf Seite 40 druckt die *FAZ* ein Gespräch mit dem Fundamentaltheologen *Gregor Maria Hoff* ab, dem es aber eher um die Brüche im sozialen Gewebe geht, die durch die Taten der Steuerhinterzieher entstanden sind oder entstehen könnten.[118] Bereits auf Seite vier kommt der liechtensteinische

---

113 „Was in Amerika gilt, sollte auch hier möglich sein" – Merkel setzt Liechtensteiner unter Druck, FAZ, 21.2.2008, S. 2.

114 *Lüderssen,* Ein Fall von Steuerstaatsnotstand?, FAZ, 21.2.2008, S. 37.

115 *Steltzner,* Staat, Steuer, Moral, FAZ, 22.2.2008, S. 13.

116 *Steltzner,* Staat, Steuer, Moral, FAZ, 22.2.2008, S. 13.

117 Steuersünder Schmähungen: Aus dem Wörterbuch des Urmenschen, FAZ, 22.2.2008, S. 9.

118 Sie schämen sich der eigenen Unverschämtheit: Gespräch mit dem Fundmentaltheologen Gregor Maria Hoff über den Steuerskandal und die Folgen für unsere Gesellschaft, FAZ, 22.2.2008, S. 40.

Regierungschef *Hasler* zu Wort,[119] auf derselben Seite findet sich ebenfalls ein Bericht über missbilligende Töne zur Rolle des BND aus dem Parlamentarischen Kontrollgremium.[120] Auf Seite 20 wird unter der Überschrift „Der Datenklau regt in Vaduz fast alle auf" über die Stimmungslage in Liechtenstein berichtet.[121] Auf Seite 14 wird über die Gründe für Steuerbetrug berichtet, wobei hier diverse Stimmen zitiert werden, die das als ungerecht empfundene deutsche Steuersystem als Grund anprangern.[122] Auf der gleichen Seite findet sich noch ein Bericht über einen sehr ähnlichen Fall, das sogenannte *Cisal*-Verfahren.[123] Unter der Überschrift „Ein folgenschwerer Datenklau: Durfte der Bundesnachrichtendienst 5 Millionen Euro für gestohlene Informationen zahlen?" folgt ein Bericht, der sich vor allem auf Aussagen von *Ulrich Sieber*, Direktor am Max-Planck-Institut für ausländisches und internationales Strafrecht, bezieht. Er hat ebenso wie ein weiterer zitierter Wirtschaftsstrafrechtler Zweifel an der Legalität des Vorgehens des BND.[124]

Dies war die Berichterstattung in den ersten Tagen des „Liechtenstein-Skandals". Auffallend ist vor allem die zunehmend negativere Berichterstattung. Im Anschluss an diese ersten Tage findet eine kleine Zäsur dergestalt statt, dass der Diskurs nun hauptsächlich von Juristen geführt wird, die überwiegend rein rechtliche Argumente ins Feld führen.[125] Inhaltlich soll nicht weiter auf diese Artikel eingegangen werden, denn deren Autoren haben ihre Meinungen überwiegend auch in Aufsätzen in der juristischen Fachliteratur dargelegt, die im Rahmen der juristischen Wertung der Ereignisse vollständig berücksichtigt werden. Bemerkenswert ist insgesamt, dass nahezu alle äußerst kritischen Stimmen zu diesem Thema von Juristen stammen.[126] In der Gesamtbevölkerung wurde der Ankauf der Daten eher positiv aufgenommen, so waren im März 2008 nach einer Umfrage des *Allensbach Institutes* 47 % der Befragten für den Ankauf der Daten und nur 32 % waren dagegen.[127] Der Teil an sehr ablehnenden Meinungen in der *FAZ* stammt von Liechtensteinern und Schweizern.[128]

---

119 Im Gespräch Liechtensteins Regierungschef Otmar Hasler über Angela Merkels Forderungen in der Steueraffäre: „Ich stehe zu unseren Stiftungen", FAZ, 22.2.2008, S. 4.

120 Unbehagen im PKG über den BND, FAZ, 22.2.2008, S. 4.

121 *Dunsch,* Der Datenklau regt in Vaduz fast alle auf, FAZ, 22.2.2008, S. 20.

122 *Plickert,* Die Ökonomie des Steuerbetrugs, FAZ, 22.2.2008, S. 14.

123 Ein Fall, der Erinnerungen weckt, FAZ, 22.2.2008, S. 14.

124 Ein folgenschwerer Datenklau, FAZ, 22.2.2008, S. 14.

125 In eine ähnliche Richtung auch *Trüg/Habetha,* Beweisverwertung trotz rechtswidriger Beweisgewinnung, NStZ, 2008, S. 481 (489).

126 *Pelz,* Aufgespürte Steuerhinterzieher erwartet eine diskrete Lösung, FAZ, 27.2.2008, S. 23; *Sieber,* Der Fall Liechtenstein, FAZ, 31.3.2008, S. 8; *Joachim Jahn,* Gestohlene Steuerdaten sind ein wackliges Beweismittel, FAZ, 9.4.2008, S. 23; *Kirchner,* Steueranspruch und Moral, FAZ, 12.4.2008, S. 11.

127 Umfrage entnommen aus der FAZ, 23.3.2008, S. 35.

128 Z.B. *Frommelt,* Mein Liechtenstein, FAS, 24.2.2008, S. 38; *Köppel,* Der deutsche Steuerkolonialismus, FAZ, 27.2.2008, S. 10; *Prinz Max von und zu Liechtenstein,* Interview, FAZ, 5.3.2008, S. 16.

Kapitel 4: Strafbarkeit des Datenbeschaffers

Der eben geschilderte Sachverhalt wird nun unter rein materiell-strafrechtlichen Aspekten betrachtet. Zunächst wird geprüft, welche Straftatbestände durch den Beschaffer der Daten verwirklicht wurden. In einem zweiten Schritt wird untersucht, welche Straftatbestände die für die Bundesrepublik handelnden Personen verwirklicht haben. Im Mittelpunkt des rechtswissenschaftlichen Diskurses standen hierbei die ansonsten selten diskutierten Straftatbestände des § 17 UWG und der § 202a StGB. Eher am Rande wurde § 44 Absatz 1 in Verbindung mit § 43 Absatz 2 Nr. 3 BDSG diskutiert.

All diese möglicherweise verwirklichten Straftatbestände werden in den folgenden Kapiteln diskutiert. Strafbarkeiten nach dem liechtensteinischen StGB werden nur insoweit behandelt, als sie unmittelbar für die Beurteilung der Vorgänge nach deutschem Recht notwendig sind. Als Beispiel wird in erster Linie der liechtensteinische Steuerdaten-CD Fall behandelt. Die grundsätzlichen Überlegungen lassen sich jedoch auch auf die Schweizer Fälle übertragen, zum Teil finden sich hierzu auch Hinweise im Text.

A. Strafbarkeit des Datenbeschaffers wegen Geheimnisverrats gemäß § 17 Absatz 1 UWG

Eine Strafbarkeit wurde zum Teil im Rahmen der Diskussion bejaht, wobei der Sachverhalt nicht immer identisch rekonstruiert wurde. Nach dem für die hiesige Arbeit entscheidenden Sachverhalt scheitert eine Strafbarkeit des Datenbeschaffers an dem insofern eindeutigen Wortlaut des § 17 Absatz 1 UWG: Dieser fordert, dass der mögliche Täter zum Zeitpunkt des Geheimnisverrats noch beim Unternehmen beschäftigt sein muss.[129]

Aus dem liechtensteinischen Urteil gegen den Datenlieferanten *Heinrich Kieber*, nach dessen eigenen Angaben, allen bekannten Presseveröffentlichungen sowie

---

129 So auch *Spernath*, Strafbarkeit und zivilrechtliche Nichtigkeit des Ankaufs von Bankdaten, NStZ, 2010, S. 307 (308); *Koblenzer*, „Steuersünder-CD" – Alles Schweizer Käse?, ErbStB, 2010, S. 116 (116ff.) bejaht dies in seinem Artikel, der sich allerdings nicht auf die hiesige Konstellation, sondern auf einen Schweizer Fall bezieht, bei dem, nach heutigem Stand der Erkenntnis, der Bankangestellte tatsächlich noch zum Zeitpunkt des Verrats in Diensten der Bank stand. Grundsätzlich hierzu: MK-*Janssen/Maluga*, StGB, 1.A, § 17 UWG, Rn. 41; Piper/Ohly/Sosnitza-*Ohly*, Gesetz gegen den unlauteren Wettbewerb, 5.A, § 17, Rn. 13; Köhler/Bornkamm-*Köhler*, UWG, 31.A, § 17, Rn. 14; Harte-Bavendamm/Henning-Bodewig-*Harte-Bavendamm*, UWG, 3.A, § 17, Rn. 8; Götting/Nordemann-*Koehler/Hasselblatt*, UWG Handkommentar, 2.A, § 17, Rn. 22; Fezer-*Rengier*, Lauterkeitsrecht, 2.A, § 17, Rn. 26.

den eigenen Verlautbarungen der *LGT* geht hervor, dass *Kieber* die Daten bereits lange vor dem eigentlichen Verrat in seinem Besitz hatte. Von einem Verrat während seiner Dienstzeit bei der *LGT* ist nichts bekannt. Für spätere Schweizer Fälle wäre eine Strafbarkeit wegen Geheimnisverrats jedoch möglich.

Die eigentlich vorgängige Frage, ob deutsches Strafrecht auf den vorliegenden Fall überhaupt Anwendung findet, kann daher mangels Strafbarkeit an dieser Stelle offenbleiben.

B. Strafbarkeit des Datenbeschaffers wegen Geheimnisverwertung / Geheimnishehlerei gemäß § 17 Absatz 2 Nr. 2 UWG

Weiterhin kommt eine Strafbarkeit des Datenbeschaffers wegen sogenannter Geheimnishehlerei gemäß § 17 Absatz 2 Nr. 2 UWG durch die Weitergabe der Daten in Betracht. Deutsches Strafrecht müsste dann anwendbar sein. Diese Frage ist jedoch mit weiteren Bedingungen verknüpft, die noch zu diskutieren sind, und wird daher am Schluss der Prüfung beantwortet.

I. Tatbestand

Im Rahmen der Tatbestandsprüfung ist zunächst danach zu fragen, ob der Datenlieferant ein tauglicher Täter im Sinne der Vorschrift ist.

1. Tauglicher Täter

Da § 17 Absatz 2 Nr. 2 ein Jedermannsdelikt ist,[130] besteht diesbezüglich kein Problem. Die nicht eindeutig geklärte Frage, ob der Datenlieferant fest angestellt oder über eine Leiharbeitsfirma bei der *LGT Treuhand* beschäftigt war, ist daher unerheblich. Soweit ersichtlich, besteht in der Literatur zum vorliegenden Fall diesbezüglich auch kein Streit.[131]

2. Tatobjekt

Ein taugliches Tatobjekt im Sinne der Vorschrift ist ein Geschäfts- oder Betriebsgeheimnis. Ob auch das ausländische Geschäfts- oder Betriebsgeheimnis geschützt ist, ist umstritten. Vorgängig ist jedoch die Frage zu beantworten, ob die hiesigen Daten überhaupt ein solches darstellen.

---

130 MK-*Janssen/Maluga,* StGB, 1.A, § 17 UWG, Rn. 92; Piper/Ohly/Sosnitza-*Ohly,* Gesetz gegen den unlauteren Wettbewerb, 5.A, § 17, Rn. 20; Götting/Nordemann-*Koehler/Hasselblatt,* UWG Handkommentar, 2.A, § 17, Rn. 55.

131 Vgl. zu den verschiedenen möglichen Konstellationen *Spernath,* Strafbarkeit und zivilrechtliche Nichtigkeit des Ankaufs von Bankdaten, NStZ, 2010, S. 307 (308).

a) Geschäfts- oder Betriebsgeheimnis

Das Gesetz definiert diesen Begriff nicht, Rechtsprechung und Literatur haben diesbezüglich drei zentrale Merkmale entwickelt: Das Geheimnis muss einen Bezug zum Unternehmen aufweisen (Unternehmensbezogenheit), es darf nicht offenkundig sein (Nichtoffenkundigkeit) und es muss einen Geheimhaltungswillen geben, der sich auch in irgendeiner Form geäußert haben muss.[132] Umstritten ist, ob das Geheimhaltungsinteresse auch berechtigt sein muss.[133] Dieser Frage wird noch umfänglich nachgegangen.

Weiterhin ist eine Differenzierung zwischen dem Betriebs- und dem Geschäftsgeheimnis dergestalt üblich, dass Betriebsgeheimnisse in der Regel eher technische Unterlagen, wie zum Beispiel Baupläne für Maschinen oder Ähnliches, beinhalten, wohingegen Geschäftsgeheimnisse eher den kaufmännischen Bereich betreffen, insbesondere auch Unterlagen über den Kundenstamm und dergleichen. Da beide Alternativen jedoch gleichbehandelt werden, ist diese Differenzierung ohne praktische Relevanz.[134]

Vorliegend geht es um Aufstellungen über Vermögen und dazugehörige Informationen wie Kontonummern. Für den Liechtensteiner Fall handelt es sich zudem um Verträge über das Errichten von Stiftungen, interne Memoranden, Mitschriften von Beratungsgesprächen und die gesamte Korrespondenz über die jeweiligen Vermögensanlagen. All diese Dokumente stellen Tatsachen dar, die nur einem sehr eng umgrenzten Kreis von Personen innerhalb des Unternehmens *LGT Treuhand* bekannt waren. Vorliegend handelt es sich daher um ein Geschäftsgeheimnis, eine Differenzierung ist in letzter Konsequenz jedoch irrelevant, da beide Varianten identisch behandelt werden.[135]

Es kann auch davon ausgegangen werden, dass der Betriebsinhaber diese Informationen geheim halten wollte. Soweit zum relativ unproblematischen Teil der Tatbestandsvoraussetzungen.

---

132 MK-*Janssen/Maluga,* StGB, 1.A, § 17 UWG, Rn. 13ff; *Piper/Ohly/Sosnitza*-Ohly, Gesetz gegen den unlauteren Wettbewerb, 5.A, § 17, Rn. 5; Köhler/Bornkamm-*Köhler,* UWG, 31.A, § 17, Rn. 4ff.; Harte-Bavendamm/Henning-Bodewig-*Harte-Bavendamm,* UWG, 3.A, § 17, Rn. 1; Götting/Nordemann-*Koehler/Hasselblatt,* UWG Handkommentar, 2.A, § 17, Rn. 5ff; UWG GroßKomm-*Otto,* 1.A, 2006, Stand § 17 jedoch 1.5.1991, § 17, Rn. 4ff; Fezer-*Rengier,* Lauterkeitsrecht, 2.A, § 17 Rn. 7ff.

133 MK-*Janssen/Maluga,* StGB, 1.A, § 17 UWG, Rn. 33ff.

134 MK-*Janssen/Maluga,* StGB, 1.A, § 17 UWG, Rn. 15ff; *Piper/Ohly/Sosnitza*-Ohly, Gesetz gegen den unlauteren Wettbewerb, 5.A, § 17, Rn. 5; Köhler/Bornkamm-*Köhler,* UWG, 31.A, § 17, Rn. 4a; Harte-Bavendamm/Henning-Bodewig-*Harte-Bavendamm,* UWG, 3.A, § 17, Rn. 1; Götting/Nordemann-*Koehler/Hasselblatt,* UWG Handkommentar, 2.A, § 17, Rn. 5; UWG GroßKomm-*Otto,* 1.A, 2006, Stand § 17 jedoch 1.5.1991, § 17, Rn. 10; Fezer-*Rengier,* Lauterkeitsrecht, 2.A, § 17, Rn. 8.

135 So auch für „Bankkundendaten“ allgemein Fezer-*Rengier,* Lauterkeitsrecht, 2.A, § 17, Rn. 24.

b) *Schützt das UWG auch das ausländische Geschäftsgeheimnis?*

Einige Autoren lehnen eine Strafbarkeit nach dem UWG deshalb ab, weil es nur den inländischen Wettbewerb regele. Es sei daher auf die vorliegenden Fälle nicht anwendbar[136] und das ausländische Geschäftsgeheimnis somit nicht geschützt.[137]

Dieser Punkt wird, soweit ersichtlich, aber nur von *Kühne* stärker problematisiert,[138] der zwar einen Schweizer Fall vor Augen hat, damit aber ein identisches Problem beschreibt. *Kühne* meint hierzu:

> „Schließlich käme noch § 17 II Nr.2a UWG in Betracht. Diese den Wettbewerb schützende Vorschrift stellt die unbefugte Verwertung eines Geschäfts- oder Betriebsgeheimnisses unter Strafe. Obwohl über § 9 I StGB wegen des Erfolgseintritts in Deutschland die Tat als auch hier begangen einzuordnen ist, fehlt es am Tatbestand insofern, als es sich um ein ausländisches Geschäfts- oder Betriebsgeheimnis handelt, und zwar das der betroffenen Schweizer Bank, welches nach dem deutschen UWG nicht geschützt ist [Fußnote 14 von Kühne, auf die noch einzugehen sein wird, D.W.], da das UWG den inländischen Wettbewerb regelt. Die dadurch zugleich berührten Interessen der deutschen Kunden sind hingegen schon deshalb keine Betriebs- oder Geschäftsgeheimnisse, weil die Kunden keinen Betrieb unterhalten, der der Hinterziehung der Steuern dient. Entgegen vielfach vertretenen Ansichten kann daher für den Verkäufer § 17 II Nr. 2a UWG nicht subsumiert werden."[139]

Dieser Punkt ist sehr interessant, auch wenn dem Argument inhaltlich zu widersprechen ist: Mit seiner Fußnote 14 zitiert er Seite 27 des Lehrbuchs von *Hecker* zum Europäischen Strafrecht und dürfte insbesondere auf folgenden Abschnitt Bezug nehmen:

> „Bei Sachverhalten mit Auslands- bzw. Ausländerbezug stellt sich unabhängig von der Frage des Geltungsbereichs deutschen Strafrechts das jeweils gesondert zu erörternde Problem, ob der einschlägige deutsche Straftatbestand überhaupt den Schutz ausländischer Rechtsgüter und Interessen umfasst oder ob er eine **tatbestandsimmanente Beschränkung** auf einen **rein inländischen Rechtsgüterschutz** aufweist. Bei der Beantwortung dieser Frage kann nicht etwa auf die geografische Lage des Tatobjekts

---

136 So zum Beispiel *Kühne,* Die Verwertbarkeit von illegal erlangten Steuerdaten im Strafverfahren, FS Roxin, S. 1269 (1274).

137 Vgl. hierzu auch die Ausführungen von *Heine* zu Strafrecht in der Globalisierung, *ders.,* Der staatliche Ankauf von strafbar erlangten Steuer-Daten, FS Roxin, S. 1087 (1087f.).

138 *Brinkschulte,* Bankgeheimnis und Steuerstrafrecht, S. 129ff. problematisiert dies auch mit einer anderen Begründung, kommt letztlich aber zur Anwendung des UWG, zumindest wenn der Erfolg im Inland eintritt.

139 *Kühne,* Die Verwertbarkeit von illegal erlangten Steuerdaten im Strafverfahren, FS Roxin, S. 1269 (1274).

> oder die Staatsangehörigkeit von Täter und Opfer, also gerade nicht auf internationalstrafrechtliche Kriterien abgestellt werden. Vielmehr ist durch eine umfassende Normauslegung die Reichweite des von ihr intendierten Rechtsgüterschutzes zu ermitteln."[140]

Sowohl *Kühne* als auch *Hecker* ist insofern zuzustimmen, als sie davon ausgehen, dass dieser Punkt immer gesondert zu klären ist. Vorliegend scheint aber nur eine Lösung folgerichtig. Zwar sind Liechtenstein und die Schweiz keine EU-Mitgliedsstaaten, jedoch sind sie durch eine Reihe von Abkommen mit der Europäischen Union verbunden und Liechtenstein ist Teil des EWR. Die gesamte europäische Integration wurde von der wirtschaftlichen Seite begonnen, bis heute ein über Zweifel erhabener Bereich. Es scheint daher die einzig folgerichtige Entscheidung zu sein, zumindest alle Staaten des gemeinsamen Wirtschaftsraumes mit einzubeziehen. Dies muss auch für Staaten gelten, die durch Abkommen in vergleichbarer Weise in diesen Raum integriert sind, ohne selbst Mitglied von EU oder EWR zu sein. Das betrifft insbesondere die Schweiz. Es ist daher davon auszugehen, dass sowohl das liechtensteinische wie auch das Schweizer Betriebsgeheimnis in Deutschland durch § 17 UWG geschützt wird.

c) Schützt § 17 UWG auch ein „illegales Geschäftsgeheimnis"?

Problematisch ist vorliegend jedoch die Frage, ob dieses Interesse auch *berechtigt* war. Die herrschende Meinung legt dieses Merkmal lediglich als Willkürausschluss aus und stellt keine strengen Anforderungen, insbesondere komme es explizit nicht auf die Rechtswidrigkeit an.[141] Dies ist jedoch nicht unumstritten.[142] Eine bis zu einem Urteil des Reichsarbeitsgerichts zurückreichende und auch in jüngster Vergangenheit noch vertretene Meinung besagt, dass schon auf der Tatbestandsebene zu entscheiden sei, ob sogenannte „illegale Geheimnisse" vorliegen, welche dann nicht mehr in den Schutzbereich des § 17 UWG fielen.[143] Folgte man dieser Meinung, könnte also unter Umständen die obige, vorläufige Feststellung wieder zu revidieren sein.

---

140 *Hecker*, Europäisches Strafrecht, S. 27, Auflage 2010, die 2012er Auflage enthält den identischen Text.

141 Harte-Bavendamm/Henning-Bodewig-*Harte-Bavendamm*, UWG, 3.A, § 17, Rn. 6; *Piper/Ohly/Sosnitza*-Ohly, Gesetz gegen den unlauteren Wettbewerb, 5.A, § 17, Rn. 12; Köhler/Bornkamm-*Köhler*, UWG, 31.A, § 17, Rn. 9; Götting/Nordemann-*Koehler/Hasselblatt*, UWG Handkommentar, 2.A, § 17, Rn. 19; UWG GroßKomm-*Otto*, 1.A, 2006, Stand § 17 jedoch 1.5.1991, § 17, Rn. 16; *Rehbein*, Die Verwertbarkeit von nachrichtendienstlichen Erkenntnissen, S. 142ff.

142 Vgl. MK-*Janssen/Maluga*, StGB, 1.A, § 17 UWG, Rn. 33ff; Fezer-*Rengier*, Lauterkeitsrecht, 2.A, § 17, Rn. 21.

143 *Engländer/Zimmermann*, Whistleblowing als strafbarer Verrat von Geschäfts- und Betriebsgeheimnissen?, NZWiSt, 2012, S.328(331) mwN; ähnlich auch *Schroth*, Ankauf und Verwertung rechtswidrig erlangter Daten, Politik – Recht – Ethik, S. 186 (191f.).

Der Begriff des „illegalen Geheimnisses“ scheint insgesamt jedoch für eine praktische Anwendung zu unscharf zu sein. Man kann dies an den vorliegenden Fällen zeigen, denn was sollte vorliegend ein „illegales Geheimnis“ sein? *Erb* meint dazu Folgendes:

> „Insofern wird man mit Fug und Recht sagen können, dass ein ausländisches ‚Bankgeheimnis‘, mit dessen Hilfe aus der Steuerhinterziehung in unserem Land Kapital geschlagen wird, aus der Perspektive der deutschen Rechtsordnung ein illegales Geheimnis darstellt, soweit hierdurch Steuerhinterzieher vor dem Zugriff der Finanzbehörden geschützt werden.“[144]

Einer solchen Interpretation ist zu widersprechen. Was *Erb* hier beschreibt, sind lediglich faktische Reflexe einer fremden Rechtsordnung. Es gibt in Deutschland kein gesetzliches Verbot, Geld im Ausland anzulegen, und es gibt in der Schweiz und Liechtenstein kein Gesetz, welches Geldanlagen grundsätzlich verbietet. Die Straftat wird, sofern es um Steuerhinterziehung geht, erst durch die Abgabe falscher Steuererklärungen begangen. Darauf haben die Kreditinstitute aber keinerlei Einfluss. Für die Schweizer Fälle, in denen lediglich Tabellen mit Depotwerten und Namen sowie wenige andere Informationen vorlagen, gibt es daher nichts, was durch die deutsche Rechtsordnung missbilligt sein könnte. Im Liechtensteiner Fall sind deutlich mehr Informationen vorhanden, und die oben genannten Memoranden lassen teilweise die Vermutung zu, dass hier vorsätzlich Beihilfe zu Steuerhinterziehung und unter Umständen weiteren Delikten geleistet wurde. Aber selbst wenn man dies als durch die deutsche Rechtsordnung missbilligt ansieht, bleibt der Begriff für die praktische Anwendung trotzdem zu unscharf, denn man wird sich auch hier fragen müssen, was das „illegale Geheimnis“ genau ist. Soll man für jede Aktenseite oder Zeile einzeln selektieren, was „illegal“ ist und was nicht? Soll in einem Konvolut von Zehntausenden von Seiten gar eine oder einige Seiten das gesamte Konvolut zu einem illegalen Geheimnis machen?

Wäre dies der Fall, hätten es einzelne, sich rechtswidrig verhaltende Mitarbeiter von Unternehmen in der Hand, komplette Aktenbestände gewissermaßen „vogelfrei“ zu machen. Auch dies kann kaum intendiert sein. Dies würde dazu führen, dass solche Geschäftsgeheimnisse in weitem Umfang kommerzialisierbar würden, insbesondere könnte man sie an die Presse und an Wettbewerber verkaufen. Von *Ignor/Jahn* wird ein weiteres, bedeutsames, praktisches Argument ins Spiel gebracht: Man öffne dem Missbrauch, zumindest für alle Fälle mit Steuerdaten-CDs, jedoch grundsätzlich auch für *Whistleblower* Fälle, Tür und Tor, denn der Datenlieferant wird sich, auch wenn er keine „illegalen Daten“ liefert, oftmals auf den § 16 Absatz 1 StGB

---

144 *Erb,* Inwieweit schützt § 17 UWG ein ausländisches „Bankgeheimnis“?, FS Roxin, S. 1103 (1105).

berufen können, womit er dann in jedem Falle straffrei ausginge.[145] Zivilrechtlich dürften sich solche Gefahren kaum angemessen bannen lassen.[146]

Grundsätzlich ist dem deutschen Strafrecht das Argument nicht fremd, dass im „illegalen Milieu“ keine rechtsfreien Räume entstehen dürfen.[147] Auch vorliegend scheint dieses Argument das bessere zu sein. Auf der Ebene von Rechtswidrigkeit und Schuld stellt die deutsche Rechtsordnung eine Reihe von Instrumenten zur Verfügung, mit denen diese Probleme angemessen und einzelfallorientiert gelöst werden können.[148]

Im Ergebnis kann daher festgehalten werden, dass, selbst wenn man annehmen sollte, dass vorliegend die *LGT*-Akten oder Teile davon, bei aller Unschärfe des Begriffs, illegale Geheimnisse darstellen, diese dennoch in jedem Falle auch durch § 17 UWG geschützt werden.[149] Es ist als Ergebnis festzuhalten: Es lagen Geschäfts- und Betriebsgeheimnisse und somit ein taugliches Tatobjekt vor. Diese sind auch, selbst wenn sie Hinweise auf Straftaten enthalten sollten, durch § 17 UWG geschützt.[150]

3. Vortaten

Das Geschäftsgeheimnis muss auch aus einem entsprechenden Vorverhalten stammen.[151] Vorliegend wäre dieses zumindest als Betriebsspionage zu werten.[152]

---

145 *Ignor/Jahn,* Der Staat kann auch anders, JuS, 2010, S. 390 (391).

146 So aber *Engländer/Zimmermann,* Whistleblowing als strafbarer Verrat von Geschäfts- und Betriebsgeheimnissen?, NZWiSt, 2012, S. 328 (333).

147 So auch Fezer-*Rengier,* Lauterkeitsrecht, 2.A, § 17, Rn. 21.

148 Vgl. MK-*Janssen/Maluga,* StGB, 1.A, § 17 UWG, Rn. 36.

149 Für den generellen Schutz von „illegalen Geheimnissen“ auch MK-*Janssen/Maluga,* StGB, 1.A, § 17 UWG, Rn. 33ff.

150 **Zustimmend für die Steuerdaten-CD Fälle:** *Heine,* Der staatliche Ankauf von strafbar erlangten Steuer-Daten, FS Roxin, S. 1087 (1093); *Satzger,* Der Staat als „Hehler“?, FS Achenbach, S. 447 (450f.); in der Neuauflage auch noch ausführlicher zu diesen Fällen: MK-*Janssen/Maluga,* StGB, 2.A, § 17 UWG, Rn. 35.
A.A. *Erb,* Inwieweit schützt § 17 UWG ein ausländisches „Bankgeheimnis“?, FS Roxin, S. 1103 (1108); *Kühne,* Die Verwertbarkeit von illegal erlangten Steuerdaten im Strafverfahren, FS Roxin, S. 1269 (1274); wohl in der nun vorliegenden Neuauflage in diese Richtung tendierend: Fezer-*Rengier,* Lauterkeitsrecht, 3.A, § 17, Rn. 21a.

151 Vgl. MK-*Janssen/Maluga,* StGB, 1.A, § 17 UWG, Rn. 93ff.; *Piper/Ohly/Sosnitza*-Ohly, Gesetz gegen den unlauteren Wettbewerb, 5.A, § 17, Rn. 21; Köhler/Bornkamm-*Köhler,* UWG, 31.A, § 17, Rn. 44ff.; Götting/Nordemann-*Koehler/Hasselblatt,* UWG Handkommentar, 2.A, § 17, Rn. 56ff.; Fezer-*Rengier,* Lauterkeitsrecht, 2.A, § 17, Rn. 66ff.

152 Siehe Kapitel 4C.

4. *Tathandlung*

Die Tathandlung erfordert, dass der Täter das Betriebsgeheimnis unbefugt verwertet oder jemandem mitgeteilt hat.[153] Eine Verwertung kann durch jede Nutzbarmachung des den Geheimnissen inhärenten Wertes, zum Beispiel durch Verkauf, geschehen.[154] Eine Mitteilung ist auch in verkörperter Form möglich, insbesondere auch durch das Weitergeben von Datenträgern.[155]

Vorliegend verkaufte der Täter die Daten an den Bundesnachrichtendienst und gab diese im Rahmen dieses Handels in verkörperter Form weiter. Hierin ist sowohl eine Verwertung des den Geheimnissen innewohnenden Wertes als auch eine Mitteilung zu sehen. Der Täter handelte demnach objektiv tatbestandlich.

5. *Subjektiver Tatbestand*

An den Vorsatz sind keine besonderen Ansprüche zu stellen. Ein bedingter Vorsatz genügt und muss sich nicht auf das Merkmal „unbefugt" erstrecken,[156] jedoch ist eines der zusätzlichen subjektiven Merkmale erforderlich (überschießende Innentendenz).[157] Hier verlangt das Gesetz gemäß § 17 Absatz 1 Satz 1 2.Halbsatz UWG ein Handeln „zu Zwecken des Wettbewerbs, aus Eigennutz, zugunsten eines Dritten oder in der Absicht, dem Inhaber des Unternehmens Schaden zuzufügen". Zu Zwecken des Wettbewerbs handelt ein Täter, wenn es ihm um Vorteile

---

153 MK-*Janssen/Maluga,* StGB, 1.A, § 17 UWG, Rn. 104ff; *Piper/Ohly/Sosnitza*-Ohly, Gesetz gegen den unlauteren Wettbewerb, 5.A, § 17, Rn. 22; Harte-Bavendamm/Henning-Bodewig-*Harte-Bavendamm,* UWG, 3.A, § 17, Rn. 35; Götting/Nordemann-*Koehler/Hasselblatt,* UWG Handkommentar, 2.A, § 17, Rn. 63f.; UWG Groß-Komm-*Otto,* 1.A, 2006, Stand § 17 jedoch 1.5.1991, § 17, Rn. 84.

154 Vgl. *Harte-Bavendamm/Henning-Bodewig,* Gesetz gegen den unlauteren Wettbewerb, 2.A, § 17, Rn. 35; MK-*Janssen/Maluga,* StGB, 1.A, § 17 UWG, Rn. 104; *Piper/Ohly/Sosnitza*-Ohly, Gesetz gegen den unlauteren Wettbewerb, 5.A, § 17, Rn. 22; Köhler/Bornkamm-*Köhler,* UWG, 31.A, § 17, Rn. 41; Götting/Nordemann-*Koehler/Hasselblatt,* UWG Handkommentar, 2.A, § 17, Rn. 63.

155 MK-*Janssen/Maluga,* StGB, 1.A, § 17 UWG, Rn. 49; *Piper/Ohly/Sosnitza*-Ohly, Gesetz gegen den unlauteren Wettbewerb, 5.A, § 17, Rn. 22, 15; Köhler/Bornkamm-*Köhler,* UWG, 31.A, § 17, Rn. 41, 19; Harte-Bavendamm/Henning-Bodewig-*Harte-Bavendamm,* UWG, 3.A, § 17, Rn. 35.

156 *Harte-Bavendamm/Henning-Bodewig,* Gesetz gegen den unlauteren Wettbewerb, 2.A, § 17, Rn. 25; MK-*Janssen/Maluga,* StGB, 1.A, § 17 UWG, Rn. 108; *Piper/Ohly/Sosnitza*-Ohly, Gesetz gegen den unlauteren Wettbewerb, 5.A, § 17, Rn. 23; Götting/Nordemann-*Koehler/Hasselblatt,* UWG Handkommentar, 2.A, § 17, Rn. 65; Fezer-*Rengier,* Lauterkeitsrecht, 2.A, § 17, Rn. 77.

157 MK-*Janssen/Maluga,* StGB, 1.A, § 17 UWG, Rn. 108, 58ff; Götting/Nordemann-*Koehler/Hasselblatt,* UWG Handkommentar, 2.A, § 17, Rn. 66.

irgendeiner Form für sein Unternehmen geht.[158] Hierfür bietet der Sachverhalt jedoch keine Anhaltspunkte. Das Merkmal Eigennutz umfasst in jedem Fall ein Handeln, das dem Täter einen materiellen Vorteil bringen soll.[159] „Zugunsten eines Dritten" umfasst eine Reihe verschiedenster, insbesondere auch ideologischer Motive.[160] Eine Schädigungsabsicht kann sowohl auf materielle wie immaterielle Nachteile zielen.[161]

Für ein Handeln aus Eigennutz spricht, dass der Täter umfänglich materiell entlohnt wurde. Weiterhin wäre hier auch Handeln zugunsten eines Dritten nicht ausgeschlossen, wenn man den deutschen Fiskus als Dritten sieht. Ebenfalls nicht ausgeschlossen ist, dass der Täter dem Inhaber des Unternehmens Schaden zufügen wollte, im vorliegenden Fall dem Fürsten von Liechtenstein beziehungsweise den von ihm und seiner Familie kontrollierten Entitäten. Der oben beschriebene Sachverhalt liefert auch hierfür Anhaltspunkte. Infrage kämen demnach alle drei anderen Merkmale. Welches oder welche der Merkmale tatsächlich einschlägig sind, ist eine hier nicht klärbare Tatsachenfrage. Es spricht jedoch viel dafür, dass auch die überschießende Innentendenz vorgelegen hat. Für die Fortführung des Argumentes wird daher davon ausgegangen, dass der Tatbestand verwirklicht wurde.

II. Rechtswidrigkeit

Wie oben bereits dargestellt, wird das Wort „unbefugt" nicht als Tatbestandsmerkmal aufgefasst, sondern nun im Rahmen der Rechtswidrigkeit diskutiert.[162] Unbefugt handelt in jedem Fall derjenige, der weder eine Ermächtigung hat noch diesbezüglich gerechtfertigt ist.[163] Dies ist jedoch vorliegend nicht ganz unproblematisch.

158 MK-*Janssen/Maluga,* StGB, 1.A, § 17 UWG, Rn. 59f.; *Piper/Ohly/Sosnitza*-Ohly, Gesetz gegen den unlauteren Wettbewerb, 5.A, § 17, Rn. 25.

159 MK-*Janssen/Maluga,* StGB, 1.A, § 17 UWG, Rn. 61f.; *Piper/Ohly/Sosnitza*-Ohly, Gesetz gegen den unlauteren Wettbewerb, 5.A, § 17, Rn. 25.

160 MK-*Janssen/Maluga,* StGB, 1.A, § 17 UWG, Rn. 63.

161 MK-*Janssen/Maluga,* StGB, 1.A, § 17 UWG, Rn. 64f.; *Piper/Ohly/Sosnitza*-Ohly, Gesetz gegen den unlauteren Wettbewerb, 5.A, § 17, Rn. 25.

162 Für diese Einordnung auch *Lutterbach,* Die strafrechtliche Würdigung des Whistleblowing, S. 79; *Piper/Ohly/Sosnitza*-Ohly, Gesetz gegen den unlauteren Wettbewerb, 5.A, § 17, Rn. 26; Köhler/Bornkamm-*Köhler*, UWG, 31.A, § 17, Rn. 43; Götting/Nordemann-*Koehler/Hasselblatt*, UWG Handkommentar, 2.A, § 17, Rn. 67; UWG GroßKomm-*Otto*, 1.A, 2006, Stand § 17 jedoch 1.5.1991, § 17, Rn. 85; Fezer-*Rengier*, Lauterkeitsrecht, 2.A, § 17, Rn. 62; in der nun vorliegenden Neuauflage mit einer Zusammenfassung der Rechtswidrigkeitsprobleme in den Steuerdaten-CD Fällen: Fezer-*Rengier*, Lauterkeitsrecht, 3.A, § 17, Rn. 78.

163 Vgl. Harte-Bavendamm/Henning-Bodewig-*Harte-Bavendamm,* Gesetz gegen den unlauteren Wettbewerb, 3.A, § 17, Rn. 21.

1. Rechtfertigende Einwilligung

Es wird in der allgemeinen *Whistleblowing* Diskussion für möglich gehalten, dass im Einrichten eines *Whistleblowing*-Systems eine rechtfertigende Einwilligung gesehen werden kann.[164] Dieser Punkt wird hier der Vollständigkeit halber erwähnt. Von einem *Whistleblowing*-System bei der *LGT Treuhand* ist nichts bekannt. Es erscheint überdies abwegig, dass es ein solches gegeben haben könnte, insbesondere vor dem Hintergrund der Verurteilung des Datenlieferanten *Heinrich Kieber* in Liechtenstein. Eine Einwilligung kann daher ausgeschlossen werden.

2. Recht auf Strafanzeige als Rechtfertigung

Vorliegend könnte sich eine Rechtfertigung aus einem Recht zur Strafanzeige ergeben. Die Strafprozessordnung enthält ein solches in § 158 StPO. Dieses wurde als Rechtfertigung für den vorliegenden Fall,[165] ähnliche Fälle[166] und das *Whistleblowing* allgemein[167] verschiedentlich diskutiert.

Die Frage der möglichen Rechtfertigung durch Strafanzeige könnte dennoch offenbleiben, wenn in dem vorliegenden Verhalten ohnehin keine Strafanzeige zu erblicken wäre. Vorliegend hat der Täter die Daten beziehungsweise eine Kopie der Daten an deutsche Behörden weiterverkauft respektive zunächst als Stichprobe unentgeltlich weitergegeben. Man muss sich daher fragen, ob in einer solchen, in einem untechnischen Sinne zu verstehenden *invitatio ad offerendum* eine Strafanzeige gesehen werden kann.

Kaiser geht in diesem Zusammenhang davon aus, dass eine strafbare Betriebsspionage daran scheitere, dass der Datenlieferant gerechtfertigt handelte. Er begründet dies damit, dass die Hingabe der Daten zum Zwecke der Strafverfolgung

---

164 *Lutterbach,* Die strafrechtliche Würdigung des Whistleblowing, S. 91ff. mwN und einer guten Zusammenfassung der Diskussion. Dies betrifft in der Regel jedoch ohnehin nur den Fall, dass es sich um „externes Whistleblowing“ an eine dafür vorgesehene Stelle, also in der Praxis zum Beispiel einen für *Compliance* beauftragten Anwalt handelt. Ein Verkauf von Firmengeheimnissen an Behörden wird damit wohl kaum gemeint sein. Vgl. auch MK-*Janssen/Maluga,* StGB, 1.A, § 17 UWG, Rn. 36ff.

165 *Erb,* Inwieweit schützt § 17 UWG ein ausländisches „Bankgeheimnis“?, FS Roxin, S. 1103 (1108ff.); *Satzger,* Der Staat als „Hehler“?, FS Achenbach, S. 447 (451f.); *Heerspink,* Die Ermittlungen zur Liechtenstein-Affäre, AO-StB, 2009, S. 25 (28f.); andeutend, letztlich wegen „Konturenlosigkeit“ jedoch ablehnend: *Ambos,* Beweisverwertungsverbote, S. 113.

166 **Zustimmend:** *Ostendorf,* Gekaufte Strafverfolgung, ZIS, 2010, S. 301 (304); **Ablehnend:** *Pawlik,* Zur strafprozessualen Verwertbarkeit rechtswidrig erlangter ausländischer Bankdaten, JZ, 2010, S. 693 (698); *Ignor/Jahn,* in einem Fallbearbeitungsbeispiel für einen ähnlich bis identisch gelagerten Schweizer Fall: *dies.,* Der Staat kann auch anders, JuS, 2010, S. 390 (392).

167 Vgl. *Lutterbach,* Die strafrechtliche Würdigung des Whistleblowing, S. 111ff. mwN.

mit dem Recht des Informanten auf Erstattung von Strafanzeigen gegen Steuerhinterzieher nach § 158 StPO sowie seinen Aussagepflichten im Straf- und Besteuerungsverfahren korrespondierte.[168]

Es ist vorliegend jedoch nicht nachvollziehbar, wie ein Verkaufen zu rein kommerziellen Zwecken eine Anzeige darstellen soll.[169] Eine Strafanzeige kann sicher in verschiedener Form gestellt werden.[170] In jedem Fall ist aber zu beachten, dass dies gegenüber *einer zur Strafverfolgung berufenen Behörde zu geschehen hat.*[171] Ein Nachrichtendienst ist keine solche.[172] Selbst wenn man dieses Hindernis überwinden könnte,[173] blieben eine Reihe weiterer Probleme bestehen.

Weiterhin ist nämlich für eine Strafanzeige zu fordern, dass die betreffende Person diese aus freien Stücken erstattet und insbesondere an ihre Abgabe keine Bedingungen geknüpft werden.[174] Vorliegend war das Weitergeben der Informationen aller Wahrscheinlichkeit nach durch die Geldzahlung bedingt, sowohl im Liechtenstein Fall als auch in allen folgenden Fällen. Es erscheint abwegig, dass eine Behörde ohne Aufforderung und Rechtsgrundlage Geld an die fraglichen Informanten gezahlt hat.

Zudem problematisch erscheint, dass hier ein riesiges Datenkonvolut verkauft wurde. Nach allem, was bekannt ist, konnte der Datenlieferant nicht einschätzen, was von diesen Daten tatsächlich strafrechtlich relevant war und was nicht. Vermutlich war ihm dies auch gleichgültig. Selbige Fragestellung tauchte auch schon in der Diskussion um die Illegalität der Daten auf.

Anders sieht dies aber *Kaiser*. Ohne jegliche Nachweise zu nennen, geht er hier davon aus, dieser Umstand sei:

> „bereits in der unter Strafe gestellten Motivlage mitberücksichtigt. Würde er kein Geld in Anspruch nehmen, würde er nicht eigennützig handeln und könnte schon aus diesem Grund nicht nach § 17 II UWG strafbar Betriebsgeheimnisse verwerten. Würde er aus persönlichen Rachemotiven handeln, wäre dies zwar Handeln mit

---

168 *Kaiser,* Zulässigkeit des Ankaufs deliktisch erlangter Steuerdaten, NStZ, 2011, S. 383 (388).

169 So auch *Brinkschulte,* Bankgeheimnis und Steuerstrafrecht, S. 131f.

170 Vgl. *Pfeiffer,* StPO, 5.A, § 158, Rn. 1ff; BeckOK-*Graf,* StPO, Stand 30.09.2013, Rn. 3f.; KK-*Griesbaum,* StPO, 7.A, § 158, Rn. 16f.

171 *Pfeiffer,* StPO, 5.A, § 158 Rn. 4; BeckOK-*Graf,* StPO, Stand 30.09.2013, Rn. 6; KK-*Griesbaum,* StPO, 7.A, § 158, Rn. 12ff.

172 KK-*Griesbaum,* StPO, 7.A, § 158, Rn. 12.

173 In den späteren Fällen gingen die Hinweise grundsätzlich wohl bei dafür zuständigen Behörden ein, zudem könnte man unter Umständen auch auf die Hauptlieferung und die direkte Übergabe dieser an die Steuerfahndung abstellen, vgl. hierzu Kapitel 2 und 5.

174 **A.A.** *Erb,* Inwieweit schützt § 17 UWG ein ausländisches „Bankgeheimnis"?, FS Roxin, S. 1103 (1108ff.), der hier explizit von freiwilligem Verhalten ausgeht. Hier ist aber eine weitere Differenzierung der oben genannten Art zu fordern; *freiwillig* und *freiwillig unter Bedingungen* sind nicht gleichzusetzen.

> Geschäftsschädigungsabsicht, die Befugnis zur Verwertung würde man ihm aber hier aus seinem Recht auf Anzeige zweifellos zugestehen."[175]

Diese Überlegung kann nicht überzeugen. Das Recht zur Anzeige in Angestelltenverhältnissen unterliegt engen Grenzen und stellt eine Ausnahme zur Regel der Treuepflicht dar.[176] „*Whistleblowing*" hat nicht den Zweck, den Diebstahl von Betriebsdaten zur kommerziellen Verwertung zu legitimieren.[177] Man kann also nicht davon ausgehen, dass dies in der „Motivlage" mitberücksichtigt ist. Auch die sich für die zwischenstaatlichen Verhältnisse ergebenden Probleme wurden oben angesprochen. *Kaiser* vertritt hier eine Position, die nicht ausreichend begründet wird. Von einer Strafanzeige wird daher im Ergebnis nicht ausgegangen, eine Rechtfertigung scheidet somit nach diesen Grundsätzen aus.

Nicht grundsätzlich ausgeschlossen werden soll hierdurch jedoch, dass eine Strafanzeige nach diesen Grundsätzen in Fällen von echtem „*Whistleblowing*" in Betracht kommen kann, sofern innerbetriebliche Versuche, den Missstand abzustellen, gescheitert und weitere Bedingungen erfüllt sind. Insbesondere in Fällen mit grenzüberschreitendem Bezug wie den vorliegenden ist jedoch besondere Vorsicht geboten. Eine Rechtfertigung dürfte, zumindest in Fällen, an denen nach dem Recht des Drittstaates keine Straftaten vorliegen, ausscheiden.

3. Rechtfertigung nach § 34 StGB

Eine potenziell vielversprechendere Möglichkeit der Rechtfertigung, die insbesondere in der breiteren Diskussion um die strafrechtlichen Probleme des „*Whistleblowing*" diskutiert wird, wäre der § 34 StGB.[178] Über die allgemeine Diskussion hinaus wurde dieser Paragraf auch für den hiesigen Zusammenhang gelegentlich genannt.[179]

---

175 *Kaiser,* Zulässigkeit des Ankaufs deliktisch erlangter Steuerdaten, NStZ, 2011, S. 383 (388).

176 MK-*Hergenröder,* BGB, 6.A, § 1 KSchG, Rn. 225f mwN.

177 Vgl. *Heine,* Der staatliche Ankauf von strafbar erlangten Steuer-Daten, FS Roxin, S. 1087 (1095ff.). Sehr oft wird unter den Begriff „*Whistleblowing*" auch nur „altruistisches" Verhalten gefasst.

178 *Piper/Ohly/Sosnitza*-Ohly, Gesetz gegen den unlauteren Wettbewerb, 5.A, § 17, Rn. 30; Götting/Nordemann-*Koehler/Hasselblatt,* UWG Handkommentar, 2.A, § 17, Rn. 41; der Sache nach auch schon, jedoch ohne den Begriff zu benutzen, UWG GroßKomm-*Otto,* 1.A, 2006, Stand § 17 jedoch 1.5.1991, § 17, Rn. 16.

179 So *Pawlik,* Zur strafprozessualen Verwertbarkeit rechtswidrig erlangter ausländischer Bankdaten, JZ, 2010, S. 693 (698); *Erb,* Inwieweit schützt § 17 UWG ein ausländisches „Bankgeheimnis"?, FS Roxin, S. 1103 (1112ff.); **insgesamt ablehnend:** *Heine,* Der staatliche Ankauf von strafbar erlangten Steuer-Daten, FS Roxin, S. 1087 (1101); MK-*Brammsen,* Lauterkeitsrecht, 2.A, § 17 UWG, Rn. 61; MK-*Janssen/Maluga,* StGB, 2.A, § 17 UWG, Rn. 69ff. geht in der Neuauflage sehr ausführlich auf die Rechtfertigungsproblematik ein und argumentiert gegen eine

a) *Notstandslage*

Vorliegend ist es aber bereits problematisch, ob überhaupt ein notstandsfähiges Rechtsgut vorlag.

aa) Vorliegen eines Rechtsgutes aus dem Kreise der notstandsfähigen Rechtsgüter

In der allgemeinen öffentlichen Diskussion wurden für den vorliegenden Fall von Vertretern staatlicher Organe, in der rechtswissenschaftlichen Literatur wie auch in der Tagespresse sehr ähnliche Argumente vorgebracht: Es gehe hier um die Vollstreckung rechtmäßiger Steueransprüche des Staates oder auch gleichmäßige Besteuerung.[180] Die Frage, die sich daher zu Anfang stellt, ist, ob das „Steueraufkommen" als solches ein notstandsfähiges Rechtsgut ist. Diese Frage fällt im Rahmen der Diskussion um § 34 StGB unter den Topos „Rechtsgüter der Allgemeinheit". Die Frage, ob diese grundsätzlich notstandsfähig sind, wird ganz überwiegend grundsätzlich bejaht.[181] Man kann jedoch, was *Neumann* herausgestrichen hat, bereits an dieser Stelle kritisch fragen, ob im vorliegenden Fall überhaupt ein notstandsfähiges Rechtsgut aufgrund der „höchst vagen Rückbindung an individuelle Interessen der Bürger"[182] vorliegt. Die Prüfung wird dennoch unter Zugrundelegung der Gegenmeinung fortgesetzt.

bb) Gefahr für das Rechtsgut

Unter einer Gefahr in diesem Sinne versteht man einen Zustand, bei dem eine gewisse Wahrscheinlichkeit für den Eintritt eines Schadens spricht.[183] Vorliegend wurden Steuern durch Kunden der *LGT Treuhand* und diverser Schweizer Institute hinterzogen. Durch diese Straftaten besteht für das Steueraufkommen der Bundesrepublik Deutschland eine – insgesamt geringe[184] – Gefahr.

Dies gilt jedoch *nur für die Fälle, in denen tatsächlich Steuerhinterziehung vorliegt.* Für alle anderen Fälle, die laut Bundesregierung etwa 20 % ausmachen,[185] kommt

---

Rechtfertigung durch Notstand, wobei er insbesondere auf den „Imageschaden des Standorts Deutschland" abstellt.

180 Z.B. *Spernath,* Strafbarkeit und zivilrechtliche Nichtigkeit des Ankaufs von Bankdaten, NStZ, 2010, S. 307 (308), der eine solche Rechtfertigung aber letztlich ablehnt.

181 L/K-*Kühl,* StGB, 27.A, § 34, Rn. 4; BeckOK-*Momsen,* StGB, Stand 22.7.2013, § 34, Rn. 5; MK-*Erb,* 2.A, § 34, Rn. 59; Sch/Sch-*Perron,* 28.A, § 34, Rn. 10f, in Rn. 11 nennt er Fiskalgüter „unproblematisch" geschützt.

182 NK-*Neumann,* StGB, 4.A, § 34, Rn. 22.

183 MK-*Erb,* 2.A, § 34, Rn. 60; L/K-*Kühl,* StGB, 27.A, § 34, Rn. 2; BeckOK-*Momsen,* StGB, Stand 22.7.2013, § 34, Rn. 4; NK-*Neumann,* StGB, 4.A, § 34, Rn. 39; Sch/Sch-*Perron,* 28.A, § 34, Rn. 12.

184 Siehe Kapitel 8.

185 Siehe Kapitel 1.

mangels Gefahr keinerlei Rechtfertigung infrage, sondern allenfalls eine Lösung nach den Irrtumsregeln.

cc) Gegenwärtigkeit der Gefahr

Gegenwärtig ist eine Gefahr, die jederzeit in einen Schaden umschlagen kann, wenn keine Gegenmaßnahmen ergriffen werden.[186] Vorliegend ging es um Steuern. Der Schaden tritt immer ein, wenn eine Steuerfestsetzung zu niedrig ausfällt.[187] Da Steuerfestsetzungen von der Abgabe von Steuererklärungen abhängen, das ganze Jahr über Steuern festgesetzt werden und für Auslandsvermögen mit Kapitalerträgen jedes Jahr erneut Steuern abgeführt werden müssen, kann man wohl von einer permanenten Schadensgefahr sprechen. In der Sprache der Strafrechtsdogmatik wird dies für gewöhnlich als „Dauergefahr" bezeichnet und man hält diese für die Annahme der Gegenwärtigkeit der Gefahr für ausreichend.[188]

b) Notstandshandlung

Vorliegend bestand die Notstandshandlung in der Weitergabe von strafbar erlangten Bankdaten. Hierbei ist zunächst fraglich, ob die oben beschriebene Gefahr für das Steueraufkommen nicht auch anders abwendbar gewesen sein könnte.

aa) Gefahr nicht anders abwendbar

Dies ist dann der Fall, wenn ein milderes Mittel zur Verfügung steht.[189] Ebendies wurde in der Diskussion um die Steuerdaten-CDs verschiedentlich angenommen.[190] Im Rahmen des § 34 StGB ist es jedoch auch anerkannt, dass – wenn möglich – auch auf fremde, insbesondere auch hoheitliche Hilfe auszuweichen ist, wenn dies ein milderes Mittel darstellt.[191] Insofern könnte man hier argumentieren, dass es ein milderes Mittel gewesen wäre, wenn der Datenbeschaffer die *zuständigen* deutschen Behörden in allgemeiner Form über mögliche Missstände informiert hätte und diese dann eine Lösung hierfür gefunden hätten oder er eine Strafanzeige gestellt hätte.

---

186 L/K-*Kühl*, StGB, 27.A, § 34, Rn. 2; BeckOK-*Momsen*, StGB, Stand 22.7.2013, § 34, Rn. 6; NK-*Neumann*, StGB, 4.A, § 34, Rn. 56; Sch/Sch-*Perron*, 28.A, § 34, Rn. 17; MK-*Erb*, StGB, 2.A, § 34, Rn. 78ff.

187 MK-*Schmitz/Wulf*, StGB, 1.A, § 370 AO, Rn. 12; Klein-*Jäger*, AO, 11.A, § 370, Rn. 80.

188 MK-*Erb*, StGB, 2.A, § 34, Rn. 81; L/K-*Kühl*, StGB, 27.A, § 34, Rn. 2; NK-*Neumann*, StGB, 4.A, § 34, Rn. 56f; Sch/Sch-*Perron*, 28.A, § 34, Rn. 17.

189 L/K-*Kühl*, StGB, 27.A, § 34, Rn. 3; BeckOK-*Momsen*, StGB, Stand 22.7.2013, § 34, Rn. 7ff; NK-*Neumann*, StGB, 4.A, § 34, Rn. 58; Sch/Sch-*Perron*, 28.A, § 34, Rn. 18ff; MK-*Erb*, 2.A, StGB, § 34, Rn. 87ff.

190 So grundsätzlich für die Steuerdaten-CD Fälle: *Ambos*, Allgemeininteresse überwiegt, Datev Magazin, 2/2010, S. 42 (44).

191 MK-*Erb*, StGB, 2.A, § 34, Rn. 93ff; L/K-*Kühl*, StGB, 27.A, § 34, Rn. 3; BeckOK-*Momsen*, StGB, Stand 22.7.2013, § 34, Rn. 7.1; NK-*Neumann*, StGB, 4.A, § 34, Rn. 58; Sch/Sch-*Perron*, 28.A, § 34, Rn. 20; MK-*Erb*, StGB, 2.A, § 34, Rn. 94f.

Ein solches Vorgehen könnte man als „klassisches *Whistleblowing*" bezeichnen. Dies hätte, je nach konkreter Ausgestaltung, wohl keinen Straftatbestand des § 17 UWG dargestellt oder sonstige deutsche Strafgesetze verletzt.

Zugegebenermaßen war hier im Prinzip bekannt, dass mit Anlagevehikeln in Liechtenstein und der Schweiz zumindest auch deutsche Steuern hinterzogen werden. Für die deutschen Behörden wäre dies daher grundsätzlich keine Neuigkeit gewesen. Das Argument in der öffentlichen Debatte war dann folgerichtig auch, dass die betreffenden Länder und Banken diesbezüglich nicht kooperationsbereit seien und ein Vorgehen gegen „Schwarzgeld" auf dem Verhandlungsweg keinen Erfolg verspreche.[192] Jedoch sollte man bedenken, dass eine Lösung auf dem Verhandlungsweg, angestoßen zum Beispiel durch Hinweise des Datenbeschaffers, zumindest versuchenswert gewesen wäre. Soweit bekannt, gab es keine *ernsthaften* Versuche durch legalen und legitimen diplomatischen Druck im Vorfeld der Datenkäufe eine Lösung über Verhandlungen zu erreichen. Dass der Zustand aus deutscher Sicht suboptimal war und dies auch sicherlich geäußert wurde, ist anzunehmen. Dass eine *einfache* Lösung in Anbetracht der sich diametral gegenüberstehenden Interessen möglich gewesen wäre, ist allerdings auch nicht anzunehmen. Ob diplomatischer Druck zum Ziel geführt hätte, ist somit offen und retrospektiv kaum feststellbar. In jedem Fall war vor dem Hintergrund einer Dauergefahr, die seit dem Bestehen der Bundesrepublik Deutschland nicht zum Versiegen des bundesdeutschen Steueraufkommens geführt hat, keine große Eile geboten. So hätte man sich zunächst auch auf nicht zwangsläufig erfolgreiche, aber weniger einschneidende Methoden einlassen können. Zudem ist anzumerken, dass mit dem eingesetzten Mittel die Gefahr nicht vollständig abgewendet, sondern gewissermaßen nur verringert oder vielleicht auch nur in ein anderes Land verlagert wurde.

Im Ergebnis ist auf der Ebene der Notstandshandlung der Sache nach eine Zukunftsprognose anzustellen,[193] die vorliegend mehr als schwierig ist, dies bestätigen alle obigen Argumente. Es wird sich schwerlich ein Beweis darüber führen lassen, ob man mit dem legitimen diplomatischen Druck ein wenigstens ebenso effektives Mittel in der Hand gehabt hätte. Nach der hier vertretenen Meinung spricht angesichts der Kräfteverhältnisse Deutschland/EU vs. Liechtenstein/Schweiz zumindest eine Vermutung dafür, dass dies möglich gewesen wäre und dass Hinweise des Datenbeschaffers an die *zuständigen* Behörden solche Verhandlungen auch hätten in Gang setzen können. Insgesamt spricht daher viel dafür, dass die Gefahr anders abwendbar gewesen wäre. Mit der notwendigen Sicherheit entscheiden, lässt sich dies aber nicht, insofern wird weitergeprüft.

---

192 So z.B. *Erb*, Inwieweit schützt § 17 UWG ein ausländisches „Bankgeheimnis"?, FS Roxin, S. 1103 (1113).

193 Vgl. zur grundsätzlichen Problematik solcher Prognosen auch L/K-*Kühl*, StGB, 27.A, § 34, Rn. 3; BeckOK-*Momsen*, StGB, Stand 22.7.2013, § 34, Rn. 7.1.

bb) Interessenabwägung

Bei der Interessenabwägung geht es bekanntlich darum, welches Rechtsgut höher zu bewerten ist, was sich wiederum aus deren Rang in der Rechtsordnung ergibt,[194] ergänzt durch den Grad der Gefahren, der den jeweiligen Rechtsgütern droht.[195] Zu beachten ist hierbei vor allem, dass auch mittelbar betroffene Interessen, die nicht unmittelbar durch die Straftatbestände geschützt werden, mit einzubeziehen sind,[196] selbst wenn es sich um Dritte handelt.[197]

Vorliegend bedeutet dies, dass staatlicherseits das Interesse an Steueraufkommen und Strafverfolgung steht, während auf der anderen Seite, neben den unmittelbar durch die Straftatbestände des § 17 UWG geschützten Geheimhaltungsinteressen der *LGT Treuhand,* auch mittelbar betroffene Rechtsgüter einbezogen werden müssen. Vorliegend sind dies die Persönlichkeitsrechte der Kunden.

Es geht bei dieser Abwägung immer um den abstrakten Grad, den die betroffenen Rechtsgüter in der Rechtsordnung einnehmen.[198] *Ignor/Jahn* haben für einen Beispielsfall, bei dem im Gegensatz zum vorliegenden, die Persönlichkeitsrechte der Kunden eine deutlich geringere Rolle gespielt haben, bereits angenommen, dass das fiskalische Interesse in jedem Fall nicht deutlich überwiege.[199] Dem ist zuzustimmen. Der Rechtsordnung insgesamt ist nicht zu entnehmen, dass fiskalische Zwecke deutlich über dem Schutz von Betriebs- und Geschäftsgeheimnissen stehen. Alleine dies dürfte ausreichen, um im Rahmen der Interessenabwägung gegen eine Rechtfertigung zu entscheiden.

Für die vorliegenden Fälle kommt noch als Besonderheit hinzu, dass die entwendeten Daten deutlich über das hinausgingen, was dem Finanzamt zu offenbaren ist. Vielmehr enthielten sie auch Mitschriften von persönlichen Gesprächen, testamentsähnliche Verfügungen und dergleichen. Diese mögen zwar nicht den absoluten Schutzbereich der Persönlichkeit tangieren,[200] sind in jedem Falle aber der Privatsphäre zuzuordnen und somit geschützt. Wenn man diesen mittelbaren Effekt einbezieht, kann das Vorgehen des Datenbeschaffers im Rahmen der Abwägung in

---

194 L/K-*Kühl,* StGB, 27.A, § 34, Rn. 6; MK-*Erb,* StGB, 2.A, § 34, Rn. 111, in Rn. 59 hat dieser jedoch auch schon darauf hingewiesen, dass gerade bei Rechtsgütern der Allgemeinheit strenge Maßstäbe anzulegen seien.

195 MK-*Erb,* StGB, 2.A, § 34, Rn. 129; L/K-*Kühl,* StGB, 27.A, § 34, Rn. 6; BeckOK-Momsen, StGB, Stand 22.7.2013, § 34, Rn. 10.

196 BeckOK-Momsen, StGB, Stand 22.7.2013, § 34, Rn. 8f; NK-*Neumann,* StGB, 4.A, § 34, Rn. 69; MK-*Erb,* StGB, 2.A, § 34, Rn. 110.

197 MK-*Erb,* StGB, 2.A, § 34, Rn. 110; **a.A.** NK-*Neumann,* StGB, 4.A, § 34, Rn. 70, der meint, man könne diese nicht „addieren".

198 MK-*Erb,* StGB, 2.A, § 34, Rn. 111.

199 *Ignor/Jahn,* Der Staat kann auch anders, JuS, 2010, S.390(392); **a.A.** für einen Schweizer Fall *Brinkschulte,* Bankgeheimnis und Steuerstrafrecht, S. 132.

200 Vgl. die „Sphärentheorie" des Bundesverfassungsgerichts, grundsätzlich dargestellt bei *Maunz/Dürig*-Di Fabio, GG, Stand 2013, Art.2, Rn. 157ff.

keinem Fall mehr gerechtfertigt werden. Dies erscheint im vorliegenden Falle auch angemessen.

Selbst wenn man noch auf den Grad der Gefahren einginge, würde sich nichts anderes ergeben: Das Steueraufkommen insgesamt ist nur minimal gefährdet, während Schutz von Betriebs- und Geschäftsgeheimnissen wie auch die mittelbar betroffenen privaten Geheimnisse maximal gefährdet sind. Spätestens im Rahmen der Interessenabwägung muss daher eine Rechtfertigung nach § 34 StGB scheitern.

cc) Angemessenheit

Sieht man dies anders, wäre alsdann auf die Angemessenheit der Handlung einzugehen. Die Angemessenheit stellt ein sozialethisches Korrektiv dar, welches die gesamte Rechtsordnung mitberücksichtigt.[201]

Hier sind jedoch keine Argumente ersichtlich, welche noch nicht im Rahmen der Interessenabwägung genannt wurden. Wenn man entgegen der hier vertretenen Argumentation annimmt, dass das Interesse der Allgemeinheit überwiegt, dann dürfte eine Rechtfertigung nach § 34 StGB nicht an der Angemessenheit scheitern.[202]

c) Subjektives Element

Man müsste sich dann im Rahmen der Prüfung des subjektiven Rechtfertigungselementes fragen, ob der Täter im Wissen um die rechtfertigende Lage,[203] vorliegend also dem Vorliegen von (Steuer-)Straftaten, handelte. Es spricht vieles dafür, dass er zumindest Steuerstraftaten für möglich gehalten hat. Fraglich wäre dann nur noch seine Motivation, also die Frage, ob er auch zur Rettung des in Gefahr befindlichen Rechtsgutes handelte. Zum Teil wird vertreten, dass die Motivation irrelevant ist.[204] Eine andere Meinung geht davon aus, dass nur derjenige, der zur Abwehr der Gefahr handelt, gerechtfertigt sein kann.[205]

---

201 L/K-*Kühl*, StGB, 27.A, § 34, Rn. 6; BeckOK-Momsen, StGB, Stand 22.7.2013, § 34, Rn. 19.

202 So im Ergebnis auch *Erb*, Inwieweit schützt § 17 UWG ein ausländisches „Bankgeheimnis"?, FS Roxin, S. 1103 (1114); **wohl a.A.**: NK-*Neumann*, StGB, 4.A, § 34, Rn. 114a, der explizit Steuerdaten-Fälle an der Angemessenheit scheitern lässt, hier allerdings nur vom Ankauf durch staatliche Stellen spricht.

203 Vgl. MK-*Erb*, StGB, 2.A, § 34, Rn. 200; BeckOK-*Momsen*, StGB, Stand 22.7.2013, § 34, Rn. 20.

204 BeckOK-*Momsen*, StGB, Stand 22.7.2013, § 34, Rn. 20ff.; Sch/Sch-*Perron*, StGB, 28.A, § 34, Rn. 48; MK-*Erb*, 2.A, StGB, § 34, Rn. 201; NK-*Neumann*, StGB, 4.A, § 34, Rn. 106ff.; **für vergleichbare Fälle:** *Erb*, Inwieweit schützt § 17 UWG ein ausländisches „Bankgeheimnis"?, FS Roxin, S. 1103 (1114f.); *Brinkschulte*, Bankgeheimnis und Steuerstrafrecht, S. 133.

205 **Für vergleichbare Fälle:** *Ignor/Jahn*, Der Staat kann auch anders, JuS, 2010, S. 390 (392).

Folgt man der zweiten Meinung, dürfte es hier schwer zu begründen sein, dass der Datenlieferant zur Abwehr der Gefahr für das Steueraufkommen handelte. Es spricht vielmehr alles dafür, dass er nur aus kommerziellen Motiven agierte.[206] Folgt man der anderen Ansicht, ergibt sich hier kein Problem mehr, hiernach wäre die Tat endgültig gerechtfertigt.

4. *Zwischenergebnis*

Trotz einiger offener Tatsachenfragen scheinen die besseren Argumente dafürzusprechen, dass die Tat nicht gerechtfertigt war. Insofern ist auf die Schuld einzugehen.

III. Schuld

Anhaltspunkte für Entschuldigungs- oder Schuldausschließungsgründe sind nicht bekannt. Theoretisch möglich wären natürlich Irrtumskonstellationen, die nach § 17 StGB zu behandeln wären. Sollten solche nicht vorgelegen haben, wovon vorliegend ausgegangen wird, wäre die Tat auch schuldhaft begangen.

IV. Anwendbarkeit deutschen Strafrechts

Da die Tat teilweise in Liechtenstein stattfand, ist noch zu klären, ob für den vorliegenden Fall das deutsche Strafrecht überhaupt Anwendung finden kann. Eine Anknüpfung an den Ort der Entwendung der Daten ist ausgeschlossen, denn dieser liegt außerhalb deutscher Strafgewalt. Eine Anwendbarkeit deutschen Strafrechts könnte sich aber aus einer Zusammenschau mit § 9 StGB ergeben, sofern der *Erfolgsort* im Inland lag.[207] In der hiesigen Konstellation trat der Erfolg des Geheimnisverrates erst ein, als die Daten an dem für sie bestimmten Ort waren. Dieser war bei deutschen Behörden in Deutschland. Daher ist deutsches Strafrecht anwendbar.

V. Verfolgbarkeit der Tat

Die Straftatbestände des § 17 UWG sind gem. § 17 Abs. 5 UWG als sogenannte relative Antragsdelikte ausgestaltet. Das bedeutet, dass diese nur dann verfolgt werden, wenn durch den Verletzten ein Strafantrag gestellt wurde oder die Staatsanwaltschaft das besondere öffentliche Interesse an der Strafverfolgung bejaht.

Für die vorliegenden Fälle ist unbekannt, ob Strafantrag durch den oder die Verletzten gestellt wurde. Sollte dies nicht geschehen sein, wäre die hier diskutierte Tat nur dann verfolgbar, wenn das besondere öffentliche Interesse durch die zuständige

---

206 So auch *Ignor/Jahn,* Der Staat kann auch anders, JuS, 2010, S. 390 (392) für ihren konstruierten, aber sehr ähnlichen Fall; *Ambos,* Beweisverwertungsverbote, S. 114 für den Liechtensteiner Fall.

207 Vgl. MK-*Ambos,* StGB, 2.A, § 9, Rn. 16ff mwN.

Staatsanwaltschaft bejaht würde. Hierzu enthält die RiStBV in Nr. 260a eine wenig bekannte Regelung die – soweit ersichtlich – auch in der Diskussion um die Steuerdaten-CDs keine Beachtung erfahren hat:[208]

> „Abschnitt 260a RiStBV – Besonderes öffentliches Interesse an der Strafverfolgung
>
> (1) Ein besonderes öffentliches Interesse an der Strafverfolgung von Verletzungen von Geschäfts- oder Betriebsgeheimnissen (§§ 17 bis 19 UWG) wird insbesondere dann anzunehmen sein, wenn der Täter wirtschaftsstrafrechtlich vorbestraft ist, ein erheblicher Schaden droht oder eingetreten ist, die Tat Teil eines gegen mehrere Unternehmen gerichteten Plans zur Ausspähung von Geschäfts- oder Betriebsgeheimnissen ist oder den Verletzten in seiner wirtschaftlichen Existenz bedroht.
>
> (2) Kommt ein besonders schwerer Fall (§ 17 Abs. 4 UWG) in Betracht, so kann das besondere öffentliche Interesse an der Verfolgung nur ausnahmsweise verneint werden. Das Gleiche gilt, auch bezüglich § 18 UWG, wenn der Täter davon ausgeht, dass das Geheimnis im Ausland verwertet werden soll, oder er es selbst im Ausland verwertet."

In Absatz 1 wird also dargelegt, wann in der Regel die Tat auch ohne Strafantrag verfolgt werden sollte, Absatz 2 hingegen kehrt dieses Verhältnis sogar um. Wenn dessen Voraussetzungen vorliegen, müsste die zuständige Staatsanwaltschaft sogar Gründe dafür finden, die Tat *nicht* zu verfolgen.

Für den vorliegenden Fall gibt es eine Reihe von Anknüpfungspunkten für die Bejahung des besonderen öffentlichen Interesses sowohl nach Ansatz 1 wie auch nach Absatz 2. Zunächst spricht einiges dafür, dass zumindest der Datenbeschaffer wirtschaftsstrafrechtlich vorbestraft ist, wie dies im Rahmen des Sachverhaltes ausgeführt wurde. Ob sich die Vorschrift nur auf eine deutsche Vorstrafe bezieht, ist dem Normtext nicht zu entnehmen. Auch die einzige Kommentierung zur RiStBV macht hierzu keine Angabe.[209] Es lässt sich jedoch weder aus Wortlaut noch Schutzzweck eine solche Beschränkung entnehmen. Insofern dürften auch ausländische Vorstrafen erfasst sein. Auch das Drohen eines erheblichen Schadens aufseiten der Verletzten dürfte zwanglos anzunehmen sein, zudem dürfte die Verletzte hierdurch in ihrer Existenz bedroht worden sein. Es dürfte also möglich gewesen sein, die Taten auch ohne Strafantrag zu verfolgen.

Fraglich ist damit noch, ob nicht sogar ein Fall des Absatzes 2 vorliegt.[210] Dies wäre zunächst dann der Fall, wenn ein besonders schwerer Fall im Sinne des § 17 Abs. 4 UWG *in Betracht kommt.* Eine abschließende Beurteilung ist also nicht

---

208 *Ignor/Jahn,* Der Staat kann auch anders, JuS, 2010, S. 390 (392f.) halten einen Strafantrag vorliegend für entbehrlich, stellen aber auf Nrn. 6, 86 Abs. 2 RiStBV ab; *Werner,* Alles, was (Straf-)Recht ist! Steuerdaten Affäre Schweiz, IWB, 2010, S. 164 (167) erwähnt die Vorschrift.

209 Graf-*Temming,* RiStBV Kommentar, 1.A, Nr. 260a, Rn. 2.

210 Vgl. Graf-*Temming,* RiStBV Kommentar, 1.A, Nr. 260a, Rn. 5.

erforderlich. Nach § 17 Abs. 4 Nr.1 UWG ist dies der Fall, wenn der Täter gewerbsmäßig handelt. Gewerbsmäßigkeit liegt vor, „wenn der Täter sich durch wiederholte Tatbegehung eine nicht nur vorübergehende Einnahmequelle von einigem Umfang und einiger Dauer verschaffen will."[211] Der Datenbeschaffer gab die Daten auch noch an weitere Behörden weiter und dürfte sich hierdurch eine Einnahmequelle von erheblichem Umfang und einiger Dauer geschaffen haben. Zumindest *ex post* sprechen daher einige Anhaltspunkte für ein gewerbsmäßiges Handeln.

Infrage kommt weiterhin auch § 17 Abs. 4 Nr.2 UWG. Dann müsste der Täter bei Mitteilung gewusst haben, dass das Geheimnis im Ausland verwertet werden soll. Die Auslegung dieses Merkmals gestaltet sich schwierig. Da vorliegend davon ausgegangen wurde, dass auch das liechtensteinische Betriebsgeheimnis durch § 17 UWG geschützt ist, könnte man hier argumentieren, dass bereits die Weitergabe an deutsche Stellen eine Verwertung im Ausland darstellt. Die gesichtete Literatur zum Thema war insofern unergiebig.[212] Wenn man allerdings mit den obigen Argumenten auch gewisse ausländische Geheimnisse als geschützt ansieht, dürfte eine solche Interpretation folgerichtig sein. Auch § 17 Abs. 4 Nr. 2 UWG kommt also infrage.

Infrage käme weiter ein unbenannter besonders schwerer Fall. Ein solcher kann beispielsweise im Falle der Existenzgefährdung des geschädigten Unternehmens vorliegen.[213] Die Menge der entwendeten Daten und der Schaden, der der Geschädigten zugefügt wurde, geben zumindest auch gewisse Anhaltspunkte hierfür.

Man wird insofern abschließend konstatieren können, dass *ex post* viel für das Vorliegen eines besonders schweren Falles spricht. Es erscheint plausibel, dass es hierfür auch schon zum damaligen Zeitpunkt Anhaltspunkte gab. Hätten die Strafverfolgungsbehörden damals die hier vorgeschlagene Lesart der Straftatbestände des § 17 UWG zugrunde gelegt, wäre eine Strafverfolgung des Datenbeschaffers dringend geboten gewesen.

VI. Ergebnis

Wie sich insbesondere auf der Ebene der Rechtswidrigkeit gezeigt hat, ist jede einzelne Ebene einer solchen Rechtfertigung problematisch. Im Ergebnis ist ein derartiges Vorgehen rechtsstaatlich nicht zu rechtfertigen. Damit steht fest, dass sich der Datenlieferant wegen Geheimnisverwertung gemäß § 17 Absatz 2 Nr. 2 strafbar gemacht hat.[214]

---

211 MK-*Janssen/Maluga,* StGB, 2.A, § 17 UWG, Rn. 117.

212 Statt vieler: MK-*Janssen/Maluga,* StGB, 2.A, § 17 UWG, Rn. 118f.

213 MK-*Janssen/Maluga,* StGB, 2.A, § 17 UWG, Rn. 120.

214 **So auch für gleiche oder vergleichbare Fälle:** *Spatscheck,* Wird Gauner, wer mit Gaunern dealt?, FS Volk, S. 771 (779); *Sieber,* Ermittlungen in Sachen Liechtenstein, NJW, 2008, S. 881 (883); *Stahl/Demuth,* Strafrechtliches Verwertungsverbot bei Verletzung des Steuergeheimnisses, DStR, 2008, S. 600 (600); *Kelnhofer/Krug,* Der Fall LGT Liechtenstein, StV, 2008, S. 660 (661); *Trüg,* Steuerdaten-CDs und die Verwertung im Strafprozess, StV, 2011, S. 111 (112); *Schwedhelm/Wulf,* Strafbefreiende

C. Strafbarkeit des Datenbeschaffers wegen Betriebsspionage gemäß § 17 Absatz 2 Nr. 1 UWG

Der Datenbeschaffer könnte sich neben der Geheimnisverwertung auch der Betriebsspionage gemäß § 17 Absatz 2 Nr. 1 strafbar gemacht haben, indem er die Datenträger ursprünglich an sich brachte.

I. Anwendbarkeit deutschen Strafrechts

Die Anwendbarkeit deutschen Strafrechts wird wiederum wegen vorgängigen materiell-rechtlichen Fragen an den Schluss verlegt.

II. Tatbestand

Betriebsspionage ist ein Jedermannsdelikt,[215] von daher kann von einem tauglichen Täter ausgegangen werden. Das Tatobjekt ist ebenfalls ein Geschäfts- oder Betriebsgeheimnis,[216] wie oben festgestellt lag ein solches vor. Ebenjene Geschäftsgeheimnisse müsste der Datenlieferant sich „durch Anwendung technischer Mittel", durch die „Herstellung einer verkörperten Wiedergabe des Geheimnisses" oder „Wegnahme einer Sache, in der das Geheimnis verkörpert ist", verschafft oder gesichert haben.

Die technischen Mittel sind in einem weiten und technische Neuerungen berücksichtigenden Sinne zu verstehen.[217] Die Herstellung einer verkörperten Wiedergabe

---

Selbstanzeige und Tatentdeckung im Rahmen der „Liechtenstein Ermittlungen", Stbg, 2008, S. 294 (296); *Durst,* Aspekte der Verteidigung in Sachen Liechtenstein, PStR, 2008, S. 134 (134). **A.A.:** *Kühne,* Die Verwertbarkeit von illegal erlangten Steuerdaten im Strafverfahren, FS Roxin, S. 1269 (1274); *Ostendorf,* Gekaufte Strafverfolgung, ZIS, 2010, S. 301 (304); *Erb,* Inwieweit schützt § 17 UWG ein ausländisches „Bankgeheimnis"?, FS Roxin, S. 1103 (1112); *Brinkschulte,* Bankgeheimnis und Steuerstrafrecht, S. 133; *Kaiser,* Zulässigkeit des Ankaufs deliktisch erlangter Steuerdaten, NStZ, 2011, S. 383 (388).

215 MK-*Janssen/Maluga,* StGB, 1.A, § 17 UWG, Rn. 75; *Piper/Ohly/Sosnitza*-Ohly, Gesetz gegen den unlauteren Wettbewerb, 5.A, § 17, Rn. 17; Köhler/Bornkamm-*Köhler,* UWG, 31.A, § 17, Rn. 37; Harte-Bavendamm/Henning-Bodewig-*Harte-Bavendamm,* UWG, 3.A, § 17, Rn. 19; Götting/Nordemann-*Koehler/Hasselblatt,* UWG Handkommentar, 2.A, § 17, Rn. 44; Fezer-*Rengier,* Lauterkeitsrecht, 2.A, § 17, Rn. 52.

216 *Piper/Ohly/Sosnitza*-Ohly, Gesetz gegen den unlauteren Wettbewerb, 5.A, § 17, Rn. 18, 5; Köhler/Bornkamm-*Köhler,* UWG, 31.A, § 17, Rn. 29, 4ff.

217 MK-*Janssen/Maluga,* StGB, 1.A, § 17 UWG, Rn. 77ff.; vgl. auch *Piper/Ohly/Sosnitza*-Ohly, Gesetz gegen den unlauteren Wettbewerb, 5.A, § 17, Rn. 19; Köhler/Bornkamm-*Köhler,* UWG, 31.A, § 17, Rn. 33; Harte-Bavendamm/Henning-Bodewig-*Harte-Bavendamm,* UWG, 3.A, § 17, Rn. 22; Götting/Nordemann-*Koehler/Hasselblatt,* UWG Handkommentar, 2.A, § 17, Rn. 49; UWG GroßKomm-*Otto,* 1.A, 2006, Stand § 17 jedoch 1.5.1991, § 17, Rn. 69; Fezer-*Rengier,* Lauterkeitsrecht, 2.A, § 17, Rn. 56.

überlappt sich zum Teil mit den technischen Mitteln,[218] der sogenannte Geheimnisdiebstahl orientiert sich stark an § 242 StGB.[219]

Vorliegend brachte der Täter ein sogenanntes „Back-up Magnetband“ an sich, auf dem die Bankdaten in digitaler Form abgespeichert waren. Er las dieses aus und stellte Kopien her. Es ist von daher ohne Probleme möglich, auf den Zeitpunkt abzustellen, als der Täter zu Hause das Magnetband auslas und Kopien herstellte. Dies würde sowohl einen Einsatz technischer Mittel als auch das Herstellen einer verkörperten Wiedergabe darstellen. Es kann insofern offenbleiben, ob auch auf den Zeitpunkt abgestellt werden kann, in dem der Datenlieferant das Band mitnahm. Taugliche Tatmodalitäten liegen demnach vor.

Hierdurch müsste der Täter sich die Geschäftsgeheimnisse unbefugt verschafft oder gesichert haben. Das Verschaffen verlangt, dass der Täter Verfügungsgewalt über die Daten hatte,[220] das Sichern umfasst insbesondere jede Art von Speicherung mit einem Computer,[221] unbefugt ist dies, wenn dem Täter kein Recht zukommt, das Handeln durchzuführen.[222] Vorliegend hatte der Datenlieferant Verfügungsgewalt über die Daten, er speicherte sie elektronisch und er durfte dies nicht. Alle Merkmale liegen also vor. Er hat den objektiven Tatbestand daher sowohl durch das Auslesen als auch durch das Sichern verwirklicht.

Der Tatbestand verlangt weiter Vorsatz, bedingter Vorsatz genügt.[223] Vorliegend spricht alles dafür, dass der Datenlieferant wusste und wollte, was er tat. Darüber

---

218 MK-*Janssen/Maluga,* StGB, 1.A, § 17 UWG, Rn. 79f; *Piper/Ohly/Sosnitza*-Ohly, Gesetz gegen den unlauteren Wettbewerb, 5.A, § 17, Rn. 19; Köhler/Bornkamm-*Köhler,* UWG, 31.A, § 17, Rn. 34; Harte-Bavendamm/Henning-Bodewig-*Harte-Bavendamm,* UWG, 3.A, § 17, Rn. 23; Götting/Nordemann-*Koehler/Hasselblatt,* UWG Handkommentar, 2.A, § 17, Rn. 50; UWG GroßKomm-*Otto,* 1.A, 2006, Stand § 17 jedoch 1.5.1991, § 17, Rn. 70; Fezer-*Rengier,* Lauterkeitsrecht, 2.A, § 17, Rn. 58.

219 MK-*Janssen/Maluga,* StGB, 1.A, § 17 UWG, Rn. 81f.; Götting/Nordemann-*Koehler/Hasselblatt,* UWG Handkommentar, 2.A, § 17, Rn. 51; Fezer-*Rengier,* Lauterkeitsrecht, 2.A, § 17, Rn. 59; **a.A.** UWG GroßKomm-*Otto,* 1.A, 2006, Stand § 17 jedoch 1.5.1991, § 17, Rn. 72.

220 MK-*Janssen/Maluga,* StGB, 1.A, § 17 UWG, Rn. 83f; *Piper/Ohly/Sosnitza*-Ohly, Gesetz gegen den unlauteren Wettbewerb, 5.A, § 17, Rn. 19; Köhler/Bornkamm-*Köhler,* UWG, 31.A, § 17, Rn. 30; Fezer-*Rengier,* Lauterkeitsrecht, 2.A, § 17, Rn. 53.

221 MK-*Janssen/Maluga,* StGB, 1.A, § 17 UWG, Rn. 86; *Piper/Ohly/Sosnitza*-Ohly, Gesetz gegen den unlauteren Wettbewerb, 5.A, § 17, Rn. 19; Köhler/Bornkamm-*Köhler,* UWG, 31.A, § 17, Rn. 31; Fezer-*Rengier,* Lauterkeitsrecht, 2.A, § 17, Rn. 54.

222 MK-*Janssen/Maluga,* StGB, 1.A, § 17 UWG, Rn. 85; *Piper/Ohly/Sosnitza*-Ohly, Gesetz gegen den unlauteren Wettbewerb, 5.A, § 17, Rn. 19 hält die hM für zu eng und stellt auf Rechtfertigungsgründe ab, hierauf kommt es aber vorliegend nicht an.

223 Harte-Bavendamm/Henning-Bodewig-*Harte-Bavendamm,* UWG, 3.A, § 17, Rn. 25; Götting/Nordemann-*Koehler/Hasselblatt,* UWG Handkommentar, 2.A, § 17, Rn. 52; UWG GroßKomm-*Otto,* 1.A, 2006, Stand § 17 jedoch 1.5.1991, § 17, Rn. 74.

hinaus verlangt der Tatbestand auch eine überschießende Innentendenz,[224] wie oben beschrieben.

Was die überschießende Innentendenz angeht, ist jedoch vieles unklar. Ob beziehungsweise in welcher Form diese vorlag, kann hier nicht endgültig entschieden werden, denn hierzu gibt es viele widersprüchliche Aussagen vom Datenlieferanten selbst sowie in der Presse. Insbesondere bleibt unklar, ob die Absichten während der Wegnahme und während des Verkaufs an den BND identisch waren oder sich in der Zwischenzeit geändert hatten. In Anbetracht der Urteile, die gegen den Datenlieferanten vorliegen, kann vermutet werden, dass es ihm im weitesten Sinne darum ging, seine Reisefreiheit wiederherzustellen, die wegen eines internationalen Haftbefehls gegen ihn eingeschränkt war[225] und darüber hinaus Geld zu erhalten.[226] Ein Handeln aus finanziellen Gründen dürfte unproblematisch ein Handeln aus Eigennutz darstellen. Das Motiv, berechtigter Strafverfolgung zu entgehen, dürfte ebenfalls ein solches darstellen, von daher spricht alles dafür, dass auch dieses Merkmal erfüllt wurde. Damit wäre auch der subjektive Tatbestand zu bejahen.

III. Rechtswidrigkeit und Schuld

Die vorliegende Handlung war nicht Teil des Gesamtkomplexes, an dem deutsche Behörden beteiligt waren, sondern fand bereits Jahre zuvor statt. Von daher hatte diese Tat weder das Potenzial noch die Zielrichtung, etwas gegen Steuerhinterziehung zu unternehmen. Die obigen Argumente spielen hier daher keine Rolle, von Rechtswidrigkeit und Schuld ist auszugehen.

IV. Anwendbarkeit deutschen Strafrechts

Der Erfolgseintritt liegt vorliegend an dem Ort, an dem der Täter sich die fraglichen Daten verschafft hat, dies war hier Liechtenstein. Dort ist auch der Erfolg eingetreten. Eine Anknüpfung an den Ort des Erfolgseintritts scheidet daher aus. Weitere Vorschriften, die eine Anwendbarkeit deutschen Strafrechts ermöglichen würden, sind nicht ersichtlich. Eine Anwendbarkeit deutschen Strafrechts scheidet daher aus.

V. Ergebnis

Das Verhalten des Datenlieferanten dürfte den Straftatbestand des § 17 Absatz 2 Nr. 1 UWG (Betriebsspionage) erfüllen, deutsches Strafrecht ist aber nicht anwendbar.[227]

---

224 MK-*Janssen/Maluga*, StGB, 1.A, § 17 UWG, Rn. 88; Götting/Nordemann-*Koehler/Hasselblatt*, UWG Handkommentar, 2.A, § 17, Rn. 52, 34ff.; UWG GroßKomm-*Otto*, 1.A, 2006, Stand § 17 jedoch 1.5.1991, § 17, Rn. 75.

225 Vgl. *Wohlwend*, Der Datendieb, S. 178ff.

226 Vgl. Kapitel 2.

227 **So auch für gleiche oder vergleichbare Fälle:** *Hellmann*, Ermittlungsprobleme bei grenzüberschreitender Steuerhinterziehung, FS Samson, S. 661 (674); *Spatscheck*, Wird

D. Strafbarkeit des Datenbeschaffers wegen des Ausspähens von Daten gemäß § 202a Absatz 1 StGB

Es kommt weiterhin eine Strafbarkeit wegen des Ausspähens von Daten gemäß § 202a Absatz 1 StGB infrage. Der Datenbeschaffer könnte sich, indem er die nicht für ihn bestimmten und gegen unberechtigten Zugang gesicherten Daten der *LGT Treuhand* und sonstige von der *LGT Treuhand* aufbewahrte Daten außerhalb der Geschäftsräume der *LGT Treuhand* auslas und kopierte, des Ausspähens von Daten durch Verschaffen gemäß § 202a Absatz 1 StGB strafbar gemacht haben.

I. Anwendbarkeit deutschen Strafrechts

Die Frage der Anwendbarkeit deutschen Strafrechts wird wiederum an den Schluss verlegt.

II. Tatbestand

Zunächst ist der objektive Tatbestand zu diskutieren.

1. Objektiver Tatbestand

Der objektive Tatbestand fordert zunächst ein taugliches Tat-„objekt".

a) Tatobjekt

Das Tatobjekt sind laut Vorschrift Daten, die nicht für den Täter bestimmt sind und die gegen unberechtigten Zugang besonders gesichert sind. Die Vorschrift enthält damit drei Merkmale.

aa) Daten

Der Begriff der Daten ist in der Literatur zwar im Einzelnen sehr umstritten, für auf Festplatten oder Magnetbändern gespeicherte Computerdateien sind die Voraussetzungen der Vorschrift jedoch in jedem Fall erfüllt.[228] Weitere Ausführungen erübrigen sich daher an dieser Stelle. Deutlich problematischer sind jedoch die beiden anderen Merkmale, die hier zu prüfen sind.

Gauner, wer mit Gaunern dealt?, FS Volk, S. 771 (779); *Sieber,* Ermittlungen in Sachen Liechtenstein, NJW, 2008, S. 881 (884); wohl **a.A.**, allerdings ohne auf dieses Problem einzugehen: *Kelnhofer/Krug,* Der Fall LGT Liechtenstein, StV, 2008, S. 660 (661).

228 Sch/Sch-*Lenckner/Eisele,* StGB, 28.A, § 202a, Rn. 3f.; NK-*Kargl,* StGB, 4.A, § 202a, Rn. 4ff.; MK-*Graf,* StGB, 2.A, § 202a, Rn. 10ff.; Spindler/Schuster-*Gercke,* Recht der elektronischen Medien, 2.A, § 202a, Rn. 2; Münchener Anwaltshandbuch IT-Recht-*Cornelius,* Teil 10, Rn. 76ff.; SSW-*Bosch,* StGB, 1.A, § 202a, Rn. 2.

bb) Nicht für den Täter bestimmt

Was die Bestimmung angeht, sieht man sich vorliegend mit deutlich größeren Problemen konfrontiert. Zu fragen ist zunächst, wer der Verfügungsberechtigte über die Daten war. Für die Verfügungsbefugnis wird im Rahmen des § 202a StGB zum Teil auf den Abspeichernden und zum Teil auf denjenigen, der diese Abspeicherung in Auftrag gegeben hat, abgestellt[229] oder darauf, wer die Daten erschaffen hat, was aber auch der Auftraggeber einer solchen „Erschaffung" sein kann.[230] Auch das Wort vom „Skripturakt" wird hier häufig verwendet,[231] oder es wird auf abstrakte Ausführungen verzichtet und der Begriff an Beispielen erläutert.[232] Die Ausführungen sind diesbezüglich in ihrer Kürze meist nur bedingt aussagekräftig. Aufgrund der vielfältigen – oftmals vertraglichen – Verhältnisse, die dem Erstellen und/oder Speichern zugrunde liegen, dürfte dies auch kaum abstrakt zu bestimmen sein. Vielmehr muss die Bestimmung jeweils am konkreten Fall erarbeitet werden, wobei stets zu berücksichtigen ist, wie die Daten erstellt wurden und welche Beziehungen hierbei eine Rolle spielten, wer also bei wertender Betrachtung als Verfügungsberechtigter der Daten gelten kann.[233] Allgemein anerkannt ist in der Literatur, dass das Verfügungsrecht übertragbar ist und dass es auch an Personengruppen übertragen werden kann.[234] Außerdem ist anerkannt, dass es zeitlich, örtlich oder nach Zwecken beschränkt werden kann.[235]

Dies ist also der Ausgangspunkt, um zu klären, wer „Herr der Daten" war und wem diese zugänglich sein sollten, wie *Pawlik* in seinem Aufsatz zur hiesigen Problematik formuliert.[236] *Pawlik* und *Satzger* meinen, dass dies im vorliegenden Fall

229 MK-*Graf*, StGB, 2.A, § 202a, Rn. 19.

230 LK-*Hilgendorf*, StGB, 12.A, § 202a, Rn. 26f; *Fischer*, StGB, 61.A, § 202a, Rn. 7a; SSW-*Bosch*, StGB, 1.A, § 202a, Rn. 4.

231 Laut *Schmid*, Computerhacken und materielles Strafrecht, S.37 stammt dieser Begriff ursprünglich von *Welp*. Verwendet z.B. von *Fischer*, StGB, 61.A, § 202a, Rn. 7a; SSW-*Bosch*, StGB, 1.A, § 202a, Rn. 4.

232 NK-*Kargl*, StGB, 4.A, § 202a, Rn. 7; LK-*Kühl*, StGB, 27.A, § 202a, Rn. 3.

233 Dies ist in Hinblick auf das Bestimmtheitsgebot sicher nicht unproblematisch, aber wegen der undefinierten Begriffe durch die Vorschrift vorgegeben.

234 MK-*Graf*, StGB, 2.A, § 202a, Rn. 20; Münchener Anwaltshandbuch IT-Recht-*Cornelius*, Teil 10, Rn. 80; Sch/Sch-*Lenckner/Eisele*, StGB, 28.A, § 202a, Rn. 1, 6; NK-*Kargl*, StGB, 4.A, § 202a, Rn. 3, 7f.; *Fischer*, StGB, 61.A, § 202a, Rn. 7a; Spindler/Schuster-*Gercke*, Recht der elektronischen Medien, 2.A, § 202a, Rn. 1, 3.

235 Die Formulierungen sind hier unterschiedlich, letztlich stellen aber alle folgenden Autoren auf die ein oder andere Art darauf ab, dass der „Herr der Daten" darüber zu bestimmen hat, in welchen Zusammenhängen die Daten benutzt werden dürfen: MK-*Graf*, StGB, 2.A, § 202a, Rn. 21; Münchener Anwaltshandbuch IT-Recht-*Cornelius*, Teil 10, Rn. 80; Sch/Sch-*Lenckner/Eisele*, StGB, 28.A, § 202a, Rn. 6; NK-*Kargl*, StGB, 4.A, § 202a, Rn. 7; *Fischer*, StGB, 61.A, § 202a, Rn. 7a; Spindler/Schuster-*Gercke*, Recht der elektronischen Medien, 2.A, § 202a, Rn. 3; Münchener Anwaltshandbuch IT-Recht-*Cornelius*, Teil 10, Rn. 80.

236 *Pawlik*, *Satzger*, *Brinkschulte* und *Samson/Langrock* sind soweit ersichtlich die einzigen Autoren, die sich mit der Frage der Strafbarkeit nach § 202a umfänglicher

die betroffenen Banken gewesen seien.[237] Diese Ansicht erscheint aber aufgrund der Heterogenität der Daten eine zu unterkomplexe Lösung zu sein. Man wird hier vielmehr differenzieren müssen.

Vorliegend handelt es sich um ein Konvolut von Akten. Zunächst einmal enthielt dieses Konvolut Memoranden, Aktennotizen und dergleichen. Diese wurden in jedem Fall von Bankmitarbeitern auf eigene Initiative für den Arbeitgeber, die *LGT Treuhand*, ohne Rücksprache mit den Kunden angefertigt, von einem Mitarbeiter der *LGT Treuhand* für dieselbe digitalisiert, auf Datenträgern im Eigentum der *LGT Treuhand* abgespeichert und vermutlich niemals Kunden zugänglich gemacht. Man wird daher davon ausgehen können, dass die *LGT Treuhand* alleinige Verfügungsberechtigte über diese Daten war. In den Schweizer Fällen waren, nach allem was bekannt ist, ausschließlich solche Dokumente im Umlauf. Soweit die obigen Ausführungen zur tatsächlichen Seite korrekt sind, war in jedem Fall die *LGT Treuhand* verfügungsbefugt.[238]

Das *LGT Treuhand* Konvolut enthielt jedoch auch andere Dokumente, nämlich zum Beispiel Unterlagen über errichtete Anlagevehikel, wie zum Beispiel Stiftungen. Stiftungen werden in Liechtenstein vom Stifter, also auftragsgebunden errichtet. Im Einzelnen wäre in jedem konkreten Fall zum einen auf die gewählte liechtensteinische Rechtsform des Anlagevehikels – Stiftung, Anstalt, etc. – und deren Beistatuten, Verträge etc. einzugehen, was hier nicht getan werden kann. In jedem Fall ist es alles andere als abwegig und nicht selten der intendierte Zweck des Anlagevehikels, dass der Stifter die Kontrolle über die Stiftung und deren Vermögen behält.[239] Dieser kann *de facto* dafür sorgen, dass die Betreuung des Stiftungsvermögens von einem anderen Institut oder einer anderen Einzelperson besorgt wird. Damit wäre zu folgern, dass die *tatsächlich* verfügungsbefugte Person über das Stiftungsvermögen auch der Verfügungsberechtigte über diese Stiftungsunterlagen ist.

Nun ist der logisch vorgängige Schritt der Digitalisierung zu beleuchten. Die Originalpapierdokumente schützt § 202a StGB nicht, da diese nicht unter den Datenbegriff fallen. Zu klären ist damit ob der Kunde trotzdem die Vefügungsbefugnis über diese digitalen Dokumente behält oder diese der Bank zukommt, wenn Originaldokumente für die Vereinfachung des Geschäftsbetriebs digitalisiert werden.

---

beschäftigen. *Ambos*, *Göres/Kleinert*, *Kelnhofer/Krug*, *Kühne*, *Sieber*, *Spatscheck* und *Trüg* sehen zwar die grundsätzliche Problematik, lehnen eine Strafbarkeit jedoch ohne tiefergehende Argumentation ab oder lassen die Frage offen.

237 *Pawlik*, Zur strafprozessualen Verwertbarkeit rechtswidrig erlangter ausländischer Bankdaten, JZ, 2010, S. 693 (697); *Satzger*, Der Staat als „Hehler"?, FS Achenbach, S. 447 (454); **unklar** bei *Samson/Langrock*, „Pecunia non olet", wistra, 2010, S. 201 (202) für die Schweizer Fälle, die pauschal davon ausgehen, dass die Daten nicht für den Täter bestimmt waren, weiter aber keine Ausführungen dazu machen.

238 So für seinen Fall auch *Pawlik*, Zur strafprozessualen Verwertbarkeit rechtswidrig erlangter ausländischer Bankdaten, JZ, 2010, S. 693ff.; *Satzger*, Der Staat als „Hehler"?, FS Achenbach, S. 447 (454).

239 Vgl. *Hellmann*, Ermittlungsprobleme bei grenzüberschreitender Steuerhinterziehung, FS Samson, S. 661 (672).

Vorliegend wird man darauf abstellen müssen, wem die ursprüngliche Speicherung bei wertender Betrachtung zuzurechnen ist. Diese Erkenntnis hilft allerdings im vorliegenden Fall nur bedingt weiter. Folgende Differenzierung erscheint hier sinnvoll: Zuzurechnen wäre die Schaffung der Digitaldokumente sicherlich dem Kunden, sofern er diese explizit beauftragt hätte. Da es eher abwegig ist, dass ein Kunde einer Bank deren interne Arbeitsabläufe vorschreibt, erscheint diese Variante unwahrscheinlich. Andererseits geschah all dies im Rahmen bestehender Verträge und somit letztlich im Rahmen eines vom Kunden in Auftrag gegebenen, übergeordneten Zweckes. Falls der Kunde es durch die bestehenden Verträge mit der *LGT Treuhand* ***rechtlich*** in der Hand hatte, im Rahmen des bestehenden Kundenverhältnisses mit der *LGT Treuhand* dafür zu sorgen, dass alle für die Geschäftsbesorgungen gescannten Unterlagen auch wieder gelöscht werden, scheint dies doch ein deutliches Indiz dafür zu sein, dass er der „eigentliche“ Herr der Daten war. Hatte er dieses Recht nicht, wäre dies allein die *LGT Treuhand*. Verfügungsbefugt war daher in jedem Fall für einen Teil der Daten die *LGT Treuhand*, für einen anderen Teil könnte dies der Kunde gewesen sein. Letztlich hängt dies aber von Umständen ab, die vorliegend nicht zu klären sind.

Im nächsten Schritt wäre zu klären, ob der Verfügungsberechtigte sein Bestimmungsrecht an den Datenlieferanten übertragen hatte. Vor dem Hintergrund des insoweit gesicherten Sachverhaltes durfte der Datenlieferant im Rahmen seiner Tätigkeit mit den Daten umgehen. Eine weitere Tatsachenfrage wäre es, ob dies für alle Daten und in seinen Privaträumen galt. Aufklärbar ist dies hier nicht. Im Rahmen lebensnaher Sachverhaltsauslegung erscheint es sehr abwegig, dass auch dies hiervon umfasst war. Rechtlich ist eine solche Differenzierung möglich. Insofern kann man davon ausgehen, dass die Daten zumindest zum alleine maßgeblichen Tatzeitpunkt nicht für den Täter bestimmt waren.

cc) Gegen unberechtigten Zugang besonders gesichert

Weiterhin müssten die Daten besonders gesichert gewesen sein. Eine besondere Sicherung sorgt auf die eine oder andere Art dafür, dass der Zugang erschwert wird. Für Verschlüsselungen, Passwortschutz und Ähnliches ist dies zumindest unproblematisch der Fall.[240]

Ob eine solche besondere Sicherung im vorliegenden Fall vorhanden war, ist eine Tatsachenfrage, die leider nicht geklärt werden konnte. Üblich sind solche Systeme durchaus. *Kieber* hat zudem in seinem Bericht davon gesprochen, dass er solche ohne größere Probleme überwinden konnte.[241] Dies hieße umgekehrt, dass es zumindest eine schwache Vorrichtung zur Sicherung gegeben hat. Für die hiesige Prüfung wird daher davon ausgegangen, dass auch dieses Merkmal erfüllt ist.

---

240 L/K-*Kühl*, StGB, 27.A, § 202a, Rn. 4; Sch/Sch-*Lenckner/Eisele*, StGB, 28.A, § 202a, Rn. 8; NK-*Kargl*, StGB, 4.A, § 202a, Rn. 10; MK-*Graf*, StGB, 2.A, § 202a, Rn. 35ff.; *Fischer*, StGB, 61.A, § 202a, Rn. 8; Spindler/Schuster-*Gercke*, Recht der elektronischen Medien, 2.A, § 202a, Rn. 4.

241 Vgl. Kapitel 2.

b) Tathandlung

Der Begriff des Verschaffens ist nicht legal definiert und im Einzelnen recht problematisch und umstritten.[242] Zumindest wenn der Täter einen Originaldatenträger entschlüsselt und kopiert, ist hierin aber ein „Verschaffen" zu sehen.[243]

Vorliegend verschaffte sich der Datenbeschaffer vermutlich Zugang zu den Daten, indem er ein aus den Räumlichkeiten der *LGT Treuhand* entwendetes Back-up Magnetband außerhalb der Räume der *LGT Treuhand* unter Umgehung des Schutzmechanismus auslas und kopierte.[244] Hierin ist ein eigennütziges Verschaffen von gegen unberechtigten Zugang besonders gesicherten Daten zu sehen, eine Tathandlung im Sinne des § 202a StGB liegt damit vor.

2. Subjektiver Tatbestand

Am Vorsatz des Datenbeschaffers besteht kein begründeter Zweifel.

III. Rechtswidrigkeit und Schuld

Was Rechtswidrigkeit und Schuld angeht, ist sinngemäß auf die oben in Prüfung B geführte Diskussion zu verweisen. Rechtfertigungs- und Entschuldigungsgründe scheiden daher aus.

IV. Anwendbarkeit deutschen Strafrechts

Auch hier ist jedoch wiederum fraglich, ob deutsches Strafrecht anwendbar ist. Eine Anknüpfung an den Eintritt des Erfolges scheint ausgeschlossen zu sein, denn dieser lag in Liechtenstein und damit nicht auf deutschem Hoheitsgebiet. Eine Anknüpfung an die natürliche Person des Datenbeschaffers oder die juristische Person *LGT Treuhand* erscheint ebenfalls ausgeschlossen, denn diese haben kein Verhältnis zur Bundesrepublik Deutschland.

Zu prüfen wäre noch eine Anwendung aufgrund des passiven Personalitätsprinzips. Das passive Personalitätsprinzip ist im StGB in § 7 Absatz 1 normiert.[245] Demnach muss die Tat gegen einen Deutschen begangen[246] worden sein. Wenn man

---

242 Vgl. MK-*Graf*, StGB, 2.A, § 202a, Rn. 48ff.

243 MK-*Graf*, StGB, 2.A, § 202a, Rn. 50, 53; L/K-*Kühl*, StGB, 27.A, § 202a, Rn. 5; Sch/Sch-*Lenckner/Eisele*, StGB, 28.A, § 202a, Rn. 10f; NK-*Kargl*, 4.A, § 202a, Rn. 12f; Spindler/Schuster-*Gercke*, Recht der elektronischen Medien, 2.A, § 202a, Rn. 5.

244 So die Darstellung von *Heinrich Kieber*, welche nicht weiter nachprüfbar und daher mit den offensichtlichen Unwägbarkeiten behaftet ist.

245 L/K-*Kühl*, StGB, 27.A, § 7, Rn. 1; Sch/Sch-*Eser*, StGB, 28.A, § 7, Rn. 1; MK-*Ambos*, StGB, 2.A, § 7, Rn. 1; NK-*Böse*, StGB, 4.A, § 7, Rn. 1f.

246 L/K-*Kühl*, StGB, 27.A, § 7, Rn. 3f.; Sch/Sch-*Eser*, StGB, 28.A, § 7, Rn. 5f.; MK-*Ambos*, StGB, 2.A, § 7, Rn. 19ff.; NK-*Böse*, StGB, 4.A, § 7, Rn. 3ff.

mit obiger Argumentation annimmt, dass auch Deutsche Opfer der Tat waren, läge die erste Voraussetzung vor.

Die Tat muss weiterhin am Tatort strafbar sein.[247] Infrage kommt hier insbesondere der § 123 liStGB in der damals geltenden Fassung.[248] Dieser lautete:

> § 123
>
> *Auskundschaftung eines Geschäfts- oder Betriebsgeheimnisses*
>
> 1) Wer ein Geschäfts- oder Betriebsgeheimnis mit dem Vorsatz auskundschaftet, es zu verwerten, einem anderen zur Verwertung zu überlassen oder der Öffentlichkeit preiszugeben, ist mit Freiheitsstrafe bis zu drei Jahren oder mit Geldstrafe bis zu 360 Tagessätzen zu bestrafen. Beide Strafen können auch nebeneinander verhängt werden.
>
> 2) Der Täter ist nur auf Verlangen des Verletzten zu verfolgen.

Ein Geschäfts- oder Betriebsgeheimnis lag vorliegend vor. Nach einem gängigen Kommentar zum öStGB[249] ist Auskundschaften folgendermaßen zu verstehen: „Auskundschaften heißt so viel wie Ausspähen (Spionieren) und umfasst alle Tätigkeiten, die darauf abzielen, in den Besitz des Geheimnisses zu gelangen."[250] Die Daten lagen vorliegend nur in verschlüsselter Form vor. Diese mussten insofern erst noch auf dem Datenträger ausgespäht werden, um tatsächlich in den Besitz der Geheimnisse zu gelangen. Insofern ist davon auszugehen, dass die hier geprüfte Tätigkeit auch zum Tatzeitpunkt nach liStGB strafbar war.

Wenn man diese Sichtweise zugrunde legt, könnte deutsches Strafrecht über § 7 Absatz 1 StGB angewendet werden.[251]

Für Fälle, in denen es sich nur um „normale" Kontodaten handelt, also keine Stiftungsunterlagen und Ähnliches, dürfte dieser Weg nicht gangbar sein. Dann wäre nur die ausländische Kapitalgesellschaft betroffen, nicht aber deutsche Staatsbürger. Dies dürfte insbesondere für alle späteren Steuerdaten-CD Fälle zutreffen.[252]

---

247 L/K-*Kühl*, StGB, 27.A, § 7, Rn. 2; Sch/Sch-*Eser*, StGB, 28.A, § 7, Rn. 7ff.; MK-*Ambos*, StGB, 2.A, § 7 Rn. 5ff.; NK-*Böse*, StGB, 4.A, § 7, Rn. 6ff.

248 Das liechtensteinische StGB folgt dem österreichischen StGB und entspricht diesem fast vollständig. Soweit ersichtlich ist das liStGB nicht kommentiert. Auch einschlägige Rechtsprechung aus Liechtenstein war nicht zugänglich. Es wird von daher auf einen österreichischen Kommentar zum öStGB zurückgegriffen.

249 Damals gleichlautend.

250 Fabrizy, öStGB, 9.A, § 123, Rn. 1.

251 So wohl grundsätzlich auch *Satzger*, Der Staat als „Hehler"?, FS Achenbach, S. 447 (454), wenn man entgegen seiner Argumentation hier annimmt, dass „Herr der Daten" deutsche Staatsbürger waren.

252 So auch für die Schweizer Fälle *Brinkschulte*, Bankgeheimnis und Steuerstrafrecht, S. 128, sie diskutiert hier jedoch ebenfalls § 7 Absatz 2 Nr.2 StGB und hält eine Anwendung dieser Vorschrift zumindest nicht für ausgeschlossen.

V. Ergebnis

Die Frage der Strafbarkeit war vor dem Hintergrund der bestehenden Erkenntnisse nicht klärbar. Falls deutsche Anleger als verfügungsbefugt über die Daten angesehen werden können, dürfte sich der Datenlieferant auch nach § 202a StGB strafbar gemacht haben und deutsches Strafrecht wäre auf den Fall anwendbar. Doch selbst wenn man deutsches Strafrecht hier für anwendbar hält, scheidet eine Verfolgung in Deutschland wohl aus, da diese Sache schon in Liechtenstein abgeurteilt worden sein dürfte.[253] Da Liechtenstein Vertragspartei des Schengener Abkommens ist, wäre gemäß Art. 54 des Schengener Durchführungsabkommens eine weitere Verurteilung nicht möglich.[254]

E. Strafbarkeit des Datenbeschaffers wegen eines Verstoßes gegen § 44 Absatz 1 in Verbindung mit § 43 Absatz 2 Nr. 3 BDSG

Eine Anwendung der Strafvorschriften des BDSG kommt für den vorliegenden Fall nicht infrage.[255] Eine Strafbarkeit des Datenlieferanten nach dem Bundesdatenschutzgesetz scheidet somit aus.[256]

---

253 Vgl. die Auszüge aus dem Urteil in Kapitel 2. Falls dies nicht der Fall sein sollte, stellt sich wieder die Frage des Strafantrages. Auch § 202a StGB ist gem. § 205 Abs. 1 StGB ein relatives Antragsdelikt. Es hätten also entweder entsprechende Strafanträge gestellt werden müssen oder die Staatsanwaltschaft hätte das besondere öffentliche Interesse bejahen müssen.

254 Vgl. zu *ne bis in idem* insgesamt und vor allem was grenzüberschreitende Bezüge und dieses Abkommen angeht, MK-*Kotz*, StGB, 2.A, Vorbemerkungen zu §§ 29ff., Rn. 165ff. Was die Betriebsspionage angeht, stellt sich mangels Anwendbarkeit deutschen Strafrechts dieses Problem nicht. Was die Weitergabe angeht, ist diese nach allem, was bekannt ist, nicht bestraft worden.

255 **Für gleiche oder vergleichbare Fälle:** *Trüg*, Steuerdaten-CDs und die Verwertung im Strafprozess, StV, 2011, S. 111 (112); für die vergleichbare Schweizer Konstellation *Ignor/Jahn*, Der Staat kann auch anders, JuS, 2010, S. 390 (391); *Kühne*, Die Verwertbarkeit von illegal erlangten Steuerdaten im Strafverfahren, FS Roxin, S. 1269 (1273); unklar bei *Ambos*, Allgemeininteresse überwiegt, Datev Magazin, 2/2010, S. 42 (43).

256 **Für gleiche oder vergleichbare Fälle:** *Trüg*, Steuerdaten-CDs und Verwertung im Strafprozess, StV, 2011, S. 111 (112); *Ignor/Jahn*, Der Staat kann auch anders, JuS, 2010, S. 390 (391); *Kühne*, Die Verwertbarkeit von illegal erlangten Steuerdaten im Strafverfahren, FS Roxin, S. 1269 (1273); **a.A.:** *Ambos*, Beweisverwertungsverbote, S. 113 scheint dieses Delikt zu bejahen, geht aber in jedem Fall nicht auf die Anwendbarkeit deutschen Strafrechts ein; *Brinkschulte*, Bankgeheimnis und Steuerstrafrecht, S. 133, die eine Strafbarkeit für Schweizer Fälle erst auf der Ebene der Rechtswidrigkeit scheitern lässt; *Gössel*, Über Anomalien des steuerstrafrechtlichen Ermittlungsverfahrens und die daraus resultierenden Gefahren, FS Geppert, S. 137 (148ff.), der sogar alleine hieraus ein Beweisverwertungsverbot ableitet; *Kelnhofer/Krug*, Der Fall LGT Liechtenstein, StV, 2008, S. 660 (661f.), ohne auf die Auslandsproblematik einzugehen; mit unklarer Begründung bejahend *Werner*, Alles, was (Straf-)Recht ist! Steuerdaten Affäre Schweiz, IWB, 2010, S. 164 (167).

Kapitel 5: Rechtliche Fragen zum Tätigwerden des Bundesnachrichtendienstes im LGT-Fall

Der Sachverhalt ist im Hinblick auf das Tätigwerden des BND nicht restlos aufgeklärt. Daher ist auf verschiedene Szenarien einzugehen. Diese schließen sich zum Teil gegenseitig aus. Für die rechtliche Beurteilung wird auf die vorhandene Literatur zum Geheimdienstrecht wie auch auf die vorliegenden Meinungen zum hiesigen Fall zurückgegriffen. Zunächst werden drei Meinungen ausführlicher dargestellt und kritisiert, um vor dieser Folie und unter Zuhilfenahme weiterer Stimmen und bewährter Auslegungsmethoden eine Lösung zu entwickeln, die sowohl mit dem vorhandenen positivierten Geheimdienstrecht als auch mit dem Grundgesetz in Einklang steht. Zunächst ist daher zu klären, welche Befugnisse der Bundesnachrichtendienst hat. Diese sind im BNDG geregelt. Rechtsprechung und Wissenschaft haben sich bisher mit diesen Befugnissen sehr wenig beschäftigt, allerdings gibt es bezogen auf den vorliegenden Fall einige Literatur.

A. Rechtsquellen und Befugnisse des BND

Die primäre Rechtsquelle ist das BNDG. Hierin heißt es in § 1 Absatz 2 S.1 BNDG: „Der Bundesnachrichtendienst sammelt zur Gewinnung von Erkenntnissen über das Ausland, die von außen- und sicherheitspolitischer Bedeutung für die Bundesrepublik Deutschland sind, die erforderlichen Informationen und wertet sie aus." Das bedeutet, dass der Bundesnachrichtendienst im Gegensatz zu Strafverfolgungsbehörden ohne besondere Voraussetzungen, wie zum Beispiel einem Anfangsverdacht, nach eigenem Ermessen Daten erheben darf. Da der BND somit Befugnisse hat, die weit über diejenigen hinausgehen, die staatlichen Behörden im Steuer- und Strafrecht gesetzt sind, liegen die Anforderungen an den Zweck deutlich höher, zu dem diese gesammelt werden dürfen.[257] Es stellt sich daher die Frage, weshalb der Bundesnachrichtendienst ein berechtigtes Interesse an den Datenträgern gehabt haben könnte. Wohlwollend argumentierend könnte man zum Beispiel das Aufklären der Finanzierung von Terrorismus oder Ähnlichem als Rechtfertigung anführen, die bisher publik gewordenen Fälle lassen aber hierauf nicht schließen.[258]

257 *Salditt,* Herausforderung – aktuelle politische und andere Erwartungen an das Strafrecht, FS Schaumburg, S. 1269 (1278).

258 In diese Richtung deutet auch die Aussage von *Albig* auf der Regierungspressekonferenz am 18.2.2008: „Insoweit es sich um Steuerdaten handelt, gibt es keine Nutzungsrechte und auch kein Interesse des Bundesnachrichtendienstes. Alle Steuerdaten sind Angelegenheit der zuständigen Finanzbehörde." Auch *Rehbein,* Die Verwertbarkeit von nachrichtendienstlichen Erkenntnissen, S. 220, geht davon

Selbst wenn man eine solche Zielsetzung zumindest als Hauptmotiv unterstellt, was vereinzelt auch getan wurde,[259] und damit davon ausgeht, dass der BND grundsätzlich im Rahmen seiner Befugnisse handelte, bliebe dennoch die wesentlich schwerer zu beantwortende Frage offen, ob der BND seine Erkenntnisse hätte weitergeben dürfen. Zu klären ist darüber hinaus, ob es sich bei der Tätigkeit um einen Fall der Amtshilfe gehandelt haben könnte.

B. Darf der Bundesnachrichtendienst Daten weitergeben?

Die Antwort auf diese Frage sollte sich, zumindest was den vorliegenden Fall betrifft, aus § 9 BNDG ergeben.[260] Der im Allgemeinen wenig bekannte § 9 BNDG lautete:[261]

> „(1) Der Bundesnachrichtendienst darf Informationen einschließlich personenbezogener Daten an inländische öffentliche Stellen übermitteln, wenn dies zur Erfüllung seiner Aufgaben erforderlich ist oder wenn der Empfänger die Daten für Zwecke der öffentlichen Sicherheit benötigt. Der Empfänger darf die übermittelten Daten, soweit gesetzlich nichts anderes bestimmt ist, nur zu dem Zweck verwenden, zu dem sie ihm übermittelt wurden.
>
> (2) [...]
>
> (3) Der Bundesnachrichtendienst übermittelt Informationen einschließlich personenbezogener Daten an die Staatsanwaltschaften, die Polizeien und den Militärischen Abschirmdienst entsprechend § 20 des Bundesverfassungsschutzgesetzes."

Der § 9 BNDG trifft in Absatz 1 eine Regelung dazu, wann der Dienst weitergeben *darf*. Davon abzugrenzen ist der in Absatz 3 kodifizierte Fall, dass der Bundesnachrichtendienst Informationen weitergeben *muss*. Dieser betrifft nur einige, durch Verweis enumerativ aufgeführte Delikte, vorwiegend Staatsschutzdelikte, die vorliegend nicht einschlägig sind. Ebenso wenig kommt eine Übermittlung nach Absatz 2 unter entsprechender Anwendung des Bundesverfassungsschutzgesetzes infrage.

---

aus, dass dies hier nicht erfüllt war. Vgl. hierzu auch Exhibit Nr. 5 auf der Liste zu „Hearing on Tax Haven Banks and U.S. Tax Compliance July 17 and 25, 2008", S. 2 in der *Kieber* aussagt: „[T]he very questionable business the LGT was often involved in and the dubious clients they were serving, the kind of business that goes beyond just facilitating massive tax evasion. [...] All these discussions were about files with strong indication to corruption, links to dictators, or business deals to avoid a U.S. embargo, for example."

259 Vgl. Kapitel 2.

260 *Lüderssen,* Aus Unrecht entsteht kein Recht, NZZ, 14.3.2008.

261 Mittlerweile mehrfach geändert. Der Text bezieht sich nur auf die damals geltende Rechtslage. Nach der Rechtslage im Jahre 2017 könnte der Fall anders zu beurteilen sein.

Als mögliche Grundlage für eine Weitergabe kommt daher nach hier vertretener Ansicht nur § 9 Absatz 1 BNDG infrage. Eine *Pflicht* zur Weitergabe bestand in keinem Fall. Eine Weitergabe auf Grundlage der AO-Vorschriften wird ebenfalls diskutiert.

I. Pawlik: „Zur strafprozessualen Verwertbarkeit rechtswidrig erlangter ausländischer Bankdaten"

Zunächst wird hier auf den Aufsatz von *Pawlik* aus dem Jahr 2010.[262]

1. Darstellung

Er geht unter Bezug auf eine Reihe einschlägiger Autoren davon aus, dass der Begriff der „öffentlichen Sicherheit", den § 9 Absatz 1 BNDG verwendet, die „Aufklärung von Straftaten" (und damit meint er wohl jegliche Form von Straftaten) einschließt.[263] *Pawlik* verweist in diesem Zusammenhang auf zwei Nachweise: zum einen „[d]as neue Nachrichtendienstrecht für die Bundesrepublik Deutschland" von *Haedge* und zum anderen auf einen Artikel von *Soiné*.[264] *Haedge* seinerseits stellt an der verwiesenen Stelle nur kurz fest:

> „Der Begriff ‚öffentliche Sicherheit' muß denselben Bedeutungsinhalt aufweisen wie der des allgemeinen Sicherheits- und Polizeirechts. Darunter fällt u.a. auch die ‚Unversehrtheit ... der Rechtsordnung'. Unter das Schutzgut ‚Unversehrtheit ... der Rechtsordnung' fallen dann auch Straftatbestände wie z.B. §§ 34f. Außenwirtschaftsgesetz bzw. 19 bis 22, 22a Kriegswaffenkontrollgesetz."[265] [Alle Auslassungen durch *Haedge*, Anmerkung D.W.]

Er belegt diese Meinung wiederum mit einem Hinweis auf *Gröpl*. Wiedergegeben wird hier der Begriff der öffentlichen Sicherheit aus dem allgemeinen Polizeirecht, der zumindest nach herrschender Meinung jeden Verstoß gegen eine Norm des öffentlichen Rechts umfasst, einschließlich des Ordnungswidrigkeitenrechts.[266]

Im Werk von *Gröpl* wird eine Übertragung des Begriffs aus dem allgemeinen Polizeirecht befürwortet, ohne jedoch Gründe hierfür anzugeben oder einen Verweis

262 *Pawlik*, Zur strafprozessualen Verwertbarkeit rechtswidrig erlangter ausländischer Bankdaten, JZ, 2010, S. 693 (693ff.).

263 *Pawlik*, Zur strafprozessualen Verwertbarkeit rechtswidrig erlangter ausländischer Bankdaten, JZ, 2010, S. 693 (695, Fn.36).

264 *Soiné*, Erkenntnisverwertung von Informanten und V-Personen der Nachrichtendienste in Strafverfahren, NStZ, 2007, S. 247 (248).

265 *Haedge*, Das neue Nachrichtendienstrecht für die Bundesrepublik, S. 227.

266 Lisken/Denninger-*Denniger*, Handbuch des Polizeirechts, 4.A, Abschnitt E, Rn. 16ff.

auf einschlägige Literatur zu liefern. Sein Verweis auf das Werk von *Vogel/Martens*[267] macht zu den hier infrage stehenden, geheimdienstlichen Zusammenhängen keinerlei Angabe, sondern handelt ebenfalls nur vom allgemeinen Polizeirecht.[268]

Bei *Soiné* findet sich ebenfalls nichts Substanzielles. Er sagt lediglich:

> „Die Zulässigkeit der Übermittlung von Informationen und personenbezogenen Daten der Nachrichtendienste an die Strafverfolgungsbehörden richtet sich nach den einschlägigen Vorschriften der Nachrichtendienstgesetze: Sofern weder eine gesetzliche Verpflichtung zur Weitergabe noch ein Übermittlungsverbot besteht, liegt diese im Ermessen der Nachrichtendienste. [...] Bei Datenübermittlungen für Zwecke der öffentlichen Sicherheit, d.h. zur Strafverfolgung oder zur Gefahrenabwehr."[269]

Die Frage, ob eine solch weite Interpretation des Begriffs der öffentlichen Sicherheit im Sinne des Gesetzes sein kann, wird weder gestellt noch beantwortet. Darauf werden wir jedoch später noch zurückkommen.

Pawlik rekonstruiert das Problem dann auf andere Weise und zwar als „Umgehungsvorwurf".[270] Hiermit meint er, dass Kritiker einwenden würden, der BND habe im vorliegenden Fall „von seiner spezifischen Befugnis zu verdachtloser Ermittlung" Gebrauch gemacht, dies sei vorliegend jedoch nicht der Fall, denn der Informant sei von selbst auf den BND zugekommen.[271] Weiterhin meint *Pawlik*, es handele sich bei den *LGT Treuhand*-Daten um „marktoffenbare Daten, die nicht den Kernbereich persönlicher Lebensgestaltung betreffen, sondern die geschäftliche Sphäre, die nach der Dreistufenlehre des *BVerfG* einen erheblich geringeren Schutz genießt".[272]

2. Kritik

Die Kritik an *Pawlik* soll an dieser Stelle kurzgefasst werden, weitere Punkte ergeben sich in der folgenden Diskussion. In seinem Beitrag sind, wenn auch nicht direkt an der Oberfläche, die beiden wesentlichen Fragen oder Probleme enthalten, welche dieser Fall aufwirft. Das ist zum einen die Frage, ob der Begriff der öffentlichen

---

267 *Vogel/Martens*, Gefahrenabwehr, 9.A, S. 232ff.

268 *Gröpl*, Die Nachrichtendienste im Regelwerk der deutschen Sicherheitsverwaltung, S. 335.

269 *Soiné*, Erkenntnisverwertung von Informanten und V-Personen der Nachrichtendienste in Strafverfahren, NStZ, 2007, S. 247 (248).

270 *Pawlik*, Zur strafprozessualen Verwertbarkeit rechtswidrig erlangter ausländischer Bankdaten, JZ, 2010, S. 693 (696).

271 *Pawlik*, Zur strafprozessualen Verwertbarkeit rechtswidrig erlangter ausländischer Bankdaten, JZ, 2010, S. 693 (696).

272 *Pawlik*, Zur strafprozessualen Verwertbarkeit rechtswidrig erlangter ausländischer Bankdaten, JZ, 2010, S. 693 (697).

Sicherheit für das BND-Gesetz so weit gefasst werden darf, wie auch *Pawlik* dies – ohne weitere Begründung – tut, und zum anderen die Frage, was letztlich eine nachrichtendienstliche Methode ist. Wenn er sagt, der BND habe seine spezifische Befugnis zu verdachtloser Ermittlung nicht genutzt, steckt in dieser Aussage implizit, dass ebendies das Alleinstellungsmerkmal des BND ist oder zumindest jenes, was ihn für die vorliegenden Fälle von den Strafverfolgungsbehörden unterscheidet. Ob man aber den hier im Kern angesprochenen Begriff des „nachrichtendienstlichen Mittels" tatsächlich so eng fassen darf, scheint eine weitgehend offene Frage zu sein, deren Beantwortung hier ebenfalls versucht wird. Eine solche Sichtweise geht nach hiesiger Sicht am Kern der Sache vorbei. Wenn der Fall so liegen würde, wie *Pawlik* es beschreibt, weshalb hat der BND dann nicht den Informanten schlicht an die zuständige Behörde verwiesen? Zwar gibt der BND an, nur als Bote tätig geworden zu sein, jedoch spricht der oben rekonstruierte Sachverhalt klar gegen eine solche Sichtweise, wie auch der Sachverhalt von *Pawlik*, der zumindest von der Verhandlungsführung des BND ausgeht.

Der Aussage, es handele sich um „marktoffenbare Daten, die nicht den Kernbereich persönlicher Lebensgestaltung betreffen, sondern die geschäftliche Sphäre, die nach der Dreistufenlehre des BVerfG einen erheblich geringeren Schutz"[273] genösse, muss ebenfalls entgegengetreten werden. Im Falle der *LGT Treuhand* handelte es sich um Daten, die deutlich mehr Tiefe aufweisen und zumindest zum Teil der Privatsphäre zuzuordnen sind. In keinem Fall hätten Informationen der oben aufgeführten Art deutschen Steuerbehörden offengelegt werden müssen. Das Argument, dass die Daten „marktoffenbar" sind, verfängt daher ebenfalls nicht.

Insgesamt ist *Pawliks* Meinung somit abzulehnen, da sie die spezifisch nachrichtendienstlichen Besonderheiten sowie die Besonderheiten des vorliegenden Falles nicht genügend beachtet und im Ergebnis daher viel zu weit ist.

II. Kaiser: „Zulässigkeit des Ankaufs deliktisch erlangter Steuerdaten" und die Stellungnahme der Bundesregierung

Weiterhin liegt noch der Beitrag von *Kaiser* vor,[274] der hier aufgrund der Ähnlichkeit der Ansichten zusammen mit der Stellungnahme der Bundesregierung abgehandelt wird. *Kaiser* geht noch weiter als die eben dargestellte Meinung und behauptet, aus § 116 AO ergebe sich, dass der Bundesnachrichtendienst Amtshilfe zu leisten *habe*.[275]

273 *Pawlik*, Zur strafprozessualen Verwertbarkeit rechtswidrig erlangter ausländischer Bankdaten, JZ, 2010, S. 693 (697).

274 *Kaiser*, Zulässigkeit des Ankaufs deliktisch erlangter Steuerdaten, NStZ, 2011, S. 383ff.

275 *Kaiser*, Zulässigkeit des Ankaufs deliktisch erlangter Steuerdaten, NStZ, 2011, S. 383 (385); ähnlich auch *Hellmann*, Ermittlungsprobleme bei grenzüberschreitender Steuerhinterziehung, FS Samson, S. 661 (673).

Auf ebenjener Linie hatte auch schon Jahre zuvor die Bundesregierung argumentiert, so zumindest ließ sie es durch ihren Sprecher verkünden. Die Bundesregierung schien der Meinung zu sein, aus § 116 AO sei auch der BND *verpflichtet,* jegliche Erkenntnisse über Steuerstrafsachen an die zuständigen Behörden weiterzugeben.[276]

Kaiser dürfte es hier um den ersten Satz des ersten Absatzes des § 116 AO gehen, der da lautet:

> „Gerichte und die Behörden von Bund, Ländern und kommunalen Trägern der öffentlichen Verwaltung, die nicht Finanzbehörden sind, haben Tatsachen, die sie dienstlich erfahren und die auf eine Steuerstraftat schließen lassen, dem Bundeszentralamt für Steuern oder, soweit bekannt, den für das Steuerstrafverfahren zuständigen Finanzbehörden mitzuteilen."

Auf den ersten Blick ist daher *Kaisers* Interpretation nicht abwegig. Es wird jedoch noch zu zeigen sein, dass hier zum einen § 116 AO allenfalls für die Weiterleitung der Probedaten infrage käme, wegen des spezielleren § 9 BNDG aber ohnehin gesperrt ist.

III. Rehbein: „Die Verwertbarkeit von nachrichtendienstlichen Erkenntnissen aus dem In- und Ausland im deutschen Strafprozess"

Rehbein hat in ihrer Dissertation auch den Fall Liechtenstein und den Einsatz des BND behandelt und bringt eine Reihe von Überlegungen in den Diskurs ein.

Ihr Grundargument ist zunächst einmal, dass der BND vorliegend nur Amtshilfe für die Steuerbehörde geleistet habe. Dies sei dann zulässig, wenn er keine nachrichtendienstlichen Mittel eingesetzt habe. Andernfalls könne dies zu einem Beweisverwertungsverbot führen.[277] Zu klären ist damit letztlich nur eine Frage und zwar diejenige, ob der BND nachrichtendienstliche Mittel eingesetzt hat. Sollte dies der Fall gewesen sein, wäre das Vorgehen rechtswidrig und die Erkenntnisse wohl auch mit einem Beweisverwertungsverbot im Strafverfahren zu belegen.

Wichtig zu klären ist deshalb, von welchem Sachverhalt *Rehbein* ausgeht. Bedauerlicherweise wurde dieser extrem grob rekonstruiert und reicht somit für die Beurteilung der zentralen Frage nicht aus. *Rehbein* sagt zur Rolle des BND letztlich nur: „Das ursprüngliche Angebot soll per Email an den BND gegangen sein. Laut Angaben des Nachrichtenmagazins ‚Der Spiegel' soll der BND daraufhin die Wuppertaler Steuerfahndung informiert haben, zwei Treffen vermittelt und für deren Geheimhaltung gesorgt haben."[278] Von einem eigenen Datenerwerb sei nicht auszugehen.[279]

---

276 *Albig* auf der Regierungspressekonferenz am 18.2.2008.
277 *Rehbein,* Die Verwertbarkeit von nachrichtendienstlichen Erkenntnissen, S. 219.
278 *Rehbein,* Die Verwertbarkeit von nachrichtendienstlichen Erkenntnissen, S. 219.
279 *Rehbein,* Die Verwertbarkeit von nachrichtendienstlichen Erkenntnissen, S. 219.

Zugegebenermaßen ist vor diesem Hintergrund die Rekonstruktion nachrichtendienstlicher Mittel nicht einfach. Wenn man jedoch den in Kapitel 2 geschilderten Sachverhalt heranzieht, kann man in diese Richtung zumindest folgende Handlungen deuten: die Zahlung von mehr als 4 Millionen Euro zunächst aus dem eigenen Haushalt von (Tarn-)Konten in vertuschender Weise, das Verschaffen neuer Identitäten für den Datenbeschaffer, konspirative Verhandlungen in Drittländern, das Absichern von Gesprächen und die Übergabe in einem Drittland, die Koordination mit anderen, ausländischen Nachrichtendiensten, das Verhandeln über einen eventuellen Aufenthalt des Datenlieferanten in Australien, möglicherweise sogar eigener Ankauf und Weitergabe.

Nun müsste man dies unter die nachrichtendienstlichen Mittel subsumieren, die *Rehbein* beschreibt. Das nachrichtendienstliche Mittel war einmal ein Begriff des BVerfSchG, dies ist jedoch nicht mehr der Fall, in Art. 6 BayVSG findet sich noch die Definition: „Nachrichtendienstliche Mittel sind Maßnahmen zur Tarnung, der Einsatz geheimer Mitarbeiter und andere Maßnahmen, die verbergen sollen, daß das Landesamt für Verfassungsschutz Informationen erhebt."[280] Das BND-Gesetz kennt den Begriff nicht. *Rehbein* schreibt in einem Abschnitt über den Bundesverfassungsschutz, der sich, soweit ersichtlich, auf alle Nachrichtendienste bezieht:

> „Der Begriff des nachrichtendienstlichen Mittels ist im aktuellen BVerfSchG nicht mehr enthalten. Es spricht von ‚Methoden, Gegenstände und Instrumente zur heimlichen Informationsbeschaffung' und listet im Anschluss davon beispielhaft die wichtigsten auf. Ausdrücklich erwähnt werden der Einsatz von Vertrauensleuten und Gewährspersonen, Observationen, Bild- und Tonaufzeichnungen sowie Tarnpapiere und Tarnkennzeichen. § 8 Abs. 2 BVerfSchG umreißt somit den Inhalt der sogenannten nachrichtendienstlichen Mittel ohne diesen Begriff ausdrücklich zu erwähnen. Ungeschriebene ‚nachrichtendienstliche Mittel' sind möglich und müssen von ihrer Eingriffstiefe den geschriebenen entsprechen."[281]

Auf den folgenden Seiten werden diese Mittel dann genau beschrieben. Hier finden sich Sätze wie: „[e]ffektivstes nachrichtendienstliches Mittel soll die Vertrauensperson (V-Person) sein" oder „[w]eiteres nachrichtendienstliches Mittel ist die Observation".[282] Weiterhin wird ausführlich und unter explizitem Einschluss der „Liechtensteinaffäre", der „Ankauf von Nachrichten" diskutiert.[283] Vorliegend wurden Nachrichten angekauft, es wurde abgesichert, es wurden die umfänglichen Kontakte des Bundesnachrichtendienstes zu Partnerdiensten und Behörden genutzt.

Alles in allem hat man unter Zugrundelegung dieses Sachverhaltes reichlich Anlass zur Annahme, dass hier nachrichtendienstliche Mittel eingesetzt wurden.

---

280 *Rehbein,* Die Verwertbarkeit von nachrichtendienstlichen Erkenntnissen, S. 38.
281 *Rehbein,* Die Verwertbarkeit von nachrichtendienstlichen Erkenntnissen, S. 38f.
282 *Rehbein,* Die Verwertbarkeit von nachrichtendienstlichen Erkenntnissen, S. 41.
283 *Rehbein,* Die Verwertbarkeit von nachrichtendienstlichen Erkenntnissen, S. 43.

Insbesondere scheint auch die Tatsache, dass der BND nur vom PKG kontrolliert wird und deshalb deutlich mehr Möglichkeiten als Strafverfolgungsbehörden hat, sein tatsächliches Tun abzuschirmen, dafürzusprechen, hier so etwas wie eine Beweislastumkehr anzunehmen. Wenn der BND aktiv wird (und dies war er vorliegend zweifellos), sollte immer die Vermutung dafürsprechen, dass er ebendies mit nachrichtendienstlichen Mitteln tut. In der Folge wären die Möglichkeiten der Amtshilfe insbesondere für Steuer- und Strafverfolgungsbehörden nur noch minimal. Dies ist ein dem Nachrichtendienstrecht und dessen spezifischen Gefahren angemessenes Ergebnis. Man kann insofern als Zwischenergebnis schon einmal festhalten: Falls vorliegend tatsächlich nicht selbst angekauft, sondern Amtshilfe beim Kauf durch die Steuerbehörden geleistet wurde, wäre diese in jedem Fall rechtswidrig, da nachrichtendienstliche Mittel eingesetzt wurden.

In der Folge diskutiert *Rehbein* noch eine Weitergabe der Daten nach § 9 BNDG: Vorliegend sei die Vorschrift für die Probedaten nicht einschlägig, da diese nicht mit nachrichtendienstlichen Mitteln erhoben worden seien.[284] Nach der hier vorgeschlagenen, extensiven Interpretation des nachrichtendienstlichen Mittels kann dem jedoch nicht gefolgt werden. Auch wenn der Datenlieferant sich von selbst gemeldet hat, spricht doch einiges dafür, dass er sich an den BND wandte, um dessen besondere Fähigkeiten für sich zu nutzen. Demnach wäre auch nach *Rehbein* eine Weitergabe an § 9 BNDG zu messen. Sie meint zu § 9 BNDG, dass letztlich die Weitergabe im Ermessen des BND stehe, was zweifellos sehr weit sei, die „Generalklauseln" seien jedoch durch „Rechtsprechung und Rechtslehre hinreichend konkretisiert".[285] Im folgenden Satz heißt es dann: „Dies lässt sich insbesondere an dem Begriff der ‚öffentlichen Sicherheit' festmachen, welcher – bekannt aus dem Polizeirecht – im Nachrichtendienstrecht ebenso definiert wird wie dort."[286] Nun müsste man freilich *Gründe* dafür angeben, weshalb dieser Begriff hier wie dort den gleichen Bedeutungsinhalt haben muss. Hinter dem letzten Satz befindet sich aber nur die Fußnote 569, diese besagt: „Ebenso *Haedge*, S. 227; *Gröpl*, S. 335; *Droste*, S. 519." Wie bereits oben ausgeführt,[287] hat kein einziger dieser Autoren einen *Grund* genannt, weshalb man diesen Begriff aus dem allgemeinen Polizeirecht

284 *Rehbein,* Die Verwertbarkeit von nachrichtendienstlichen Erkenntnissen, S. 220.

285 *Rehbein,* Die Verwertbarkeit von nachrichtendienstlichen Erkenntnissen, S. 116.

286 *Rehbein,* Die Verwertbarkeit von nachrichtendienstlichen Erkenntnissen, S. 116.

287 Bei *Droste,* Handbuch des Verfassungsschutzrechts, S. 519, findet man zur öffentlichen Sicherheit lediglich folgende Sätze: „Indem die Regelung die Übermittlung von Informationen nur für die Zwecke ‚Schutz der freiheitlichen demokratischen Grundordnung' sowie ‚öffentliche Sicherheit' zulässt, bedient sie sich zweier in der Rechtsprechung und -lehre hinreichend ausgedeuteter Rechtsbegriffe. [...], bedeutet öffentliche Sicherheit staatlichen Rechtsgüterschutz und umfasst die Summe der Normen, die präventiv und repressiv zum Schutz des Staates, seiner Einrichtungen und seiner Rechtsordnung aufgestellt worden sind. Die Vorschrift stellt insoweit vor allem klar, dass der Verfassungsschutz an inländische Behörden auch dann personenbezogene Daten übermitteln kann, wenn diese für die empfangende

im Nachrichtendienstrecht verwenden *sollte*. Hier wird ein erhebeliches Problem zwar erkannt, die daraus resultierende Meinung vermag aber nicht zu überzeugen. Sie verweist dann noch auf ihre Ausführungen zur Beweisverwertung, bei der sie insgesamt etwas vorsichtiger zu sein scheint und unter anderem schreibt: „Gelöst ist die Problematik der Nutzung von nachrichtendienstlichen Informationen im Strafverfahren hingegen nicht."[288] Auch *Rehbein* meint letztlich, eine verfassungskonforme Interpretation sei hier möglich.[289] Eine solche soll im Rahmen des eigenen Ansatzes versucht werden.

Es muss daher an dieser Stelle zusammenfassend festgehalten werden, dass die einführende Bemerkung von *Rehbein* in ihrer Dissertation von 2011 vollkommen richtig ist: Das Nachrichtendienstrecht wird seitens der Rechtswissenschaft systematisch gemieden. Die vorhandene Literatur weicht den eigentlichen Problemen aus. Es gibt in diesem Bereich ein deutliches Rechtfertigungsdefizit staatlichen Handelns. Einer Interpretation des Begriffs der öffentlichen Sicherheit, der diesen allein aus dem Polizeirecht übernimmt, ist entschieden entgegenzutreten.[290] Es mag zwar sein, dass für das allgemeine Polizeirecht eine solche Interpretation richtig ist. Die Befugnisse und vor allem Fähigkeiten der allgemeinen Polizeibehörden sind jedoch auch deutlich beschränkter als diejenigen des Nachrichtendienstes. Es ist von daher nicht einzusehen, weshalb staatliche Gewalt auf diesem Wege ihre Macht ausdehnen dürfen sollte, und als nichts anderes kann man eine solche Lesart deuten.

Insgesamt sind damit bei *Rehbein* zwei Punkte problematisch, denen hier nicht gefolgt werden kann. Zum einen erscheint ihr Begriff der öffentlichen Sicherheit die Spezifika des hiesigen Rechtsgebietes nur unvollständig zu berücksichtigen, ebenso wie dies bei den von ihr zitierten Autoren zu konstatieren ist. Dieser Auslegung soll hier ein geheimdienstangemessener Begriff der öffentlichen Sicherheit entgegengestellt werden. Ebenfalls zu eng ist ihre Definition des nachrichtendienstlichen Mittels. Wenn ein Nachrichtendienst etwas dienstlich tut, spricht allein schon die Vermutung dafür, dass er mit nachrichtendienstlichen Mitteln agiert. Im vorliegenden Fall gibt es Anlass, die klandestine Vorgehensweise so zu werten, was dann auch nach *Rehbein* eine Amtshilfe ausschließen würde. Strafbar

---

Behörde für andere als die in *§ 3 Abs. 1* genannten Zwecke notwendig sind." Bei *Droste* findet sich insofern kein (neues) Argument.

288 *Rehbein,* Die Verwertbarkeit von nachrichtendienstlichen Erkenntnissen, S. 237.

289 *Rehbein,* Die Verwertbarkeit von nachrichtendienstlichen Erkenntnissen, S. 116.

290 Für eine dem BNDG angepasste und von daher einschränkende Auslegung auch *Kelnhofer/Krug,* Der Fall LGT Liechtenstein, StV, 2008, S. 660 (665); *Heerspink,* Die Ermittlungen zur Liechtenstein-Affäre AO-StB, 2009, S. 25 (27); *Lüderssen,* Aus Unrecht entsteht kein Recht, NZZ, 14.3.2008; *Schünemann,* Die Liechtenstein Steueraffäre als Menetekel des Rechtsstaates, NStZ, 2008, S. 305 (306).

keiten wurden hier nicht berücksichtigt, aus diesen ließen sich aber die gleichen Ergebnisse ableiten.

IV. Dose: Übermittlung und verfahrensübergreifende Verwendung von Zufallserkenntnissen

Auch *Dose* hat sich im Rahmen ihrer Dissertation umfänglich zu dem Thema geäußert und einen anderen Weg aufgezeigt. Zunächst stellt sie fest, dass die Frage der Weitergabe von der Frage der Erhebung abhängig sei.[291] Sie ist der Meinung, dass der BND unproblematisch „Zufallserkenntnisse" und demnach das, was er im Rahmen aufgabengemäßer Amtsführung erfährt, weitergeben darf. Für den vorliegenden Fall habe der BND gemäß § 9 Absatz 1 BNDG Probedaten weitergeben dürfen, „da ein Anfangsverdacht bzgl. einer Steuerstraftat vorlag".[292] Daneben komme man über § 116 AO zu demselben Ergebnis.[293] Dem ist, wie oben bereits gezeigt, nicht zuzustimmen.[294]

Doses Argument ist aber insbesondere an einem weiteren Punkt nicht ganz stichhaltig: Es erscheint höchst fraglich und auf Grundlage des von *Dose* angenommenen Sachverhaltes sogar ausgeschlossen, dass sich alleine aus der Datenprobe schon ein Anfangsverdacht für eine Straftat ergeben kann, denn dieser kann sich in aller Regel nur in Zusammenschau mit der Steuerakte ergeben.[295] Daher scheidet (wohl) alleine schon deswegen diese Lösung für die Datenprobe aus.

Absolut zustimmungswürdig sind jedoch *Doses* weitere Ausführungen. Sie meint, der BND hätte, nachdem er die Datenprobe geprüft und entdeckt habe, dass es sich nur um normale Steuerhinterziehung handele, nicht mehr tätig werden dürfen, denn ab diesem Zeitpunkt sei klar gewesen, dass er sich außerhalb seiner Kompetenzen bewege.[296] Damit erfolgte nach *Dose* der Kauf und die Weitergabe der Hauptdaten, so sie denn stattgefunden hat, in jedem Fall rechtswidrig.

Genauso überzeugend ist ihre Argumentation gegen das Vorliegen von einem „unaufgeforderten Datenzugang", wie das Bundesverfassungsgericht ihn zugrunde

291 *Dose,* Übermittlung und verfahrensübergreifende Verwendung von Zufallserkenntnissen, S. 239.

292 *Dose,* Übermittlung und verfahrensübergreifende Verwendung von Zufallserkenntnissen, S. 240.

293 *Dose,* Übermittlung und verfahrensübergreifende Verwendung von Zufallserkenntnissen, S. 242.

294 Warum eine Lösung über § 116 AO ausgeschlossen ist, wird noch im Rahmen des eigenen Ansatzes behandelt.

295 Vgl. *Salditt,* Verwertungsverbot – Liechtenstein: Fragen und Argumente, PStR, 2008, S. 84 (85).

296 *Dose,* Übermittlung und verfahrensübergreifende Verwendung von Zufallserkenntnissen, S. 240.

gelegt hat.[297] Aufbauend auf dem Begriff des „Erhebens“ aus § 3 Absatz 3 BDSG schlussfolgert sie: „... erfolgt die Übergabe oder Anlieferung dagegen in Erfüllung einer zuvor getroffenen vertraglichen oder sonstigen Absprache, so handelt es sich um beschaffte Daten. Dem BND ist die Daten-DVD nicht gänzlich unverlangt zugekommen.“[298] Folglich habe es einer Grundlage für einen solchen Eingriff bedurft, diese sei aber nicht ersichtlich, auch unter diesem Gesichtspunkt sei das Verhalten des BND nicht zu rechtfertigen.[299]

Im Anschluss diskutiert *Dose* die Amtshilfe.[300] Diese sei vorliegend nicht denkbar, denn Amtshilfe ohne entsprechendes Ersuchen sei letztlich nicht möglich, ein solches habe aber nicht vorgelegen.[301] Dies mag rechtlich stimmen. Allerdings ist insgesamt hierzu festzustellen, dass weder ihrem noch dem hier vertretenen Sachverhalt diesbezüglich eindeutige Hinweise zu entnehmen sind. Man weiß, dass es Kontakt zwischen BND und Steuerfahndung gegeben hat. Es erscheint auch nicht vollkommen abwegig, dass ein solches Gesuch gestellt worden sein könnte.[302] Insofern soll dem Argument hier nicht grundsätzlich widersprochen werden, diese Ausführungen sollte man jedoch zumindest mit einem Fragezeichen versehen. Amtshilfe komme aber auch deswegen nicht infrage, weil dann nur die Kompetenzen der Strafverfolgungs- und Steuerbehörden einschlägig seien, diese hätten aber zumindest nicht für 4,2 Millionen Euro ankaufen dürfen.[303]

V. Eigener Standpunkt

In Abgrenzung zu den obigen Meinungen wird nun ein eigener Standpunkt entwickelt, der eine Reihe von Ansichten miteinbezieht, welche die Rechtmäßigkeit der Weitergabe der hier infrage stehenden Daten ebenfalls ablehnen. Ein Teil des Ansatzes wurde bereits im Rahmen der Kritik eingeführt. Nach hier vertretener Meinung kann sich eine legitime Antwort auf die Frage, ob der BND die Daten weitergeben durfte, nur aus dem einzigen auf ihn bezogenen Parlamentsgesetz

297 *Dose,* Übermittlung und verfahrensübergreifende Verwendung von Zufallserkenntnissen, S. 240.

298 *Dose,* Übermittlung und verfahrensübergreifende Verwendung von Zufallserkenntnissen, S. 240f.

299 *Dose,* Übermittlung und verfahrensübergreifende Verwendung von Zufallserkenntnissen, S. 241.

300 *Dose,* Übermittlung und verfahrensübergreifende Verwendung von Zufallserkenntnissen, S. 241.

301 *Dose,* Übermittlung und verfahrensübergreifende Verwendung von Zufallserkenntnissen, S. 242.

302 Hiervon ging insbesondere auch die Staatsanwaltschaft Berlin im Rahmen der Prüfung von gestellten Strafanzeigen aus, vgl. hierzu den Brief vom 3.6.2008 und den Aktenvermerk der Staatsanwaltschaft Berlin, Az 1 St Js 144/08, beides veröffentlicht in der ZSteu, 2008, S. 176ff.

303 *Dose,* Übermittlung und verfahrensübergreifende Verwendung von Zufallserkenntnissen, S. 242ff.

sowie einer verfassungsorientierten Deutung desselben ergeben.[304] Die hiesige Frage lässt sich sicher unter den Topos des „informationellen Trennungsgebots“[305] fassen, welches sich als abstrakte und absolute Rechtsfigur aus dem geltenden Recht wohl nicht begründen lässt, hier ist *Rehbein* vermutlich zuzustimmen.[306] Das ändert aber nichts daran, dass eine an der Verfassung ausgerichtete Interpretation zu dem Ergebnis kommen kann, dass eine Weitergabe nicht möglich ist.

1. Auslegung des BNDG

Begonnen wird das Argument mit der Auslegung der überschaubaren Vorschriften des BNDG nach deren Wortlaut. Wie schon im Rahmen der oben dargestellten Meinungen angesprochen wurde, werden die Aufgaben des Bundesnachrichtendienstes in § 1 BNDG definiert. Hätte der BND die Daten für eigene Zwecke gekauft, wie beispielsweise für die Aufklärung von Terrorismus, hätte er innerhalb seiner Kompetenzen gehandelt.[307] Ausgeklammert sind dabei Fragen der Strafbarkeit und was sich daraus ergibt.[308]

---

304 Auf eine Bezugnahme der verwaltungsrechtlichen Diskussion, die eine Weiterleitung rechtswidrig erlangter Geheimdienstdaten entweder ganz ablehnt oder nur sehr eingeschränkt zulässt, wird hier verzichtet. Siehe hierzu *Rehbein,* Die Verwertbarkeit von nachrichtendienstlichen Erkenntnissen, S. 124ff. Dieser Ansatz erscheint zwar interessant und unter Umständen auch zielführend. Da sich aber – wie hier gezeigt werden wird – bereits aus einer richtigen Lesart des Gesetzes ein Ergebnis ableiten lässt, erscheint es nicht nötig diesen Weg zu gehen, denn bevor man sinnvoll fragen kann, ob man illegal erworbene Daten weitergeben darf, muss man fragen, ob es überhaupt eine Rechtsgrundlage für die Weitergabe gibt, zunächst unabhängig davon, auf welche Art die Daten gewonnen wurden. Sollte man jedoch eine andere Auslegung des BNDG vertreten als die hier vorgeschlagene, dürfte sich diese Frage zwangsläufig stellen.

305 *Rehbein,* Die Verwertbarkeit von nachrichtendienstlichen Erkenntnissen, S. 100ff. mwN. Die meisten Beiträge, die hier von *Rehbein* zitiert werden, stammen ohnehin aus der Zeit vor dem Erlass des BNDG und sind insofern mit Vorsicht zu betrachten.

306 Vgl. *Rehbein,* Die Verwertbarkeit von nachrichtendienstlichen Erkenntnissen, S. 101f.

307 So auch *Dose,* Übermittlung und verfahrensübergreifende Verwendung von Zufallserkenntnissen, S. 238ff.

308 *Rehbein* schreibt: „Dabei soll die Entgegennahme auch von illegalem Material unproblematisch sein, solange dieses ohne vorheriges Zutun der Dienste durch eine Privatperson beschafft wurde. Dies kann jedoch nur dann gelten, wenn die Voraussetzungen einer Hehlerei oder einer sonstigen Anschlusstat nicht erfüllt sind. [...] Wie stets gilt jedoch, dass die Dienste keine Straftaten begehen dürfen. [...] In der Annahme der Informationen gegen Geld darf daher keine Straftat der Nachrichtendienste liegen.“, *dies.,* Die Verwertbarkeit von nachrichtendienstlichen Erkenntnissen, S. 43f. Es spricht letztlich alles dafür, dass der BND ohnehin nie hätte kaufen dürfen, weil dies bereits strafbar ist.

Nun widmen wir uns der Rechtmäßigkeit der Weitergabe, zunächst der Probedaten: Vorliegend könnte dies „zur Erfüllung seiner Aufgaben" im Sinne von § 9 Absatz 1 Satz 1. Alternative geschehen sein, falls es dem BND darauf abzielte, eigene Zwecke damit zu erfüllen. Hierzu ist zwar nichts bekannt, auszuschließen ist es aber nicht. Dann wäre aber zumindest hinsichtlich der Verwertung auf *Sieber* zu verweisen, der meinte, zu steuer- oder strafrechtlichen Zwecken dürften solche Daten dann nicht verwendet werden.[309]

Bezüglich der Hauptlieferung ist dies anders zu beurteilen. Nach dem hier zugrunde liegenden Sachverhalt kaufte der BND zumindest primär für die Finanz- und Strafverfolgungsbehörden, welche diesen Kauf auch bezahlten. Damit hat er bereits seine Kompetenzen überschritten, denn die in § 1 BNDG definierten Aufgaben erfordern eine enge Auslegung. Dies ist dem sensiblen Regelungsgegenstand geschuldet und wurde schon in Auseinandersetzung mit anderen Meinungen hinreichend begründet. Nicht alles dient der Sicherheit der Bundesrepublik Deutschland.[310]

Was die Weitergabe der Hauptlieferung angeht, scheidet die Erfüllung eigener Aufgaben aus. Unter welchen Voraussetzungen der Bundesnachrichtendienst ansonsten Informationen an andere Behörden übermitteln darf, ergibt sich aus § 9 BNDG Absatz 1 Satz 1 2. Alternative. Es hat sich diesbezüglich gezeigt, dass innerhalb der Literatur zu dem Thema unisono und unbegründet gefordert wird, dass der Begriff der „öffentlichen Sicherheit" ebenso wie im allgemeinen Polizeirecht auszulegen sei. Dieser Auslegung des Begriffes soll hier eine spezifisch geheimdienstrechtliche entgegengehalten werden, die sich eng an rechtsstaatlichen Grundprinzipien orientiert.

a) Auslegung des Begriffs der „öffentlichen Sicherheit" im Sinne des BNDG

Zu klären ist daher die Reichweite dieses Begriffs im Kontext der Norm. *Ambos* hat diese zentrale Frage prägnant auf den Punkt gebracht: „Ob die Weitergabe zum Zweck der *öffentlichen Sicherheit* erlaubt war, hängt davon ab, ob man diesen Begriff weit im polizeirechtlichen Sinne oder eng im geheimdienstlichen Sinne – wiederum mit Blick auf die außen- und sicherheitspolitische Aufgabenzuweisung in § 1 Abs. 2 BND-Gesetz – versteht."[311]

Für eine solche Auslegung im Sinne des Polizeirechts könnte sprechen, dass der Begriff der öffentlichen Sicherheit im juristischen Diskurs bereits einen durch das Polizeirecht geprägten Bedeutungsinhalt hat. Dies scheint auch der Kern der Argumente der oben zitierten Autoren zu sein. Vorliegend geht es in erster Linie um repressives Vorgehen, nämlich Strafverfolgung und Erhebung von bereits in

---

309 *Sieber,* Ermittlungen in Sachen Liechtenstein, NJW, 2008, S. 881 (883).

310 *Trüg/Habetha,* Beweisverwertung trotz rechtswidriger Beweisgewinnung, NStZ, 2008, S. 481 (489); *Flöthmann,* Der Zweck heiligt nicht jedes Mittel, SAM, 2008, S. 63 (63); *Dose,* Übermittlung und verfahrensübergreifende Verwendung von Zufallserkenntnissen, S. 238ff., die hierfür auch die umfassendste Erklärung liefert.

311 *Ambos,* Beweisverwertungsverbote, S. 118f.

der Vergangenheit hinterzogenen Steuern. Allerdings hat der Vorgang auch einen präventiven Anteil, nämlich die Verhinderung künftiger Steuerstraftaten. Dieser Punkt soll daher nicht weiterverfolgt werden. Wenn man hier den problematischen Begriff der öffentlichen Sicherheit nach den Grundsätzen der Gegenseite anwendete, käme man sicher zu einer Übermittlungsbefugnis. Es ist daher die Frage zu klären, ob eine solche Auslegung des Begriffes sachgerecht ist.

aa) Wortlaut

Zu beginnen ist mit der Auslegung des Wortlautes. Öffentliche Sicherheit kann auch in einem deutlich engeren Sinne verstanden werden, nämlich als *konkret wahrnehmbare* Gefährdung, beispielsweise durch Anschläge oder geplante Gewaltverbrechen. Eine – gewissermaßen immer „unterschwellig“ und nicht offensichtlich wahrnehmbare – Gefahr für die Finanzierung des öffentlichen Gemeinwesens durch Steuerhinterziehung würde aus einem solchen Deutungsansatz herausfallen.

bb) Systematik

Systematisch kann man das BNDG als eine besonders spezialisierte Form des Polizeirechts begreifen, welche aufgerufen ist, Gefahren in der ihr eigenen Art und Weise abzuwehren. Dies könnte man zwar als Gegenargument auffassen, naheliegender scheint es jedoch, dies als einen klassischen Fall einer *lex specialis* zu den allgemeinen Regeln des Polizeirechts zu verstehen. Einer engeren Auslegung des Begriffs steht dann nichts im Wege.

cc) Historische Auslegung

Bliebe noch die historische Auslegung, die vielversprechend erscheint, weil das Gesetz recht neuen Datums ist. Der Entwurf der Bundesregierung für das BNDG ist in Bundestagsdrucksache 11/4306 zu finden. Der § 9 Absatz 1, um den es hier geht, findet sich bereits in ähnlichem Wortlaut in diesem Entwurf (§ 5 des Entwurfs).[312] Die Bundestagsdrucksache 11/7235 enthält Beschlussempfehlung und Bericht. Bezüglich der Weitergabe von Daten wurde nun der Wortlaut „Informationen **einschließlich** personenbezogener **Daten** an **inländische** Behörden“[313] eingefügt, bezüglich der hier interessierenden „öffentlichen Sicherheit“ wurde keine Änderung vorgenommen.[314] In dem anschließenden Bericht wird zu den Beratungen zum BNDG darauf hingewiesen, dass die Fraktion der *SPD* die Streichung von § 5 beantragt hat. Sie wurde jedoch diesbezüglich und bezüglich ihrer anderen Änderungsvorschläge

312 Bundestagsdrucksache 11/4306, S. 33.

313 Dies war auch die Formulierung in der ursprünglichen Fassung des Gesetzes. In der zum hier fraglichen Zeitpunkt geltenden Fassung spricht das Gesetz stattdessen von „öffentlichen Stellen“. Dies ist jedoch für die hiesigen Probleme ohne Belang.

314 Bundestagsdrucksache 11/7235, S. 80.

überstimmt. Zur Begründung und Inhalt des BNDG (Artikel 5 in der Drucksache) „wird, soweit der Gesetzentwurf der Bundesregierung unverändert in die Beschlußempfehlung Eingang gefunden hat, auf die Drucksache 11/4306 verwiesen".[315] Soweit ersichtlich, wurde in den Beratungen des Bundestages die hier interessierende Frage nicht im Detail angesprochen. Das Gesetz war Teil einer größer angelegten Gesetzgebungsinitiative, bei der vor allem das BDSG im Vordergrund stand. Soweit aus den Unterlagen ersichtlich, hat dieses Gesetz den Großteil der Aufmerksamkeit erfahren. Das Gesetz wurde jedenfalls so beschlossen und verkündet.

Im Wege der historischen Auslegung kann also darauf geschlossen werden, dass der Gesetzgeber die Ausfüllung dieses Begriffes Rechtsprechung und Wissenschaft anvertraut hat und nicht explizit auf den Begriff des allgemeinen Polizeirechts rekurrieren wollte, dies aber auch nicht ausgeschlossen hat.

dd) Teleologische Auslegung der Vorschrift

Wie sich gezeigt hat, ergibt sich aus den ersten drei Auslegungsmethoden kein eindeutiges Ergebnis. Ein solches muss daher im Wege der teleologischen Auslegung der Vorschrift ermittelt werden. Auch wenn die genaue Verortung und der genaue Umfang des Trennungsgebots in der Verfassung durchaus umstritten ist,[316] so scheint doch unstreitig zu sein, dass es ein solches gibt[317] und dass es den Zweck hat, gewisse Bereiche staatlicher Machtausübung zu isolieren. Dies soll insbesondere verhindern, dass die Geheimdienste zum verlängerten Arm der Strafverfolgungsbehörden werden. Nach hier vertretener Auffassung ist das BNDG damit eine einfachgesetzliche, nicht zwingend abschließende Ausformung dieses Grundsatzes im einfachen Recht.[318]

Wenn es aber das Ziel ist, diese Bereiche voneinander zu isolieren, dann kann es nicht sein, dass es dem Bundesnachrichtendienst nach Belieben und sozusagen auf Zuruf freisteht, durch geheimdienstliche Methoden erlangte Informationen weiterzugeben. Dies würde zu einer extrem weitgehenden Kooperation führen, die nicht gewollt sein kann. Ebendieses wechselseitige Zusammenspiel scheint es zu sein, welches das Bundesverfassungsgericht mit dem gezielten Machen von Zufallsfunden auszudrücken versucht: „Sie [die Geheimdienste, Anmerkung D.W.] dürfen mithin nicht zur gezielten Erlangung von Zufallsfunden für nicht-nachrichtendienstliche

---

315 Bundestagsdrucksache 11/7235, S. 110.

316 *Schünemann,* Die Liechtenstein Steueraffäre als Menetekel des Rechtsstaates, NStZ, 2008, S. 305 (306) mwN; *Rehbein,* Die Verwertbarkeit von nachrichtendienstlichen Erkenntnissen, S. 94ff. mit einer ausführlichen Darstellung.

317 *Schünemann,* Die Liechtenstein Steueraffäre als Menetekel des Rechtsstaates, NStZ, 2008, S. 305 (306ff.); 2 BvR 2101/09, Rn. 59.

318 So wohl letztlich auch *Kühne,* Die Verwertbarkeit von illegal erlangten Steuerdaten im Strafverfahren, FS Roxin, S. 1269 (1281), der von einem Verstoß gegen §§ 2, 3 BNDG i.V.m. § 20 BVerfSchutzG und dem Trennungsgebot durch die gleiche Handlung ausgeht.

Zwecke eingesetzt werden."[319] Insofern ist der Begriff der öffentlichen Sicherheit hier in einem sehr engen und die Spezifika des Geheimdienstrechts beachtenden Sinne zu verstehen.[320]

Eine diese Grundsätze berücksichtigende Interpretation des Absatz 1 muss vor allem im Lichte des sehr restriktiven § 9 Absatz 3 BNDG zu einer Interpretation führen, die zumindest nicht über diesen in der Weise hinausgeht, dass nach Belieben weitergegeben werden darf und somit eine umfassende Kooperation entstehen kann. Andererseits muss sie über die in § 9 Absatz 3 BNDG genannten Delikte des § 20 BVerfSchG hinausgehen, sonst würde die Vorschrift keinen Sinn machen.[321] Diskussionswürdig erscheint hier nur die Abwehr großer Gefahren, insbesondere für Leib und Leben, sowie unter Umständen schwere, vor allem organisierte Kriminalität. Nichtgewalttätige Kriminalität bestenfalls mittleren Ausmaßes wie vorliegend kann hier jedoch nicht umfasst sein.[322] Weiterhin kann dies alles nur für echte Zufallsfunde gelten, nicht jedoch für „Auftragsarbeiten".[323]

b) Zwischenergebnis

Als Zwischenergebnis kann festgehalten werden, dass zwar die „herrschende Meinung" im Nachrichtendienstrecht den Begriff der öffentlichen Sicherheit in § 9 BNDG für identisch mit dem Polizeirecht hält. Bezogen auf den vorliegenden Fall, scheint jedoch die Mehrheit der Diskursteilnehmer die Datenweitergabe nach freiem Ermessen an die Polizeibehörden abzulehnen.[324] Gerade das vorliegende Beispiel sollte wieder die Frage aufwerfen, ob tatsächlich jegliche, durch Geheimdienste gemachte Zufallsfunde einfach weitergegeben werden dürfen. Der unbestimmte Begriff der öffentlichen Sicherheit scheint ein Einfallstor zu sein, an dem man ansetzen kann und unbedingt ansetzen sollte. Es ist von daher schon für die Probedaten fraglich, ob der BND diese weitergeben durfte. Hier könnte man allerdings noch, je nach tatsächlichem Beweggrund, argumentieren, dass er dies zur Erfüllung seiner Aufgaben tat. Was die Hauptlieferung angeht, ist dies schwieriger. Falls die Daten tatsächlich gekauft und an die Steuerfahndung übergeben wurden, hätte der BND in jedem Fall außerhalb seiner Befugnisse gehandelt. Dies ergibt sich nach

---

319 2 BvR 2101/09, Rn. 59.

320 *Sieber*, Ermittlungen in Sachen Liechtenstein, NJW, 2008, S. 881 (882); *Heerspink*, Die Ermittlungen zur Liechtenstein-Affäre, AO-StB, 2009, S. 25 (27).

321 *Sieber*, Ermittlungen in Sachen Liechtenstein, NJW, 2008, S. 881 (882), der hier als Interpretationshilfe das G 10 Gesetz heranziehen will. Anders *Schünemann*, Die Liechtenstein Steueraffäre als Menetekel des Rechtsstaates, NStZ, 2008, S. 305 (306f.), der nur die Delikte, die in § 20 BVerfSchG aufgezählt sind, gelten lassen will.

322 So im Ergebnis auch *Sieber*, Ermittlungen in Sachen Liechtenstein, NJW, 2008, S. 881 (882f.).

323 Wenn solche vorliegen, gilt *Doses* Argument, welches in Kapitel 5 B IV vorgestellt wurde.

324 Vgl. dazu die Nachweise im Ergebnis.

hier vertretener Ansicht aus einer Interpretation des § 9 BNDG. Daneben könnte man mit *Doses* Argument zum selben Ergebnis kommen, denn der BND hatte (wohl) keine eigene Kompetenz zum Ankauf (Strafbarkeiten außen vor gelassen). Fand die Übergabe zwar mit nachrichtendienstlicher Hilfe, jedoch direkt an die Steuerfahndung statt, wäre dies schwieriger zu beurteilen. Hierin eine Übermittlung von Daten zu sehen, erscheint kaum möglich. In diesem Fall wäre aber an eine Lösung über die Amtshilfevorschriften zu denken.

2. Lösung nach AO-Vorschriften

Es wurde insofern vertreten, es ergebe sich aus § 116 AO, dass der BND Amtshilfe zu leisten habe.[325] Diese Vorschrift wäre jedoch ohnehin nur diskutabel, wenn es eine Übergabe vom BND an die Steuerfahndung gegeben hätte, was nur eindeutig bei den Probedaten der Fall war. In § 116 AO ist geregelt, dass staatliche Stellen „Tatsachen, die sie dienstlich erfahren und die auf eine Steuerstraftat schließen lassen", an die entsprechenden Behörden der Finanzverwaltung weiterzuleiten haben. Man muss sich hier mit der Frage beschäftigen, wie § 116 AO geheimdienstangemessen auszulegen ist, falls man nicht ohnehin davon ausgeht, dass diese Vorschrift durch § 9 BNDG gesperrt ist. Nach hier vertretener Ansicht kann sich diesbezüglich nichts anderes als bei § 9 Absatz 1 BNDG ergeben.[326] Dieser Weg ist daher in jedem Falle versperrt.[327]

Vorliegend spricht jedoch ohnehin der insoweit gesicherte Sachverhalt dafür, dass § 116 AO zumindest für die Hauptlieferung nicht zur Anwendung kam, denn dann wäre nach insofern eindeutigem Wortlaut eine Rückerstattung des Kaufpreises ausgeschlossen gewesen, dies ist nur über §§ 114f AO möglich.[328]

Da hier Auslagen vollumfänglich erstattet wurden und dies vermutlich aus einem rechtlichen Grund geschah, kommt eigentlich nur die erwähnte Amtshilfe in Betracht,[329] die bereits bei *Rehbein* angesprochen wurde. Diese richtet sich aber nach § 114 AO, die Erstattung der Auslagen nach § 115 AO. In § 114 Absatz 1 AO

325 Z.B. *Kaiser*, Zulässigkeit des Ankaufs deliktisch erlangter Steuerdaten, NStZ, 2011, S. 383 (385).

326 So auch *Sieber*, Ermittlungen in Sachen Liechtenstein, NJW, 2008, S. 881 (882), der eine Weitergabe für schwere Kriminalität außerhalb „normaler" Steuerhinterziehung wiederum für möglich hält. Das mag so richtig sein, wird hier aber bewusst aus der Fragestellung ausgeklammert.

327 *Ambos*, Beweisverwertungsverbote, S. 120.

328 *Heerspink*, Die Ermittlungen zur Liechtenstein-Affäre, AO-StB, 2009, S. 25 (27).

329 Vgl. zum Tatsächlichen die Aussage von *STS Wilhelm* auf der Bundespressekonferenz am 18.2.2008: „Dem BND ist unaufgefordert ein Informationsangebot unterbreitet worden. Der BND ist daraufhin im Rahmen der Amtshilfe auf Ersuchen der Finanzbehörden des Landes Nordrhein-Westfalen tätig geworden." Zum Rechtlichen auch schon *Lüderssen*, Aus Unrecht entsteht kein Recht, NZZ, 14.3.2008; *Heerspink*, Die Ermittlungen zur Liechtenstein-Affäre, AO-StB, 2009, S. 25 (27).

wird bestimmt, dass sich die Zulässigkeit der Amtshilfe nach dem Recht derjenigen Behörde richtet, die um Amtshilfe ersucht.[330] In § 112 Absatz 2 AO wird noch klargestellt, dass die ersuchte Behörde solche Hilfe dann nicht leisten darf, wenn sie aus rechtlichen Gründen hierzu nicht in der Lage ist.[331] Damit bestätigt sich an dieser Stelle das Ergebnis, welches sich oben bereits bei *Rehbein* ergeben hatte. Die Steuerfahndung darf ihre Befugnisse nicht über die Amtshilfe erweitern. Da vorliegend nachrichtendienstliche Mittel eingesetzt wurden, scheidet Amtshilfe nach hier vertretener Sicht aus. Jedoch auch wenn man nicht davon ausgeht, dass das genannte Vorgehen so zu qualifizieren ist, bliebe die Frage, ob die Ermittlungsgeneralklauseln der StPO und AO eine Millionenzahlung für illegal beschafftes Material erlauben (eigene Strafbarkeiten außen vor gelassen).[332] Diese Frage ist umstritten,[333] richtigerweise jedoch abzulehnen.[334]

3. *Verbot von Weitergabe und Erstattung von Auslagen von strafbar erlangtem Beweismaterial*

Weiterhin könnte man, die Weitergabe von BND an die Steuerfahndung vorausgesetzt, nun auch noch an der Strafbarkeit des Erwerbs der Daten anknüpfen. Soweit ersichtlich wird nicht vertreten, dass der Bundesnachrichtendienst berechtigt ist, Straftaten zu begehen.[335] Eine solche Sichtweise dürfte mit dem Selbstverständnis des bundesdeutschen Rechtsstaates auch nicht vereinbar sein. Laut *Gröpl* existiert für die Behandlung von rechtswidrig erlangten Informationen keine gesetzliche Regelung.[336] Wie in Kapitel 6 gezeigt werden wird, dürften die BND-Mitarbeiter Straftaten im Zusammenhang mit dem Ankauf verwirklicht haben. Allein schon aus diesem Grund kann sich eine Übermittlungssperre ergeben. Da vorliegend aber bereits die vorgängigen Amtshilfe- und Übermittlungsvorschriften eine Übermittlungssperre ergeben haben, muss auf diese strittige Frage nicht eingegangen werden.

Gröpl schlägt für einen solchen Fall vor, dass die Daten zu vernichten seien, denn nur so könne ein Unterlaufen des Datenschutzes verhindert, der Bürger in seinen Grundrechten geschützt und der Staat vom Makel des rechtswidrigen Handelns

---

330 *Kelnhofer/Krug*, Der Fall LGT Liechtenstein, StV, 2008, S. 660 (665).

331 *Salditt*, Liechtenstein: Fragen und Argumente, PStR, 2008, S. 84 (84); *Heerspink*, Die Ermittlungen zur Liechtenstein-Affäre, AO-StB, 2009, S. 25 (27).

332 So auch *Dose*, Übermittlung und verfahrensübergreifende Verwendung von Zufallserkenntnissen, S. 243ff. mwN, die überwiegend in Kapitel 5 und 6 eingearbeitet sind.

333 Vgl. *Koblenzer*, „Steuersünder-CD“ – Alles Schweizer Käse?, ErbStB, 2010, S. 116 (120ff.).

334 Siehe oben Kapitel 4 mwN. Differenzierend *Dose*, Übermittlung und verfahrensübergreifende Verwendung von Zufallserkenntnissen, S. 243ff.

335 *Rehbein*, Die Verwertbarkeit von nachrichtendienstlichen Erkenntnissen, S. 56f.

336 *Gröpl*, Die Nachrichtendienste im Regelwerk der deutschen Sicherheitsverwaltung, S. 268.

bewahrt werden.[337] Dieser Ansicht ist vollumfänglich zuzustimmen. Die Daten hätten niemals an andere Behörden weitergegeben, sondern vernichtet werden müssen.

C. Ergebnis

Das Weitergeben der Probedaten wäre nur zur Erfüllung der eigenen Aufgaben des BND möglich gewesen[338] und die fraglichen Daten hätten dann nicht im Straf- und Besteuerungsverfahren benutzt werden dürfen. Eine Weitergabe nach § 116 AO und § 9 Absatz 1 BNDG scheitert an einer geheimdienstangemessenen Auslegung dieser Vorschriften.

Was die Hauptdaten angeht, ist nicht bekannt, ob der BND diese tatsächlich selbst ankaufte, in Empfang nahm und weitergab oder mit nachrichtendienstlichen Mitteln Hilfe dazu leistete. Wenn es tatsächlich so war, dass der BND die Hauptlieferung im Auftrag des Bundesfinanzministeriums oder der Steuerfahndung kaufte, hätte dieser bereits seine Kompetenzen überschritten, was *Dose* überzeugend nachgewiesen hat. Sollte er sie zur Erfüllung seiner eigenen Aufgaben gekauft haben, hätte er damit zum einen gegen Strafgesetze verstoßen, zum anderen wäre eine Weitergabe ebenfalls nach § 9 BNDG wie auch nach AO Vorschriften ausgeschlossen. Sollte er Amtshilfe zum Kauf der Steuerbehörden geleistet haben, wäre diese ebenfalls strafrechtswidrig geschehen und auch nach den Vorschriften zur Amtshilfe rechtswidrig, denn der Einsatz nachrichtendienstlicher Mittel scheint diesbezüglich mehr als wahrscheinlich. Insgesamt kann daher das Vorgehen des BND mit sehr großer Sicherheit als rechtswidrig eingestuft werden. Dies ist auch die überwiegende Meinung in der Literatur, auch wenn hier nicht jeder Begründungsweg im Einzelnen zu überzeugen vermag.[339]

---

337 *Gröpl*, Die Nachrichtendienste im Regelwerk der deutschen Sicherheitsverwaltung, S. 270.

338 Mögliche Strafbarkeiten außen vor gelassen.

339 **So auch für vergleichbare oder ähnliche Konstellationen:** *Salditt*, Herausforderung – aktuelle politische und andere Erwartungen an das Strafrecht, FS Schaumburg, S. 1269 (1277ff.); *Heine*, Beweisverbote und Völkerrecht, HRRS, 2009, S. 540 (541); *Spatscheck*, Wird Gauner, wer mit Gaunern dealt?, FS Volk, S. 771 (777ff.); *Schünemann*, Die Liechtenstein Steueraffäre als Menetekel des Rechtsstaates, NStZ, 2008, S. 305 (306f.); *Sieber*, Ermittlungen in Sachen Liechtenstein, NJW, 2008, S. 881 (882); *Heerspink*, Die Ermittlungen zur Liechtenstein-Affäre, AO-StB, 2009, S. 25 (27f.); *Kelnhofer/Krug*, Der Fall LGT Liechtenstein, StV, 2008, S. 660 (665); *Ambos*, Beweisverwertungsverbote, S. 118ff.; so wohl auch *Jahn*, Grundfragen und aktuelle Probleme der Beweisverwertung im Straf- und Steuerstrafverfahren, FS Stöckel, S. 259 (271f.). **Für Rechtmäßigkeit des Vorgehens mit verschiedenen Begründungsansätzen und unter Zugrundelegung verschiedener Sachverhalte:** *Kölbel*, Zur Verwertbarkeit privat-deliktisch beschaffter Bankdaten, NStZ, 2008, S. 241 (242f.); *Rehbein*, Die Verwertbarkeit von nachrichtendienstlichen Erkenntnissen, S. 219ff.; *Kaiser*, Zulässigkeit des Ankaufs deliktisch erlangter Steuerdaten, NStZ, 2011, S. 383 (385).

Kapitel 6: Strafbarkeit der für die BRD handelnden Personen

Es sollen nun mögliche Strafbarkeiten der für die Bundesrepublik Deutschland handelnden Personen in den Blick genommen werden. In der einschlägigen Literatur werden hier vor allem die Straftatbestände des § 17 UWG und die Teilnahme an solchen diskutiert. Im Raum steht weiterhin die Begünstigung gemäß § 257 StGB, Strafvereitelung gemäß § 258 StGB, (Haushalts-)Untreue gemäß § 266 StGB, ein Verstoß gegen § 44 Absatz 1 in Verbindung mit § 43 Absatz 2 Nr. 3 BDSG und Hehlerei gemäß § 259 StGB. Weniger diskutiert wurde eine Strafbarkeit wegen des Ausspähens von Daten gemäß § 202a StGB. Es wird mit den möglicherweise selbst verwirklichten eigenen Taten begonnen. Im Anschluss werden dann die möglichen Teilnahmestrafbarkeiten behandelt. Außer Betracht bleiben vorliegend die möglicherweise im Zusammenhang mit den Probedaten verwirklichten Taten. Geprüft wird vielmehr nur die „Hauptlieferung".

A. Strafbarkeit der für die deutschen Finanzbehörden handelnden Personen wegen Geheimnisverwertung gemäß § 17 Absatz 2 Nr. 2 UWG

Die für die deutschen Finanzbehörden handelnden Personen könnten sich durch das Auswerten der erhaltenen Daten der Geheimnisverwertung gemäß § 17 Absatz 2 Nr. 2 UWG schuldig gemacht haben.

I. Tatbestand

Die Geheimnisverwertung ist ein Jedermannsdelikt und stellt insofern keine Voraussetzungen an die Tätereigenschaft.[340] Ein taugliches Tatobjekt lag mit den *LGT*-Daten ebenfalls vor. Eine Verwertung erfordert eine Form der Nutzung,[341] oft wird diesbezüglich eine wirtschaftliche Nutzung gefordert.[342]

Diese Forderung hat jedoch keine Entsprechung im Gesetz. Insofern merkt *Harte-Bavendamm* in diesem Zusammenhang richtig an: „Eine vom Handlungszweck abhängige Einengung des Tatbestandes erfolgt durch die vier subjektiven

340 Köhler/Bornkamm-*Köhler*, UWG, 30.A, § 17, Rn. 49; MK-*Janssen/Maluga*, StGB, 1.A, § 17 UWG, Rn. 92; Harte-Bavendamm/Henning-Bodewig-*Harte-Bavendamm*, UWG, 3.A, § 17, Rn. 27.

341 Köhler/Bornkamm-*Köhler*, UWG, 30.A, § 17, Rn. 41; MK-*Janssen/Maluga*, StGB, 1.A, § 17 UWG, Rn. 104ff.

342 UWG GroßKomm-*Otto*, 1.A, 2006, Stand § 17 jedoch 1.5.1991, § 17, Rn. 84; Fezer-*Rengier*, Lauterkeitsrecht, 2.A, § 17, Rn. 76.

Merkmale, nicht durch eine restriktive Auslegung des objektiven Tatbestandsmerkmals ‚Verwertung'."[343] Insofern gab es auch in der Debatte Teilnehmer, die eine Strafbarkeit hier für möglich hielten. *Heerspink* hat beispielsweise eine eigene Strafbarkeit der handelenden Beamten gemäß § 17 Absatz 2 Nr. 2 UWG angenommen.[344] Ein Verstoß sei naheliegend, weil der Fiskus hier „aus Eigennutz betriebsgeheime Daten, die sich der Bankangestellte durch eine Tat i.S.d. § 17 Abs.1 UWG (anvertraute Betriebsgeheimnisse werden während des Dienstverhältnisses aus Eigennutz an Dritte weitergegeben) oder des § 17 Abs.2 Nr.1b UWG (eigennützige Herstellung einer verkörperten Wiedergabe des Betriebsgeheimnisses) verschafft hatte", verwertet.[345]

Es gibt natürlich auch Stimmen, die eine „wirtschaftliche Nutzbarmachung" fordern und diese bei der „Verwendung für öffentliche Zwecke der Steuerverwaltung und der Strafrechtspflege" nicht für gegeben halten.[346] Sicher scheint einzig, dass es sich hier um einen sehr atypischen Fall handelt, insofern sind die Gegenargumente durchaus beachtenswert. Dem ist jedoch entgegenzuhalten, dass sich der vorliegende Fall und die ihm inhärente Problematik eben gerade dadurch auszeichnet, dass der Staat hier nicht die ihm gesetzlich zur Verfügung stehenden Mittel nutzt, sondern sich eher wie eine private Entität gebärdet und Daten ohne gesetzliche Grundlage gewissermaßen auf dem freien Markt erwirbt. Das hiesige Muster, etwas gegen Geldzahlung zu erwerben, um Gewinn zu erwirtschaften, ist eindeutig ein marktwirtschaftliches, auch wenn man hier nicht von einem Gewinn im herkömmlichen Sinne sprechen kann, da dieser sich aus bestehenden Steueransprüchen und Auflagen beziehungsweise Geldstrafen zusammensetzt. Wenn dies aber so ist, scheint es schwer vertretbar, den durch seine Staatsdiener vertretenen Staat mit einer solchen Argumentation von den strafrechtlichen Bestimmungen auszuschließen. Es scheinen daher die besseren Argumente dafürzusprechen, hier streng nach dem Wortlaut des UWG zu verfahren und diesen ungewöhnlichen Fall zu erfassen.[347]

Weiterhin ist zum einen zumindest Eventualvorsatz bezüglich des objektiven Tatbestandes nötig, zum anderen muss zumindest eines der in § 17 Absatz 2 UWG genannten Absichtserfordernisse gegeben sein.[348]

Was den Vorsatz angeht, sind hier keine Probleme ersichtlich, dieser dürfte daher vorgelegen haben. Schwieriger zu beurteilen ist dies für die Absichtserfordernisse

---

343 Harte-Bavendamm/Henning-Bodewig-*Harte-Bavendamm*, UWG, 3.A, § 17, Rn. 35.

344 *Heerspink*, Auf eines Neues: Steuer-CD, AO-StB, 2010, S. 155 (157).

345 *Heerspink*, Auf eines Neues: Steuer-CD, AO-StB, 2010, S. 155 (157).

346 *Kaiser*, Zulässigkeit des Ankaufs deliktisch erlangter Steuerdaten, NStZ, 2011, S. 383 (387); so im Grundsatz auch MK-*Janssen/Maluga*, StGB, 1.A, § 17 UWG, Rn. 104 (in der 2.A.: Rn. 106), jedoch einschränkend für Fälle, in denen der „Staat neben der Strafverfolgung Erwerbszwecke verfolgt".

347 So auch in der Neuauflage MK-*Brammsen*, Lauterkeitsrecht, 2.A, § 17 UWG, Rn. 128.

348 Köhler/Bornkamm-*Köhler*, UWG, 30.A, § 17, Rn. 48.

des § 17 Absatz 2 UWG. Über die Absichten der Handelnden ist nichts weiter an die Öffentlichkeit gedrungen, insofern bleibt dies eine offene Tatsachenfrage.

Infrage käme ein Handeln zu Zwecken des Wettbewerbs. Auch wenn oben argumentiert wurde, dass hier in einem marktwirtschaftlichen Zusammenhang gehandelt wurde und daher das UWG anzuwenden ist, erscheint es eher unwahrscheinlich, dass die Täter in erster Linie final Einfluss auf den Wettbewerb verschiedener Vermögensverwalter ausüben wollten. Auszuschließen ist auch ein Handeln aus Eigennutz, verstanden in dem Sinne, dass die handelnden Personen einen Nutzen für sich selbst ziehen wollten.[349]

Am unproblematischsten scheint ein Handeln zugunsten Dritter zu sein. Die Kommentarliteratur ist zu diesem Merkmal eher unergiebig und stellt keine strengen Anforderungen. „Zugunsten eines Dritten" umfasst, wie oben bereits gezeigt,[350] eine Reihe verschiedenster, insbesondere auch ideologischer Motive.[351] Zum Teil wird er auch als „Auffangtatbestand" verstanden.[352] Das Handeln zugunsten eines fremden Staates wäre hier unproblematisch erfasst.[353] Im vorliegenden Fall erscheint es plausibel davon auszugehen, dass die Täter zugunsten des deutschen Staates handelten. Aufgrund der Weite der Formulierung ist hierin auch ein Handeln zugunsten eines Dritten zu sehen,[354] womit der subjektive Tatbestand vollständig erfüllt ist.

II. Rechtswidrigkeit

Eine Einwilligung seitens der *LGT Treuhand* scheidet auch hier aus. Diskutiert wurden jedoch Rechtfertigungsgründe, insbesondere der § 34 StGB.[355]

---

349 So auch *Kaiser,* Zulässigkeit des Ankaufs deliktisch erlangter Steuerdaten, NStZ, 2011, S. 383 (388), der von einem Handeln „zur Sicherstellung einer gleichmäßigen Besteuerung – im Dienst des Gemeinwohls" spricht.

350 Siehe Kapitel 4.

351 MK-*Janssen/Maluga,* StGB, 1.A, § 17 UWG, Rn. 63; Harte-Bavendamm/Henning-Bodewig-*Harte-Bavendamm,* UWG, 3.A, § 17, Rn. 16; Erbs/Kohlhaas-*Driemer,* Strafrechtliche Nebengesetze, Stand Juli 2013, § 17 UWG, Rn. 31.

352 MK-*Janssen/Maluga,* StGB, 1.A, § 17 UWG, Rn. 56, 63. In der 2.A vertritt er weiter diese Ansicht.

353 *Piper/Ohly/Sosnitza*-Ohly, Gesetz gegen den unlauteren Wettbewerb, 5.A, § 17, Rn. 25 mit Verweis unter anderem auf die Bundestagsdrucksache (so auch noch in der 7.A an gleicher Stelle); Köhler/Bornkamm-*Köhler,* UWG, 31.A., § 17, Rn. 26 (so auch noch in der 33.A an gleicher Stelle).

354 MK-*Brammsen,* Lauterkeitsrecht, 2.A, § 17 UWG, Rn. 74 diskutiert diese Möglichkeit, steht einer solchen Interpretation aber sehr kritisch gegenüber.

355 *Ambos,* Allgemeininteresse überwiegt, Datev Magazin, 2/2010, S. 42 (43f.); ohne weitere Differenzierungen für die Liechtensteiner Fälle ablehnend: MK-*Janssen/Maluga,* StGB, 1.A, § 17 UWG, Rn. 69, mit ausführlicherer Begründung in der 2.A, Rn. 68ff.

1. *Rechtfertigungen für Handlungen von Staatsdienern nach § 34 StGB*

Vor der eigentlichen Rechtfertigungsprüfung muss geklärt werden, ob für Fälle wie den vorliegenden eine Rechtfertigung von Amtsträgern nach den Grundsätzen des rechtfertigenden Notstandes infrage kommen kann. In welchem Umfang sich für den Staat handelnde Personen auf § 34 StGB berufen können, ist bekanntlich sehr umstritten,[356] kann hier aber nicht in ganzer Breite entfaltet werden.

Eine Gruppe von Argumenten lehnt eine Anwendung des § 34 StGB zur Rechtfertigung staatlichen Handelns grundsätzlich ab.[357] Eine andere Gruppe von Argumenten meint, der § 34 StGB sei grundsätzlich anwendbar, soweit öffentlich-rechtliche Sonderregelungen fehlten.[358] Auf ebendieser Linie befindet sich im Rahmen der hiesigen Diskussion auch *Ambos*, wenn er meint, beim Datenkauf handele es sich „um einen bisher nicht geregelten Sonderfall, der eben, solange es an einer gesetzlichen Spezialregelung fehlt, nur durch Rückgriff auf § 34 angemessen gelöst werden" könne.[359]

Diesem Argumentationsstrang ist vor allem entgegenzuhalten, dass insbesondere in Individualrechte nur aufgrund gesetzlicher Eingriffsbefugnisse eingegriffen werden darf.[360] Dies gilt vor allem dann, wenn Zweck der Handlung in erster Linie Strafverfolgung[361] beziehungsweise ein fiskalischer ist.[362] Mit dem Argument von *Ambos*, es handele sich um einen gesetzlich nicht geregelten Sonderfall,[363] ließen sich andernfalls viele rechtsstaatliche Regelungen aushebeln. Diesem Argument kann insofern nicht gefolgt werden. Die besseren Argumente sprechen damit gegen eine Anwendung des § 34 StGB. Da im Rahmen der hiesigen Diskussion Autoren durchaus anderer Meinung waren, wird die Prüfung aber fortgesetzt.

---

356 Vgl. NK-*Neumann*, StGB, 4.A, § 34, Rn. 113ff; Sch/Sch-*Perron*, StGB, 28.A, § 34, Rn. 7; MK-*Erb*, StGB, 2.A, § 34, Rn. 42ff mwN.

357 Zum Beispiel NK-*Neumann*, StGB, 4.A, § 34, Rn. 113ff; zumindest zum Zwecke der Strafverfolgung ablehnend: MK-*Erb*, StGB, 2.A, § 34, Rn. 48.

358 So zitiert LK-*Zieschang*, StGB, 12.A, § 34, Rn. 6 einen Strang der hM; für die Schweizer Fälle: *Schroth* Ankauf und Verwertung rechtswidrig erlangter Daten, Politik – Recht – Ethik, S. 186 (192ff).

359 *Ambos*, Allgemeininteresse überwiegt, Datev Magazin, 2/2010, S. 42 (44).

360 LK-*Zieschang*, StGB, 12.A, § 34, Rn. 9; aus öffentlich-rechtlicher Sicht vor dem Hintergrund der Schweizer Fälle *Haensle/Reichold*, Heiligt der Zweck die Mittel?, DVBl, 2010, S. 1277 (1282f.), die hier explizit § 34 StGB ablehnen, weil § 161 StPO hier die Sonderreglung sei, die aber die Eingriffe nicht rechtfertigen könne.

361 MK-*Erb*, StGB, 2.A, § 34, Rn. 48.

362 So für die hiesigen Fälle auch NK-*Neumann*, StGB, 4.A, § 34, Rn. 114a; wohl auch so Sch/Sch-*Perron*, StGB, 28.A, § 34, Rn. 7.

363 *Ambos*, Allgemeininteresse überwiegt, Datev Magazin, 2/2010, S. 42 (44).

2. *Voraussetzungen § 34 StGB*

a) Notstandslage

Wenn man die gegenteilige Ansicht vertritt, dürften sich bei der Notstandslage keine größeren Probleme ergeben,[364] denn das Steueraufkommen ist definitiv gefährdet.

b) Notstandshandlung

Die Probleme stellen sich wieder im Anschluss im Rahmen der Prüfung der Notstandshandlung.

aa) Erforderlichkeit

Im Rahmen der Erforderlichkeit muss man sich fragen, ob die Gefahr nicht anders hätte abgewendet werden können. Hier wurde immer wieder ins Feld geführt, Liechtenstein verhalte sich unkooperativ und schaffe gezielt Optimalbedingungen für steuerhinterziehungswillige Deutsche.[365] Dies mag zwar sein, allerdings sind hier als mildere Mittel immer noch die Verhandlung und das internationale Abkommen möglich.

Liechtenstein ist als sehr kleines Binnenland mit einer stark exportorientierten Industrie vollkommen abhängig vom Warenaustausch mit der Schweiz und den EU-Ländern. Es ist hier auf legalem und legitimem Weg möglich, Lösungen zu finden, die für beide Seiten akzeptabel sind. Dies ist mittlerweile auch recht umfänglich geschehen. Die Ankündigungen deutscher Politiker, weiterhin illegal gewonnene, steuerrelevante Daten zu kaufen, mag hier eine Rolle gespielt haben.

Selbst wenn man also den äußerst problematischen Schritt gehen will, derart allgemeine Gemeinschaftsaufgaben wie die Erhebung von Steuern für notstandsfähig zu erklären, muss spätestens an diesem Punkt eine Rechtfertigung durch Notstand ausscheiden. Hier kann man wiederum mit diesen und obigen Argumenten davon ausgehen, dass die Gefahr anders abwendbar war, auch wenn dies schon anders gesehen wurde.

---

364 Auch hier gilt wiederum, dass dies nur für die Fälle gilt, in denen tatsächlich Steuerhinterziehung vorliegt, siehe Kapitel 5. Aus öffentlich-rechtlicher Sicht vor dem Hintergrund der Schweizer Fälle: *Haensle/Reichold,* Heiligt der Zweck die Mittel?, DVBl, 2010, S. 1277 (1281f.) diskutieren diesen Punkt im Rahmen der Eingriffstiefe aus öffentlich-rechtlicher Sicht und sprechen von einem Eingriff mit „Streuweite“, alles jedoch bezogen auf den Ankauf. Allerdings scheint der eigentliche Eingriff in das Recht auf informationelle Selbstbestimmung doch eher durch das Auswerten als den Ankauf zu erfolgen.

365 Vgl. z.B. in diese Richtung: *Ambos,* Beweisverwertungsverbote, S. 113.

bb) Interessenabwägung

Wenn man die Gegenmeinung zugrunde legt, dann muss man sich mit der Interessenabwägung beschäftigen. *Ambos* stellt in seiner Argumentation zur Güterabwägung zunächst infrage, ob die Bankdaten überhaupt schutzwürdig sind. Seine Ausführungen sind hier sehr aufschlussreich:

> „Wenn (ausländische) Banken faktisch an Steuerhinterziehung in großem Stil mitwirken, ist es nur gerechtfertigt, zur Wiederherstellung der gesellschaftlichen Steuersolidarität in ihre Rechte einzugreifen. Abgesehen davon dient der Ankauf der Daten hier nicht allein der Strafverfolgung, also § 370 Abgabenordnung (AO), sondern auch dem präventiven Schutz des deutschen Steueraufkommens."[366]

Interessant ist hier zunächst, dass *Ambos* lediglich mit der *faktischen* Beihilfe zur Steuerhinterziehung argumentiert. Soweit ersichtlich, bedeutet dies, dass *Ambos* nicht einmal Vorsatz aufseiten der ausländischen Kreditinstitute unterstellt. Mit solchen Argumenten könnte man letztlich jede Art von durch Strafverfolgungsbehörden oder deren V-Männern begangene Straftaten rechtfertigen. Ein solch allumfassendes Nützlichkeitsdenken ist jedoch mit rechtsstaatlichen Grundsätzen nicht vereinbar. Das deutsche Strafrecht ist kein Druckmittel zur Durchsetzung von für die Bundesrepublik Deutschland vorteilhaften internationalen Abkommen. Sowenig wie deutsche Wirtschaftsunternehmen der gesellschaftliche Zusammenhalt anderer Staaten bei ihrer *legalen* Geschäftsausübung interessieren muss, gilt dies auch für die liechtensteinischen Banken. Welche innerdeutschen Zwecke mit solchen Maßnahmen also verfolgt werden, ist außerhalb der Reichweite der hier infrage stehenden Normen.

cc) Angemessenheit

Wenn man nun dieser hochproblematischen Argumentation folgt, wird man auch im Rahmen der Angemessenheit keine weiteren Punkte finden, die einer Rechtfertigung im Wege stehen.[367]

c) Subjektives Rechtfertigungselement

Dass die handelnden Staatsdiener in erster Linie zur Abwendung der oben beschriebenen Gefahr handelten, dürfte unstreitig sein.

---

366 *Ambos,* Allgemeininteresse überwiegt, Datev Magazin, 2/2010, S. 42 (44); ähnlich *Schroth,* Ankauf und Verwertung rechtswidrig erlangter Daten, Politik – Recht – Ethik, S. 186 (192ff.).

367 *Schroth,* Ankauf und Verwertung rechtswidrig erlangter Daten, Politik – Recht – Ethik, S.186(195f). **A.A.**: NK-*Neumann,* StGB, 4.A, § 34, Rn. 114a.

3. *Rechtfertigung durch Ermittlungsbefugnisse*

Denkbar wäre außerdem eine Rechtfertigung durch §§ 161 Absatz 1, 163 Absatz 1 StPO. Diese Vorschriften sind über §§ 399 Absatz 1, 404 AO grundsätzlich auch bei steuerlichen Ermittlungen anwendbar. Obwohl eine solche Lösung verschiedentlich in der Diskussion um die Steuerdaten-CDs angesprochen und gelegentlich auch vertreten wurde,[368] erscheint eine Anwendung dieser Ermittlungsgeneralklausel für Eingriffe dieser Tiefe in den vorliegenden Fällen nicht ausreichend.[369]

III. Schuld

Wenn man der hier vorgeschlagenen Lösung folgt, müssten der oder die Täter auch schuldhaft gehandelt haben. Berücksichtigen sollte man auf der Ebene der Schuld, dass die handelnden Personen auf Weisung der Bundesregierung oder eines Landesfinanzministers agierten und weiterhin, dass die Frage der Rechtmäßigkeit des Ankaufs juristisch durchaus umstritten war und weiterhin ist. Man könnte hier das von der Generalstaatsanwaltschaft Hamm erstellte Gutachten ins Feld führen, welches zu dem Ergebnis kam, dass das gewählte Vorgehen rechtens war,[370] oder einen späteren Beschluss des Bundesrates, der ebenfalls diese Meinung vertritt.[371] Auf einige solcher Meinungen in der Literatur wurde bereits verwiesen. Es spricht somit viel dafür, dass die handelnden Personen den § 17 Absatz 2 Nr. 2 UWG rechtswidrig verwirklicht haben, es spricht aber ebenfalls viel für das Vorliegen eines unvermeidbaren Verbotsirrtums.[372] Dies wiederum ist von weiteren Tatsachenfeststellungen abhängig und kann hier nicht abschließend entschieden werden.

---

368 *Satzger*, Der Staat als „Hehler"?, FS Achenbach, S. 447 (458f.) rechtfertigt damit die Beihilfe zur Geheimnishehlerei; so letztlich auch LG Düsseldorf, wistra, 2011, S. 38; *Kölbel*, Zur Verwertbarkeit privat-deliktisch beschaffter Bankdaten, NStZ, 2008, S. 241 (243); *Brinkschulte*, Bankgeheimnis und Steuerstrafrecht, S. 137ff. im Rahmen einer Prüfung der Beteiligung für Schweizer Fälle.

369 **Für gleiche oder vergleichbare Fälle:** *Koblenzer*, „Steuersünder-CD" – alles Schweizer Käse?, ErbStB, 2010, S. 116 (120ff.) mwN; *Ambos*, Beweisverwertungsverbote, S. 117 für den Liechtensteiner Fall; aus öffentlich-rechtlicher Sicht vor dem Hintergrund der Schweizer Fälle und bezogen auf den Ankauf *Haensle/Reichold*, Heiligt der Zweck die Mittel?, DVBl, 2010, S. 1277 (1280ff.), die hier auch noch andere Eingriffsgrundlagen diskutieren, aber ebenfalls ablehnen; generell für Ankäufe der hiesigen Art nun auch MK-*Brammsen*, Lauterkeitsrecht, 2.A, § 17 UWG, Rn. 75.

370 Gutachten der Generalstaatsanwaltschaft Hamm, Aktenzeichen unbekannt.

371 Bundesratsdrucksache 284/1/13 (Beschluss).

372 **A.A.:** *Schünemann*, Die Liechtensteiner Steueraffäre als Menetekel des Rechtsstaates, NStZ, 2008, S. 305 (309) geht pauschal für alle Amtsträger davon aus, dass eine Entschuldigung durch Verbotsirrtum ausscheide, da die strengen Anforderungen an einen Irrtum nicht erfüllt seien.

IV. Ergebnis

Im Ergebnis dürfte eine rechtswidrige Geheimnisverwertung vorgelegen haben.[373] Es spricht aber zumindest in diesem ersten Steuerdaten-CD Fall viel für einen unvermeidbaren Verbotsirrtum seitens der handelnden Staatsdiener. Man kann hier annehmen, dass zumindest durch Gebrauch der eigentlichen Hauptlieferung der Tatbestand rechtswidrig verwirklicht wurde.

B. Strafbarkeit der BND-Mitarbeiter wegen Strafvereitelung gemäß § 258 Absatz 1 StGB

Nun wird auch noch eine mögliche Strafvereitelung durch die Bundesnachrichtendienstmitarbeiter diskutiert. Diese könnten sich vorliegend der Strafvereitelung gemäß § 258 Absatz 1 StGB strafbar gemacht haben, indem sie dem Datenbeschaffer zum Unterzutauchen verhalfen, um ihn vor Strafverfolgung zu bewahren.[374]

I. Anwendbarkeit deutschen Strafrechts

Falls Tathandlungen im Ausland begangen worden sind, ergibt sich die Anwendbarkeit deutschen Strafrechts für Diensthandlungen deutscher Amtsträger aus § 5 Nr. 12 StGB.[375] Da die BND-Mitarbeiter Amtsträger sind und die Taten auch im Rahmen ihrer Dienstausübung geschahen, ist diese Vorschrift auch anwendbar. Ihr Handeln unterliegt damit deutschem Strafrecht.

II. Tatbestand

Nachdem diese Vorfrage geklärt ist, ist auf die Strafbarkeit des Handelns einzugehen.

1. Objektiver Tatbestand

Zunächst muss man sich im Rahmen dessen fragen, ob ein Anspruch des deutschen Staates auf eine Sanktion tatsächlich besteht, das heißt ob eine rechtswidrig und schuldhaft verwirklichte Tat vorliegt, deren Bestrafung auch sonst keine rechtlichen

---

373 *Heerspink*, Auf eines Neues: Steuer-CD, AO-StB, 2010, S. 155 (157); so (wohl) auch für die Schweizer Fälle *Koblenzer*, „Steuersünder-CD" – alles Schweizer Käse?, ErbStB, 2010, S. 116 (118).

374 § 258a StGB kommt nicht infrage, da die handelnden BND-Mitarbeiter nicht zur Mitwirkung bei der Strafverfolgung oder der Strafvollstreckung berufen sind, vgl. MK-*Cramer/Pascal*, StGB, 2.A, § 258a, Rn. 2ff; LK-*Walter*, StGB, 12.A, § 258a, Rn. 3ff; Sch/Sch-*Stree/Hecker*, StGB, 29.A, § 258a, Rn. 4; Fischer, StGB, 63.A, § 258a, Rn. 3.

375 MK-*Ambos*, StGB, 2.A, § 5, Rn. 34.

Gründe entgegenstehen.[376] Zu fordern ist weiter, dass die Bestrafung durch die Täter vereitelt worden ist,[377] das heißt die Handlung müsste vor allem kausal für den Vereitelungserfolg gewesen sein[378] und dieser Erfolg müsste objektiv zurechenbar sein.[379]

Von einem Anspruch auf Strafe wird vorliegend für die oben geprüften Taten des Datenbeschaffers ausgegangen.[380] Indem die Bundesnachrichtendienstmitarbeiter *Kieber* beim Untertauchen halfen, entweder durch direktes Verschaffen einer neuen Identität oder durch diesbezügliche Koordination mit ausländischen Diensten, und dadurch eine mögliche Strafverfolgung verhinderten, dürften sie diesen Strafanspruch vereitelt haben. Faktischerseits näher aufzuklären wären dann unter Umständen noch Kausalität und objektive Zurechnung. Nach hier rekonstruiertem Sachverhalt spricht alles für das Vorliegen dieser.

2. *Subjektiver Tatbestand*

Auf der subjektiven Seite setzt der Tatbestand Absicht oder Wissentlichkeit voraus,[381] was die Vortat angeht, genügt bedingter Vorsatz.[382] Man könnte sich hier fragen, ob nicht ein Irrtum vorlag.[383] Die handelnden Personen könnten davon ausgegangen sein, dass keine strafrechtlich relevanten Taten des Datenlieferanten nach deutschem Recht vorlagen. Dann hätte auch kein Strafanspruch bestanden. Selbiges würde gelten, hätten die handelnden Personen angenommen, dass der Datenlieferant gerechtfertigt oder entschuldigt war.[384] Falls dies nicht der Fall gewesen sein sollte, spricht alles dafür, dass sie sowohl vorsätzlich als auch wissentlich oder absichtlich bezüglich der Vereitelung handelten.

---

376 LK-*Walter*, StGB, 12.A, § 258, Rn. 20; Sch/Sch-*Stree/Hecker*, StGB, 28.A, § 258, Rn. 3; L/K-*Kühl*, StGB, 27.A, § 34, Rn. 11; SSW-*Jahn*, StGB, 1.A, § 258, Rn. 3f.; MK-*Cramer/Pascal*, StGB, 2.A, § 258, Rn. 8.

377 MK-*Cramer/Pascal*, StGB, 2.A, § 258, Rn. 2f.; SSW-*Jahn*, StGB, 1.A, § 258, Rn. 13.

378 Sch/Sch-*Stree/Hecker*, StGB, 28.A, § 258, Rn. 18; SSW-*Jahn*, StGB, 1.A, § 258, Rn. 20; vgl. auch MK-*Cramer/Pascal*, StGB, 2.A, § 258, Rn. 26.

379 SSW-*Jahn*, StGB, 1.A, § 258, Rn. 21.

380 Die Taten des Datenbeschaffers dürfen rechtswidrig und schuldhaft begangen worden sein. Die Taten waren dann auch verfolgbar. Auf einen Strafantrag kommt es hierbei nicht an. Das besondere öffentliche Interesse an der Verfolgung der Taten hätte nach Nr. 260 Abs.1 RiStBV problemlos angenommen werden können. Darüber hinaus spricht viel dafür, dass dies nach Nr.260a Abs.2 RiStBV sogar dringend geboten gewesen wäre. Dies gilt natürlich nur für Taten, die deutscher Strafgewalt unterfallen. Weiterhin dürfen keine sonstigen Verfahrenshindernisse gegeben sein.

381 SSW-*Jahn*, StGB, 1.A, § 258, Rn. 28; Sch/Sch-*Stree/Hecker*, StGB, 28.A, § 258, Rn. 23.

382 SSW-*Jahn*, StGB, 1.A, § 258, Rn. 29.

383 Vgl. zum Irrtum allgemein SSW-*Jahn*, StGB, 1.A, § 258, Rn. 30.

384 Vgl. grundsätzlich zu solchen Irrtumsfragen MK-*Cramer/Pascal*, StGB, 2.A, § 258, Rn. 39.

III. Rechtswidrigkeit und Schuld

Eine Rechtfertigung scheidet unter sinngemäßer Anwendung der oben genannten Argumente aus. Bezüglich der Schuld könnte wiederum ein Entschuldigungsgrund nach § 17 StGB greifen. Die obigen Überlegungen lassen sich hier sinngemäß übertragen.

IV. Ergebnis

Vorliegend spricht viel dafür, dass die Mitarbeiter des Bundesnachrichtendienstes den Tatbestand zumindest rechtswidrig verwirklicht haben.[385]

C. Strafbarkeit der handelnden Staatsdiener wegen Begünstigung gemäß § 257 Absatz 1 StGB

Weiter kommt eine Strafbarkeit der handelnden Beamten wegen Begünstigung gemäß § 257 Absatz 1 StGB wegen des Ankaufs der Daten infrage.

I. Tatbestand

Zu klären wäre dann zunächst der Tatbestand.

1. Objektiver Tatbestand

Der objektive Tatbestand hat drei Merkmale.

a) Rechtswidrige Vortat

Zunächst verlangt der Tatbestand eine rechtswidrige Vortat.[386] Ob diese Vortat deutscher Strafgewalt unterfallen muss, wird unterschiedlich beurteilt.[387] Wenn man die Meinung vertritt, dass die Taten nicht deutscher Strafgewalt unterfallen

---

385 So im Ergebnis auch *Spernath*, Strafbarkeit und zivilrechtliche Nichtigkeit des Ankaufs von Bankdaten, NStZ, 2010, S. 307 (309), der allerdings nicht auf einen möglichen Verbotsirrtum eingeht.

386 L/K-*Kühl*, StGB, 27.A, § 257, Rn. 2; MK-*Cramer/Pascal*, StGB, 2.A, § 258, Rn. 7; BeckOK-*Ruhmannseder*, StGB, Stand 22.7.2013, § 257, Rn. 5; NK-*Altenhain*, StGB, 4.A, § 257, Rn. 9.

387 **Muss nicht deutscher Strafgewalt unterfallen:** LK-*T.Walter*, StGB, 12.A, § 257, Rn. 19; Sch/Sch-*Stree/Hecker*, StGB, 28.A, § 257, Rn. 8; *Hellmann*, Ermittlungsprobleme bei grenzüberschreitender Steuerhinterziehung, FS Samson, S. 661 (674); **differenzierend:** MK-*Cramer/Pascal*, StGB, 2.A, § 258, Rn. 7 mwN; **muss deutscher Strafgewalt unterfallen:** NK-*Altenhain*, StGB, 4.A, § 257, Rn. 11; SSW-*Jahn*, StGB, 1.A, § 202a, Rn. 8; BeckOK-*Ruhmannseder*, StGB, Stand 22.7.2013, § 257, Rn. 11 mwN. Zumindest mit zuletzt genannten Meinungen könnte man die Prüfung bereits an dieser Stelle abbrechen, sofern keine Strafbarkeiten vorliegen, die deutscher Strafgewalt unterfallen. So auch für die Schweizer Fälle *Eicker*, Zur Strafbarkeit

müssen, kann man sowohl an die oben festgestellte Betriebsspionage als auch an das Ausspähen von Daten anknüpfen.[388] Ist man anderer Meinung, wäre es zumindest möglich an § 202a StGB anzuknüpfen, sofern man der oben skizzierten und mit gewissen Unsicherheiten vor allem auf der tatsächlichen Seite behafteten Meinung folgt, dass die Tat nach § 202a StGB aufgrund einer Anwendung des passiven Personalitätsprinzips deutscher Strafgewalt unterfällt. Das Vorliegen rechtswidriger Vortaten durch den Datenlieferanten wird daher zumindest für die weitere Prüfung unterstellt.

b) Tatobjekt

Weiterhin müsste der Vortäter einen Vorteil aus der Vortat erlangt haben.[389] Ein solcher Vorteil kann unterschiedlichster Gestalt sein, insbesondere muss es sich bei dem erlangten Vorteil nicht um Vermögen handeln,[390] ausgeschlossen sind aber mittelbare Vorteile.[391] In der Diskussion wurde zum Teil die Meinung vertreten, dass die Vorteile in Form des Kaufpreises erst durch den Verkauf entstünden, weswegen eine Begünstigung nicht einschlägig sei.[392] Dieser Meinung ist jedoch nicht zu folgen, die Daten selbst stellen vielmehr einen Vorteil da.[393] Vorliegend erlangte der Datenlieferant ebendiesen unmittelbar aus der Vortat.

---

des Kopierens und Verkaufens sowie des Ankaufens von Bankkundendaten als schweizerisch-deutsches Tatgeschehen, Jusletter, 30. August 2010, S. 5.

388 Vgl. *Trüg/Habetha,* Die „Liechtensteiner Steueraffäre", NJW, 2008, S. 887 (888); *Spernath,* Strafbarkeit und zivilrechtliche Nichtigkeit des Ankaufs von Bankdaten, NStZ, 2010, S. 307 (309). Grundsätzlich zustimmend für die Tauglichkeit dieser Taten als Vortaten unter Bezugnahme auf eben genannten Beitrag: Sch/Sch-*Stree/Hecker,* StGB, 28.A, § 257, Rn. 4; BeckOK-*Ruhmannseder,* StGB, Stand 22.7.2013, § 257, Rn. 7.1.

389 MK-*Cramer/Pascal,* StGB, 2.A, § 258, Rn. 10; BeckOK-*Ruhmannseder,* StGB, Stand 22.7.2013, § 257, Rn. 12ff.

390 LK-*T.Walter,* StGB, 12.A, § 257, Rn. 25; MK-*Cramer/Pascal,* StGB, 2.A, § 258, Rn. 14 konkret für Steuerdaten-CDs; BeckOK-*Ruhmannseder,* StGB, Stand 22.7.2013, § 257, Rn. 12; NK-*Altenhain,* StGB, 4.A, § 257, Rn. 16.

391 MK-*Cramer,* 2.A, § 257, Rn. 11; BeckOK-*Ruhmannseder,* StGB, Stand 22.7.2013, § 257, Rn. 14ff.

392 Für eine in diesem Punkt identische Fallgestaltung: *Spernath,* Strafbarkeit und zivilrechtliche Nichtigkeit des Ankaufs von Bankdaten, NStZ, 2010, S. 307 (309); *Kaiser,* Zulässigkeit des Ankaufs deliktisch erlangter Steuerdaten, NStZ, 2011, S. 383 (389), der den Vorteil erst in dem durch den Ankauf erhaltenen Geld sieht, aber auch eine andere Interpretation in Erwägung zieht.

393 *Trüg/Habetha,* Die „Liechtensteiner Steueraffäre", NJW, 2008, S. 887 (888f.); vgl. auch MK-*Cramer/Pascal,* StGB, 2.A, § 258, Rn. 14.

c) *Tathandlung*

Deutlich problematischer ist hier jedoch, ob die Mitarbeiter des Bundesnachrichtendienstes auch eine Tathandlung im Sinne des § 257 StGB verwirklicht haben. Die Tathandlung des § 257 StGB verlangt ein objektiv taugliches Hilfeleisten zum Sichern der Tatvorteile,[394] das heißt vor allem auch ein Verhindern des Entziehens des Vorteils durch berechtigte Dritte, also staatliche Stellen oder Verletzte.[395] Ein Erfolg ist dabei nicht nötig.[396] Fraglich ist von daher, ob der Ankauf hierfür ausreicht.

Vor allem *Trüg* und *Habetha* haben in der Diskussion vertreten, dass dies der Fall sei.[397] Sie meinen, dass der rechtswidrige Zustand durch den Ankauf zusätzlich perpetuiert werde, die gesetzliche Restitution werde dadurch gänzlich vereitelt.[398] Hiergegen hat *Ostendorf* eingewandt, dass sich die Situation des Datenlieferanten nicht verbessere, denn dieser behalte nach wie vor die Daten.[399] *Trüg* hat hiergegen wiederum argumentiert, dies sei wirklichkeitsfern, vielmehr meint er, dass die Herausgabe der gesamten Daten vertraglich geregelt werde.[400] Hiergegen kann man zum einen mit *Spernath* einwenden, dass ein solcher Vertrag ohnehin nichtig wäre, sollte es ihn tatsächlich gegeben haben.[401] Faktischerseits kann man einwenden, dass *Ostendorf* recht haben dürfte. Zumindest im Liechtenstein-Fall gab es nach dem Verkauf an den BND noch umfangreiche andere Verwertungshandlungen. Rechtlicherseits ist die Lage schwieriger: In der Tat ändert sich an der Situation beim Täter nichts, er hat nach wie vor die Daten. Allerdings erscheint das *Trüg*'sche Argument dennoch überzeugend, denn in der Tat wird der rechtswidrige Zustand weiter perpetuiert.

---

394 LK-*T.Walter*, StGB, 12.A, § 257, Rn. 41f; NK-*Altenhain*, StGB, § 257, Rn. 19ff; Sch/Sch-*Stree/Hecker*, StGB, 28.A, § 257, Rn. 2, 11f.; L/K-*Kühl*, StGB, 27.A, § 257, Rn. 3; MK-*Cramer/Pascal*, StGB, 2.A, § 258, Rn. 15ff; BeckOK-*Ruhmannseder*, StGB, Stand 22.7.2013, § 257, Rn. 15ff.; NK-*Altenhain*, StGB, 4.A, § 257, Rn. 22; SSW-*Jahn*, StGB, 1.A, § 257, Rn. 14.

395 Vgl. NK-*Altenhain*, StGB, 4.A, § 257, Rn. 3.

396 Sch/Sch-*Stree/Hecker*, StGB, 28.A, § 257, Rn. 11; L/K-*Kühl*, StGB, 27.A, § 257, Rn. 3; MK-*Cramer/Pascal*, StGB, 2.A, § 258, Rn. 17.

397 *Trüg/Habetha,* Die „Liechtenstein Steueraffäre", NJW, 2008, S. 887 (888); *Trüg,* Steuerdaten-CDs und Verwertung im Strafprozess, StV, 2011, S. 113f.

398 *Trüg/Habetha,* Die „Liechtenstein Steueraffäre", NJW, 2008, S.887(889); *Trüg,* Steuerdaten-CDs und Verwertung im Strafprozess, StV, 2011, S. 111 (113); *Trüg* folgend: MK-*Cramer/Pascal*, StGB, 2.A, § 258, Rn. 18; **a.A.**: Sch/Sch-*Stree/Hecker*, StGB, 28.A, § 257, Rn. 19, ebenfalls auf *Trüg* Bezug nehmend.

399 *Ostendorf,* Gekaufte Strafverfolgung, ZIS, 2010, S. 301 (303f.).

400 *Trüg,* Steuerdaten-CDs und Verwertung im Strafprozess, StV, 2011, S. 111 (113).

401 *Spernath,* Strafbarkeit und zivilrechtliche Nichtigkeit des Ankaufs von Bankdaten, NStZ, 2010, S. 307ff.

2. *Subjektiver Tatbestand*

Folgt man diesem Argument, dürften sich beim Vorsatz grundsätzlich keine Probleme ergeben. Problematisch ist aber die Begünstigungsabsicht. Diese setzt voraus, dass es dem Täter gerade darauf ankam, die Vorteile der Tat zu sichern.[402] Ob eine solche Absicht vorlag, ist zunächst einmal eine Tatsachenfrage. Es erscheint jedoch unwahrscheinlich, dass es den handelnden Personen um eine Sicherung der Vorteile des Datenlieferanten ging. Eine Ansicht meint jedoch, dies sei unerheblich, denn Motive und Absicht seien strikt zu trennen und die Vorteilssicherung reiche im Sinne eines Zwischenziels aus.[403] Die Gegenmeinung sieht hier eine „unvermeidliche Nebenfolge der allein beabsichtigten Beweisgewinnung" und lehnt daher die Begünstigungsabsicht ab.[404] Hier scheint im Ergebnis einiges dafürzusprechen, dass die Motivlage unbeachtlich ist und damit auch Begünstigungsabsicht vorliegt.[405]

II. Rechtswidrigkeit und Schuld

Die Rechtswidrigkeit dürfte dann ebenfalls vorliegen, sinngemäß ist insofern auf obige Diskussionen zu verweisen. Was die Schuld angeht, liegt ein Verbotsirrtum wiederum im Bereich des Möglichen.

III. Ergebnis

Es sprechen somit die besseren Argumente dafür, dass auch der § 257 StGB verwirklicht sein dürfte,[406] gewisse Zweifel bleiben allerdings bestehen.

---

402 Sch/Sch-*Stree/Hecker*, StGB, 28.A, § 257, Rn. 16f; L/K-*Kühl*, StGB, 27.A, § 257, Rn. 5; SSW-*Jahn*, StGB, 1.A, § 257, Rn. 20; MK-*Cramer/Pascal*, StGB, 2.A, § 257, Rn. 20ff; BeckOK-*Ruhmannseder*, StGB, Stand 22.7.2013, § 257, Rn. 27f; NK-*Altenhain*, StGB, 4.A, § 257, Rn. 31f.

403 *Trüg/Habetha*, Die „Liechtenstein Steueraffäre", NJW, 2008, S. 887 (889).

404 So für den Fall Liechtenstein Sch/Sch-*Stree/Hecker*, StGB, 28.A, § 257, Rn. 19

405 *Trüg/Habetha*, Die „Liechtenstein Steueraffäre", NJW, 2008, S. 887 (889); MK-*Cramer/Pascal*, StGB, 2.A, § 258, Rn. 22, konkret für Steuerdaten-CDs. **Absicht ablehnend** für den Fall Liechtenstein: Sch/Sch-*Stree/Hecker*, StGB, 28.A, § 257, Rn. 19; für die Schweizer Fälle: *Eicker*, Zur Strafbarkeit des Kopierens und Verkaufens sowie des Ankaufens von Bankkundendaten als schweizerisch-deutsches Tatgeschehen, Jusletter, 30. August 2010, S. 5.

406 **Für vollendete Begünstigung im Fall Liechtenstein oder vergleichbaren Fällen:** *Kelnhofer/Krug*, Der Fall LGT Liechtenstein, StV, 2008, S. 660 (662f.); *Trüg/Habetha*, Beweisverwertung trotz rechtswidriger Beweisgewinnung, NStZ, 2008, S. 481 (489); *Heerspink*, Auf ein Neues: Steuer-CD, AO-StB, 2010, S. 155 (157); *Durst*, Aspekte der Verteidigung in Sachen Liechtenstein, PStR, 2008, S. 134 (134); MK-*Cramer/Pascal*, StGB, 2.A, § 258, Rn. 1ff.; *Kauffmann*, Die Affäre Liechtenstein und Schweiz in der Praxis, JA, 2010, S. 597 (597). **A.A.:** *Ostendorf*, Gekaufte Strafverfolgung, ZIS, 2010, S. 301 (304); *Küchenhoff*, Dürfen

D. Strafbarkeit der handelnden Staatsdiener wegen Hehlerei gemäß § 259 Absatz 1 StGB

Der ganze Ankauf wurde in der öffentlichen Debatte unter dem Stichwort der „Hehlerei“ oder auch „Beweishehlerei“ diskutiert. Dies ist jedoch nur als ein umgangssprachlicher Ausdruck zu verstehen, der in Anführungszeichen seinen Weg in die juristische Debatte gefunden hat.

Soweit ersichtlich, lehnen alle juristischen Kommentatoren eine Hehlerei im Sinne von § 259 StGB für die vorliegende sowie ähnliche und nachkonstruierte Konstellationen einhellig ab, sofern sie überhaupt ernsthaft diskutiert wird.

Oftmals wird dies damit begründet, dass der „Datendieb“ die Daten lediglich bei der Bank kopiert und nicht in verkörperter Form an sich gebracht habe.[407] Nach dem hier rekonstruierten Sachverhalt wird davon ausgegangen, dass der Datenbeschaffer die Daten sehr wohl in verkörperter Form, nämlich auf einem sogenannten „Back-up Magnetband“ an sich gebracht hat. Allerdings wurde besagtes Band nicht in dieser Form weitergegeben, sondern lediglich die darauf befindlichen Daten. Es wird daher nicht davon ausgegangen, dass Hehlerei gemäß § 259 StGB einschlägig ist.[408]

E. Strafbarkeit der handelnden Staatsdiener wegen des Ausspähens von Daten gemäß § 202a Absatz 1 StGB

Es kommt zudem noch eine Strafbarkeit wegen des Ausspähens von Daten in Betracht. Anzuknüpfen wäre dabei an das Sichten der Daten nach der Übergabe durch die handelnden Staatsdiener.

Strafverfolger „gestohlene“ Daten ankaufen?, NJ, 2010, S. 321 (323); *Schroth,* Ankauf und Verwertung rechtswidrig erlangter Daten, Politik – Recht – Ethik, S. 186 (190); *Hellmann,* Ermittlungsprobleme bei grenzüberschreitender Steuerhinterziehung, FS Samson, S. 661 (674f.). **Unklar bei** *Koblenzer,* „Steuersünder-CD“ – alles Schweizer Käse?, ErbStB, 2010, S. 116 (118f.).

407 So z.B. *Ambos,* Allgemeininteresse überwiegt, Datev Magazin, 2/2010, S. 42 (43).

408 **So für gleiche oder vergleichbare Fälle** mit zum Teil anderen Begründungen fast das gesamte Schrifttum, z.B.: *Heerspink,* Auf ein Neues: Steuer-CD, AO-StB, 2010, S. 155 (157); *Spernath,* Strafbarkeit und zivilrechtliche Nichtigkeit des Ankaufs von Bankdaten, NStZ, 2010, S. 307 (309); *Ostendorf,* Gekaufte Strafverfolgung, ZIS, 2010, S. 301 (303); *Kaiser,* Zulässigkeit des Ankaufs deliktisch erlangter Steuerdaten, NStZ, 2011, S. 383 (388f.); *Heine,* Der staatliche Ankauf von strafbar erlangten Steuer-Daten, FS Roxin, S. 1087 (1091); *Werner,* Alles, was (Straf-)Recht ist! – „Steuerdaten-Affäre Schweiz“, IWB, 2010, S. 164 (166); *Ambos,* Beweisverwertungsverbote, S. 115. **Zumindest die Möglichkeit in Erwägung ziehend:** *Schünemann,* Die Liechtenstein Steueraffäre als Menetekel des Rechtsstaates, NStZ, 2008, S. 305 (308).

I. Tatbestand

Dass es sich um Daten im Sinne der Vorschrift handelt, wurde schon im vierten Kapitel festgestellt. Weiterhin verlangt der objektive Tatbestand, dass diese Daten nicht für den oder die Täter bestimmt waren und darüber hinaus gegen unberechtigten Zugang besonders gesichert sind, also der oder die Täter diese besondere Zugangssicherung überwunden haben.[409] Die Frage, ob die Daten für den oder die Täter bestimmt waren, könnte offenbleiben, wenn die Daten nicht gegen unberechtigten Zugang besonders gesichert gewesen wären.

Der Datenlieferant hat verbreitet, er sei es gewesen, der die Daten, welche ursprünglich auf dem gestohlenen Magnetband verschlüsselt waren, entschlüsselt und dann auf diverse andere Datenträger – vermutlich DVDs – kopiert habe. Demnach wären die Daten in der Form, wie sie den handelnden Beamten übergegeben worden sind, nicht mehr im Sinne von § 202a StGB gegen unbefugten Zugang geschützt gewesen. Es erscheint auch für alle weiteren Fälle höchst zweifelhaft, dass Daten verschlüsselt weitergegeben wurden. Es ist daher davon auszugehen, dass keine der Alternativen des objektiven Tatbestandes des § 202a hierbei verwirklicht wurde.[410]

II. Ergebnis

Es liegt keine Strafbarkeit wegen des Ausspähens von Daten gemäß § 202a StGB vor.

F. Strafbarkeit der handelnden Staatsdiener wegen Untreue gemäß § 266 Absatz 1 StGB

In groben Umrissen wird nun noch die Frage einer möglichen Untreue seitens der handelnden Staatsdiener behandelt. Diese wäre sowohl durch die Mitarbeiter des BND, durch Mitarbeiter des Bundesministeriums der Finanzen als auch durch Mitarbeiter von Landesfinanzministerien sowie unter Umständen deren nachgeordneten Behörden möglich. Denkbar sind hier viele verschiedene Konstellationen, letztlich dürften sich aber immer die gleichen Probleme stellen, weshalb auf eine Präzisierung verzichtet wird.

---

409 Sch/Sch-*Lenckner/Eisele*, StGB, 28.A, § 202a, Rn. 7.

410 *Eicker*, Zur Strafbarkeit des Kopierens und Verkaufens sowie des Ankaufens von Bankkundendaten als schweizerisch-deutsches Tatgeschehen, Jusletter, 30. August 2010, S. 6. Ebenfalls ablehnend, ohne nachvollziehbare Begründung: *Kaiser*, Zulässigkeit des Ankaufs deliktisch erlangter Steuerdaten, NStZ, 2011, S. 383 (388); *Schroth*, Ankauf und Verwertung rechtswidrig erlangter Daten, Politik – Recht – Ethik, S. 186 (189).

I. Tatbestand

Zunächst müssen Verfügungs- und Verpflichtungsbefugnis sowie die Vermögensbetreuungspflicht vorliegen.[411] Bei dem hier infrage kommenden Personenkreis dürften sich diesbezüglich keine Probleme ergeben.[412]

Die Tathandlung bei der Untreue besteht im Missbrauch der Verfügungs- und Verpflichtungsbefugnis.[413] Eine solche kann vorliegen, wenn Geld entgegen dem Haushaltsplan ausgegeben wird.[414] Weiterhin verlangt der Tatbestand einen Nachteil als tatbestandlichen Erfolg, der Begriff des Nachteils ist mit dem des Vermögensschadens identisch.[415] Alle Probleme liegen damit auf der Ebene von Tathandlung und Vermögensnachteil. Hier wäre zunächst zu bestimmen, ob die Ausgabe(n) eine zweckwidrige Verwendung von Haushaltsmitteln darstellten. Falls dies der Fall sein sollte, müsste man fragen, ob hierdurch ein Vermögensnachteil entstanden ist oder man nicht vielmehr, bezogen auf den Gesamtvorgang, „saldieren" kann. Täte man dies, könnte man die zusätzlichen Steuereinnahmen und Geldstrafen „gegenrechnen" und es würde (wohl) zu keinem negativen Saldo kommen.

Zunächst muss man sich also fragen, ob es im Haushalt einen Titel gab, der solche Ausgaben erlaubte.[416] Für die späteren Fälle hat die Landesregierung von Nordrhein-Westfalen auf eine Anfrage im Landtag geantwortet, dass solche Ausgaben durch den Haushaltstitel „Fahndungskosten" gedeckt würden.[417] Was den Haushalt des

---

411 MK-*Dierlamm*, StGB, 2.A, § 266, Rn. 23ff.

412 Vgl. zu den möglichen Tätergruppen die Ausführungen von *Munz*, Haushaltsuntreue, S. 24ff. mwN. Die Gruppe der möglichen Täter ist sehr groß, wer vorliegend gehandelt hat, ist unbekannt. Es ist aber mit an Sicherheit grenzender Wahrscheinlichkeit davon auszugehen, dass die betreffende Person innerhalb des öffentlichen Dienstes einen entsprechenden Aufgabenkreis hatte.

413 LK-*Schünemann*, StGB, 12.A, § 266, Rn. 47; NK-*Kindhäuser*, StGB, 4.A, § 266, Rn. 82ff.

414 LK-*Schünemann*, StGB, 12.A, § 266, Rn. 230; MK-*Dierlamm*, StGB, 2.A, § 266, Rn. 259.

415 NK-*Kindhäuser*, StGB, 4.A, § 266, Rn. 94ff, aber strittig. Nachweise bei *Munz*, Haushaltsuntreue, S. 61ff.

416 Vgl. hierzu die Ausführungen von *Munz*, Haushaltsuntreue, S. 2ff.: Grundsätzlich werden bei der Haushaltsuntreue zwei Fallgruppen unterschieden, wobei in der ersten der Täter persönliche Vorteile für sich zieht, während er in der zweiten zwar gegen haushaltsrechtliche Vorschriften verstößt, sich aber nicht selbst bereichern will. Diese Unterscheidung ist rein kriminologisch und hat keine Entsprechung im Gesetz. Für ein Vorliegen der ersten Fallgruppe ergibt der Sachverhalt keinerlei Hinweise. Fraglich ist daher einzig, ob haushaltsrechtliche Vorschriften in der Weise gebrochen wurden, dass sie unter den Tatbestand der Untreue fallen.

417 Drucksache 16/738 des Landtags Nordrhein-Westfalen, Antwort der Landesregierung, S. 3: „Die Kosten für die erfolgten Datenkäufe wurden im betreffenden Haushalt jeweils bei Kapitel 12 050 Titel 546 11 (Fahndungskosten) und die Erstattungen des Bundes bzw. der anderen Bundesländer bei Kapitel 12 050 Titel 119 01 (Vermischte Einnahmen) nachgewiesen."

Bundesnachrichtendienstes anbelangt, ist nichts weiter bekannt. Sicher ist einzig, dass es keinen eigenen Haushaltstitel für den Punkt „Ankauf von Steuerdaten-CDs" gab oder gibt. Sicher ist auch, dass Haushaltsmittel nicht zur Finanzierung von Straftaten ausgegeben werden dürfen, das gilt sowohl für den Bundesnachrichtendienst als auch für das Bundes- und alle Landesfinanzministerien. Egal, auf welche Ausgabe man abstellt, es bleibt die gleiche Frage: Durfte man ankaufen oder nicht, das heißt genauer, war der Ankauf strafbar oder nicht? Wenn dies der Fall ist, liegt hier auch keine Fahndungsmaßnahme vor. Da nach hiesiger Auffassung der Ankauf gegen Strafgesetze verstieß und diese keine Fahndungsmaßnahmen darstellen können, kann für die Ausgaben keine haushaltsrechtliche Grundlage bestanden haben oder bestehen.[418] Die Verfügungs- und Verpflichtungsbefugnis wäre daher missbraucht worden, egal auf welche Handlung man abstellt.

Nun zum Nachteil: In der Diskussion wurde immer wieder geltend gemacht, dass sich die Auslagen gelohnt hätten und durch höhere Steuereinnahmen mehr als ausgeglichen worden seien. Abzustellen ist aber nach hier vertretener Ansicht einzig auf die vorgenommene Handlung selbst,[419] vorliegend die Bezahlung des Datenlieferanten. Hieraus entsteht der Staatskasse ein Nachteil, in welchen Haushalten dieser sich letztlich realisiert, ist irrelevant und vorliegend schwer zu bestimmen. Soweit bekannt, wurden zumindest für die späteren Käufe die „Kosten" nach dem „Königsteiner Schlüssel" zwischen den Bundesländern geteilt.[420] Unerheblich ist insofern auch, dass in der Folge dieses Kaufs Selbstanzeigen abgegeben wurden und Ermittlungen zu Mehreinnahmen geführt haben. All dies sind mittelbare Effekte, die hier keine Berücksichtigung finden können. Insbesondere für den Bereich der Strafverfolgung verbieten sich solche Gesamtbetrachtungen. Es gilt vielmehr, von „einfachen fiskalischen Geschäften" abgesehen, nicht das Saldierungsprinzip, sondern der Grundsatz, dass „in der zweckwidrigen Verwendung öffentlicher Gelder (‚Haushaltsuntreue') eine Vermögensschädigung" zu sehen ist.[421] Ein Vermögensnachteil ist damit auch anzunehmen.[422] Damit wäre wohl in allen Sachverhaltskonstellationen der gesamte objektive Tatbestand erfüllt.

Der Vorsatz muss alle zuvor geprüften Tatbestandsmerkmale umfassen, das heißt insbesondere Pflichtenstellung, Pflichtenverstoß und den Eintritt des Vermögensschadens.[423] Ob dieser bei den handelnden Personen vorlag, ist letztlich eine Tatsachenfrage, ein Irrtum über Tatumstände erscheint nicht vollkommen ausgeschlossen.

---

418 So für eine Variante im *LGT*-Fall auch: *Kelnhofer/Krug*, Der Fall LGT Liechtenstein, StV, 2008, S. 660 (663f.). Vgl. zudem die obigen Ausführungen zu einer Rechtfertigung nach den Ermittlungsvorschriften der StPO.

419 Vgl. *Munz*, Haushaltsuntreue, S. 102ff.

420 Drucksache 16/738 des Landtags Nordrhein-Westfalen, S. 2.

421 NK-*Kindhäuser*, StGB, 4.A, § 266, Rn. 117.

422 So für eine Variante im *LGT*-Fall auch: *Kelnhofer/Krug*, Der Fall LGT Liechtenstein, StV, 2008, S. 660 (664).

423 NK-*Kindhäuser*, StGB, 4.A, § 266, Rn. 122.

II. Rechtswidrigkeit und Schuld

Die Täter müssten auch rechtswidrig gehandelt haben. Als Rechtfertigungsgrund kommt wiederum § 34 StGB infrage, der aber mit den bekannten Argumenten abzulehnen ist. Im Rahmen der Schuld kommt ein Verbotsirrtum nach § 17 StGB infrage. Je nach Konstellation könnte dieser auch unvermeidbar gewesen sein.

III. Ergebnis

Angesichts der vielen denkbaren Irrtumskonstellationen erscheint eine Strafbarkeit der handelnden Mitarbeiter der Behörden eher unwahrscheinlich. Zumindest eine vorsätzliche und rechtswidrige Verwirklichung des Tatbestandes ist jedoch gut möglich, in jedem Fall dürfte der objektive Tatbestand verwirklicht worden sein.[424]

G. Strafbarkeit der handelnden Staatsdiener wegen Beihilfe zur Geheimnisverwertung gemäß § 17 Absatz 2 Nr. 2 UWG, § 27 StGB

Zudem kommt noch eine Beihilfe zur Geheimnisverwertung gemäß § 17 Absatz 2 Nr. 2 UWG, § 27 StGB in Betracht.[425] Diese könnte durch Mitarbeiter des Bundesnachrichtendienstes verwirklicht worden sein, indem diese den Datenlieferanten Geld im Austausch gegen die Übergabe von kopierten Daten-DVDs gaben und die Tat damit förderten.

---

424 **Folgende Kommentatoren halten das Vorliegen von Haushaltsuntreue in gleichen oder vergleichbaren Konstellationen zumindest für möglich:** *Kelnhofer/Krug*, Der Fall LGT Liechtenstein, StV, 2008, S. 660 (664); *Ignor/Jahn*, Der Staat kann auch anders, JuS, 2010, S. 390 (393ff.); *Trüg*, Steuerdaten-CDs und Verwertung im Strafprozess, StV, 2011, S. 111 (114). **A.A.:** *Kaiser*, Zulässigkeit des Ankaufs deliktisch erlangter Steuerdaten, NStZ, 2011, S. 383 (389f.); *Schroth*, Ankauf und Verwertung rechtswidrig erlangter Daten, Politik – Recht – Ethik, S. 186 (189f.); *Brinkschulte*, Bankgeheimnis und Steuerstrafrecht, S. 134f.; *Erb*, Inwieweit schützt § 17 UWG ein ausländisches „Bankgeheimnis"?, FS Roxin, S. 1103 (1117).

425 Eine Anstiftung kommt nach hier vertretener Ansicht nicht in Betracht, da der Datenlieferant im Liechtenstein-Fall schon zur Tat entschlossen gewesen sein dürfte. In den nachfolgenden Fällen wäre aber eine solche Anstiftung durchaus möglich. Anders aber *Küchenhoff*, Dürfen Strafverfolger „gestohlene" Daten ankaufen?, NJ, 2010, S. 321 (324), der hier (wohl) von einer Anstiftung ausgehen würde. Anders auch *Spernath*, Strafbarkeit und zivilrechtliche Nichtigkeit des Ankaufs von Bankdaten, NStZ, 2010, S. 307 (309f.), der annimmt, dass der jeweilige Datenlieferant erst zur Tat bereit ist, wenn Geld geboten wird. Dies stelle dann die Anstiftung dar. Wenn man dies ablehne, bleibe aber in jedem Fall die Beihilfe.

I. Tatbestand

Eine rechtswidrige Haupttat des Datenlieferanten liegt vor, wie bereits ausgeführt wurde. Das ebenfalls notwendige objektive Hilfeleisten zu dieser Haupttat[426] kann vorliegend im Zahlen des Geldes im Austausch gegen die Daten gesehen werden. Dies förderte die Haupttat der Geheimnisverwertung. Hierin ist daher im Ergebnis eine Beihilfe zur Haupttat zu sehen.[427] Der Sachverhalt spricht dafür, dass dies vorsätzlich in Bezug auf das eigene Handeln wie auch in Bezug auf die Haupttat geschah. Ob dies tatsächlich der Fall war, bleibt eine Tatsachenfrage.

II. Rechtswidrigkeit und Schuld

Vorliegend ist nichts bekannt, was eine Rechtfertigung über die bereits angesprochenen Rechtfertigungsgründe hinaus nahelegte. Insbesondere der Rückgriff auf § 34 StGB ist in der vorliegenden Konstellation wiederum ausgeschlossen.

Auch bezüglich der Frage der Schuld kann nur auf die oben geführten Diskussionen verwiesen werden. Angesichts der unklaren Rechtslage spricht hier wieder viel dafür, dass die Täter wegen Verbotsirrtums entschuldigt waren.

III. Ergebnis

Im Ergebnis kann festgehalten werden, dass eine zumindest rechtswidrig verwirklichte Straftat gemäß § 17 Absatz 2 Nr. 2 UWG, § 27 StGB vorgelegen haben dürfte.[428]

---

426 Vgl. MK-*Joecks*, StGB, 2.A, § 27, Rn. 5ff.

427 Vgl. die Darstellung bei *Satzger,* Der Staat als „Hehler"?, FS Achenbach, S. 447 (458) mwN.

428 **Rechtswidrige Teilnahme für gleiche oder vergleichbare Fälle bejahend oder zumindest für möglich haltend:** *Spatscheck,* Wird Gauner, wer mit Gaunern dealt?, FS Volk, S. 771 (780); *Trüg/Habetha,* Beweisverwertung trotz rechtswidriger Beweisgewinnung, NStZ, 2008, S. 481 (489); *Kauffmann,* Die Affäre Liechtenstein und Schweiz in der Praxis, JA, 2010, S. 597 (597); *Hellmann,* Ermittlungsprobleme bei grenzüberschreitender Steuerhinterziehung, FS Samson, S. 661 (676f.); *Werner,* Alles, was (Straf-)Recht ist! – „Steuerdaten-Affäre Schweiz", IWB, 2010, S. 164 (166); *Ignor/Jahn,* Der Staat kann auch anders, JuS, 2010, S. 390 (393ff.); *Heine,* Der staatliche Ankauf von strafbar erlangten Steuer-Daten, FS Roxin, S. 1087 (1100f.); *Küchenhoff,* Dürfen Strafverfolger „gestohlene" Daten ankaufen?, NJ, 2010, S. 321 (324); *Spernath,* Strafbarkeit und zivilrechtliche Nichtigkeit des Ankaufs von Bankdaten, NStZ, 2010, S. 307 (309f.). **A.A.:** *Kühne,* Die Verwertbarkeit von illegal erlangten Steuerdaten im Strafverfahren, FS Roxin, S. 1269 (1276); *Ostendorf,* Gekaufte Strafverfolgung, ZIS, 2010 S. 301 (304); *Kaiser,* Zulässigkeit des Ankaufs deliktisch erlangter Steuerdaten, NStZ, 2011, S. 383 (388); *Samson/Langrock,* „Pecunia non olet"?, wistra, 2010, S. 201 (203); *Ambos,* Allgemeininteresse überwiegt, Datev Magazin, 2/2010, S. 42 (43f.); (wohl) *Koblenzer,* „Steuersünder-CD" – alles Schweizer Käse?, ErbStB, 2010, S. 116 (118).

Kapitel 7: Rechtlicher Diskurs um die Verwertbarkeit der Steuerdaten-CDs

Nachdem die in der Einleitung aufgeworfene Frage nach der Strafbarkeit des Datenbeschaffers und der verschiedenen für den Staat handelnden Personen beantwortet ist, wird nun die darauf aufbauende Frage der Verwertbarkeit der Erkenntnisse behandelt. Hierbei wird zum einen der Diskurs in den rechtswissenschaftlichen Fachorganen in überwiegend chronologischer Abfolge nachgezeichnet. Anschließend folgt der Diskurs in der Rechtsprechung und zuletzt der eigene Ansatz zum Lösen der hier aufgeworfenen Probleme. Es geht dabei um das eventuell anzuwendende Institut des Beweisverwertungsverbotes. Was dieses Institut ist und welche Geschichte es hat, wird in Abschnitt A zunächst in groben Umrissen skizziert, um die nachfolgenden Argumente zur vorhandenen Literatur in Relation setzen zu können. Wie sich aus § 385 Absatz 1 AO ergibt, gelten im Steuerstrafverfahren die Grundsätze des Strafprozessrechts.[429] Die Frage der Verwertbarkeit im finanzgerichtlichen Verfahren ist nicht Gegenstand dieser Arbeit.

A. Hintergrund des Diskurses: Die Beweisverbote

Der wissenschaftliche Diskurs um die Beweisverbote beginnt mit *Beling* im frühen 20. Jahrhundert. Reichlich zeitversetzt gibt es dann noch zwei außerordentlich intensive Diskursphasen: eine ab den 1960er-Jahren,[430] die letzte ab den 1990er-Jahren.

Es geht hier nicht darum, den ganzen Diskurs um die Beweisverbote nachzuzeichnen, denn dies ist zum einen nicht das Thema dieser Arbeit, zum anderen schon des Öfteren mal mehr, mal weniger erfolgreich versucht worden, mit einem Anspruch auf Vollständigkeit aber ohnehin kaum zu verwirklichen. Diese Arbeit beschränkt sich vielmehr auf das kurze Vorstellen einer kleinen Auswahl von Beiträgen, die herauszuragen scheinen. Manche der Autoren haben auf den beiden Deutschen Juristentagen von 1966 und 2008 vorgetragen, auf denen sich mit dem Thema beschäftigt wurde. Man kann insofern davon ausgehen, dass die

429 *Hellmann*, Ermittlungsprobleme bei grenzüberschreitender Steuerhinterziehung, FS Samson, S. 661 (661f.); *Jahn*, Gutachten 67.DJT, C 52; allerdings mit diversen Abwandlungen, vgl. hierzu *Gössel*, Über Anomalien des steuerstrafrechtlichen Ermittlungsverfahrens und die daraus resultierenden Gefahren, FS Geppert, S. 137 (138ff.).

430 *Jahn* sieht in der Normierung des ersten unselbstständigen Beweisverwertungsverbotes in § 136a Abs.3 S.2 StPO durch das Gesetz zur Wiederherstellung der Rechtseinheit vom 12.9.1950 einen weiteren wichtigen Schritt, *ders.*, Grundfragen und aktuelle Probleme der Beweisverwertung im Straf- und Steuerstrafverfahren, FS Stöckel, S. 259 (263).

Ausführungen dieser Autoren aufgrund der exponierten Stellung der Veranstaltung tendenziell weit verbreitet sind.

Sydow hat eine außergewöhnlich pointierte, einflussreiche und wegweisende Dissertation geschrieben, die oft zitiert wird. Soweit ersichtlich, war *Sydow* der Erste, der die Grundrechte in den Mittelpunkt seiner Argumentation gestellt hat. Damit wich er deutlich von dem bis dahin üblichen, rein strafprozessrechtsdogmatischen Pfad ab. Andere Autoren stützen vor allem die hier vertretenen Thesen.

Beling sah sich selbst als Wegbereiter dieses Themas.[431] Im Vorwort seiner Schrift „Die Beweisverbote als Grenzen der Wahrheitserforschung im Strafprozess" aus dem Jahre 1902, welche ursprünglich als Antrittsvorlesung gehalten wurde, merkt er an:

> „Noch sind in Gesetzgebung und Wissenschaft die Grenzlinien nicht gezogen bis zu denen ein dem Strafprozess feindlich entgegenstehendes Interesse gegenüber dem strafprozessualen Staatsinteresse als das überwiegende erscheint. Die Zukunft wird sich der Aufgabe nicht entziehen können, an Stelle der bisherigen Kasuistik eine principielle Regelung zu suchen."[432]

Den Begriff des Beweisverbotes definiert *Beling* wie folgt:

> „Ich nenne sie Beweisverbote und verstehe darunter Rechtssätze, die entweder überhaupt eine bestimmte Tatsache dahingestellt zu lassen anbefehlen – absolute Beweisverbote – oder bestimmte Beweismittel für unzulässig erklären – relative Beweisverbote."[433]

Was *Beling* von den Autoren zu Zeiten der Bundesrepublik unterscheidet, ist seine grundsätzlich andere Auffassung des Verhältnisses von Staat und Individuum. Er geht noch von einer strikten Unterordnung des Individuums unter den Staat aus und merkt demgemäß auch ganz offen an:

> „Nach jeder erheblichen Thatsache darf und zwar mit allen zu Gebote stehenden Mitteln geforscht werden. Spricht die St.-P.-O. diesen Satz auch nicht aus, so setzt sie ihn doch als selbstverständlich voraus."[434]

Auf das hier angesprochene Grundverhältnis von Erlaubtem und Verbotenem unter der Herrschaft des Grundgesetzes wird beim Vorstellen der Arbeit von *Sydow* zurückzukommen sein. Aber auch bei *Beling* finden sich – neben den heute nicht

---

431 Vorwort zu *Beling,* Die Beweisverbote als Grenzen der Wahrheitserforschung im Strafprozess: „Täusche ich mich nicht, so ist die Lehre von den Beweisverboten, die bisher nirgends *ex professo* behandelt ist, noch bedeutender Fortentwicklung fähig."

432 *Beling,* Vorwort zu „Die Beweisverbote als Grenzen der Wahrheitserforschung im Strafprozess".

433 *Beling,* Die Beweisverbote als Grenzen der Wahrheitserforschung im Strafprozess, S. 3.

434 *Beling,* Die Beweisverbote als Grenzen der Wahrheitserforschung im Strafprozess, S. 2.

mehr vertretbar erscheinenden Sätzen – auch schon kritische Sätze in seinem Vortrag wie der folgende:

> „Das Interesse an exakter Strafjustiz ist ohne Zweifel ein hochwichtiges. Aber das einzige in der Welt vorhandene ist es nicht, mit ihm stossen oft unzählige andere wichtige Interessen zusammen, so dass eines von ihnen weichen muss."[435]

In seinem Reichsstrafprozessrechtslehrbuch/-kommentar von 1928 ist er dann ein wenig vorsichtiger und stellt die Wahrheitserforschung in einen direkten Zusammenhang mit außerprozessualen Belangen und möglichen, aus ihnen resultierenden Beweisverboten:

> „Der Gedanke der materiellen Wahrheitserforschung trägt noch weiter: Der Richter unterliegt hinsichtlich der Tatsachenfeststellung nicht nur nicht dem bestimmenden Einfluß der Parteien, sondern es stehen ihm auch sonst im Vordringen zur Wahrheit grundsätzlich alle Türen von Rechts wegen offen. Es bestehen freilich auch ‚Beweisverbote' [...], beruhend auf der Höhereinschätzung gewisser außerprozessualer Belange gegenüber den auf restlose Aufdeckung der Wahrheit hindrängenden strafprozessualen. Aber diese Beweisverbote sind Ausnahmen. Soweit sie nicht eingreifen, darf und muß der Richter den Dingen auf den Grund gehen."[436]

Noch einmal anders ausgedrückt:

> „Die grundsätzliche Forschungsfreiheit des Richters [...] erleidet Einschränkungen durch gewisse gesetzliche Beweisverbote. In ihnen kommt der Gedanke zum Ausdruck, daß das strafprozessuale Klärungsinteresse, so wichtig es ist, doch u.U. durch Gegeninteressen überwogen wird. Sie zerfallen in absolute (Beweisthemaverbote) und relative (Beweismittelverbote). Die ersteren benennen ein bestimmtes Thema und untersagen dem Richter jede Beweiserhebung darüber; die letzteren schließen nur bestimmte Beweismittel aus, so daß der Richter nicht gehindert ist, die betreffende Tatsache durch andere Beweismittel ans Licht zu bringen."[437]

Der Anfang der Diskussion sollte nicht unerwähnt bleiben, wichtiger für den hiesigen Zusammenhang ist jedoch die gänzlich andere Situation in der Bundesrepublik Deutschland unter dem Grundgesetz. Die Reflexion darüber beginnt in den 60er-Jahren des 20. Jahrhunderts. Im Jahr 1966 waren die „Beweisverbote im Strafprozeß" Gegenstand des 46. Deutschen Juristentages in Essen.[438] Diskutiert wurden die Beweisverbote im Strafprozess der nordischen Länder, im amerikanischen Strafprozess, im Strafverfahren der Länder des romanischen Rechtskreises, im deutschen Strafverfahren sowie aus verfassungsrechtlicher Sicht.

---

435 *Beling*, Die Beweisverbote als Grenzen der Wahrheitserforschung im Strafprozess, S. 32.

436 *Beling*, Deutsches Reichsstrafprozeßrecht, S. 284.

437 *Beling*, Deutsches Reichsstrafprozeßrecht, S. 289.

438 Verhandlungen des 46. Deutschen Juristentages, Band I, Teil 3a.

Zuvor muss jedoch, sozusagen in einem kleinen Vorgriff, noch die Arbeit „Die Verwertung rechtswidrig erlangter Beweismittel im Strafprozeß mit Berücksichtigung des angloamerikanischen und französischen Rechts“ von *Sendler* vorgestellt werden. Der spätere Präsident des Bundesverwaltungsgerichts hat schon 1956 eine Vielzahl der Themen bearbeitet, die noch heute und für die hiesige Arbeit hochrelevant sind. Obwohl der technische Fortschritt noch nicht absehbar war, thematisiert *Sendler* bereits in den 1950er- Jahren den Kern der heutigen Probleme. *Sendler* beschreibt, wohl unter dem Eindruck des Romans „1984“ von *Orwell,* die Relevanz von Vertrauensverhältnissen innerhalb einer Gesellschaft für deren Gedeihen.[439] Dass eine Gesellschaft auf diese Vertrauensverhältnisse angewiesen ist, war sicherlich auch damals keine neue Erkenntnis. Interessanterweise spricht sich *Sendler* aber auch explizit gegen die Totalüberwachung von „Verbrechern“ aus, denn diese habe zwangsläufig *Auswirkungen auf die Gesamtgesellschaft*:

> „Die Überwachung, die den Verbrecher meint, würde notwendig jedes Glied der Gemeinschaft – zumindest der auszuschaltenden Möglichkeit nach – mittreffen und auf Grund der daraus entspringenden Unsicherheit die eben gekennzeichneten Folgen nach sich ziehen müssen.“[440]

Man mag nun einwenden, dass die Fragestellung dieser Arbeit sich davon grundsätzlich in zweierlei Hinsicht unterscheidet: Zum einen hat nicht der Staat direkt überwacht, zum anderen gibt es einen Mangel an Heimlichkeit, da die Aufzeichnung beziehungsweise Protokollierung von Beratungsgesprächen mit dem Wissen und Einverständnis der Beteiligten geschah.[441] Doch auch hierfür findet sich ein Zitat, das unserer Konstellation deutlich näherkommt:

> „Da beim Überhören von Ferngesprächen der Private dem Mitmenschen genau so gefährlich werden kann wie der Staat, da ferner Privatpersonen offensichtlich keineswegs freie Hand haben sollen, beliebig das Fernsprechgeheimnis dritter Personen zu verletzen, ist der Schluß, den Nipperdey zieht, auch hier geboten: Ist sogar die Staatsgewalt gebunden, so muß im Fall des Art.10 GG auch die Privatperson gebunden sein. Die Erwägungen, die oben für den Fall der Überwachung von Telefongesprächen durch die Post oder sonstige Staatsbehörden angestellt wurden, zwingen auch hier dazu, die Unverwertbarkeit solcher Kenntnisse und Beweismittel anzunehmen, die von Privatpersonen durch Verletzung des Fernsprechgeheimnisses erlangt worden sind.“[442]

---

439 *Sendler,* Verwertung rechtswidrig erlangter Beweismittel, S. 94ff.

440 *Sendler,* Verwertung rechtswidrig erlangter Beweismittel, S. 96.

441 Siehe Kapitel 2.

442 *Sendler,* Verwertung rechtswidrig erlangter Beweismittel, S. 130. Dass sich hier eine heute (wohl) nicht mehr vertretene Interpretation der Drittwirkung von Grundrechten zeigt, versteht sich von selbst, ist jedoch im Rahmen dieses historischen Rückblicks ohne Belang.

Wichtig für das hiesige Argument ist an dieser Stelle lediglich das Gleichsetzen von *privaten* und *öffentlichen* Stellen unter dem Gesichtspunkt der *Gefährlichkeit ihres Tuns*. Es spielt unter dem Gesichtspunkt der Gefährlichkeit betrachtet keine Rolle, ob der Staat sich unmittelbar Zugriff auf die Daten verschafft oder er sich hierzu eines Dritten bedient. Unerheblich für das *Ergebnis* ist, ob dieser Dritte aus eigenem Antrieb (Gewinnstreben) handelte oder beauftragt wurde. Es spielt für das Ergebnis auch keine Rolle, ob hier geheime Gespräche überwacht oder Aufzeichnungen von geheimen Gesprächen gestohlen wurden. Wenn man die Schutzrichtung zum maßgeblichen Kriterium macht, erscheint es wenig sinnvoll, hier Unterscheidungen vorzunehmen, auch wenn dies denklogisch selbstverständlich möglich ist (und zumeist getan wird).

Nun widmen wir uns dem Deutschen Juristentag von 1966. Grundsätzlich lässt sich sagen, dass sich spätestens ab den 60er-Jahren ein großer Umbruch vollzog, indem den Individualrechten nun der Vorrang gegeben wurde. So beschreibt auch *Jescheck* auf dem DJT den Einbruch von verfassungsrechtlichen Prinzipien in das eigentliche System der deutschen Rechtsordnung und konstatiert dann, dass sich eine personale Rechtsauffassung durchgesetzt habe. Diese sorge letztlich dafür, dass „das deutsche Recht heute dem amerikanischen Strafverfahren näher als dem Recht seiner kontinentalen Nachbarländer“[443] sei. An anderer Stelle heißt es bei *Jescheck*: „Der weitaus wichtigste rechtspolitische Grund für die moderne Entwicklung der Beweisverbote ist die Anerkennung des *Persönlichkeitsrechts* im Strafprozeß.“[444]

Dies kommt zum Beispiel im Gutachten zum deutschen Strafprozess von *Peters* klar zum Ausdruck. In Abgrenzung zu *Beling* arbeitet *Peters* heraus, dass Wahrheitserforschung nicht mehr als Wahrheitserforschung um jeden Preis verstanden werden kann, sondern eine Aufgabe von vielen ist, ohne dass ihr ein absoluter Wert zukommt, der unbedingt und mit allen zur Verfügung stehenden Mitteln erreicht werden müsste. Kurz und prägnant heißt es in *Peters* eigenen Worten:

> „Beling sieht die gesetzlich anerkannten Beweisbeschränkungen noch als Ausnahme von einem grundsätzlich uneingeschränkten Ermittlungsgebot an. Der Bundesgerichtshof beschränkt den Aufklärungsbereich in seinem Kern: Es gilt nur der Grundsatz einer von vornherein begrenzten Aufklärungspflicht und eines ebenso begrenzten Aufklärungsrechts. Es ist grundsätzlich nicht mehr alles zur Aufklärung im Strafprozeß zugelassen. Der Strafprozeß hat seinen absoluten Vorrang verloren. [...] In dieser Entwicklung kommt vor allem eine *personale* [Hervorhebung im Original] Rechtsauffassung zur Geltung, wie sie durch die Wertung der Grund- und Menschenrechte im Verfassungs- und Völkerrecht zum Ausdruck gebracht wird.“[445]

443 *Jescheck,* Generalgutachten 46.DJT, S. 1 (4).
444 *Jescheck,* Generalgutachten 46.DJT, S. 1 (28).
445 *Peters,* Gutachten 46.DJT, S. 91 (93).

Einem Beweisverwertungsverbot für durch Privatpersonen illegal erlangtes Material steht *Peters* eher ablehnend gegenüber.[446]

Ebenfalls sehr wichtig ist das schon erwähnte Werk von *Sydow* „Kritik der Lehre von den ‚Beweisverboten'" aus dem Jahre 1976. Wie *Koriath* treffend bemerkt, liegt der große Verdienst von *Sydows* Abhandlung in der Umkehr, wodurch das Augenmerk zurück auf die Rechtfertigungsbedürftigkeit staatlichen Handelns gelenkt wurde.[447] *Sydow* vertritt sicher eine Radikalposition, welche die verfassungsrechtlichen Bezüge mitunter etwas unterkomplex darstellt. Würde man die Grundsätze *Sydows* auf diesen Fall anwenden, würde man in jedem Fall zu einem Beweisverwertungsverbot kommen. *Sydow* lehnt die Verwendung illegal durch Privatpersonen erlangter Beweismittel strikt ab, er sagt:

> „Wenn es sich auch die Strafverfolgungsorgane versagen würden, Beweismaterial auszuwerten, das von Privatpersonen rechtswidrig beschafft wurde, so wäre dies mehr als nur prozessuale Fürsorge, nämlich die Erfüllung eines Verfassungsgebots."[448]

Über die nicht ganz schlüssige, verfassungsrechtliche Argumentation hinaus führt er jedoch weitere Argumente an, welche sich eher im Fahrwasser der hiesigen Argumentation befinden, wenn er sagt:

> „Kriminalpolitisch wäre der Ausschluß rechtswidrig beschafften Beweismaterials eine dem staatlichen Justizmonopol angemessene Sanktion gegenüber Selbstjustiz und Denunziantentum."[449]

Selbstjustiz und Denunziantentum kann man sicher in den Bereich der *Auswirkungen auf die Gesellschaft als Ganzes* einordnen, auch wenn man mit solchen Formulierungen im Sinne einer sachlichen Diskussion etwas vorsichtig umgehen sollte. Zuletzt sei noch ein weiteres Argument erwähnt, das später als das *Argument vom staatlichen Selbstwiderspruch* ausgeführt wird und welches hier folgendermaßen formuliert wurde:

> „Nach allem sollte sich die Justiz nicht zum ‚Hehler von Beweismaterial' machen lassen, sondern nach dem ihrer Aufgabe angemessenen Grundsatz verfahren, die Verurteilung eines Rechtsbrechers nicht auf weitere Rechtsverletzungen zu stützen. Wie der Bundesgerichtshof im ‚Tonband-Urteil' ausgesprochen hat, sind die hiermit verbundenen Beweisverluste hinzunehmen."[450]

Das in der oben vorgestellten öffentlichen Debatte immer wiederkehrende Wort vom „Staat als Beweishehler" enthält im Kern ebenfalls das Argument vom staatlichen Selbstwiderspruch, auch wenn strafrechtlich gesehen keine Hehlerei vorliegt. Dieser Selbstwiderspruch besteht darin, dass Straftaten durch Straftaten bekämpft werden.

---

446 Vgl. *Peters*, Gutachten 46.DJT, S. 151ff.
447 *Koriath*, Über Beweisverbote im Strafprozeß, S. 29.
448 *Sydow*, Kritik der Lehre von den „Beweisverboten", S. 110.
449 *Sydow*, Kritik der Lehre von den „Beweisverboten", S. 110.
450 *Sydow*, Kritik der Lehre von den „Beweisverboten", S. 116.

Der Diskurs setzt insbesondere in den 1990er-Jahren wieder lebhaft ein und wird unter verschiedenen Vorzeichen bis heute geführt. Jedoch auch nach dieser bereits etliche Jahrzehnte andauernden Diskussion stellt *Koriath* auf den ersten Seiten seines Werkes schon fest:

> „Es gibt, das ist ganz unstreitig, keine konsentierten Ergebnisse, auf denen man aufbauen könnte; wir müssen daher von vorn beginnen."[451]

Koriath versucht dann, auf einer abstrakten Ebene das Wesen der Beweisverbote zu ermitteln, was er den „Rückgang auf das Wesen der Beweisverbote" nennt.[452] Obwohl auch dieser Ansatz nicht alles erklären kann, liefert er zumindest einige Grundorientierungen: *Koriath* isoliert als Hauptgruppen aus der bisherigen Diskussion die Beweisverbote als ein „Mittel zur Wahrheitsfindung im Strafprozeß", Beweisverbote als ein Disziplinierungsmittel der Ermittlungsbeamten, Beweisverbote zum Sichern der „ethische[n] (sittliche[n]) Integrität des Staates", da er sich sonst in einen Selbstwiderspruch bringen könne, wenn er zur Durchsetzung des Rechts selbst Unrecht begehe; Beweisverbote als funktionale Voraussetzung der Akzeptanz der Strafe, sowohl für den individuellen Straftäter als auch für die Bevölkerung; Beweisverbote zur Sicherung individueller Rechte der Beschuldigten.[453] Im Anschluss geht *Koriath* auf die jeweiligen Gegenargumente zu diesen Thesen ein, da keiner dieser Ansätze unstreitig sei.[454]

Die jüngste Diskussion beginnt mit dem 67. Deutschen Juristentag 2008 und dem Gutachten von *Jahn*. Dieser stellt fest, dass sich der Deutsche Juristentag wiederholt mit demselben Thema beschäftigt hat und findet diesen Umstand erklärungsbedürftig. Seine Erklärung ist im Kern, dass trotz jahrzehntelanger Debatte „ein prinzipieller Erkenntnisfortschritt nicht bewirkt wurde".[455] Diese Bemerkung hat *Jahns* hat auch Kritik ausgelöst, so zum Beispiel von *Rogall*,[456] auf den *Jahn* wiederum schlüssig geantwortet hat.[457]

---

451 *Koriath*, Über Beweisverbote im Strafprozeß, S. 12; in diese Richtung tendiert auch noch die 2012 erschienene Arbeit von *Weichbrodt*, Der verbotene Beweis im Straf- und Zivilprozess, S. 44. Freilich gibt es auch Autoren, die die wichtigsten Probleme für geklärt halten, wie z.B. *Rogall*.

452 *Koriath*, Über Beweisverbote im Strafprozeß, S. 42ff.

453 *Koriath*, Über Beweisverbote im Strafprozeß, S. 43f.

454 *Koriath*, Über Beweisverbote im Strafprozeß, S. 44f.

455 *Jahn*, Gutachten 67.DJT, C 18.

456 *Rogall*, Beweiserhebungs- und Beweisverwertungsverbote im Spannungsfeld zwischen den Garantien des Rechtsstaates und der effektiven Bekämpfung von Kriminalität und Terrorismus, JZ, 2008, S. 818ff., vor allem aber S. 820. Insgesamt auch kritisch *Beulke*, Beweiserhebungs- und Beweisverwertungsverbote im Spannungsfeld zwischen den Garantien des Rechtsstaates und der effektiven Bekämpfung von Kriminalität und Terrorismus, Jura, 2008, S. 636 (656).

457 *Jahn*, Grundfragen und aktuelle Probleme der Beweisverwertung im Straf- und Steuerstrafverfahren, FS Stöckel, S. 259 (263).

In seinem Gutachten zum *DJT* geht er nach einem historischen Überblick,[458] der Darstellung und Kritik der gebräuchlichen – aber nicht einheitlichen – Terminologie in diesem Bereich,[459] der Grundunterscheidung von selbstständigen und unselbstständigen Beweisverwertungsverboten,[460] der/den Meinung(en) der Rechtsprechung[461] und vieler gängiger Meinungen aus der Literatur,[462] auf seinen eigenen Ansatz ein, den er als „Beweisbefugnislehre" bezeichnet.[463] Dieser Ansatz nähert sich dem Thema „von dem aus der Existenz der Grundrechte abzuleitenden rechtsstaatlichen Prinzip vom Vorbehalt des Gesetzes" an,[464] was dann dazu führe, dass „staatliches Handeln in bestimmten grundlegenden Bereichen nur durch ein Gesetz im formellen Sinne" zu legitimieren sei.[465] Insofern verkehrt er das „übliche" Verhältnis von der Regel der Verwertung und der Ausnahme der Nichtverwertung, welches wir schon von *Beling* kennen, in sein Gegenteil und meint folgerichtig: „Bei der Beweisverwertung im Strafprozeß ist daher nicht alles erlaubt, was nicht ausdrücklich verboten ist, sondern es ist alles verboten, was nicht ausdrücklich erlaubt ist. Es muss deshalb nach einer Grundlage für die Verwertung gesucht werden."[466] Insbesondere der Schutz der „Freiheitsgrundrechte" steht damit im Kern seines Ansatzes.[467]

Es sollte nun in etwa deutlich geworden sein, wie unklar die Fronten bei den Beweisverboten verlaufen, um welche Topoi es bei den Beweisverboten grundsätzlich geht und wie sich diese gegenüberstehen.[468] Dies hat auch das Bundesverfassungsgericht in seinem Urteil zu den Absprachen im Strafprozess anerkannt und ausgeführt:

> „Die Regelungsdichte des materiellen Strafrechts ist in den vergangenen Jahrzehnten beständig gestiegen; dies gilt besonders für das Wirtschafts- und das Nebenstrafrecht [...]. Gleichzeitig bringt die zunehmende Differenzierung und Komplizierung des Strafprozessrechts immer höhere Anforderungen mit sich. So ist etwa die Rechtsprechung zu den Beweisverwertungsverboten für tatrichterliche Praxis mittlerweile kaum noch überschaubar."[469]

---

458 *Jahn,* Gutachten 67.DJT, C 20ff.
459 *Jahn,* Gutachten 67.DJT, C 22ff.
460 *Jahn,* Gutachten 67.DJT, C 32ff.
461 *Jahn,* Gutachten 67.DJT, C 38ff.
462 *Jahn,* Gutachten 67.DJT, C 51ff.
463 *Jahn,* Gutachten 67.DJT, C 66ff.
464 *Jahn,* Gutachten 67.DJT, C 66.
465 *Jahn,* Gutachten 67.DJT, C 66f.
466 *Jahn,* Gutachten 67.DJT, C 68.
467 *Jahn,* Gutachten 67.DJT, C 71ff.
468 Vgl. zudem den guten Überblick über die sonstigen, im Schrifttum vertretenen Auffassungen bei LR-*Gössel*, StPO, 26.A, Einleitung Abschnitt L, Rn. 128ff.
469 2 BvR 2628/10, Rn. 3.

Dem ist zuzustimmen. Die Rechtsprechung des Bundesgerichtshofes zu den Beweisverwertungsverboten ist insgesamt kaum noch zu überblicken[470] und selbst der Versuch einer Rekonstruktion der Hauptströmungen würde den Umfang dieser Bearbeitung sprengen. Klar scheint einzig zu sein, dass heute meist zunächst auf einen Verstoß gegen ein Gesetz abgestellt wird und dann unter Hinzuziehung weiterer Kriterien der Frage nachgegangen wird, ob darauf ein Beweisverwertungsverbot folgt.

Da hier keine Gesamtrekonstruktion der Rechtsprechung vorgenommen werden kann, können schwerlich weitreichende Aussagen getroffen werden. Zumindest aus nahezu aller verwendeten Sekundärliteratur lässt sich jedoch der Vorwurf ableiten, dass der Rechtsprechung des Bundesgerichtshofs keine stringente Dogmatik für diese Fragen entnommen werden kann. Vielmehr kann aus der sehr zurückhaltenden, auf Einzelfallgerechtigkeit bedachten Judikatur nur ein gewisses Set an Kriterien entnommen werden, aus denen sich nicht für jeden Einzelfall vorhersehbare Ergebnisse ableiten lassen.[471] Dieser Zustand wurde zu Recht unzählige Male kritisiert, im Rahmen dieser an konkreten Fällen orientierten Bearbeitung kann jedoch keine grundsätzlich neue Dogmatik der Beweisverwertungsverbote entwickelt werden. Überdies erscheint es wenig sinnvoll, einen einzelnen Literaturansatz zur Grundlage der Argumentation zu machen. Alles Weitere ergibt sich aus dem eigenen Ansatz.

B. Rechtswissenschaftliche Beiträge zur Verwertbarkeit der Steuerdaten-CDs

Nach der Behandlung der materiell-strafrechtlichen Aspekte und einem Blick auf den unübersichtlichen Zustand der Beweisverbotsdogmatik im Allgemeinen wird nun die Verwertbarkeit der Steuerdaten-CDs im Strafverfahren diskutiert. Es wird sich zeigen, dass ein Beweisverwertungsverbot für die fraglichen Daten gut vertretbar ist. Im Gegensatz zu einigen zitierten Stimmen fassen *Trüg/Habetha* den Ansatz der herrschenden Meinung folgendermaßen zusammen: „Die h.M. sucht nicht nach einer Begründung für die Verwertung eines rechtswidrig erlangten Beweismittels, sondern nach einer Rechtfertigung für die Unverwertbarkeit."[472] Zumindest, was die spärliche Rechtsprechung für die vorliegenden Fälle betrifft, scheint dies den Ausgangspunkt recht gut zu treffen.

Grundsätzlich sind zwei Fragen zu unterscheiden: Dürfen die eigentlichen Daten als Beweise im Gerichtssaal verwendet werden und welche Auswirkungen ergeben sich für andere Verfahrensstadien?

Die unterschiedlichen Autoren begründen das Vorliegen beziehungsweise Nichtvorliegen eines Beweisverwertungsverbotes unter Bezugnahme auf sehr verschiedene

470 So auch *Jahn*, Gutachten 67.DJT, C 47.

471 Vgl. *Eisenberg*, StPO, 3.Kapitel, Rn. 365; LR-*Gössel*, StPO, 26.A, Einleitung Abschnitt L, Rn. 119ff., 155; *Jahn*, Gutachten 67.DJT, C 47ff.

472 *Trüg/Habetha*, Beweisverwertung trotz rechtswidriger Beweisgewinnung, NStZ, 2008, S. 481 (482).

Vorschriften und Theorien. Zunächst werden alle bekannten Meinungen zum *LGT*-Fall und den Schweizer Fällen vorgestellt. Im Anschluss folgt jeweils eine Kritik, aus der die Eckpunkte eines eigenen Ansatzes abgeleitet werden.

I. Völkerrechtlich orientierte Literaturmeinungen

Selten wurde in der Debatte rein völkerrechtlich argumentiert. *Heine, Coen* und *Kühne* haben einen solchen Ansatz erprobt, andere haben teilweise Überlegungen in diese Richtung angestellt.[473] Es ist sicherlich alles andere als abwegig, die hier zu behandelnden Vorkommnisse ausschließlich aus einem völkerrechtlichen Blickwinkel heraus zu betrachten. Dies ist jedoch nicht der Ansatz dieser Arbeit, die sich auf die an Prinzipien verschiedener Art orientierte Auslegung des einfachen deutschen Rechts beschränkt. Trotz alledem scheint es unangemessen, diese Argumente nicht zu berücksichtigen, hatten sie doch in der Debatte ihren festen Platz. Die Bearbeitung beschränkt sich insofern aber, von kleineren Kommentaren abgesehen, auf die Darstellung der verschiedenen Meinungen und lässt das Ergebnis bewusst offen. Ob tatsächlich völkerrechtswidriges Handeln vorlag, kann in diesem Rahmen keinesfalls entschieden werden und bleibt einer größeren Untersuchung vorbehalten.

1. *Heine*

Heine liefert mit seinen Aufsätzen „Beweisverbote und Völkerrecht: Die Affäre Liechtenstein in der Praxis“,[474] „Entwendete und staatlich angekaufte Bankdaten: viel Lärm um nichts?“[475] und „Der staatliche Ankauf von strafbar erlangten Steuer-Daten deutscher Steuerhinterzieher“[476] drei Beiträge zum Thema und befürwortet ein Beweisverwertungsverbot im deutschen Strafverfahren aus völkerrechtlichen Gründen. Der zuletzt genannte Beitrag beschäftigt sich allerdings fast ausschließlich mit materiell- strafrechtlichen Fragen nach deutschem und Schweizer Recht und wird daher im Rahmen dieser Darstellung nicht weiter erörtert.[477]

---

473 Z.B. *Kaiser,* Zulässigkeit des Ankaufs deliktisch erlangter Steuerdaten, NStZ, 2011, S. 383 (384), der eine „Annexkompetenz“ daraus ableitet, dass dem Staat „uneingeschränkte Steuergewalt“ zukäme; bei *Hellmann,* Ermittlungsprobleme bei grenzüberschreitender Steuerhinterziehung, FS Samson, S. 661 (662ff.) finden sich insbesondere ausführliche Ausführungen zum Rechtshilferecht; *Ambos* und *Brinkschulte,* dargestellt in Kapitel 7 B II.

474 *Heine,* Beweisverbote und Völkerrecht, HRRS, 2009, S. 540ff.

475 *Heine,* Entwendete und staatlich angekaufte Bankdaten, ASA, 79, S. 525ff.

476 *Heine,* Der staatliche Ankauf von strafbar erlangten Steuer-Daten, FS Roxin, S. 1087ff.

477 Der Beitrag ist in die materiell-strafrechtlichen Kapitel eingearbeitet.

a) „Beweisverbote und Völkerrecht: Die Affäre Liechtenstein in der Praxis"

Zunächst stellt *Heine* fest, dass „zweifellos" der Tatbestand der Beihilfe zu § 17 Absatz 2 Nr. 2 UWG erfüllt sei.[478] Er geht dann auf die Möglichkeit ein, dass der Datenkauf direkt in Liechtenstein erfolgt sein könnte, und meint, dass dann in jedem Falle Souveränitätsrechte verletzt worden seien. Er hält diesen Fall vorliegend jedoch für unwahrscheinlich und verfolgt diesen Strang daher nicht weiter.[479]

Der nächste Argumentationsstrang ist eine eventuelle „Verletzung einer völkerrechtlichen Verpflichtung i.S.d. Art. 12 Resolution 56/83".[480] Eine solche sei anzunehmen, da der Ankauf der strafbar erlangten Daten „auf derselben Wertungsstufe" liege[481] wie eine Umgehung des Rechtshilfeweges.[482]

Da eine Privatperson die Straftaten begangen habe, fragt sich *Heine,* ob die BRD hierfür nicht völkerrechtlich die Verantwortung trage, was grundsätzlich in diesem Fall anzunehmen sei. Allerdings seien von diesem Grundsatz wiederum Ausnahmen zu machen: Er führt hier insbesondere die langen Verhandlungen und die fehlenden Repressionsmaßnahmen gegen den Täter an. Überdies komme es nicht auf die abgeschlossenen Straftaten des Datenlieferanten an, sondern „die finale Aktivierung dieses privat abgeschirmten Sprengsatzes zur Düpierung der Vertragspartei Liechtenstein".[483] *Heine* kommt daher zu dem Ergebnis, dass die illegale Beweisbeschaffung durch eine Privatperson im vorliegenden Fall dem Staat zuzurechnen sei.[484] Im Anschluss geht er auf die Folgen eines solchen Völkerrechtsverstoßes ein, insbesondere der Verwertung solcher Erkenntnisse in innerstaatlichen Verfahren.[485]

Für den vorliegenden Fall sei entscheidend, „dass das liechtensteinische Bankgeheimnis sich als Bankkundengeheimnis versteht".[486] Dies wirke sich dann unmittelbar auf das deutsche Strafverfahren aus, denn „dieses nationale Informationsbeherrschungsrecht setzt sich rechtshilferechtlich fort und erfährt völkerrechtliche Unterstützung, wodurch es zu einem subjektiven Recht des Einzelnen erstarkt", so *Heine.*[487] Doch auch aus der Rechtsprechung des BGH ließe sich ein solches Ergebnis ableiten, unter Berufung auf BGH-Urteile nennt *Heine* dies dann einen „völkerrechtlichen Reflex".[488] Im Folgenden wirft *Heine* auch noch einige andere Ansatzpunkte in die Debatte, ohne diese jedoch weiter auszuführen. Zu nennen wäre hier ein Beweisverwertungsverbot, das sich im Kern aus einer analogen Anwendung

478 *Heine,* Beweisverbote und Völkerrecht, HRRS, 2009, S. 540 (540).
479 *Heine,* Beweisverbote und Völkerrecht, HRRS, 2009, S. 540 (542).
480 *Heine,* Beweisverbote und Völkerrecht, HRRS, 2009, S. 540 (541ff.).
481 *Heine,* Beweisverbote und Völkerrecht, HRRS, 2009, S. 540 (543).
482 *Heine,* Beweisverbote und Völkerrecht, HRRS, 2009, S. 540 (542f.).
483 *Heine,* Beweisverbote und Völkerrecht, HRRS, 2009, S. 540 (543f.).
484 *Heine,* Beweisverbote und Völkerrecht, HRRS, 2009, S. 540 (544).
485 *Heine,* Beweisverbote und Völkerrecht, HRRS, 2009, S. 540 (544).
486 *Heine,* Beweisverbote und Völkerrecht, HRRS, 2009, S. 540 (545).
487 *Heine,* Beweisverbote und Völkerrecht, HRRS, 2009, S. 540 (545).
488 *Heine,* Beweisverbote und Völkerrecht, HRRS, 2009, S. 540 (545).

einiger Vorschriften zur Telekommunikationsüberwachung der deutschen StPO, der sittlichen Überlegenheit des Staates[489] oder des Trennungsgebotes ergeben soll.[490]

Im Anschluss hieran thematisiert *Heine*, wie sich diese Erkenntnisse auf die durchgeführten Durchsuchungen und die aufgefundenen Beweismittel auswirken, letztlich also die Frage nach der Fernwirkung des Beweisverwertungsverbotes. *Heine* meint, die Durchsuchungsbeschlüsse seien wegen ungenügender Grundlage – den unverwertbaren Erkenntnissen aus den Datenträgern – aufzuheben und stellt vor dem Hintergrund der sehr schmalen Begründung vor allem die Frage, ob der anordnende Richter tatsächlich vollumfänglich über die Tatsachen unterrichtet worden sei.[491] Sei dies nicht der Fall gewesen, sei auch die Durchsuchungsanordnung rechtswidrig.[492]

Im Folgenden geht er auf die Frage ein, was mit Beweismitteln geschehen soll, die bei einer solchen „rechtswidrigen Durchsuchung" aufgefunden werden. Selbst wenn die Fernwirkung von Beweisverboten in Deutschland in der Regel nicht anerkannt sei, gebe es Ausnahmen. *Heine* plädiert hier für eine derartige Ausnahme.[493]

Zum einen begründe die rechtswidrige Anordnung der Durchsuchung bereits einen von ihm so bezeichneten „selbstständigen Verfahrensverstoß"[494]. Weiterhin komme man „auch auf der Grundlage einer *Verhältnismäßigkeitsprüfung*, die im Übrigen auch durch Art. 35 lit. b Resolution 56/83 vorgeschrieben" sei, zum selben Ergebnis.[495] Darüber hinaus führt er einen möglichen „Vertrauensverlust der Bevölkerung in die Funktionstüchtigkeit der Rechtspflege" ins Feld. Des Weiteren argumentiert er mit der „Selbstbindung und Selbstbeschränkung des Staates, der die Wahrheit im Strafprozess eben nicht um jeden Preis, sondern nur in der von ihm gesetzten oder akzeptierten (supranationales Recht) Weise erforschen darf".[496] Zudem sei die Disziplinierung der Geheimdienste hier (im Gegensatz zur Disziplinierung der Polizei) ein mögliches Argument.[497] Soweit die Darstellung.

Das Argument der Disziplinierung der Geheimdienste erscheint zunächst plausibel, andererseits spricht hier auch viel dafür, statt oder zusätzlich zu einem Beweisverwertungsverbot schlicht den Wortlaut des Gesetzes, wie oben dargestellt, streng auszulegen. In diesem Falle wäre eine Rückerstattung des Kaufpreises durch die Steuerbehörden ausgeschlossen, was einen deutlich disziplinierenderen Effekt haben dürfte. Das Interesse des Bundesnachrichtendienstes an Strafverfolgung erscheint ohnehin fraglich, ist dies doch nicht seine eigentliche Aufgabe. Inwieweit

---

489 *Heine,* Beweisverbote und Völkerrecht, HRRS, 2009, S. 540 (545).
490 *Heine,* Beweisverbote und Völkerrecht, HRRS, 2009, S. 540 (546).
491 Heine bezieht sich hier auf den Fall vor dem LG Bochum, der in Kapitel 7 C 1 dargestellt wird.
492 *Heine,* Beweisverbote und Völkerrecht, HRRS, 2009, S. 540 (546).
493 *Heine,* Beweisverbote und Völkerrecht, HRRS, 2009, S. 540 (546f.).
494 *Heine,* Beweisverbote und Völkerrecht, HRRS, 2009, S. 540 (546).
495 *Heine,* Beweisverbote und Völkerrecht, HRRS, 2009, S. 540 (546).
496 *Heine,* Beweisverbote und Völkerrecht, HRRS, 2009, S.540 (547).
497 *Heine,* Beweisverbote und Völkerrecht, HRRS, 2009, S.540 (547).

das Trennungsgebot und die theoretischen Argumente tragfähig sind, wird im Folgenden noch an verschiedenen Stellen diskutiert, da diese Argumente auch von einer Reihe anderer Autoren in der Diskussion genannt wurden. Grundsätzlich sind diese Argumente sehr beachtlich.

b) „Entwendete und staatlich angekaufte Bankdaten: viel Lärm um nichts?"

Im Mittelpunkt dieses Aufsatzes stehen die Schweizer Fälle. Zunächst richtet *Heine* viel Aufmerksamkeit auf die möglichen Strafbarkeiten, um sich dann den Beweisverwertungsverboten zu widmen. Hier beginnt er sein Argument auch wieder völkerrechtlich. Zum ersten sei „[d]as Gesamtverhalten der deutschen Staatsorgane beim Ankauf der CD-ROMs [...] als *völkerrechtswidrige Handlung* im Sinne von Art. 1 der Resolution der Generalversammlung der Vereinten Nationen Nr.56/83 (Verantwortlichkeit der Staaten für völkerrechtswidrige Handlungen vom 28. Januar 2002) in Verbindung mit Art. 1, 4 ff., 16 ff ILC-Entwurf 2001 zu verstehen".[498]

Zweitens spricht er von „strategisch-systematischer Umgehung der Rechtshilfeverbote Deutschland/Schweiz mittels struktureller Anreizschaffung zur Begehung von Straftaten".[499] Hieraus folge „[e]indeutig eine Verletzung des Territorialitätsprinzips und der Schweizer Souveränität".[500]

Im Anschluss diskutiert er die Rolle der Privatpersonen in diesem Zusammenhang und stellt wiederum darauf ab, dass die „eigentliche Umgehung des Rechtshilfeverhältnisses Deutschland/Schweiz erst durch den Ankauf der Daten" final erfolge.[501]

Des Weiteren geht er auf einige innerdeutsche Ansatzpunkte für ein Beweisverwertungsverbot ein. Dabei macht er sich neben der Strafbarkeit der Staatsdiener vor allem Argumente von *Jahn* zu eigen, die noch zu diskutieren sind.[502]

Aufgrund dieser Verfahrensverstöße plädiert *Heine* auch in diesem Aufsatz für ein Beweisverwertungsverbot, wobei er unter anderem darauf abhebt, dass „Straftaten systemisch unterstützt bzw. implizit gebilligt wurden, und diese Straftaten sowohl die Souveränität der Schweiz beeinträchtigen und zudem deutsches Strafrecht desavouieren".[503]

Insgesamt scheint das Kernargument für die späteren Fälle deutlich stärker zu sein, denn hier hat man mit dem, was *Heine* „strukturelle Anreizschaffung" nennt, tatsächlich einen Ansatzpunkt für einen Kausalzusammenhang zwischen dem Verhalten der Privatpersonen und der Bundesrepublik Deutschland. Für den Fall Liechtenstein war dieser deutlich schwieriger zu konstruieren. Dieses hier im

498 *Heine*, Entwendete und staatlich angekaufte Bankdaten, ASA, 79, S.525 (538).
499 *Heine*, Entwendete und staatlich angekaufte Bankdaten, ASA, 79, S.525 (538).
500 *Heine*, Entwendete und staatlich angekaufte Bankdaten, ASA, 79, S. 525 (539).
501 *Heine*, Entwendete und staatlich angekaufte Bankdaten, ASA, 79, S. 525 (539).
502 *Jahn*, Grundfragen und aktuelle Probleme der Beweisverwertung im Straf- und Steuerstrafverfahren, FS Stöckel, S. 259ff.
503 *Heine*, Entwendete und staatlich angekaufte Bankdaten, ASA, 79, S. 525 (542f.).

völkerrechtlichen Gewand daherkommende Argument wird im Rahmen des eigenen Ansatzes für die nach nationalem Recht zu beantwortenden Fragen eine nicht zu unterschätzende Rolle spielen.

2. *Pawlik 2010: „Zur strafprozessualen Verwertbarkeit rechtswidrig erlangter ausländischer Bankdaten"*

Pawlik argumentiert in seinem Artikel in mehrere Richtungen. Seine Meinung zum Tätigwerden des Bundesnachrichtendienstes wurde bereits im fünften Kapitel kritisch gewürdigt. Im Anschluss tritt er der, wie er sagt, vielfach in der Literatur vertretenen Ansicht, dass Völkerrechtsverstöße vorgelegen haben, entgegen und wertet dieses Argument als „unangemessen pauschal".[504] Zwar müsse ein Staat, der sich im Rahmen seiner Strafverfolgungstätigkeit eines anderen Staates bediene, die von diesem Staat aufgestellten Bedingungen beachten und dürfe das gelieferte Beweismaterial nur zu dem durch den liefernden Staat festgelegten Zweck benutzen. Andernfalls nähmen Rechtsprechung und die herrschende Lehre in der Tat ein Beweisverwertungsverbot an.[505] Der Fall liege hier jedoch grundsätzlich anders, denn die deutschen Strafverfolgungsbehörden hätten das infrage stehende Beweismaterial außerhalb des Rechtshilfeweges erlangt.[506]

Der Annahme, dass dies eine Umgehung des Instituts der Rechtshilfe darstelle, stehe sowohl der Wortlaut des Europäischen Rechtshilfeabkommens als auch dessen Sinn und Zweck entgegen. Aus dem Abkommen ergebe sich keine Pflicht, sich Beweismittel ausschließlich auf dem durch das Abkommen vorgezeichneten Wege zu beschaffen.[507] Weiterhin sieht *Pawlik* sein Argument durch systematische Erwägungen gestärkt, so habe das Institut der Rechtshilfe einen sehr begrenzten Regelungszweck und sei letztlich als eine Ausprägung des Grundsatzes der Staatensouveränität zu sehen.[508] Die begrenzte Funktion der Rechtshilfe stehe daher der Annahme einer unbegrenzten Sperrwirkung entgegen und sei mit dieser unvereinbar.[509] Ein Beweisverwertungsverbot aus diesem Gesichtspunkt heraus wird daher konsequenterweise gar nicht mehr andiskutiert.

---

504 *Pawlik*, Zur strafprozessualen Verwertbarkeit rechtswidrig erlangter ausländischer Bankdaten, JZ, 2010, S. 693 (694).

505 *Pawlik*, Zur strafprozessualen Verwertbarkeit rechtswidrig erlangter ausländischer Bankdaten, JZ, 2010, S. 693 (694).

506 *Pawlik*, Zur strafprozessualen Verwertbarkeit rechtswidrig erlangter ausländischer Bankdaten, JZ, 2010, S. 693 (694).

507 *Pawlik*, Zur strafprozessualen Verwertbarkeit rechtswidrig erlangter ausländischer Bankdaten, JZ, 2010, S. 693 (694).

508 *Pawlik*, Zur strafprozessualen Verwertbarkeit rechtswidrig erlangter ausländischer Bankdaten, JZ, 2010, S. 693 (694).

509 *Pawlik*, Zur strafprozessualen Verwertbarkeit rechtswidrig erlangter ausländischer Bankdaten, JZ, 2010, S. 693 (694).

Zu einem möglichen Beweisverwertungsverbot aus anderen Gesichtspunkten reißt er noch drei weitere Argumente an, die ebenfalls mehrfach in der Diskussion auftauchten: die Generalprävention, das Argument der schiefen Ebene und die „Selbstachtung der Rechtsgemeinschaft“, aus denen *de lege lata* ebenfalls kein Beweisverwertungsverbot folge,[510] sinnvoll sei hingegen ein solches *de lege ferenda.*[511]

3. *Kühne 2011: „Die Verwertbarkeit von illegal erlangten Steuerdaten im Strafverfahren – Zugleich eine Stellungnahme zum Beschluss des BVerfG vom 9.11.2010“*

Neben einer umfänglichen Erörterung zu materiell-rechtlichen Fragen geht *Kühne* auch auf mögliche Beweisverwertungsverbote ein. Diesbezüglich verfährt er zweigleisig und diskutiert einerseits einen Verstoß gegen das Trennungsgebot und andererseits einen Völkerrechtsverstoß.

Da die §§ 2, 3 BNDG in Verbindung mit § 20 BVerfSchG „sowohl durch den Ankauf wie durch die Weitergabe verletzt worden“ seien, läge auch eine Verletzung des dahinterstehenden Trennungsgebotes vor.[512]

Im Anschluss geht er auf völkerrechtliche Fragen ein. Zunächst handelt er kurz eine mögliche Umgehung des Europäischen Rechtshilfeabkommens (Artikel 2a) ab, kommt jedoch zu dem Ergebnis, dass dieses nicht verletzt worden sei, da es „[j]edem Vertragsstaat [...] unbenommen [sei], die Informationen, welche er über die internationale Rechtshilfe nicht erhalten kann, auf andere Weise zu erheben“.[513] Danach erörtert er umfänglich und soweit ersichtlich als einziger Autor in der hier interessierenden Diskussion einen möglichen Verstoß gegen die „Anti-Korruptions-Konventionen“.

Zwar sei § 299 StGB nicht verletzt worden und zudem sei die „Europaratskonvention gegen Korruption [...] von Deutschland zwar unterzeichnet aber nicht ratifiziert worden“,[514] dennoch folge hieraus bereits, dass Deutschland gegen diese nicht verstoßen dürfe. In den vorliegenden Fällen liege „[w]irtschaftliches Handeln der staatlichen Datenkäufer vor“. Zudem befürwortet *Kühne* in der Sache eine weite Auslegung dieser Norm, welcher insbesondere nicht zu entnehmen sei, dass ein „wettbewerbsrechtlicher Bezug“ vorhanden sein müsse. Damit sei im Ergebnis „impliziert, dass auch die privatwirtschaftliche Bestechung im internationalen

---

510 *Pawlik,* Zur strafprozessualen Verwertbarkeit rechtswidrig erlangter ausländischer Bankdaten, JZ, 2010, S. 693 (699ff.).

511 *Pawlik,* Zur strafprozessualen Verwertbarkeit rechtswidrig erlangter ausländischer Bankdaten, JZ, 2010, S. 693 (702).

512 *Kühne,* Die Verwertbarkeit von illegal erlangten Steuerdaten im Strafverfahren, FS Roxin, S. 1269 (1281).

513 *Kühne,* Die Verwertbarkeit von illegal erlangten Steuerdaten im Strafverfahren, FS Roxin, S. 1269 (1278).

514 *Kühne,* Die Verwertbarkeit von illegal erlangten Steuerdaten im Strafverfahren, FS Roxin, S. 1269 (1278).

Bereich strafbar sein soll".[515] Da Deutschland hiergegen verstoßen habe, liege auch ein völkerrechtlicher Verstoß gegen Artikel 7[516] der „Criminal Law Convention on Corruption" vom 27.1.1999 vor.

Im Anschluss beschäftigt er sich mit den möglichen Folgen solcher Verstöße für das Strafverfahren. *Kühne* will dieses Ergebnis mit der herrschenden Meinung aus einem Abwägungsprozess erzielen. Schweizer Strafrecht sei im Gegensatz zu deutschem verletzt worden, allerdings stünden damit noch immer die Verstöße gegen §§ 2, 3 BNDG in Verbindung mit § 20 BVerfSchG, das Trennungsgebot und der Völkerrechtsverstoß im Raum.[517]

Zunächst geht er von der Feststellung aus, dass Ermittlungsbehörden und Gerichte die Verstöße nicht zu verantworten hätten, da sie nicht selber angekauft haben.[518] Zumindest für die Steuerfahndung(en) dürfte dies jedoch nicht zutreffen. Im Anschluss argumentiert er mit dem „Ansehen der Justiz in der rechtstreuen Bevölkerung". Aufgrund der undifferenzierten Laienwahrnehmung staatlichen Handelns sei „jedes rechtswidrige Verhalten im Bereich staatlicher Gewaltausübung immer auch unmittelbar dem Strafverfahren zuzurechnen, wenn denn dadurch Beweismittel gewonnen worden sind".[519] Diese Konstellation sei mit jener vergleichbar, „in welcher Staatsanwaltschaft oder Polizei eine private Person zur rechtswidrigen Beweiserlangung benutzt",[520] im Ergebnis liege daher ein direktes Beweisverbot vor. Fraglich bliebe dann, ob hieraus auch ein Beweisverwertungsverbot folge.[521] Zum einen liege hier „mehr als nur ein unfreundlicher politischer Akt" vor. Dies wird unter anderem damit begründet, dass die Schweiz die Auslieferung der beteiligten Personen fordern könnte, wenn sie dem „Rahmenbeschluss ‚Europäischer Haftbefehl'" beigetreten

---

515 *Kühne,* Die Verwertbarkeit von illegal erlangten Steuerdaten im Strafverfahren, FS Roxin, S. 1269 (1279).

516 **„Article 7 – Active bribery in the private sector**
Each Party shall adopt such legislative and other measures as may be necessary to establish as criminal offences under its domestic law, when committed intentionally in the course of business activity, the promising, offering or giving, directly or indirectly, of any undue advantage to any persons who direct or work for, in any capacity, private sector entities, for themselves or for anyone else, for them to act, or refrain from acting, in breach of their duties."

517 *Kühne,* Die Verwertbarkeit von illegal erlangten Steuerdaten im Strafverfahren, FS Roxin, S. 1269 (1281).

518 *Kühne,* Die Verwertbarkeit von illegal erlangten Steuerdaten im Strafverfahren, FS Roxin, S. 1269 (1281).

519 *Kühne,* Die Verwertbarkeit von illegal erlangten Steuerdaten im Strafverfahren, FS Roxin, S. 1269 (1282).

520 *Kühne,* Die Verwertbarkeit von illegal erlangten Steuerdaten im Strafverfahren, FS Roxin, S. 1269 (1282).

521 *Kühne,* Die Verwertbarkeit von illegal erlangten Steuerdaten im Strafverfahren, FS Roxin, S. 1269 (1283).

wäre.[522] Dies alleine reiche schon für ein Beweisverwertungsverbot. Für ein solches sei ebenfalls alleine die „Verletzung des Trennungsgebots" ausreichend.[523] Ob dies auch für die Verletzung der „Anti-Korruptions-Konventionen" gilt, bleibt offen. Insgesamt sei in jedem Fall ein Beweisverwertungsverbot anzunehmen.[524] Abschließend unterzieht *Kühne* den Beschluss des Bundesverfassungsgerichts noch einer Kritik, auf die noch einzugehen sein wird.

Kühnes Meinung, es sei hier kein deutsches Strafrecht verletzt worden, ist aus den oben genannten Gründen nicht zu folgen. Die Verletzung des BNDG trifft zu, ebenso die des dahinterstehenden Trennungsgebotes. Die Anti-Korruptions-Konventionen sind ein interessanter Ansatzpunkt, bei dem aber selbst nach *Kühnes* eigener Meinung fraglich ist, ob dies alleine für ein Beweisverwertungsverbot ausreicht. Etwas schwerer nachvollziehbar ist die Argumentation rund um den europäischen Haftbefehl. Es ist kaum verständlich, weshalb ein internationales Übereinkommen, welches die Schweiz nie unterzeichnet hat, Auswirkungen auf die tatsächliche Rechtslage haben sollte. Dass bereits Verletzungen des Strafrechts stets mehr als unfreundliche Akte sind, würde alleine bereits *Kühnes* Schlüsse tragen.

4. Coen 2011: „Ankauf und Verwertung deliktisch beschaffter Beweismittel in Steuerstrafverfahren aus völkerrechtlicher Sicht"

Coens Artikel steht der Verwertung der Steuerdaten im Ermittlungsverfahren zwar insgesamt sehr offen gegenüber, stammt aber etwa von Mitte 2011 und muss insofern in einen entsprechenden Kontext gesetzt werden. Anhand einiger Aussagen aus dem Artikel kann man durchaus auch gegen eine Verwertbarkeit für die hier fraglichen Fälle argumentieren.

Zunächst meint er, dass eine „Übernahme [der Daten, Anmerkung D.W.] in Liechtenstein oder der Schweiz" sehr unwahrscheinlich sei, weshalb hier bereits ein möglicher Anknüpfungspunkt für eine Völkerrechtswidrigkeit ausscheide.[525] Als einen weiteren Anknüpfungspunkt sieht der Autor eine mögliche Zurechnung des Handelns des Privaten, welches sich dieser unter gewissen Voraussetzungen auch nachträglich zu eigen machen kann oder wenn der Staat den Privaten steuert.[526]

Für Ersteres sieht *Coen* einen möglichen Anknüpfungspunkt in der Tatsache, dass die Behörden beständig weiter Daten kaufen. *Coen* kommt aus seinem völkerrechtlichen

---

522 *Kühne,* Die Verwertbarkeit von illegal erlangten Steuerdaten im Strafverfahren, FS Roxin, S. 1269 (1283).

523 *Kühne,* Die Verwertbarkeit von illegal erlangten Steuerdaten im Strafverfahren, FS Roxin, S. 1269 (1283).

524 *Kühne,* Die Verwertbarkeit von illegal erlangten Steuerdaten im Strafverfahren, FS Roxin, S. 1269 (1284).

525 *Coen,* Ankauf und Verwertung deliktisch beschaffter Beweismittel in Steuerstrafverfahren aus völkerrechtlicher Sicht, NStZ, 2011, S. 433 (434).

526 *Coen,* Ankauf und Verwertung deliktisch beschaffter Beweismittel in Steuerstrafverfahren aus völkerrechtlicher Sicht, NStZ, 2011, S. 433 (434).

Blickwinkel heraus zu der Überlegung, dass eine Steuerung der Privatperson vorliegen könne, wenn man davon ausgehe, „der Ankauf solcher Daten durch die deutschen Behörden [habe sich] derart zu einer allgemeinen Politik verfestigt [...], dass man daraus den Schluss ziehen müsse, Deutschland hätte ausländische Bankdaten gleichsam für vogelfrei erklärt".[527] Eine solche Sichtweise lehnt *Coen* jedoch mit dem Argument ab, künftige Ankäufe seien „schon deshalb unwahrscheinlich, weil mittlerweile mit den in Betracht kommenden Staaten Abkommen über eine erweiterte Zusammenarbeit in Steuersachen abgeschlossen werden konnten".[528]

Coen argumentiert weiter, ein solcher, nach seinen Ausführungen wohl als Steuerung im völkerrechtlichen Sinne anzuerkennender „Markt" sei auch deshalb nicht anzunehmen, weil „sich auch keine klaren Abgrenzungen angeben [ließen], ab welchem Punkt der Ankauf einzelner Datensätze [...] die Schaffung eines allgemeinen Marktes für deliktisch beschaffte Informationen" darstelle.[529]

Letztlich wird auf diesem Wege eine Steuerung von Privatpersonen abgelehnt. Für den *LGT*-Fall mag das stimmen, für alle späteren Fälle ist dies kaum nachvollziehbar. Welche weiteren Schritte sollten staatliche Stellen in Sachen Schaffung eines Marktes noch gehen? Es ist durch das Verhalten staatlicher Stellen wie auch der Abgabe von Absichtserklärungen aus der Politik klar, dass nominell wertvolle Daten weiter angekauft werden. Dies war bereits der Fall, als der Artikel erschien. Das von *Coen* angeführte Abwägen im Einzelfall bezog sich nur auf die *Werthaltigkeit* der Daten, nicht auf den Ankauf an sich. Was *Coen* sich hier vorzustellen scheint, ist vielleicht so etwas wie ein gesetzlich fixiertes Angebot. Dass es kein derartiges Angebot gibt, hindert aber die Annahme eines staatlich geschaffenen Marktes nicht. Insgesamt wird man auch zu diesem Teil der Meinung konstatieren müssen, dass der Autor von einer extrem engen Deutung der Geschehnisse ausgeht.

Insbesondere einen zwischenzeitlich ergangenen Beschluss des Bundesrates[530] wie auch regelmäßige Aussagen von ranghohen Landespolitikern kann man als Anerkenntnis dieses „Geschäftsmodells" deuten. Vor diesem Hintergrund kann man sich fragen, ob *Coen* zu einem späteren Zeitpunkt anders argumentiert hätte. In diese Richtung weist vor allem der folgende Satz:

---

527 *Coen,* Ankauf und Verwertung deliktisch beschaffter Beweismittel in Steuerstrafverfahren aus völkerrechtlicher Sicht, NStZ, 2011, S. 433 (435).

528 *Coen,* Ankauf und Verwertung deliktisch beschaffter Beweismittel in Steuerstrafverfahren aus völkerrechtlicher Sicht, NStZ, 2011, S. 433 (435), verweist hier zum einen auf das deutsch-liechtensteinische Abkommen vom 2.9.2009 (BGBl. 2010 II 950) und zum anderen darauf, dass „[m]it der Schweiz [...] am 27.10.2010 die Aufnahme von Verhandlungen über eine Zusammenarbeit vereinbart worden [ist], die in ihrer Wirkung einem automatischen Informationsaustausch über Kapitaleinkünfte entsprechen soll". Letzteres Abkommen ist nicht in Kraft getreten.

529 *Coen,* Ankauf und Verwertung deliktisch beschaffter Beweismittel in Steuerstrafverfahren aus völkerrechtlicher Sicht, NStZ, 2011, S. 433 (435).

530 Vgl. BR-Drucksache 284/13(Beschluss).

> „Allerdings gilt es, diese Grenze [ab der auch *Coen* davon ausgehen würde, dass es einen allgemeinen Markt und damit – wohl – in der Regel auch eine völkerrechtliche Zurechnung der Handlungen der Privaten gibt, Anmerkung D.W.] im Auge zu behalten, wenn über Forderungen nach Schaffung einer speziellen Ermächtigungsnorm für den Ankauf der Daten diskutiert wird, wie sie – etwa von der Deutschen Steuergewerkschaft – immer wieder erhoben werden."[531]

Coen geht dann noch auf eine alternative Möglichkeit der Zurechnung ein, nämlich das nachträgliche Anerkennen der Handlung eines Privaten durch den Staat als eigene. Hierzu geht er vor allem auf einen *ILC*-Entwurf und einen *leading case* ein, nämlich die Besetzung der amerikanischen Botschaft in Teheran während der islamischen Revolution.

Vor dem Hintergrund dieser Ausführungen erscheint eine Anerkennung der Handlungen nicht vollkommen ausgeschlossen, sicherlich aber nicht zwingend. Verfehlt ist jedoch die weitere Argumentation *Coens*: Nach einem völkerrechtlich gefärbten Einführungssatz beginnt er ohne ersichtlichen Grund oder Fundierung in der einschlägigen Literatur eine Vorstellung zu entwickeln, die sich am Kaufrecht zu orientieren scheint. Er meint:

> „[E]in völkerrechtliches Prinzip dahingehend, dass sich ein Staat mit dem Ankauf einer Daten-CD gleichzeitig die bei ihrer Herstellung oder Beschaffung auf fremdem Staatsgebiet begangenen Handlungen zu eigen machen würde, und zwar als Ausübung eigener Hoheitsgewalt auf diesem fremden Staatsgebiet, lässt sich hieraus gerade nicht ableiten. [...] Wer ein Produkt kauft, mag damit unter Umständen eine gewisse moralische Mitverantwortung für die Herstellungsbedingungen übernehmen, durch den bloßen Akt des Kaufs wird er aber mitnichten selbst zum Hersteller mit allen rechtlichen Konsequenzen, die an die Herstellereigenschaft anknüpfen."[532]

Dieses Bild von „Hersteller" und „Käufer" scheint für die vorliegende Konstellation grundsätzlich unzutreffend zu sein. Wegen der Heterogenität der Daten ist es schwierig, einen „Hersteller" festzulegen. Wenn man aber in diesem Bild bleiben möchte, dann müsste man die Bank als „Hersteller" ansehen und die „Datenlieferanten" als Diebe. Den „Datenlieferant" aufgrund der Tatsache, dass er in strafbarer Weise Daten von einem fremden Datenträger auf einen eigenen kopiert hat, als Hersteller der Daten zu betrachten, scheint der Sachlage nicht gerecht zu werden. Dies wäre in etwa so, als ob man einen Dieb, der Schmuck in einem Juweliergeschäft stiehlt und diesen zum Verkauf in eigene Schatullen verpackt, als Hersteller des Schmuckes ansehen würde. Wenn man in diesen untechnischen Kategorien oder Metaphern argumentieren möchte, dann wäre hier wohl einzig das Bild von „Dieb" und „Hehler" zutreffend. Die (straf-)rechtliche Verantwortlichkeit stünde außer Frage.

---

531 *Coen,* Ankauf und Verwertung deliktisch beschaffter Beweismittel in Steuerstrafverfahren aus völkerrechtlicher Sicht, NStZ, 2011, S. 433 (435).

532 *Coen,* Ankauf und Verwertung deliktisch beschaffter Beweismittel in Steuerstrafverfahren aus völkerrechtlicher Sicht, NStZ, 2011, S. 433 (435).

Coen schreibt dann aber weiter:

> „Auch die Umstände der Kaufabwicklung sprechen gegen einen Willen des Staates, die Handlungen des Informanten als eigene staatliche Handlungen zu adoptieren. Das Aushandeln der Kaufbedingungen und die Abwicklung des Geschäfts ist typischerweise von besonderem Misstrauen zwischen den Beteiligten geprägt; der englische Begriff der ‚arm's-length-transaction' stellt noch ein Understatement dar. Daran lässt sich die Distanz zwischen dem Informanten und dem Staat ablesen, auf Grund derer es nicht angebracht wäre, dem Staat das Verhalten des Informanten als eigenes staatliches Handeln zuzurechnen."[533]

Hier ist schon eher ein bedenkenswerter Punkt enthalten. Insbesondere für die erste Transaktion mag dies in der Tat zutreffen. Für alle weiteren scheint es etwas schizophren zu sein, auf der einen Seite durch das Schaffen massiver Anreize, Personen zum Datenbeschaffen zu bewegen, sich aber auf der anderen Seite zu distanzieren.

Letztlich schließt der Autor diesen Teil seines Argumentes mit Hinweisen auf die moralische Problematik der Vorgehensweise ab: „So begründet Entrüstung, sei sie moralischer oder politischer Natur, in solchen Fällen indes sein mag: Eine Kategorie des Völkerrechts stellt sie nicht dar."[534] So kommt er dann auch zu dem Schluss: „Völkerrechtlich bewegen sich die Handlungsweisen beider Staaten im Rahmen ihrer staatlichen Souveränität."[535] Aufbauend auf diese Feststellung verneint er im Anschluss ebenfalls das Vorliegen eines völkerrechtlich begründeten Beweisverwertungsverbots. Hinweise hierauf gebe schon der *Corfu-Channel-Case*, bei dem das Gericht nicht auf mögliche Beweisverwertungsverbote eingegangen sei. Einen Völkerrechtsverstoß aus dem Gesichtspunkt der Umgehung von Rechtshilfeabkommen scheint er nicht auszuschließen, ohne dies jedoch weiter zu erörtern.[536]

Insgesamt bleibt festzuhalten, dass das Ergebnis alleine nicht weiter zu beanstanden ist. In der Tat sind die auf völkerrechtliche Erwägungen gestützten Ergebnisse ambivalent. Die vorliegende Arbeit steht einem Beweisverwertungsverbot, das sich auf Völkerrecht stützt, auch eher kritisch gegenüber. Auf die oben dargestellten Probleme in der Argumentation sei dennoch hingewiesen.

II. Literaturmeinungen gegen ein Beweisverwertungsverbot

Eine kleinere Gruppe von Meinungen lehnt Beweisverwertungsverbote für die vorliegenden Fälle grundsätzlich ab.

---

533 *Coen,* Ankauf und Verwertung deliktisch beschaffter Beweismittel in Steuerstrafverfahren aus völkerrechtlicher Sicht, NStZ, 2011, S. 433 (435).

534 *Coen,* Ankauf und Verwertung deliktisch beschaffter Beweismittel in Steuerstrafverfahren aus völkerrechtlicher Sicht, NStZ, 2011, S. 433 (436).

535 *Coen,* Ankauf und Verwertung deliktisch beschaffter Beweismittel in Steuerstrafverfahren aus völkerrechtlicher Sicht, NStZ, 2011, S. 433 (436).

536 Vgl. *Coen,* Ankauf und Verwertung deliktisch beschaffter Beweismittel in Steuerstrafverfahren aus völkerrechtlicher Sicht, NStZ, 2011, S. 433 (433).

1. *Kölbel 2008: „Zur Verwertbarkeit privat-deliktisch beschaffter Bankdaten – Ein Kommentar zur Causa ‚Kieber' – "*

Kölbel macht zunächst einige Ausführungen zum durch Private illegal beschafften Beweismittel als abstrakte Vorbereitung auf sein Argument.[537] Die im Anschluss daran von ihm vorgeschlagene neue Fallgruppe soll „Fälle einer solchen Doppelrechtswidrigkeit, in denen die private Beschaffung sowie die staatliche Übernahme der Beweismittel gleichermaßen verboten sind", abdecken.[538] Begründet wird dies in erster Linie damit, dass die herrschende Meinung mit einem „verkürzten Beweiserhebungsbegriff" operiere, der tatsächliche „Beweiserhebungsvorgang der hier interessierenden Art [sei] jedoch ein zweistufiges Ereignis. Neben dem privaten Beschaffungsakt gehört dazu auch die anschließende Übernahme des Materials durch die staatliche Seite (denn erst der Empfang des privat organisierten Materials macht den beweiskräftigen Stoff zum aktuellen Beweismittel)", so *Kölbel*.[539] Davon ausgehend fragt er, ob dies für den *LGT*-Fall angenommen werden könne. Im Ergebnis lehnt er eine solche Sichtweise aber ab, weil der BND nur passiv gehandelt habe und nach § 116 Absatz 1 AO zumindest berechtigt, vielleicht sogar verpflichtet gewesen sei, die Steuerfahnder zu informieren. Deshalb sei die Weitergabe rechtens. Die Meinung, dass § 9 Absatz 1 BNDG ein solches Vorgehen ausschließe, sei „[r]echtsmethodisch" nicht begründbar.[540]

Problematisch sei allenfalls der Datenkauf, hier reichten jedoch die allgemeinen Ermittlungsbefugnisse nach §§ 399 Absatz 1, 404 AO i.V.m. §§ 161 Absatz 1, 163 Absatz 1 StPO aus. Eine spezielle Ermächtigungsnorm sei nicht vonnöten. „Eine finanzielle Stimulierung der Zeugenbereitschaft" sei weder gegenüber dem Zeugen noch gegenüber dem Tatverdächtigen rechtfertigungsbedürftig, denn ein Angebot an den Zeugen sei kein Eingriff. Für den Beschuldigten gelte, dass „dessen Rechtsstellung von der Art der Informationseinwirkung generell unbeeinflusst bleibt".[541]

Im Ergebnis seien Erwerb und Verwertung der Liechtenstein Daten-DVD daher rechtens. Etwas anderes könne nur gelten, wenn die „Steuerbehörden bei der Geschäftsabwicklung auf nachrichtendienstliche Hilfe angewiesen waren". Die oben

537 *Kölbel,* Zur Verwertbarkeit privat-deliktisch beschaffter Bankdaten, NStZ, 2008, S. 241 (241f.).

538 *Kölbel,* Zur Verwertbarkeit privat-deliktisch beschaffter Bankdaten, NStZ, 2008, S. 241 (242).

539 *Kölbel,* Zur Verwertbarkeit privat-deliktisch beschaffter Bankdaten, NStZ, 2008, S. 241 (242).

540 *Kölbel,* Zur Verwertbarkeit privat-deliktisch beschaffter Bankdaten, NStZ, 2008, S. 241 (243).

541 *Kölbel,* Zur Verwertbarkeit privat-deliktisch beschaffter Bankdaten, NStZ, 2008, S. 241 (243).

genannten Tätigkeiten werden hierunter nicht subsumiert. Eine „aktive, eigenständige“ Tätigkeit des BND sei nicht mehr rechtens.[542]

Nachdrücklich zu begrüßen ist der Beweiserhebungsbegriff, den *Kölbel* entwickelt und der auch – in ähnlicher Form – dem hiesigen Ansatz zugrunde liegt. In der Tat inkorporiert der Beweiserhebungsbegriff, den er der herrschenden Meinung zuschreibt, den Lebenssachverhalt in den vorliegenden Fällen nur sehr ungenügend in das Strafverfahren.

Nicht zustimmungswürdig sind allerdings die Wertungen des Sachverhaltes, die *Kölbel* vornimmt. Nach dem bisher zur Rolle des Bundesnachrichtendienstes Gesagten soll zunächst betont werden, dass der BND aus hiesiger Sicht eine aktive Rolle bei den gesamten Geschehnissen innehatte und diese nicht durch § 116 Absatz 1 AO oder das BNDG gedeckt war. Was *Kölbel* hieran „rechtsmethodisch“ nicht begründbar findet, bleibt sein Geheimnis. Nach hier vertretener Sicht ist vielmehr die Lösung über § 116 Absatz 1 AO nicht möglich.

Im Ergebnis hat *Kölbel* mit seinen strafprozessualen Ausführungen einen hochinteressanten Ansatz in die Diskussion eingebracht. Weshalb er mit keinem Wort auf mögliche Straftaten eingeht und eine sehr extensive und schwer nachvollziehbare Interpretation des § 116 AO und des BNDG vertritt, bleibt im Ergebnis unklar. Das Ergebnis ist insofern in sich nicht stimmig.

2. Göres/Kleinert 2008: „Die Liechtenstein Finanzaffäre – Steuer- und steuerstrafrechtliche Konsequenzen“

Der Fokus von *Göres/Kleinert* ist praktisch orientiert, steuerrechtlichen Fragen wird recht viel Gewicht eingeräumt.[543] Die Autoren lehnen ein Beweisverwertungsverbot aus nicht näher nachvollziehbaren Gründen ab. Zwar findet sich die Überschrift „Verwertbarkeit der Daten“.[544] Hier stellen die Autoren zunächst fest, dass der Ankauf der Daten selbst gerechtfertigt gewesen sein könne, sofern „tatsächliche Anhaltspunkte für die außen- und sicherheitspolitischen Belange“ vorgelegen haben sollten.[545] Die Autoren sehen durchaus Anhaltspunkte hierfür. Allerdings seien nach Meinungen in der Literatur:

542 *Kölbel,* Zur Verwertbarkeit privat-deliktisch beschaffter Bankdaten, NStZ, 2008, S. 241 (244).

543 *Göres/Kleinert,* Die Liechtenstein Finanzaffäre – Steuer- und steuerstrafrechtliche Konsequenzen, NJW, 2008, S. 1353ff.

544 *Göres/Kleinert,* Die Liechtenstein Finanzaffäre – Steuer- und steuerstrafrechtliche Konsequenzen, NJW, 2008, S. 1353 (1356).

545 *Göres/Kleinert,* Die Liechtenstein Finanzaffäre – Steuer- und steuerstrafrechtliche Konsequenzen, NJW, 2008, S. 1353 (1356).

„Geldzahlungen durch Finanzbehörden an Ausländer, die steuerrelevante Informationen aus fremden Hoheitsgebieten liefern, rechtswidrig, da hierdurch das in § 117 AO normierte Verbot der Sachaufklärung indirekt verletzt oder umgangen werde und somit, wenn es dennoch geschehe, zu einem völkerrechtlichen Beweisverwertungsverbot führe."[546]

Eine eigene Meinung vertreten die Autoren zu diesem Punkt nicht. Bezüglich der Strafbarkeit des Ankaufs wird vor allem § 259 StGB diskutiert und mit den üblichen Argumenten verworfen. Eine Anstiftung zu § 202a StGB wird kurz mit dem Hinweis darauf, der Informant habe „die Daten zum Zeitpunkt des Angebots bereits kopiert" gehabt, abgelehnt.[547] Eine Prüfung weiterer Strafbarkeiten findet nicht statt. Im Anschluss werden „[z]wei weitere nur mittelbar zusammenhängende Fragen" diskutiert, nämlich zum einen, „ob der Staat Geld aufwenden darf bzw. er nicht sogar die Pflicht hat, um in den Besitz solcher regelmäßig rechtswidrig erlangter Daten zu gelangen und dadurch seinen bestehenden Steueranspruch gegen Steuerpflichtige wirksam durchsetzen zu können", und zum anderen die Frage nach der Verwertbarkeit, sowohl im steuer- als auch im strafrechtlichen Prozess.[548]

Die Autoren fahren fort:

„Die Attraktivität solcher Angebote für den Fiskus liegt darin, dass er Kenntnisse über Kapitaleinkünfte erhalten kann, die deutsche Anleger mittels ihres ins Ausland transferierten Geldes erzielt haben. Damit erhält der Fiskus die Möglichkeit, Steuerverkürzungen aufzudecken. Steuerforderungen gegenüber denjenigen, die Kapitalerträge aus Auslandsanlagen verschwiegen haben, können nachträglich realisiert und Strafverfahren wegen Steuerhinterziehung eingeleitet werden. Insoweit würde der Fiskus in die Lage versetzt, seiner gesetzlichen Verpflichtung nachzukommen, eine vollständige Steuererhebung als Akt der Steuergleichheit zu erreichen."[549]

Diese Ausführungen setzen insoweit die oberflächliche Argumentation fort. Dass der Fiskus auf diese Weise mehr Steuern eintreiben kann, versteht sich von selbst. Denselben Effekt könnte man sicherlich ebenso durch verdachtsunabhängige Durchsuchungen ohne Durchsuchungsbeschluss oder verdachtsunabhängiges Abhören von Telefonaten ohne entsprechende Anordnung erreichen. Dies ist ebenso unzweifelhaft wie irrelevant. Fraglich ist allein, ob die von den Autoren zum obersten Staatsziel erhobene „vollständige Steuererhebung" eine Begehung von Straftaten und die dadurch bedingte Einschränkung von Grundrechten der Betroffenen und die sonstigen Effekte auf die Gesellschaft insgesamt rechtfertigen kann.

---

546 *Göres/Kleinert,* Die Liechtenstein Finanzaffäre – Steuer- und steuerstrafrechtliche Konsequenzen, NJW, 2008, S. 1353 (1357).

547 *Göres/Kleinert,* Die Liechtenstein Finanzaffäre – Steuer- und steuerstrafrechtliche Konsequenzen, NJW, 2008, S. 1353 (1357).

548 *Göres/Kleinert,* Die Liechtenstein Finanzaffäre – Steuer- und steuerstrafrechtliche Konsequenzen, NJW, 2008, S. 1353 (1357).

549 *Göres/Kleinert,* Die Liechtenstein Finanzaffäre – Steuer- und steuerstrafrechtliche Konsequenzen, NJW, 2008, S. 1353 (1357).

Den Gegenargumenten räumen *Göres/Kleinert* aber ebenfalls Raum ein, wenn sie schreiben:

> „Rechtliche Bedenken gegen die Beschaffung steuerlicher Informationen gegen Bezahlung erwachsen insbesondere aus dem Umstand, dass die Informationen vom Veräußerer vielfach auf rechtswidrige Weise erlangt sein werden. Insoweit wird geltend gemacht, dass der Staat in einem solchen Fall ‚unmoralisch handele', dass er keine Geschäfte mit einem Straftäter machen dürfe, er sich nicht auf das Niveau von Straftätern bzw. in die Hände solcher zweifelhafter Informanten begeben dürfe und es ihm verwehrt sei, Straftaten zu belohnen und dabei strafrechtliche Prinzipien über Bord zu werfen. Mit dem Ankauf hieße der Staat den begangenen Rechtsbruch gut und beschädige dadurch das allgemeine Rechtsbewusstsein. Er würde sich damit zum Komplizen des rechtswidrig handelnden Privaten machen und zum Anstifter für weiterer [sic!] Rechtsbrüche.
>
> Während die erwähnten moralischen und moralisierenden Kategorien bei der rechtlichen Bewertung der Erwerbsfrage keinen Platz finden dürfen, ist hingegen zu beachten, dass es weder ein Erwerbs*verbot* gibt, das den Erwerb von steuerrechtlich relevantem Material ohne oder gegen Entgelt verbietet, noch existiert ein gesetzliches Erwerbs*gebot* für den Fall, dass solche Informationen angeboten werden."[550]

Ein solches Argument ist schwer nachvollziehbar. Dass der Staat hier nicht nur „unmoralisch", sondern auch wenigstens rechtswidrig, wenn nicht sogar strafbar handelt, lässt sich auf diese Art und Weise nicht einfach ausblenden. Die Autoren diskutieren diese Fragen jedoch nicht einmal im Ansatz. In der Tat gibt es keine einzelne Norm dieses Inhaltes. Dennoch lässt sich ein solches Erwerbsverbot durch eine Gesamtschau der oben angesprochenen Gesetze mühelos ableiten. Des Weiteren wird hier im Ergebnis eines der Grundprinzipien des demokratischen Rechtsstaates umgedreht: Staatliche Eingriffe bedürfen der Rechtfertigung, nicht umgekehrt. Dies sind zunächst einmal rechtliche und keine „moralischen und moralisierenden" Kategorien.

Zugutezuhalten ist den Autoren hier einzig, dass ihr Beitrag einer der ersten zum Thema war und daher die später umfänglich erschienene Literatur noch nicht zur Kenntnis nehmen konnte. Zumindest erkennen die Autoren, dass hier ein Beweisverwertungsverbot vorliegen könnte, falls hier „Informationen etwa aus der Intimsphäre und der grundrechtlich geschützten Privatsphäre" vorlägen.[551]

---

550 *Göres/Kleinert,* Die Liechtenstein Finanzaffäre – Steuer- und steuerstrafrechtliche Konsequenzen, NJW, 2008, S. 1353 (1357).

551 *Göres/Kleinert,* Die Liechtenstein Finanzaffäre – Steuer- und steuerstrafrechtliche Konsequenzen, NJW, 2008, S. 1353 (1357).

3. *Stratenwerth/Wohlers 2010: „Schwarzgeld – Strafbarkeitsrisiken für die Mitarbeiter schweizerischer Banken"*

Stratenwerth/Wohlers diskutieren eine Reihe von in der Literatur vertretenen Ansätzen und meinen, dass die besseren Argumente gegen eine Strafbarkeit deutscher Behörden nach deutschem Recht sprächen.[552] Selbst wenn man eine solche annähme, sei ein Beweisverwertungsverbot nach deutscher Rechtsprechung und Dogmatik keinesfalls zwingend.[553] Ob ein Völkerrechtsverstoß durch Umgehung von Rechtshilfeabkommen ihrer Ansicht nach tatsächlich vorlag, wird (wohl) letztlich offengelassen. Die Autoren plädieren dafür, dass man „die Kirche im Dorf lassen sollte",[554] denn letztlich betrieben alle Staaten Nachrichtendienste. Das deutsche Vorgehen „dürfte nicht per se illegitim sein", so *Stratenwerth/Wohlers.*[555] Von einer Fernwirkung eventueller Beweisverwertungsverbote sei zudem in der Regel auch nicht auszugehen.[556]

Da *Stratenwerth/Wohlers* keinen starken eigenen Standpunkt vertreten, sondern weitgehend auf Bewertungen verzichten und eine Prognose für die Verwertung im tatsächlichen deutschen Verfahren vornehmen, kann auch keine tiefgreifende Kritik geübt werden. Die Analyse ist überwiegend zutreffend. Die Autoren machen es sich jedoch zu einfach, wenn sie den Einsatz des Bundesnachrichtendienstes als international üblich bezeichnen. Das mag zwar in der Praxis gängig sein, ändert aber nichts an der innerdeutschen Rechtslage, auf welche die Autoren nicht weiter eingehen.

4. *Ambos 2010*

In eine ähnliche Richtung wie die ersten beiden der eben vorgestellten Publikationen tendieren auch die Beiträge von *Ambos.* Er hatte zunächst einen kurzen Artikel im *Datev Magazin* (und mehrere Beiträge in der *FAZ*, welche hier aber nicht berücksichtigt werden) geschrieben, in dem er sich mit den Schweizer Fällen beschäftigte. Im Herbst 2010 hat er das Thema im Rahmen der Monografie „Beweisverwertungsverbote" noch einmal bezogen auf den *LGT*-Fall aufgegriffen.[557]

a) „Allgemeininteresse überwiegt"

Ambos geht davon aus, dass es wegen des Erwerbs zwar auf der Tatbestandsebene Verstöße gegen das Strafrecht gegeben haben könnte, diese jedoch rechtfertigbar waren.[558] Für den Fall, dass dies einmal nicht vorliegen sollte, plädiert er für eine Abwägung im Sinne der Gesamtbetrachtungslehre.[559] Im Kern gibt es dabei durchaus

552 *Stratenwerth/Wohlers,* Schwarzgeld, ZStrR, 2010, S. 429 (438ff.).
553 *Stratenwerth/Wohlers,* Schwarzgeld, ZStrR, 2010, S. 429 (436ff.).
554 *Stratenwerth/Wohlers,* Schwarzgeld, ZStrR, 2010, S. 429 (443).
555 *Stratenwerth/Wohlers,* Schwarzgeld, ZStrR, 2010, S. 429 (444).
556 *Stratenwerth/Wohlers,* Schwarzgeld, ZStrR, 2010, S. 429 (444f.).
557 *Ambos,* Beweisverwertungsverbote, S. 111ff.
558 Siehe oben Kapitel 4 und 6.
559 *Ambos,* Allgemeininteresse überwiegt, Datev Magazin, 2/2010, S. 42 (44ff.).

Übereinstimmungen mit den kritischen Stimmen. Hier spielt dann der nicht im Einzelnen präzisierte Sachverhalt eine gewisse Rolle für die Wertung.

In diesem Sinne betrachtet er den Erwerb der illegal erlangten Datenträger als einen möglichen Anknüpfungspunkt; dies sei dann eigenständiges staatliches Unrecht. Ein solches könne noch „dadurch verstärkt werden, dass, wie im Fall Liechtenstein, der Bundesnachrichtendienst – unter Verletzung des Grundsatzes der informationellen Gewaltenteilung – in die Datenbeschaffung verwickelt ist".[560]

Die Verwertung selbst stelle jedoch keine schwere Verletzung von Grundrechten dar, denn zum einen enthielten die angekauften Daten „keine Informationen über die grundrechtlich geschützte Intimsphäre (Kernbereich) der Betroffenen" und zum anderen sei „[d]ie Wahrung derartiger, *elitärer Rechte* [Hervorhebung D.W.] [...] nicht der vorrangige Zweck des verfassungsrechtlichen Grundrechtsschutzes".[561] Ein Verwertungsverbot könne sich auch noch aus „einer zielgerichteten Umgehung der Rechtshilfevorschriften" ergeben.[562] Jedoch gelte vorliegend, dass „die deutschen Behörden den privaten Anbieter der Daten-CD nicht zum Diebstahl veranlasst, vielmehr [...] die günstige Gelegenheit eines Angebots von Daten als Handelsware genutzt [haben]. Auch aus diesem Grund lässt sich ein Verwertungsverbot hier nicht begründen",[563] so *Ambos*.

Zuletzt geht er der Frage eines Verwertungsverbots aus Gründen der Fairnessverletzung nach. Er fragt sich hier, ob, selbst wenn man „von einer strafrechtswidrigen Datenbeschaffung" ausgeht (was er nicht tut), nach der „Gesamtbetrachtungslehre" ein so schwerer Verstoß vorliege, dass er das gesamte Verfahren unfair machen würde. Im Rahmen der Abwägung setzt *Ambos* zur „weit verbreiteten Praxis der ‚Steuerflucht' und der Vielzahl der damit zusammenhängenden steuerrechtlichen Taten und Täter" die „subjektive[n] Rechte der Betroffenen (Banken und vermeintliche Steuerstraftäter)" sowie die „vermeintlich kriminellen Methoden, denen sich die staatlichen Behörden unter Umständen bedienen müssen" ins Verhältnis. Man müsse hier im Einzelfall das staatliche Handeln betrachten. Begehe der Staat gezielt Straftaten, läge „in der Tat ein Wertungswiderspruch vor, der die Grundfesten des Rechtsstaates erschüttert". Für die bis dahin vorliegenden Fälle Liechtenstein und Schweiz sieht *Ambos* dies aber nicht gegeben, es überwiege daher „das Allgemeininteresse an der auch transnationalen Durchsetzung des Steuerrechts".[564]

Ambos ist ein typisches Beispiel rein utilitaristisch argumentierender Kommentatoren. Die Frage der Strafbarkeit der handelnden Beamten ist in der Tat nicht leicht zu beantworten, *Ambos'* Argumente verfangen jedoch nicht. Allerdings ist dieses Thema bereits oben abgehandelt worden und soll hier nicht weiter aufgegriffen werden. Deutlich schwerer wiegen vielmehr seine anderen Argumente: Zwar mag es sein, dass in der Regel die erlangten Bankdaten keine Informationen über die

560 *Ambos,* Allgemeininteresse überwiegt, Datev Magazin, 2/2010, S. 44 (45).
561 *Ambos,* Allgemeininteresse überwiegt, Datev Magazin, 2/2010, S. 44 (45).
562 *Ambos,* Allgemeininteresse überwiegt, Datev Magazin, 2/2010, S. 44 (45).
563 *Ambos,* Allgemeininteresse überwiegt, Datev Magazin, 2/2010, S. 44 (45).
564 *Ambos,* Allgemeininteresse überwiegt, Datev Magazin, 2/2010, S. 42 (45).

Intimsphäre der Kunden enthielten. Doch auch außerhalb der Intimsphäre darf der Staat nicht ohne entsprechende *Eingriffsgrundlage* beliebige Informationen über Bürger durch geheime Methoden ermitteln. Geschützt wird deutlich mehr als der Intimbereich. Dieses Recht kommt jedem Bürger zu und wird nicht durch den Erwerb eines signifikanten Vermögens verwirkt. Dies dann als „elitäre Rechte" zu bezeichnen, welche durch Grundrechte nicht zu schützen seien, ist im besten Fall Polemik und lässt im schlimmsten Fall Rückschlüsse auf ein nicht ganz unproblematisches Demokratieverständnis zu.

Der Kern seines Argumentes ist jedoch das direkte Abwägen von Individual- gegen Fiskalinteressen, welches zugunsten der Fiskalinteressen ausgeht. Einer solchen Argumentation soll hier auf das Schärfste widersprochen werden. Die eher theoretische und das grundsätzliche Verständnis von Demokratie berührende Frage, warum eine solche Argumentation in einem grundlegenden Sinne falsch ist, wird im folgenden Kapitel geliefert.

Insgesamt lässt sich rekapitulieren, dass wohl auch *Ambos* einen deutlich kritischeren Standpunkt einnehmen würde, nähme man den hier zugrunde gelegten Sachverhalt als Grundlage der Beurteilung. Dennoch spricht das Abwägungsargument „elitäre Rechte" gegenüber „Gemeinwohl" eine klare Sprache. Solchen Argumentationsmustern wird hier entschieden widersprochen.

b) „Beweisverwertungsverbote"

Im Rahmen der Darstellung der möglichen Strafbarkeiten wurde die sehr rechtfertigungsfreundliche Ansicht von *Ambos* bereits umfänglich kritisiert, insbesondere die Taten des Datenlieferanten betreffend. Im Rahmen seiner Monografie argumentiert er deutlich vorsichtiger und offener.[565]

Was die „(Straf-)Rechtswidrigkeit des staatlichen Vorgehens bei der Beschaffung und Weitergabe der Daten"[566] angeht, stellt er zunächst nach kurzer Diskussion fest, dass „in dem Ankauf eine völkerrechtswidrige Umgehung des bestehenden Rechtshilfeverhältnisses zu sehen" sei.[567]

Was die Strafbarkeit angeht, scheide Hehlerei (§ 259 StGB) aus, entweder eine Anstiftung oder eine Beihilfe zum Verwirklichen des § 17 Absatz 2 Nr. 2 UWG liege jedoch vor.[568] Eine Begünstigung (§ 257 Absatz 1 StGB) hält er zumindest für möglich,[569] im Anschluss diskutiert er die Rechtfertigung dieser Delikte. Hier sei zunächst an „§ 3 S. 1 BND-Gesetz i.V.m. § 8 Abs. 2 S. 1 BVerfSchG" zu denken, dieser scheide letztlich jedoch aus, da „der BND die Daten nicht zu Strafverfolgungszwecken weiterleiten" dürfe.[570] Selbiges gelte im Ergebnis für die

565 Vgl. *Ambos,* Beweisverwertungsverbote, S. 113f.
566 *Ambos,* Beweisverwertungsverbote, S. 114.
567 *Ambos,* Beweisverwertungsverbote, S. 115.
568 *Ambos,* Beweisverwertungsverbote, S. 115.
569 *Ambos,* Beweisverwertungsverbote, S. 116.
570 *Ambos,* Beweisverwertungsverbote, S. 116.

„spezifisch *steuerstrafrechtlichen Ermittlungsbefugnisse* der §§ 399 Abs. 1, 400 AO i.V.m. §§ 161 Abs. 1, 161a, 163 Abs. 1 StPO“, da diese nur eine freiwillige Kooperation umfassten, „nicht hingegen, wenn er [der Datenlieferant, Anmerkung D.W.] dazu durch eine – in der StPO nicht vorgesehene – ‚Belohnung‘ veranlasst wird“.[571] Eine Rechtfertigung nach § 34 StGB hält er hingegen auch hier für möglich,[572] ebenso sieht er die Möglichkeit einer Lösung über den § 17 StGB.[573] Für rechtswidrig hält er jedoch die Weitergabe der Daten vom Bundesnachrichtendienst an die Steuerbehörden.[574]

Was die Verwertbarkeit der Daten angeht, diskutiert er verschiedene Ansatzpunkte für Beweisverwertungsverbote. Zunächst geht er auf mögliche Folgen der „privaten Beschaffung“ ein und lehnt ein Beweisverwertungsverbot aus diesem Gesichtspunkt heraus ab, da die „menschen- und grundrechtlichen Grenzen der Verwertung privater Beweise“ hier „nicht zum Tragen“ kämen. Aus diesem Aspekt ergebe sich daher kein Beweisverwertungsverbot.[575]

Im Anschluss geht er auf die „Folgen der (Straf-)Rechtswidrigkeit des staatlichen Ankaufs und der Weitergabe“ ein.[576] Hier sei davon auszugehen, dass das „Verhalten“ des Datenbeschaffers dem Staat zuzurechnen sei und daher „die allgemeinen Verwertungsregeln“ anzuwenden seien.[577] Zunächst wird ein „[z]wingendes Verwertungsverbot aufgrund Völkerrechtsverstoßes“ diskutiert und mit teils überzeugenden Argumenten letztlich abgelehnt. Kaum begründbar sei „eine solche *gezielte* Umgehung – im Sinne eines bewussten bzw. objektiv willkürlichen Bruchs des Völkerrechts“.[578] Hiergegen ist nichts einzuwenden. Das ebenfalls nicht angenommene Verwertungsverbot aufgrund von „Verletzung grundlegender völkerrechtlicher *Individualinteressen*“[579], welches er anhand des Beitrags von *Heine* diskutiert, scheint ebenfalls nicht einschlägig zu sein. Allerdings ist die Begründung wiederum abzulehnen. *Ambos* schreibt hierzu:

> „[G]egen eine Aufwertung des Bankgeheimnisses zu einem Informationsbeherrschungsrecht menschen- oder grundrechtlichen Rangs spricht schon, dass es ja nur zugunsten einer sehr kleinen Zahl von Personen wirkt, nämlich nur zugunsten derer, die über ein so großes Vermögen verfügen, dass sich der Weg nach Liechtenstein (oder ein anderes Steuerparadies) lohnt. Der Schutz solch elitärer Rechte aber ist ganz gewiß nicht der vorrangige Zweck des völkerrechtlichen Menschenrechtsschutzes.“[580]

571 *Ambos,* Beweisverwertungsverbote, S. 117.
572 *Ambos,* Beweisverwertungsverbote, S. 117.
573 *Ambos,* Beweisverwertungsverbote, S. 117f.
574 *Ambos,* Beweisverwertungsverbote, S. 118ff.; Begründung ist oben im Rahmen der BND-Diskussion eingearbeitet.
575 *Ambos,* Beweisverwertungsverbote, S. 121.
576 *Ambos,* Beweisverwertungsverbote, S. 121.
577 *Ambos,* Beweisverwertungsverbote, S. 121.
578 *Ambos,* Beweisverwertungsverbote, S. 122.
579 *Ambos,* Beweisverwertungsverbote, S. 122.
580 *Ambos,* Beweisverwertungsverbote, S. 122f.

Hierzu ist anzumerken, dass dem Recht eine derartige Differenzierung fremd ist. Das Argument ist daher grundsätzlich abzulehnen. Überdies sind sowohl Motivlage als auch Anlagesummen innerhalb dieser Personengruppe deutlich uneinheitlicher, als dies in der Bevölkerung wahrgenommen wird.[581]

Unklar ist, weshalb unter dieser Überschrift auch eine *„analoge Anwendung von § 136a Abs. 1 S. 3 StPO* (‚Versprechen eines gesetzlich nicht vorgesehenen Vorteils')"[582] diskutiert wird. Ein Verwertungsverbot aus diesem Aspekt heraus wird abgelehnt, da „keine sog. ‚vernehmungsähnliche Situatione [sic!]'" vorgelegen habe.[583] Dem ist inhaltlich zuzustimmen.

Im Anschluss werden unter der Überschrift *„(2) Abwägung"* weitere Gesichtspunkte diskutiert, die zu einem Verwertungsverbot führen könnten. Neben einigen Argumenten anderer Autoren diskutiert *Ambos* nur ernsthaft das Argument des Selbstwiderspruchs. Dieser müsse in der Tat zu einem Beweisverwertungsverbot führen.[584] Unmittelbar im Anschluss heißt es aber: „Es ist allerdings zweifelhaft, ob man *in casu* von einer *gezielten* staatlichen Straftatbegehung wird ausgehen können."[585] Insofern lehnt er ein Beweisverwertungsverbot für den vorliegenden Fall ab.

Dem ist jedoch entgegenzuhalten, dass die hier untersuchten Taten zwar sicher nicht gezielt in dem Sinne begangen wurden, dass die konkret handelnden Personen im Wissen um den Verstoß gegen ein strafrechtliches Verbot handelten. Wohl muss ihnen aber zumindest die Problematik nach der Liechtenstein-Diskussion grundsätzlich bewusst gewesen sein. Fraglich ist daher allein die rechtliche Wertung, bei der jedoch – wie noch zu zeigen sein wird – auf den Staat und nicht die individuelle Person abzustellen ist. Es ist von daher von einem Rechts*staat* zu fordern, dass er, selbst wenn nur begründete Zweifel bestehen, dass das gewählte Vorgehen Straf- und sonstige Gesetze verletzt, von einem solchen Vorgehen ablässt, da auch darin sonst ein Selbstwiderspruch gesehen werden kann. Alles in allem scheint daher ein Kriterium wie das von *Ambos* geforderte, die Voraussetzungen an ein Beweisverwertungsverbot deutlich zu überspannen. Im Rahmen des eigenen Ansatzes wird hierzu ein Gegenvorschlag geliefert. Dies gilt insbesondere für die Verletzung des Trennungsgebots. Dieses wird von *Ambos* im Rahmen der Beweisverwertungsproblematiken trotz ausführlicher Diskussion der Normen des BNDG, BVerfSchG und der AO überhaupt nicht mehr angesprochen.

581 Dies ist ein Ergebnis der Gespräche mit den befragten Steuerstrafverteidigern.
582 *Ambos*, Beweisverwertungsverbote, S. 123.
583 *Ambos*, Beweisverwertungsverbote, S. 123.
584 *Ambos*, Beweisverwertungsverbote, S. 124.
585 *Ambos*, Beweisverwertungsverbote, S. 124.

5. *Kaiser 2011: „Zulässigkeit des Ankaufs deliktisch erlangter Steuerdaten"*

Kaiser ist einer der wenigen Autoren, welche die Verwertbarkeit der Daten recht unproblematisch bejahen. Dies ist insofern nicht weiter verwunderlich, als *Kaiser* nicht von einer Verwirklichung von Straftatbeständen ausgeht.[586] Dieses Ergebnis resultiert aus einer weitgehend widersprüchlichen Argumentation, welche bereits im Rahmen der Ausführungen der materiell-strafrechtlichen Fragen hinreichend diskutiert und abgelehnt wurde. Auf diesem Fundamt ruhen auch seine weiteren Argumente. Alle gesetzlichen Ermächtigungen, die *Kaiser* anführt,[587] gelten natürlich nur für nicht rechtswidriges und erst recht nicht strafbares Verhalten.

Seine Interpretation des § 116 AO und der Amtshilfevorschriften ist nicht haltbar, dies wurde jedoch bereits im Rahmen des fünften Kapitels erörtert. Abzulehnen ist zudem sein Argument, Daten über mit Steuerhinterziehung in Verbindung stehende Auslandsanlagen genössen keinen Schutz des Grundgesetzes mehr, auch wenn diese wieder auf deutschen Boden gebracht würden, da „sich das Verhalten der Steuerflüchtlinge als (konkludenter) ‚Grundrechtsverzicht' werten" ließe.[588] Für die legalen Daten ergebe sich kein Problem, weil ohnehin alles dem Finanzamt offenbart worden sei.[589] Auch hier ist zu widersprechen: Es gibt eine Vielzahl möglicher Auslandsanlagen, die dem Finanzamt nicht zu offenbaren sind.[590] Insofern vermag dies ebenso wenig zu überzeugen wie ein konkludenter Grundrechtsverzicht.

Im Ergebnis könnten daher die Daten auch „im Besteuerungs- und auch im Ermittlungsverfahren grundsätzlich verwertet werden".[591] *Kaiser* schreibt dazu weiter:

> „Dies erscheint im Regelfall auch sachgerecht. Zwar hat der Staat einen Straftäter faktisch belohnt. Er hat den Eingriff aber weder gemeinsam mit dem Informanten begangen, noch ihn dazu angestiftet. Insbesondere stellt das Gebot der gleichmäßigen Besteuerung und das Interesse des Staates und der Rechtsgemeinschaft an der Aufklärung schwerwiegender Straftaten, zu denen auch massive Steuerhinterziehung durch Verbringung von Vermögen ins Ausland gehören, ein gewichtiges Rechtsgut dar. Diesem

586 *Kaiser,* Zulässigkeit des Ankaufs deliktisch erlangter Steuerdaten, NStZ, 2011, S. 383 (387ff.).
587 *Kaiser,* Zulässigkeit des Ankaufs deliktisch erlangter Steuerdaten, NStZ, 2011, S. 383 (384ff.).
588 *Kaiser,* Zulässigkeit des Ankaufs deliktisch erlangter Steuerdaten, NStZ, 2011, S. 383 (386 und Fn. 30).
589 *Kaiser,* Zulässigkeit des Ankaufs deliktisch erlangter Steuerdaten, NStZ, 2011, S. 383 (386).
590 Und zudem diverse mit sehr unklarer Steuerpflicht, vgl. hierzu *Göres/Kleinert,* Die Liechtenstein Finanzaffäre, NJW, 2008, S. 1353ff.
591 *Kaiser,* Zulässigkeit des Ankaufs deliktisch erlangter Steuerdaten, NStZ, 2011, S. 383 (390).

Rechtsgut konnte mangels erfolgsversprechender Handlungsalternativen bislang nur durch den Ankauf der Steuerdaten Rechnung getragen werden."[592]

Die Argumentation von *Kaiser* führt die hiesige Diskussion nicht weiter, da er von grundsätzlich anderen materiell-rechtlichen Voraussetzungen ausgeht. Interessant ist von daher einzig, dass *Kaiser* gar nicht in Erwägung zieht, die Daten selbst im Hauptverfahren zu verwerten, sondern einzig „im Besteuerungs- und auch im Ermittlungsverfahren" und auch nur „grundsätzlich". Und dies obwohl er davon ausgeht, dass sowohl keine strafrechtliche Problematik vorliegt als auch das Verhalten der Behörden, von minimalen Bedenken abgesehen (Belohnung von Straftätern), gewissermaßen sozialadäquat gewesen sei. *Kaiser* scheinen demnach hier deutlich größere Bedenken zu plagen, als er offenlegt.

6. *Satzger 2011: „Der Staat als ‚Hehler'? – Zur Strafbarkeit des Ankaufs rechtswidrig erlangter Bankdaten durch deutsche Behörden"*

Satzger hält die Verwertung für rechtlich unproblematisch, da nach seiner Auffassung weder Straftaten aufseiten des Staates vorliegen,[593] noch durch die Verwertung ein schwerwiegender Eingriff in Grundrechte vorliege. Die Entscheidung des Bundesverfassungsgerichts begrüßt er insofern.[594] Kriminalpolitisch sieht er allerdings ein „„rechtsstaatliches Unbehagen'".[595]

Satzgers Meinung ist die logische Folge seiner materiell-rechtlichen Ausführungen. Dass alle vorliegenden Ereignisse jedoch unproblematisch durch die Ermittlungsgeneralklauseln gerechtfertigt werden können, erscheint fraglich.

7. *Schroth 2011: „Ankauf und Verwertung rechtswidrig erlangter Daten: Ein Beitrag zum Verhältnis von Politik, Recht und Moral der Straftataufklärung"*

Schroth lehnt zwar eine Strafbarkeit auf staatlicher Seite für die von ihm diskutierten Schweizer Fälle ab,[596] beschäftigt sich aber trotzdem sehr ausführlich mit einem möglichen Beweisverwertungsverbot. Er beginnt seine Argumentation mit einer Reflexion über „[d]ie Aufgabe des Strafverfahrensrechts",[597] es sei „für eine angemessene staatliche Verfolgung und Verurteilung eventueller Straftäter zu sorgen", aber es seien

592 *Kaiser,* Zulässigkeit des Ankaufs deliktisch erlangter Steuerdaten, NStZ, 2011, S. 383 (390).
593 *Satzger,* Der Staat als „Hehler"?, FS Achenbach, S. 447 (447ff.).
594 *Satzger,* Der Staat als „Hehler"?, FS Achenbach, S. 447 (460f.).
595 *Satzger,* Der Staat als „Hehler"?, FS Achenbach, S. 447 (460/461).
596 *Schroth,* Ankauf und Verwertung rechtswidrig erlangter Daten, Politik – Recht – Ethik, S. 186 (186ff.), die in den Kapiteln zur Strafbarkeit eingearbeitet sind.
597 *Schroth,* Ankauf und Verwertung rechtswidrig erlangter Daten, Politik – Recht – Ethik, S. 186 (196f.).

auch „[d]ie Unschuldigen, die einer Straftat verdächtig sind […] vor ungerechter Strafverfolgung und übermäßiger Inanspruchnahme durch strafprozessuale Zwangsmittel zu schützen."[598] Weiterhin gehe es um „Justizförmigkeit", von daher sei von den „Strafverfolgungsbehörden rechtmäßiges Verhalten" zu fordern, „demokratisch zustande gekommene Gesetze, die der Gerechtigkeit verpflichtet sind" seien daher zu beachten.[599] Nach einer Diskussion der Argumente der sittlichen Überlegenheit,[600] der „staatlichen Beweismittelhehlerei",[601] der Disziplinierung der Strafverfolgungsbehörden[602] und der analogen Anwendung von § 136a StPO[603] diskutiert er noch einige gängige Theorien der Beweisverwertungsverbote[604] und legt sein eigenes Argument letztlich entlang der „‚Abwägungstheorie'" an.[605]

Das Interesse des Staates an Steueransprüchen sei hoch zu bewerten, untermauert wird dies mit der Notwendigkeit der „Finanzierung von Sozialleistungen" wie auch der „Absicherung gesellschaftlicher Solidarität". Auf der anderen Seite stehe „[d]as Interesse der Bankkunden an dem Bankgeheimnis".[606]

Ein Beweisverwertungsverbot sei jedoch dann anzunehmen, „wenn dem Staat bei dem Bruch ausländischer Strafgesetze die Tat zugerechnet werden muss, insbesondere, wenn er die Rolle eines Anstifters einnimmt".[607] Vorliegend sei dies nicht der Fall, weil keine „Auslobung" erfolgt sei, bei der *Schroth* eine Anstiftung annehmen würde. In Fußnote 77 kommentiert er dies dann mit den Worten: „Die Grenze zur Auslobung ist aber fließend."[608]

Der Ansicht, dass hier keine Strafbarkeiten auf staatlicher Seite vorliegen, kann nicht gefolgt werden. Bemerkenswert ist, dass er ausdrücklich das Schützen von

598 *Schroth,* Ankauf und Verwertung rechtswidrig erlangter Daten, Politik – Recht – Ethik, S. 186 (196).

599 *Schroth,* Ankauf und Verwertung rechtswidrig erlangter Daten, Politik – Recht – Ethik, S. 186 (197).

600 *Schroth,* Ankauf und Verwertung rechtswidrig erlangter Daten, Politik – Recht – Ethik, S. 186 (198f.).

601 *Schroth,* Ankauf und Verwertung rechtswidrig erlangter Daten, Politik – Recht – Ethik, S. 186 (199).

602 *Schroth,* Ankauf und Verwertung rechtswidrig erlangter Daten, Politik – Recht – Ethik, S. 186 (200).

603 *Schroth,* Ankauf und Verwertung rechtswidrig erlangter Daten, Politik – Recht – Ethik, S. 186 (200f.).

604 *Schroth,* Ankauf und Verwertung rechtswidrig erlangter Daten, Politik – Recht – Ethik, S. 186 (202ff.).

605 *Schroth,* Ankauf und Verwertung rechtswidrig erlangter Daten, Politik – Recht – Ethik, S. 186 (204ff.).

606 *Schroth,* Ankauf und Verwertung rechtswidrig erlangter Daten, Politik – Recht – Ethik, S. 186 (205).

607 *Schroth,* Ankauf und Verwertung rechtswidrig erlangter Daten, Politik – Recht – Ethik, S. 186 (206).

608 *Schroth,* Ankauf und Verwertung rechtswidrig erlangter Daten, Politik – Recht – Ethik, S. 186 (206).

Unschuldigen vor Strafverfolgung als Motiv nennt. In der folgenden Argumentation geht er aber mit keinem Wort darauf ein, wie sich dies mit dem Ermittlungsvorgehen der Steuerfahndungen und Staatsanwaltschaften verträgt, die durch das Ankaufen von Steuerdaten-CDs wissentlich eine solche Inanspruchnahme Unschuldiger in Kauf nehmen.

Interessant ist vor allem die Argumentation, was die Beweisverwertungsverbote angeht. Die Abwägungsparameter sind aufgrund des Umfangs des Beitrags wenig ausgearbeitet, enthalten im Grundsatz aber bedenkenswerte Ansätze. Insbesondere die Frage, wie hoch die fiskalischen Interessen tatsächlich sind und was auf die andere Waagschale alles eingestellt werden kann, soll dem eigenen Ansatz nicht vorweggenommen werden. Dass *Schroth* hier das bloße Interesse von Bankkunden an der Geheimhaltung ihrer ausländischen Geldanlagen in Anschlag bringt, ist an sich schon bemerkenswert, denn er hält sie weder nach deutschem Verfassungsrecht für geschützt noch im Ergebnis von deutschem Strafrecht, da weder ein Straftatbestand passe, doch selbst wenn dies der Fall sein sollte, in jedem Falle § 34 StGB einen solchen Eingriff rechtfertigen würde.[609] Das Ergebnis, dass nach derzeitigem Stand verwertet werden kann, überzeugt zwar nicht, ist aber vor dem Hintergrund der Argumentation natürlich folgerichtig.

Wirklich interessant wird *Schroths* Argumentation dann in punkto Verursachung und Zurechnung der Handlungen der Datenlieferanten selbst. Hier ist er nur noch einen kleinen Schritt von der Zurechnung entfernt, was dann letztlich auch die ganze Abwägung ändern würde. Eine solche Interpretation der Zurechnung von privatem, rechtswidrigem Handeln gehört in jedem Falle zu den extensiveren, die zu diesem Thema vertreten werden – sowohl insgesamt als auch bezogen auf die konkret bekannten Fälle.

Mit der grundsätzlichen Anerkennung dieses neuen Musters staatlicher Vorgehensweise verfolgt er einen interessanten Ansatz, der im Rahmen des eigenen Ansatzes noch radikalisiert wird.

8. Brinkschulte 2013: „Bankgeheimnis und Steuerstrafrecht – Die Tendenz zur Aufhebung des Bankgeheimnisses und die Auswirkungen auf die steuerstrafrechtlichen Ermittlungen“

Auch *Brinkschulte* behandelt im Rahmen ihrer Dissertation von 2013 das Thema der Verwertung von Steuerdaten-CDs. Ihr Argument ist mehrgleisig angelegt und umfasst sowohl die steuerrechtlichen Besonderheiten als auch Völkerrecht und Strafrecht.[610]

Das völkerrechtliche Argument stützt sich hauptsächlich darauf, dass das Rechtshilfeabkommen mit der Schweiz nicht abschließend sei und von daher Ermittlungen

609 Vgl. *Schroth*, Ankauf und Verwertung rechtswidrig erlangter Daten, Politik – Recht – Ethik, S. 186 (194ff.).

610 *Brinkschulte*, Bankgeheimnis und Steuerstrafrecht, S. 114ff.

neben diesem Abkommen völkerrechtlich grundsätzlich möglich und Straftaten der Datenbeschaffer der Bundesrepublik völkerrechtlich nicht zurechenbar seien.[611]

Was den strafrechtlichen Argumentationsstrang betrifft, geht sie in erster Linie auf die bereits oben angesprochenen Straftaten ein,[612] wobei hier im Detail interessante Ansätze vorhanden sind, die aber bereits im Rahmen der obigen Ausführungen berücksichtigt wurden. Insgesamt war diesen Argumenten jedoch nicht zu folgen. Sie geht letztlich davon aus, dass weder aufseiten des Datenbeschaffers noch aufseiten der Behördenvertreter Straftaten vorlagen.[613] Dieses Ergebnis beruht auf einer abweichenden materiell-strafrechtlichen Einschätzung. Insofern sind die Argumente hier nicht weiter anschlussfähig. Hingewiesen werden soll daher nur noch auf Punkt 11 ihrer Argumentation, den sie mit „*Wertungswiderspruch*" überschreibt. *Brinkschulte* behandelt hier die Verurteilung einer Person, die ebenfalls Liechtensteiner Bankdaten kopiert, diese aber in Deutschland für die Erpressung der Bank benutzt hatte.[614] Da hier jedoch ein anderes Unrecht abgeurteilt worden sei, liege auch kein Wertungswiderspruch vor.[615]

III. Literaturmeinungen, die für ein Beweisverwertungsverbot sind oder es wenigstens für möglich halten

Es werden die verschiedenen Ansätze vorgestellt, die eine Verwertung der fraglichen Daten ablehnen.

1. 2008

a) Sieber: „Ermittlungen in Sachen Liechtenstein – Fragen und erste Antworten"

Sieber argumentiert, die Kaufpreiszahlung habe „eine strafbare Offenbarung von Geschäftsgeheimnissen" gefördert und dürfe daher als rechtswidrig eingestuft werden, dies sei „auch nicht durch eine Amtshilfe des BND" zu rechtfertigen.[616] Er begründet dies nicht mit dem als illegal eingeschätzten Erwerb durch eine Privatperson selbst, sondern vielmehr mit der Zurechenbarkeit dieser Handlung zum deutschen Staat. Auch wenn solche Verstöße im deutschen Recht nicht zwangsläufig zu Beweisverwertungsverboten führten, sei dies doch aus „übergeordneten wichtigen Gründen" anzunehmen, „was im Einzelfall durch Abwägung der betroffenen Interessen zu klären" sei. Dann meint er dazu weiter:

---

611 *Brinkschulte,* Bankgeheimnis und Steuerstrafrecht, S. 120ff.
612 *Brinkschulte,* Bankgeheimnis und Steuerstrafrecht, S. 126ff.
613 *Brinkschulte,* Bankgeheimnis und Steuerstrafrecht, S. 147.
614 LG Rostock 19 KLs 5/08 und BGH 4 StR 474/09, beides zitiert nach *Brinkschulte,* Bankgeheimnis und Steuerstrafrecht, S. 149 Fn. 716 und 717.
615 *Brinkschulte,* Bankgeheimnis und Steuerstrafrecht, S. 149f.
616 *Sieber,* Ermittlungen in Sachen Liechtenstein, NJW, 2008, S. 881 (886).

„Einfache Verfahrensmängel reichen dabei nicht aus, soweit nicht eine grobe Verkennung der Rechtslage vorlag. Zu den anerkannten Fallkonstellationen zählen allerdings bewusst rechtswidrig verschaffte Informationen, objektiv willkürliches Verhalten, schwere Rechtsmängel sowie die Verletzung grundrechtlicher Positionen."[617]

Sieber verweist mehrfach auf den unklaren Sachverhalt, geht jedoch davon aus, dass viel dafürspreche, „dass die Kontendaten im Strafverfahren unabhängig von den genannten Abwägungen bereits auf Grund der dargestellten analogen Anwendung des G 10-Gesetzes nur zur Verfolgung von schwerer Steuerkriminalität verwendet werden dürfen".[618]

Ein Beweisverwertungsverbot hält er ansonsten grundsätzlich für möglich und schließt auch eine Fernwirkung nicht aus, verweist hier aber auf die sehr restriktive Rechtsprechung der deutschen Gerichte.

Sieber hat mit diesem Aufsatz Pionierarbeit geleistet. Nicht ganz leicht nachzuvollziehen ist allerdings, weshalb die Taten des Datenbeschaffers dem Staate zurechenbar sein sollen. *Siebers* Argumentation spricht eher für ein Anknüpfen an die Rechtswidrigkeit der Erhebung durch den BND.

b) Kelnhofer/Krug: „Der Fall LGT Liechtenstein – Beweisführung mit Material aus Straftaten im Auftrag des deutschen Fiskus?"

Kelnhofer/Krug verfolgen getrennt zwei verschiedene Argumentationsstränge. Zum einen behandeln sie das „Ansichbringen und [den] Verkauf der Daten durch den früheren *LGT* Mitarbeiter". Unter der Überschrift „II." geht es um den „Ankauf der Daten und ihre Weitergabe an den deutschen Fiskus." *Kelnhofer/Krug* ordnen die Vorkommnisse während der Liechtenstein-Affäre in die „von Rechtsprechung und Literatur für Beweisverwertungsverbote entwickelten Fallgruppe der Ermittlungen von Privatpersonen" ein.[619] Nach einer kurzen Wiedergabe des Meinungsstandes zu dieser Fallgruppe argumentieren *Kelnhofer/Krug*, ein Beweisverwertungsverbot liege nach „vielfach vertretene[r] Auffassung [...] insbesondere in Fällen wie dem Vorliegenden nahe, wenn der Staat auf die Deliktsbegehung qualitativ Einfluss nimmt".[620] Mit dieser in der Literatur (angeblich) überwiegend vertretenen Meinung sei hier ein Beweisverwertungsverbot anzunehmen. Im Anschluss gehen die Autoren auf die in der Rechtsprechung vertretene Meinung ein, nach der ein solches Beweisverwertungsverbot nur in krassen Ausnahmefällen angenommen werden kann. Da derartige Ausnahmefälle hier nicht vorlägen, sei von der Verwertung durch die Rechtsprechung auszugehen.[621] Aus der Beschaffung der Daten durch *Kieber* kann sich also nach diesen Autoren kein Beweisverwertungsverbot ergeben, jedoch aus der unter „II." behandelten Frage, wie sich der Erwerb der Daten durch staatliche Stellen auswirken kann.

617 *Sieber*, Ermittlungen in Sachen Liechtenstein, NJW, 2008, S. 881 (886).
618 *Sieber*, Ermittlungen in Sachen Liechtenstein, NJW, 2008, S. 881 (886).
619 *Kelnhofer/Krug*, Der Fall LGT Liechtenstein, StV, 2008, S. 660 (662).
620 *Kelnhofer/Krug*, Der Fall LGT Liechtenstein, StV, 2008, S. 660 (662).
621 *Kelnhofer/Krug*, Der Fall LGT Liechtenstein, StV, 2008, S. 660 (662).

Im Rahmen dieser Diskussion sprechen sie von der „gezielten Mißachtung von Ermächtigungsschranken“. In der Rechtsprechung sei anerkannt, dass sich hieraus ein Beweisverwertungsverbot ergeben könne, die Autoren zitieren hier Fälle bewusster Umgehung richterlicher Anordnungen und Ähnliches. Zudem liege ein Verstoß gegen die EMRK nahe, eine Zurechnung dessen (wohl) ebenfalls, hieraus sei aber nicht zwangsläufig ein Verwertungsverbot zu entnehmen.[622] Am Ende dieses Abschnitts folgern sie dann: „Daher bleibt es jedenfalls derzeit bei der bereits dargestellten Übertragung des nationalen Rechts auf die Bewertung von Verstößen gegen Vertragsrecht und ihrer Verfahrensfolgen.“[623]

So gelangen sie dann doch zu einem Beweisverwertungsverbot mit der Begründung, dass „wenn ein Beweiserhebungsverbot nicht vollkommen entwertet werden soll, für eine Abwägung unter Berücksichtigung hypothetischer Ermittlungsverläufe“ kein Raum bleibe.[624]

Was den ersten Argumentationsstrang angeht, kann hier nichts hinzugefügt werden. Schwieriger zu beurteilen ist der zweite Strang, da die Richtung dieser Argumente unklar bleibt. Der Vergleich mit den aus der Rechtsprechung bekannten Fällen scheint insofern etwas schief zu sein, als all diesen Fällen gemein ist, dass es grundsätzlich Voraussetzungen gibt, unter denen die sonst illegal durchgeführten Maßnahmen legal hätten durchgeführt werden können. Das ist für den vorliegenden Fall grundsätzlich anders. Entweder man geht (mit hier vertretener Meinung) davon aus, dass ein solches Vorgehen von keiner staatlichen Stelle angeordnet werden kann oder man geht mit der Gegenmeinung davon aus, dass das hiesige Vorgehen der Ermittlungsbehörden von BNDG und/oder Ermittlungsgeneralklauseln in Verbindung mit Rechtfertigungsgründen aus StPO und StGB gedeckt war. Eine Umgehung liegt dann aber in keinem der beiden Fälle vor. Was die Finalität angeht, sind hier einige Tatsachenfragen nicht geklärt. Hierauf das gesamte Argument zu stützen, scheint daher zumindest gewagt. Es wäre insofern sicher empfehlenswert gewesen, die strafrechtlichen und internationalrechtlichen Probleme klarer zu trennen.

c) *Trüg/Habetha: „Beweisverwertung trotz rechtswidriger Beweisgewinnung – insbesondere mit Blick auf die ‚Liechtenstein Steueraffäre‘“ und „Die ‚Liechtensteiner Steueraffäre‘ – Strafverfolgung durch Begehung von Straftaten?“*

Trüg/Habetha haben ebenfalls sehr schnell auf die Liechtenstein-Affäre reagiert und gemeinsam zwei Beiträge veröffentlicht: einen relativ kurzen in der *NJW*[625] und einen deutlich detailreicheren in der *NStZ*,[626] die hier zusammen besprochen

622 *Kelnhofer/Krug*, Der Fall LGT Liechtenstein, StV, 2008, S. 660 (666).

623 *Kelnhofer/Krug*, Der Fall LGT Liechtenstein, StV, 2008, S. 660 (666).

624 *Kelnhofer/Krug*, Der Fall LGT Liechtenstein, StV, 2008, S. 660 (666f.).

625 *Trüg/Habetha*, „Liechtensteiner Steueraffäre“ – Strafverfolgung durch Begehung von Straftaten?, NJW, 2008, S. 887ff.

626 *Trüg/Habetha*, Beweisverwertung trotz rechtswidriger Beweisgewinnung, NStZ, 2008, S. 481ff.

werden. Der *NStZ*-Beitrag von *Trüg/Habetha* stellt zunächst fest, dass er sich ausschließlich auf die Begründung eines möglicherweise vorliegenden unselbstständigen Beweisverwertungsverbotes beschränke und möglicherweise ebenfalls begründbare, selbstständige Beweisverwertungsverbote nicht Teil der Betrachtung seien.[627] Im Anschluss geht der Beitrag sowohl auf die verschiedenen Literaturmeinungen zu den Beweis(verwertungs)verboten als auch auf die Fallgruppe der durch Private illegal erlangten Beweise und den Standpunkt des Bundesgerichtshofs ein.[628] Aufbauend auf dieser theoretischen Vorbereitung ihres Argumentes beginnen die Autoren die Betrachtungen zum vorliegenden Fall mit der Frage der unmittelbaren Verwertbarkeit der Liechtenstein-Daten.[629]

Die Analyse beginnt mit der Feststellung, „die vom *BGH* vertretene *Abwägungsdoktrin*" erschwere die Prognose. Für den vorliegenden Fall wird vor allem die Unklarheit darüber bemängelt, welche Faktoren wie in der vom Bundesgerichtshof vorgenommenen Abwägung zu gewichten seien.[630] Die Autoren vermuten, dass die Faktoren der „weiter zu erwartenden Publizität des ‚Liechtensteinkomplexes'", die aus dem Bundeshaushalt investierten Summen und der von der Politik geforderten „empfindlichen Sanktionierung" den „psychologischen (Verurteilungs-)Druck auf die Gerichte" weiter erhöhten.[631]

Der hier zu beurteilende Sachverhalt gehe „jedoch *qualitativ* deutlich über Fälle fehlender Anordnungszuständigkeit ansonsten zulässiger strafprozessualer Maßnahmen hinaus". Es ergebe sich daher ein Beweisverwertungsverbot, selbst wenn man die Abwägungslehre zugrunde lege. Eine Beauftragung des Datenbeschaffers habe nicht stattgefunden, jedoch sei „der Vorgang der Beweisgewinnung nicht mit der Beschaffung der Daten bei der LGT abgeschlossen [...], sondern erst mit dem strafbaren Ankauf durch die deutschen Behörden". Nach Meinung der Autoren liegt damit im *LGT*-Fall keine „rechtswidrige Beweisbeschaffung durch eine Privatperson", sondern vielmehr „unzulässige, strafbare Beweisgewinnung durch staatliche Stellen" vor.[632] Für ein Beweisverwertungsverbot spreche weiterhin die jüngste TKÜ-Rechtsprechung,

627 *Trüg/Habetha*, Beweisverwertung trotz rechtswidriger Beweisgewinnung, NStZ, 2008, S. 481 (481f.).

628 *Trüg/Habetha*, Beweisverwertung trotz rechtswidriger Beweisgewinnung, NStZ, 2008, S. 481 (481–490).

629 *Trüg/Habetha*, Beweisverwertung trotz rechtswidriger Beweisgewinnung, NStZ, 2008, S. 481 (490).

630 *Trüg/Habetha*, Beweisverwertung trotz rechtswidriger Beweisgewinnung, NStZ, 2008, S. 481 (490); im Ergebnis ähnlich auch *dies.*, Die „Liechtensteiner Steueraffäre" – Strafverfolgung durch Begehung von Straftaten?, NJW, 2008, S. 887 (889).

631 *Trüg/Habetha*, Beweisverwertung trotz rechtswidriger Beweisgewinnung, NStZ, 2008, S. 481 (490).

632 *Trüg/Habetha*, Beweisverwertung trotz rechtswidriger Beweisgewinnung, NStZ, 2008, S. 481 (490).

welche von einem Beweisverwertungsverbot ausgehe, „falls *wesentliche sachliche Voraussetzungen* für die Anordnung der Überwachungsmaßnahmen fehlten".[633]

Das Vorgefallene können *Trüg/Habetha* damit nicht mehr der „Überschreitung oder fehlerhaften Anwendung strafprozessualer Befugnisse" zuordnen, sie sehen das vorliegende Geschehen vielmehr als über diese Kategorien hinausgehend an und bezeichnen es als die „Begehung final auf Beweismittelgewinnung ausgerichteter Straftaten durch staatliche Behörden". Dies sei ein „denkbar schwerwiegender Verstoß", „da die Verantwortlichen zum Zwecke der Strafverfolgung gegen repressive Verbote verstoßen" hätten, die strafbewährt seien. Im Ergebnis gelte daher: „Die Aufklärung möglicher Straftaten durch Begehung von Straftaten zu bewirken, ist mit rechtsstaatlichen Grundsätzen unvereinbar."[634]

Im Anschluss behandeln die Autoren die „[m]ittelbare Verwertbarkeit der Daten", das heißt die Fragen der Fort- und Fernwirkung.[635] Für die Fortwirkung ziehen *Trüg/Habetha* ebenfalls eine Parallele zur TKÜ-Rechtsprechung des Bundesgerichtshofs und meinen, dass die vorliegenden Aussagen, die unter Vorhaltung der Liechtenstein-Daten erfolgt seien, ebenso wie eine Vorhaltung aus einer „kontaminierten TKÜ-Maßnahme" zu behandeln seien, das heißt ebenfalls nicht verwertbar.[636]

Im Anschluss daran wird der schwierigeren Frage einer Fernwirkung der bemakelten Daten nachgegangen. Diese Schwierigkeit ergebe sich zunächst einmal daraus, dass der Bundesgerichtshof eine Fernwirkung grundsätzlich nicht anerkenne, von extremen Ausnahmeentscheidungen abgesehen.[637] Der Bundesgerichtshof habe jedoch auf mögliche Ausnahmen hingewiesen; die Annahme einer solchen für den vorliegenden Fall sei „zweifelhaft". Dennoch meinen *Trüg/Habetha* zwingende Argumente für eine Fernwirkung des Beweisverwertungsverbotes gefunden zu haben, welches für die Daten bestehe. Sie stützen sich hierbei auf den „allgemein anerkannten Grundsatz der sog. *Vorwirkung* von Beweisverwertungsverboten".[638]

Insgesamt zustimmungswürdig erscheint der Ausgangspunkt der Autoren für ein Beweiserhebungsverbot, der auf die strafbare Erhebung durch die Behörden abstellt und das Vorgefallene damit von den „üblichen" Fällen der Beweisbeschaffung durch Privatpersonen abgrenzt.

---

633 *Trüg/Habetha*, Beweisverwertung trotz rechtswidriger Beweisgewinnung, NStZ, 2008, S. 481 (490).

634 *Trüg/Habetha*, Beweisverwertung trotz rechtswidriger Beweisgewinnung, NStZ, 2008, S. 481 (490); im Ergebnis ähnlich auch *dies.*, Die „Liechtensteiner Steueraffäre" – Strafverfolgung durch Begehung von Straftaten?, NJW, 2008, S. 887 (889).

635 *Trüg/Habetha*, Beweisverwertung trotz rechtswidriger Beweisgewinnung, NStZ, 2008, S. 481 (491).

636 *Trüg/Habetha*, Beweisverwertung trotz rechtswidriger Beweisgewinnung, NStZ, 2008, S. 481 (491).

637 *Trüg/Habetha*, Beweisverwertung trotz rechtswidriger Beweisgewinnung, NStZ, 2008, S. 481 (490).

638 *Trüg/Habetha*, Beweisverwertung trotz rechtswidriger Beweisgewinnung, NStZ, 2008, S. 481 (491).

Das Begehen von Straftaten zum Verfolgen von Straftaten ist auch nach hier vertretener Ansicht ein großes Problem. Ein Automatismus dergestalt, dass dies immer zu einem Beweisverwertungsverbot führen muss, scheint jedoch zu weit zu gehen. Soweit ersichtlich, vertreten die Autoren dies jedoch nicht, sondern heben vor allem auf das *gezielte Begehen* von Straftaten ab. Insofern arbeiten die Autoren mit der Unterstellung, es seien *bewusst* Gesetze gebrochen worden. Trotz der hier vertretenen Ansicht der Rechtswidrigkeit des gesamten Vorgehens, scheint dies individuell etwas zu weit zu gehen.

Die hier infrage stehenden Rechtsprobleme sind hochkomplex, die Rechtslage weiterhin unklar. Eine solche Annahme scheint insofern schwer begründbar, denn es ist zweifelhaft, ob die agierenden Personen tatsächlich um die Strafbarkeit ihres Handelns wussten. Dies wurde in vorliegender Arbeit bereits im Rahmen der Rechtswidrigkeit des Vorgehens unter dem Punkt „Verbotsirrtum" behandelt.

Die Autoren kommen nur aufgrund dieser Annahme eines *final* vorliegenden Verstoßes der Ermittlungsbehörden zu einem umfassenden Verwertungsverbot. Da dieser Analyse hier widersprochen wird, kann auch dem Ergebnis nicht gefolgt werden. Zugegebenermaßen ist dies in erster Linie eine Tatsachenfrage, die später einmal durch Gerichte anders beantwortet werden mag.

d) Schwedhelm/Wulf: „Strafbefreiende Selbstanzeige und Tatentdeckung im Rahmen der ‚Liechtenstein-Ermittlungen'"

Schwedhelm/Wulf gehen davon aus, dass eine Beihilfe zur Geheimnisverwertung vorgelegen haben könne und in diesem Falle ein Beweisverwertungsverbot anzunehmen sei.[639]

Diesem sehr praktisch orientierten Artikel soll hier zwar nicht widersprochen werden, allerdings hilft er dem zu entwickelnden Argument, über das Gewicht der bloßen Meinung hinaus, kaum weiter.

e) Flöthmann: „Der Zweck heiligt nicht jedes Mittel – Überlegungen zum Verwertungsverbot geheimdienstlich erlangter Beweismittel im Steuerstrafverfahren"

Flöthmann geht davon aus, dass schon aus „der von der Rechtsprechung insbesondere zu den Belehrungsregeln entwickelten Rechtskreistheorie" folge, dass hier ein Verwertungsverbot anzunehmen sei. Das begründet *Flöthmann* damit, dass das Trennungsgebot verletzt worden sei und dieses „(auch) dem Schutz all derer dienen soll, die von strafrechtlichen Ermittlungen betroffen sind".[640]

Als weiteres Argument für ein Verwertungsverbot führt der Autor ein überwiegendes „Interesse des betroffenen Bürgers an einem rechtsstaatlichen, offenen

---

639 *Schwedhelm/Wulf,* Strafbefreiende Selbstanzeige und Tatentdeckung im Rahmen der „Liechtenstein-Ermittlungen", Stbg, 2008, S. 295 (298).

640 *Flöthmann,* Der Zweck heiligt nicht jedes Mittel, SAM, 2008, S. 63 (64).

Verfahren“ an.[641] Dafür streite auch der aus der Europäischen Menschenrechtskonvention abgeleitete Grundsatz des fairen Verfahrens, dem ein so überragendes Gewicht zukomme, „daß dieses Recht den bloßen Zweckmäßigkeitserwägungen nicht geopfert werden darf“.[642] Ebenso wie in der zitierten EGMR-Entscheidung vom 9.6.1998 sei das „streitgegenständliche Handeln der Behörden weder richterlich angeordnet noch in irgendeiner Form überwacht“ worden.[643]

Flöthmann bringt hier wenig grundsätzlich Neues in die Diskussion ein, geht aber in ungewöhnlicher Weise auf die Rechtskreistheorie ein. Grundsätzlich ist seinen Argumenten nicht zu widersprechen.

f) Salditt: „Herausforderung – aktuelle politische und andere Erwartungen an das Steuerstrafrecht“ und „Verwertungsverbot – Liechtenstein: Fragen und Argumente“

Salditt hat zwei Beiträge verfasst, welche auf die praktische Herangehensweise an die Fälle und die konkreten Auswirkungen auf die verschiedenen Verfahrensstadien zugeschnitten sind. Im Festschriftbeitrag „Herausforderung – aktuelle politische und andere Erwartungen an das Steuerstrafrecht“ hat er zudem einen deutlich weiteren Fokus, der insbesondere auf das Steuerstrafrecht als Ganzes angelegt ist.[644]

Salditt geht davon aus, dass zumindest dann, wenn „der ‚Fang‘ kein Zufallsfund, sondern die beabsichtigte Hauptsache“ gewesen sei, ein unbegrenztes Verwertungsverbot angenommen werden müsse.[645] Dieses Argument stützt sich wesentlich auf die Rechtsprechung des Bundesverfassungsgerichts[646] und die Überlegung, dass eine Verletzung der Privatsphäre ein Beweisverwertungsverbot begründe. Die Beschaffung der Daten durch den Bundesnachrichtendienst stelle eine ebensolche Verletzung dar.[647] Ausnahmen hiervon will er nur für Katalogtaten nach § 100a StPO annehmen, ansonsten bestehe analog § 100a Absatz 5 StPO ein Beweisverwertungsverbot.[648] Er sagt auch explizit, dass ohne Aussagen des Beschuldigten oder weitere beispielsweise bei einer

641 *Flöthmann,* Der Zweck heiligt nicht jedes Mittel, SAM, 2008, S. 63 (65).
642 *Flöthmann,* Der Zweck heiligt nicht jedes Mittel, SAM, 2008, S. 63 (65).
643 *Flöthmann,* Der Zweck heiligt nicht jedes Mittel, SAM, 2008, S. 63 (65).
644 *Salditt,* Herausforderung – aktuelle politische und andere Erwartungen an das Steuerstrafrecht, FS Schaumburg, S. 1269 (1269ff.).
645 *Salditt,* Verwertungsverbot – Liechtenstein: Fragen und Argumente, PStR, 2008, S. 84 (86); vgl. *ders.,* Herausforderung – aktuelle politische und andere Erwartungen an das Steuerstrafrecht, FS Schaumburg, S. 1269 (1280ff.), wo er dies für verschiedene Szenarien sehr detailliert ausführt.
646 *Salditt,* Herausforderung – aktuelle politische und andere Erwartungen an das Steuerstrafrecht, FS Schaumburg, S. 1269 (1280f.).
647 *Salditt,* Verwertungsverbot – Liechtenstein: Fragen und Argumente, PStR, 2008, S. 84 (85).
648 *Salditt,* Verwertungsverbot – Liechtenstein: Fragen und Argumente, PStR, 2008, S. 84 (86).

Hausdurchsuchung gefundene Beweise eine Verurteilung nicht möglich sei.[649] Zudem hätte ein Ermittlungsrichter keinen Durchsuchungsbeschluss erlassen dürfen, wenn ihm die Art der Erlangung der Daten bekannt gewesen wäre, so *Salditt*.[650]

Was die Argumentation zum BND angeht, ist *Salditt* im Kern zuzustimmen. Schwer nachvollziehbar erscheint jedoch seine Lösung über § 100a ff StPO. Woraus sich eine solche analoge Anwendung ergeben könnte, erläutert er hier nicht im Detail. Auch wäre tatsächlicherseits erläuterungsbedürftig gewesen, wie genau der angenommene BND-Einsatz abgelaufen sein soll. Insbesondere hier bleiben viele Fragen offen.

g) Schünemann: „Die Liechtensteiner Steueraffäre als Menetekel des Rechtsstaats"

Schünemann unterscheidet von Anfang an kategorial zwei Ebenen, welche er die „Kompetenzebene" und die „Rechtsstaatsebene" nennt. Auf der Kompetenzebene gehe es „um die Frage, ob die vom Geheimdienst in Unterstützung der deutschen Strafverfolgung bei Steuerdelikten und/oder des deutschen Steuerfiskus rechtswidrig übermittelten Informationen weiterverwendet werden dürfen", also ein Anknüpfen an das Tätigwerden des BND. Auf der „Rechtsstaatsebene" gehe es „um die Frage, ob von Privaten und/oder Ermittlungsbehörden mit strafbaren Methoden beschaffte Beweismittel im Strafverfahren verwertbar sind".[651]

Diese Trennung ist für die vorliegenden Fälle wenig hilfreich, auch wenn sie auf den ersten Blick sinnvoll erscheint. Ob man den Bundesnachrichtendienst für die Strafverfolgung einsetzen darf, ist grundsätzlich schon eine Frage der Kompetenz; aufgrund der Sensibilität dieses Bereiches jedoch automatisch auch ein Problem der „Rechtsstaatsebene". Wie bereits gezeigt, hätte der Bundesnachrichtendient durchaus die Kompetenz zum Datenerwerb haben können, eine Begehung von Straftaten außen vor gelassen. Allein durch die Weitergabe überschritt er in jedem Fall seine Kompetenzen.

Was den Bundesnachrichtendienst angeht (in *Schünemanns* Terminologie die „Kompetenzebene"), könnte er sich ein Beweisverwertungsverbot „durch eine hier nicht näher auszuführende Analogie zu den Verwertungsregeln bei der Telekommunikationsüberwachung" vorstellen.[652]

---

649 *Salditt,* Verwertungsverbot – Liechtenstein: Fragen und Argumente, PStR, 2008, S. 84 (86f.).

650 *Salditt,* Verwertungsverbot – Liechtenstein: Fragen und Argumente, PStR, 2008, S.84(87); *ders.,* Herausforderung – aktuelle politische und andere Erwartungen an das Steuerstrafrecht, FS Schaumburg, S. 1269 (1280ff.).

651 *Schünemann,* Die Liechtensteiner Steueraffäre als Menetekel des Rechtsstaats, NStZ, 2008, S. 305 (309).

652 *Schünemann,* Die Liechtensteiner Steueraffäre als Menetekel des Rechtsstaats, NStZ, 2008, S. 305 (309).

Darüber hinaus macht *Schünemann* einige Ausführungen zu dem, was in seiner Terminologie „Rechtsstaatsebene" heißt. Hierunter fasst er vor allem die Fernwirkung, auf den vorliegenden Fall bezogen, „also ob die Ergebnisse einer durch die CD an sich rechtswidrig inspirierten Durchsuchung in Deutschland verwertbar sind oder nicht".[653] Als zentrale Frage arbeitet er dabei heraus, „ob der Staat kriminell erstelltes Beweismaterial von dem Kriminellen unter geheimdienstlicher Mitwirkung ankaufen und dann immerhin als Beweismittel im Strafverfahren gegen andere Personen verwerten darf."[654]

Einem solchen Vorgehen steht *Schünemann* stark ablehnend gegenüber, er plädiert vielmehr für ein Beweisverwertungsverbot mit Fernwirkung, denn dies sei „die einzige Möglichkeit [...] den Rechtsstaat in integrum zu restituieren". Sogar die noch weiter zugespitzte Aussage, durch ein anderweitiges Vorgehen würde „das Gesetz des Rechtsstaates durch das Gesetz des Dschungels" ersetzt, findet sich in diesem Zusammenhang.[655]

Schünemanns Ansatz ist vielversprechend, kann aber die Probleme im Umfang eines Zeitschriftenbeitrages nur anreißen. Er gehört zu der Gruppe von Autoren, die ein Anknüpfen an das Tätigwerden des BND für den sinnvollsten Ansatz halten. Nach hier vertretener Ansicht ist ein Anknüpfen an die Telefonüberwachungsregeln jedoch für den vorliegenden Sachverhalt nicht möglich.

Ein Anknüpfen an das strafbare Verhalten von staatlichen Stellen und/oder dem Datenbeschaffer hält er zwar für denkbar, führt diese Argumente auf der „Rechtsstaatsebene" aber nicht weiter aus. Dieses Argument wird hier noch ausführlich diskutiert und scheint ebenfalls vielversprechend zu sein.

h) Ilona Bruns: „Liechtenstein oder das Beweisverwertungsverbot"

Nach einer kurzen Darstellung der gängigen Literaturmeinungen zu den Beweisverwertungsverboten geht *Bruns* auf den konkreten Fall ein und entwickelt eine eigene Meinung.[656] Zunächst stellt sie fest, auf Grundlage des zu den Literaturmeinungen und der Rechtsprechung des Bundesgerichtshofs Gesagten könne „[e]ine verlässliche Antwort auf die Frage, ob die strafbare Informationsbeschaffung Liechtensteiner Bankdaten auch zu ihrer Unverwertbarkeit führt, [...] nicht sicher gegeben werden".[657]

Im Ergebnis müssten jedoch die steuerlichen Interessen des Staates zurücktreten, „[d]ie gezielte, mit Mitteln der Geheimdienste erfolgte Verletzung von

653 *Schünemann,* Die Liechtensteiner Steueraffäre als Menetekel des Rechtsstaats, NStZ, 2008, S. 305 (309).
654 *Schünemann,* Die Liechtensteiner Steueraffäre als Menetekel des Rechtsstaats, NStZ, 2008, S. 305 (309).
655 *Schünemann,* Die Liechtensteiner Steueraffäre als Menetekel des Rechtsstaats, NStZ, 2008, S. 305 (309).
656 *Bruns,* Liechtenstein oder das Beweisverwertungsverbot, StraFo, 2008, S. 189 (190f.).
657 *Bruns,* Liechtenstein oder das Beweisverwertungsverbot, StraFo, 2008, S. 189 (191).

Strafrechtsnormen, die den privaten Lebensbereich und somit Rechtkreis der Bürger schützen [...] [sei] nicht von untergeordneter Bedeutung", sondern vielmehr „in ihrer Intensität mit verbotenen Vernehmungsmethoden ebenso vergleichbar, wie der unerlaubten akustischen oder optischen Überwachung".[658] Solche Eingriffe seien nicht zu rechtfertigen, auch nicht über die Figur des „hypothetischen Ersatzeingriffs", daher sei „[e]in Rechtsstaat, der gegen das Gesetz verstößt und dennoch die Früchte verwertet", „[e]in Widerspruch in sich".[659] Beweisverwertungsverbote könnten sich zudem auch aus der Verfassung ergeben. Sie hält sogar einen Eingriff in den „Kernbereich privater Lebensführung" für möglich, einen Verstoß gegen den Verhältnismäßigkeitsgrundsatz für unbestreitbar.[660] Es ließe sich „nämlich nicht plausibel erklären, dass das von den Steuerbürgern im Einzelfall durch Steuerverkürzung begangene Unrecht schwerer wiegen soll als die auf staatliche Veranlassung hin begangenen Straftaten der Strafverfolger unter rechtswidrigem Einsatz von Steuergeldern".[661] Im Ergebnis kommt *Bruns* daher zu einem Beweisverwertungsverbot, welches sie mit „dem Gesetzesverstoß der Beweiserhebung" begründet.[662]

Bruns geht von dem Standpunkt aus, dass aus der Rechtsprechung keine klaren Lösungen abzuleiten sind. Leider kommt auch ihre Argumentation nicht ohne die höchst problematische Annahme der final begangenen Straftaten aus. Die nur angedeutete analoge Anwendung des § 136a StPO oder der Vorschriften zur Telefonüberwachung erscheinen deutlich weniger plausibel und werden auch nicht weiter begründet. Interessant ist, dass die Autorin sogar einen Eingriff in den Kernbereich privater Lebensführung für möglich hält und dies nicht, wie viele andere Autoren, mit dem Argument wegwischt, die Daten seien ohnehin zu offenbaren. Was die Verletzung des Verhältnismäßigkeitsgrundsatzes angeht, erscheint es eher zweifelhaft, dass dieser alleine ein Beweisverwertungsverbot in diesen Fällen tragen kann. Als zusätzliches Argument ist er jedoch sicherlich sinnvoll. Deutlich schwerwiegender scheint freilich der nur in einem Nebensatz genannte, rechtswidrige Einsatz von Steuergeldern. Insgesamt enthält der kurze Beitrag damit eine bemerkenswerte Breite an möglichen Ansatzpunkten.

i) *Junker: „Liechtenstein-Steueraffäre – ist die DVD im Strafverfahren verwertbar?"*

Junker geht von mehreren Ansatzpunkten für verschiedene Szenarien aus, wobei er den faktischen Hintergrund für ungeklärt hält. Zunächst untersucht er das Szenario unter Zugrundelegung der Möglichkeit, dass der Datenlieferant im Liechtenstein-Fall durch den BND „gesteuert" wurde.[663] Dies sei mit der Konstellation BGHSt 34, 362, der

658 *Bruns*, Liechtenstein oder das Beweisverwertungsverbot, StraFo, 2008, S. 189 (191).
659 *Bruns*, Liechtenstein oder das Beweisverwertungsverbot, StraFo, 2008, S. 189 (191).
660 *Bruns*, Liechtenstein oder das Beweisverwertungsverbot, StraFo, 2008, S. 189 (191).
661 *Bruns*, Liechtenstein oder das Beweisverwertungsverbot, StraFo, 2008, S. 189 (191).
662 *Bruns*, Liechtenstein oder das Beweisverwertungsverbot, StraFo, 2008, S. 189 (191).
663 *Junker*, Liechtenstein-Steueraffäre, StRR, 2008, S. 129 (130).

Lockspitzel Entscheidung des BGH, vergleichbar. Aus diesem Grund wären die Daten mit einem Beweisverwertungsverbot zu belegen.[664] Weiterhin könne sich ein Beweisverbot aus der Tatsache ergeben, dass die Daten durch Straftaten erlangt wurden, insbesondere in der Zusammenschau mit der Zahlung einer hohen Geldsumme durch staatliche Stellen.[665] Ein weiterer Ansatzpunkt sei das Trennungsgebot, welches er in § 1 BNDG verortet. Amtshilfe sei deshalb problematisch, weil kein Ersuchen vorgelegen habe.[666] Zudem sei § 116 Absatz 1 AO nicht einschlägig und man könne noch an eine „Übermittlungssperre" aus völkerrechtlichen Gründen denken.[667] Die Beweisverwertungsverbote hätten wahrscheinlich überdies Fernwirkung.[668]

Die zuerst genannte Konstellation, die *Junker* vorschwebt, dürfte nicht dem *LGT*-Fall entsprechen. Sie ist in jedem Fall nicht die hier zugrunde gelegte Konstellation und rechtlicherseits relativ unstreitig. Der Aspekt der Erlangung der Daten durch Straftaten wurde bereits diskutiert. Selbiges gilt für das Trennungsgebot.

j) Stahl/Demuth: „Strafrechtliches Verwertungsverbot bei Verletzung des Steuergeheimnisses – Ein Zwischenruf im Fall Zumwinkel"

Stahl/Demuth machen zunächst einige, kurz gehaltene Ausführungen zu den Liechtenstein- Fällen insgesamt, um sich dann dem Fall *Zumwinkel* zuzuwenden.[669] Insgesamt halten sie ein Beweisverwertungsverbot für geboten, falls der BND „Geheimdienstmethoden" eingesetzt habe. Als weiteres Argument führen sie die Belohnung des Datenlieferanten aus Steuermitteln an.[670]

Was die *Zumwinkel* Sache angeht, stellen sie zunächst eindrucksvoll und widerspruchsfrei dar, dass durch die Weitergabe der Informationen über die Durchsuchung das Steuergeheimnis verletzt worden sei.[671] Im Anschluss daran ziehen sie aus dieser Feststellung diverse Schlüsse, welche für den vorliegenden Zusammenhang weniger zwingend erscheinen.

Herr *Z.* sei durch die anwesende Presse und einen Haftbefehl „erheblich unter Druck gesetzt" worden. Es gehöre „nicht viel Phantasie dazu sich vorzustellen, dass – neben der drohenden Untersuchungshaft – die Verteidigungsbereitschaft des Beschuldigten erheblich darunter leiden kann, wenn live über die stattfindende Durchsuchung berichtet wird und während der ersten Vernehmung Pressefotografen

664 *Junker,* Liechtenstein-Steueraffäre, StRR, 2008, S. 129 (130f.).
665 *Junker,* Liechtenstein-Steueraffäre, StRR, 2008, S. 129 (132).
666 *Junker,* Liechtenstein-Steueraffäre, StRR, 2008, S. 129 (133).
667 *Junker,* Liechtenstein-Steueraffäre, StRR, 2008, S. 129 (134).
668 *Junker,* Liechtenstein-Steueraffäre, StRR, 2008, S. 129 (134f.).
669 Der Argumentation von *Stahl/Demuth* folgt auch *Durst,* Aspekte der Verteidigung in Sachen Liechtenstein, PStR, 2008, S. 134 (135f.).
670 *Stahl/Demuth,* Strafrechtliches Verwertungsverbot bei Verletzung des Steuergeheimnisses, DStR, 2008, S. 600 (600).
671 *Stahl/Demuth,* Strafrechtliches Verwertungsverbot bei Verletzung des Steuergeheimnisses, DStR, 2008, S. 600 (601ff.).

das Haus des Beschuldigten belagern". Diese Situation könne sich „dahingehend verdichten, dass sich der Beschuldigte in einer Zwangssituation" wähne, „die seine Freiheit der Willensentschließung und Willensbetätigung" beeinträchtigen könne. Sie fordern daher eine Anwendung des § 136a Absatz 3 Satz 2 auf diesen Fall.[672] Zwar fordere die Vorschrift, „dass der Vernehmungsbeamte bewusst die verbotene Vernehmungsmethode" einsetze, dieses Erfordernis substituieren *Stahl/Demuth* jedoch mit einigem Begründungsaufwand durch eine „Duldung der Verletzung des Steuergeheimnisses". Eine solche könne dann vorliegen, wenn eine „aus der Sphäre der Behörden stammende – Verletzung des Steuergeheimnisses", welche bereits vorgefunden wurde, ausgenutzt werde.[673]

Auch wenn *Stahl/Demuth* hier ein beeindruckendes Argument vorlegen, ist ihre Meinung als zu weitgehend abzulehnen. Zwar scheint die Argumentation schlüssig, dass hier ein Verstoß gegen das Steuergeheimnis von unbekannter staatlicher Seite aus begangen wurde. Weniger schlüssig erscheint jedoch, woran das Beweisverwertungsverbot, das die beiden vorschlagen, anknüpft: nämlich nicht an eine mögliche rechtswidrige Handlung einer oder mehrerer unbekannter Personen, sondern letztlich an *öffentlichen Druck*. Für Letzteren kann man öffentliche Stellen zumindest nicht vollumfänglich verantwortlich machen, denn dieser resultierte hauptsächlich aus der Person *Klaus Zumwinkel*. Einzig die Frage, wann und wie dieser sich äußerte, lag unter Umständen in den Händen staatlicher Stellen. Insofern geht auch der Hinweis der Autoren auf eine „Garantenpflicht der Ermittler"[674] fehl.

Praktischerseits könnte man zudem einwenden, dass sich letztlich jede, und vor allem jede Person des öffentlichen Lebens, durch Beweisverwertungsverbote der Strafverfolgung entziehen könnte, wenn sie es schafft, „rechtzeitig" einen entsprechend großen „Medienrummel" aufzubieten. Weiterhin erscheint die grundsätzliche Konstellation, dass eine öffentliche Person vor den „Augen der Öffentlichkeit" festgenommen wird, je nach Lebensstil, schwer vermeidbar zu sein. Man sollte sich daher fragen, welche anderen Optionen verfügbar gewesen wären. Hätten die Fahnder in dem Moment, als der *ZDF*- Übertragungswagen um die Ecke bog, auf dem Absatz kehrtmachen sollen? Eine Festnahme vor laufender Kamera ist für den Betroffenen gewiss nicht angenehm. Spätestens eine Hausdurchsuchung einschließlich der Mitnahme einer größeren Menge Akten und das Auftauchen des Betroffenen bei der Staatsanwaltschaft hätte die Presse aber ohnehin „auf den Plan" gerufen. Insofern wäre spätestens dann die gleiche „Drucksituation" entstanden.

Rechtsstaatlich ist es in jedem Fall bedenklich, dass hier – anscheinend bewusst – der bekannteste Fall herausgegriffen wurde, um Druck auf alle übrigen betroffenen

---

672 *Stahl/Demuth,* Strafrechtliches Verwertungsverbot bei Verletzung des Steuergeheimnisses, DStR, 2008, S. 600 (603).

673 *Stahl/Demuth,* Strafrechtliches Verwertungsverbot bei Verletzung des Steuergeheimnisses, DStR, 2008, S. 600 (603).

674 *Stahl/Demuth,* Strafrechtliches Verwertungsverbot bei Verletzung des Steuergeheimnisses, DStR, 2008, S. 600 (603).

LGT-Anleger auszuüben, Selbstanzeigen abzugeben. Dies stellt eine Instrumentalisierung des Betroffenen dar. Dieser auch als „medienwirksame Kreuzigung“[675] bezeichnete Vorgang ist einem Rechtsstaat nicht angemessen. Insofern sollten die Verletzung des Steuergeheimnisses und die Instrumentalisierung nicht unberücksichtigt bleiben. Ein unter einen der Tatbestände des § 136a StPO subsumierbarer Fall dürfte dennoch nicht vorliegen.

2. *2009 Spatscheck: „Wird Gauner, wer mit Gaunern dealt? – Erkenntnisgewinnung und -verwertung in den Liechtenstein-Fällen 2008 – “*

Spatscheck lehnt das Vorliegen eines Beweisverwertungsverbotes anknüpfend an die Taten des Datenbeschaffers wegen dessen Eigenschaft als Privatperson grundsätzlich ab. Er nimmt jedoch an, ein Beweisverwertungsverbot könne sich unter Umständen aus folgenden Tatsachen ergeben: „dem rechtswidrigen Tätigwerden des BNDs, dem Ankauf der Informationen durch die deutschen Ermittlungs-/Finanzbehörden und dem erfolgten Verstoß gegen das Völkerrecht durch die Umgehung der Rechtshilfe“.[676] Ohne näher auf die Argumente einzugehen, stimmt *Spatscheck* „den Literaturstimmen, die vor allem wegen des unzulässigen Einsatzes des BNDs sowie der Beteiligung deutscher Beamter an Straftaten hier ein Beweisverwertungsverbot annehmen“, zu.[677] Weiterhin greift er in affirmativer Weise das Argument von *Stahl/Demuth* auf, welches bereits vorgestellt wurde.

3. *2010*

a) *Jahn: „Grundfragen und aktuelle Probleme der Beweisverwertung im Straf- und Steuerstrafverfahren: Zugleich ein Beitrag zur Fortentwicklung der Beweisbefugnislehre nach dem ‚Fall Liechtenstein‘“*

„Das Beweisverbotsrecht ist für die sich im Liechtenstein-Komplex stellenden Herausforderungen ähnlich schlecht präpariert wie in der Mehrzahl der Fälle, in denen es zu einer Lösung aufgerufen wäre.“[678] So leitet *Jahn* seine eigentlichen Ausführungen zum Beweisverwertungsverbot im Fall Liechtenstein ein. Zur insgesamt unklaren Situation in diesem Bereich macht er dann noch eine Reihe weiterer Ausführungen, im Rahmen dessen er auch seine eigene Beweisbefugnislehre vorstellt.[679] Weiterhin wird noch auf drei Urteile aus den 1980er-Jahren eingegangen,

---

675 Siehe Kapitel 2.
676 *Spatscheck,* Wird Gauner, wer mit Gaunern dealt?, FS Volk, S. 771 (785).
677 *Spatscheck,* Wird Gauner, wer mit Gaunern dealt?, FS Volk, S. 771 (785).
678 *Jahn,* Grundfragen und aktuelle Probleme der Beweisverwertung im Straf- und Steuerstrafverfahren, FS Stöckel, S. 259 (262).
679 *Jahn,* Grundfragen und aktuelle Probleme der Beweisverwertung im Straf- und Steuerstrafverfahren, FS Stöckel, S. 259 (262ff.).

die ebenfalls mit steuerstrafrechtlichen Sachverhalten und Hausdurchsuchungen zu tun hatten,[680] für die hier interessierenden Konstellationen aber ohne Belang sind.

Für den *LGT*-Fall sieht er drei Aspekte, welche dem Fall „verfassungsrechtlichen Gehalt" geben könnten,[681] was bedeutet, dass nach der von ihm vertretenen Beweisbefugnislehre ein Beweisverwertungsverbot angenommen werden könnte. Diese drei Punkte überschreibt er mit „Hingabe staatlicher Finanzmittel ohne ausreichende parlamentsgesetzliche Ermächtigung",[682] „Nichtbeachtung des Trennungsgebots"[683] und „Verstoß gegen das völkerrechtliche Territorialitätsprinzip".[684] Was die Hingabe staatlicher Mittel ohne gesetzliche Grundlage angeht, verweist er auf die §§ 161 und 163 StPO, welche seiner Ansicht nach keine ausreichende Grundlage für ein solches Vorgehen liefern.[685] Eine Nichtbeachtung des Trennungsgebotes könne „den Wesensgehalt des Grundrechts aus Art.2 Abs.1 in Verbindung mit Art.1 Abs.1 GG" verletzen.[686]

Jahn geht daher davon aus, dass die beiden ersten Stränge bereits zu einem Beweisverwertungsverbot führen könnten, da ein Verstoß gegen Art. 19 Absatz 2 GG möglich sei. Was den Verstoß gegen das völkerrechtliche Territorialitätsprinzip betrifft, geht er jedoch davon aus, dass dies nur bei Übergabe der Daten in Liechtenstein einschlägig sein könne, was er für unwahrscheinlich hält.[687]

Neben diesen Anknüpfungspunkten an das Handeln staatlicher Stellen selbst geht er jedoch auch auf die Möglichkeit einer Zurechnung des Handelns des Datenlieferanten ein und die damit verbundenen Zurechnungskonstruktionen, die hierzu im Rahmen der Fallgruppe der durch Private illegal erlangten Beweise diskutiert werden.[688] Er vertritt im Rahmen dessen die Meinung, dass eine Zurechnung mangels Steuerung des Datenlieferanten ausscheidet und auch ein „unselbstständiges Beweisverwertungsverbot", welches sich grundsätzlich daraus ergeben könne, dass

680 *Jahn,* Grundfragen und aktuelle Probleme der Beweisverwertung im Straf- und Steuerstrafverfahren, FS Stöckel, S. 259 (268f.).
681 *Jahn,* Grundfragen und aktuelle Probleme der Beweisverwertung im Straf- und Steuerstrafverfahren, FS Stöckel, S. 259 (272).
682 *Jahn,* Grundfragen und aktuelle Probleme der Beweisverwertung im Straf- und Steuerstrafverfahren, FS Stöckel, S. 259 (272).
683 *Jahn,* Grundfragen und aktuelle Probleme der Beweisverwertung im Straf- und Steuerstrafverfahren, FS Stöckel, S. 259 (273).
684 *Jahn,* Grundfragen und aktuelle Probleme der Beweisverwertung im Straf- und Steuerstrafverfahren, FS Stöckel, S. 259 (273).
685 *Jahn,* Grundfragen und aktuelle Probleme der Beweisverwertung im Straf- und Steuerstrafverfahren, FS Stöckel, S. 259 (272f.).
686 *Jahn,* Grundfragen und aktuelle Probleme der Beweisverwertung im Straf- und Steuerstrafverfahren, FS Stöckel, S. 259 (273).
687 *Jahn,* Grundfragen und aktuelle Probleme der Beweisverwertung im Straf- und Steuerstrafverfahren, FS Stöckel, S. 259 (274).
688 *Jahn,* Grundfragen und aktuelle Probleme der Beweisverwertung im Straf- und Steuerstrafverfahren, FS Stöckel, S. 259 (278ff.).

„Privatpersonen bei der Beweiserlangung eklatant gegen die Menschenwürde ihrer Mitbürger verstießen", aus den vorliegenden Handlungen nicht abzuleiten sei.[689]

Weiterhin behandelt er die Probleme der Vor-, Fort-, Fern- und Frühwirkung von Beweisverwertungsverboten.[690] Die „Vorwirkung" führe dazu, dass mit einem Beweisverwertungsverbot belegte Beweismittel schon in den vorherigen Verfahrensschritten bereits nicht verwertbar seien,[691] auch der Fortwirkung steht er sehr offen gegenüber.[692] Die Fern- und Frühwirkung betreffend, vertritt er ebenfalls eine recht verwertungsfeindliche Position.[693] Insbesondere hält er im Liechtensteiner Fall eine Fernwirkung für nicht unwahrscheinlich, da ein „Wesensgehaltverstoß" vorliegen könne.[694]

Obwohl *Jahn* keine ausbuchstabierten Angebote für mögliche Beweisverwertungsverbote macht, stecken in dem Aufsatz eine Reihe sehr bedenkenswerter Punkte. Was das Anknüpfen an die mögliche Völkerrechtswidrigkeit angeht, kann *Jahn* nur zugestimmt werden.

Der Verweis auf „Hingabe staatlicher Finanzmittel ohne ausreichende parlamentsgesetzliche Ermächtigung"[695] ist grundsätzlich ein sehr bedenkenswerter Ansatz, enthält aber auch ein zirkuläres Element. Wenn die Steuerdaten-CDs aus einem Haushaltstitel für „Fahndungskosten" bezahlt werden,[696] was der Fall zu sein scheint, dann stellt sich hier die alte Frage wieder in neuem Gewand: Wenn man den Ankauf für rechtens hält, gibt es kein Problem. Tut man dies nicht, stellen sich erneut die den ganzen Fall durchziehenden Probleme. Da vorliegend zumindest für den Fall Liechtenstein ein bewusster Verstoß nicht angenommen werden kann, wird man diesen Punkt zumindest mit einem Fragezeichen versehen müssen.

---

689 *Jahn,* Grundfragen und aktuelle Probleme der Beweisverwertung im Straf- und Steuerstrafverfahren, FS Stöckel, S. 259 (280).

690 *Jahn,* Grundfragen und aktuelle Probleme der Beweisverwertung im Straf- und Steuerstrafverfahren, FS Stöckel, S. 259 (282ff.).

691 *Jahn,* Grundfragen und aktuelle Probleme der Beweisverwertung im Straf- und Steuerstrafverfahren, FS Stöckel, S. 259 (282).

692 Vgl. *Jahn,* Grundfragen und aktuelle Probleme der Beweisverwertung im Straf- und Steuerstrafverfahren, FS Stöckel, S. 259 (282f.).

693 *Jahn,* Grundfragen und aktuelle Probleme der Beweisverwertung im Straf- und Steuerstrafverfahren, FS Stöckel, S. 259 (284ff.).

694 *Jahn,* Grundfragen und aktuelle Probleme der Beweisverwertung im Straf- und Steuerstrafverfahren, FS Stöckel, S. 259 (285).

695 *Jahn,* Grundfragen und aktuelle Probleme der Beweisverwertung im Straf- und Steuerstrafverfahren, FS Stöckel, S. 259 (272).

696 *Jahn* bezieht sich hier zwar nicht auf die Schweizer Fälle, allerdings dürfte das „Problem" dort haushaltsrechtlich ähnlich gelöst worden sein, so zumindest die Vermutung. Siehe Kapitel 6 H und Drucksache 16/738 des Landtags Nordrhein-Westfalen, S. 2.

Nachdrücklich zustimmungswürdig ist hingegen der zumindest für möglich gehaltene Verstoß gegen das Trennungsverbot, welchen *Jahn* ebenfalls für ein Beweisverwertungsverbot ausreichen lassen will. Dass ein solcher vorlag, wurde oben ausführlich gezeigt.

Was die Zurechnung des Handelns des Privaten angeht, ist *Jahns* Darstellung der bestehenden Meinungen zuzustimmen. Ein Beweisverwertungsverbot aus diesem Gesichtspunkt scheint im Liechtensteiner Fall nach gängiger Dogmatik in der Tat ausgeschlossen zu sein. Die interessanten Fragen aus diesem Problemkreis stellen sich erst in den späteren Fällen.

Insgesamt ergeben sich von daher keine grundsätzlichen Kritikpunkte an *Jahns* Ansatz. Positiv hervorzuheben ist vor allem, dass er nachdrücklich für eine umfassende Ausgestaltung der Beweisverwertungsverbote, bezogen auf andere Verfahrensstadien, argumentiert und die kriminalpolitisch motivierten Ansätze der Gegenseite verwirft. Allerdings scheint er die vorliegend im Raum stehenden Probleme nicht gänzlich in dogmatischem Gewand abbilden zu können, was vor allem der eigene Ansatz für die vorliegenden Fälle versucht. Insofern scheint es daneben Raum für Begründungsansätze zu geben, deren verfassungsrechtlicher Gehalt zumindest nicht einfach zu rekonstruieren ist.

b) Kühne in GA: „Strafrechtliche und moralische Fragen beim staatlichen Ankauf von illegal erlangten Bankdaten"

In diesem Beitrag meint *Kühne*, dass in Deutschland aus einer illegalen Beweiserhebung, wie sie im hiesigen Fall vorgelegen habe, kein Beweisverwertungsverbot folge. Dies stünde im Gegensatz zu einigen Ländern aus dem romanischen Rechtskreis und sei ein „ethisches Paradox".[697] Auch wenn er für die Praxis große Zweifel hegt, dass ein Beweisverwertungsverbot mit Fernwirkung akzeptiert würde, befürwortet er ein solches.[698]

c) Heerspink: „Die Ermittlungen zur Liechtenstein-Affäre" und „Auf ein Neues: Steuer-CD – Vom Umgang mit Kriminellen und Daten"

Heerspink verfolgt in seinem ersten Beitrag einen sehr praktischen Ansatz und beschränkt sich im Wesentlichen darauf, bereits bestehende Ansätze zu den Liechtenstein-CDs und der Frage von deren Verwertbarkeit darzustellen.[699]

In einem zweiten Beitrag zum Gesamtthema setzt sich *Heerspink* auch mit den Schweizer Steuerdaten-CDs auseinander.[700] Er vertritt hier die Meinung, dass aus

697 *Kühne,* Strafrechtliche und moralische Fragen beim staatlichen Ankauf von illegal erlangten Bankdaten, GA, 2010, S. 275 (282).

698 *Kühne,* Strafrechtliche und moralische Fragen beim staatlichen Ankauf von illegal erlangten Bankdaten, GA, 2010, S. 275 (282f.).

699 *Heerspink,* Die Ermittlungen zur Liechtenstein-Affäre, AO-StB, 2009, S. 25 (28ff.).

700 *Heerspink,* Auf ein Neues: Steuer-CD, AO-StB, 2010, S. 155ff.

dem Urteil des LG Bochum hervorginge, „dass trotz eines gezielten Bruchs der vom Gesetzgeber aufgestellten Regeln, eine Verwertung möglich wäre. Gezielt rechtswidrigen Ermittlungen wäre damit Tür und Tor geöffnet, denn der bewusste Rechtsbruch erzeugt keine Konsequenzen“,[701] so *Heerspink*.

Weiterhin geht er unter Bezugnahme auf die von *Heine* zur Liechtenstein-Konstellation geäußerten Meinung davon aus, dass auch im Schweizer Fall wohl ein Bruch des Völkerrechts vorliege. Dass ein unverwertbares Beweismittel Grundlage für „strafrechtliche Zwangsmaßnahmen“ sein könne, bezweifelt er.[702] Das LG Bochum und die herrschende Meinung lehnten zwar eine Fernwirkung des Beweisverbotes ab, jedoch könne „auch die Abwägungslehre es keinesfalls rechtfertigen, dass sich der Staat bewusst ins Unrecht setzt, um anderes Unrecht (Steuerhinterziehung) aufzuklären“.[703]

Dies wird mit zwei Argumentationssträngen begründet. Erstens: „Der Staat hat sich nicht auf eine Stufe mit Gesetzesbrechern zu stellen, sondern sich an die selbst gesetzten Regeln zu halten.“ Dies wird mit dem Argument vom staatlichen Selbstwiderspruch verknüpft, indem *Heerspink* sagt: „Erkennt der Staat die selbst gesetzten Regeln als hinderlich, hat er es in der Hand, die Regeln in einem parlamentarischen Prozess zu ändern. Nur bei eigener Regelkonformität kann der Staat auch vom Bürger Rechtstreue einfordern.“[704]

Aus alldem folgert er, dass für die vorliegenden Fälle ein „(rechtswidriger) Durchsuchungsbeschluss [...] keine verwertbaren Erkenntnisse erbringen“ kann.[705] Im Anschluss wird die Frage behandelt, ob das angenommene strafprozessuale Verwertungsverbot auch auf das Besteuerungsverfahren durchschlägt.[706] Er nimmt dies für Fälle an, in denen die Verwertungsverbote „allgemeinen Rechtsgedanken und nicht lediglich strafrechtlichen Zwecken entsprechen“. Dies sei durch Abwägung zu ermitteln, wobei in den hiesigen Fällen „die Art und Schwere eines Verfahrensverstoßes gegen das Recht auf gesetzmäßige und gleichmäßige Besteuerung abzuwägen“ sei.[707]

Als Endergebnis hält *Heerspink* fest, dass der Staat hier den „Strafprozess zum verlängerten Arm der Innen- und Außenpolitik“ mache und die Justiz mit „einem hoch toxischen Beweismittel“ experimentiere. Der Staat laufe Gefahr zum einen „die moralische Überlegenheit des Strafverfahrens zu zerstören und zweitens die Chance zu verspielen, dem Leviathan Grenzen zu setzen zugunsten der Freiheitsrechte der einzelnen Bürger“.[708]

---

701 *Heerspink,* Auf ein Neues: Steuer-CD, AO-StB, 2010, S. 155 (158).
702 *Heerspink,* Auf ein Neues: Steuer-CD, AO-StB, 2010, S. 155 (158).
703 *Heerspink,* Auf ein Neues: Steuer-CD, AO-StB, 2010, S. 155 (158).
704 *Heerspink,* Auf ein Neues: Steuer-CD, AO-StB, 2010, S. 155 (158).
705 *Heerspink,* Auf ein Neues: Steuer-CD, AO-StB, 2010, S. 155 (158).
706 *Heerspink,* Auf ein Neues: Steuer-CD, AO-StB, 2010, S. 155 (159).
707 *Heerspink,* Auf ein Neues: Steuer-CD, AO-StB, 2010, S. 155 (159).
708 *Heerspink,* Auf ein Neues: Steuer-CD, AO-StB, 2010, S. 155 (160).

Der letzte Satz ist sehr interessant, da sich dieses Argument, vor allem als „sittliche", nicht „moralische" Überlegenheit bekannt, für gewöhnlich auf den „Staat" und nicht das „Strafverfahren" bezieht. Wenn man dies so betrachtet, muss man das Strafverfahren wohl als eine Institution betrachten, welche *dem Staat als Kontrollmechanismus* entgegengestellt ist und die Freiheitsrechte der Bürger verteidigen soll. Anschlussfähig an ein so verstandenes Argument wäre es wohl dann auch, einen Sinn des Beweisverwertungsverbotes in der Disziplinierung der Exekutive zu sehen. Somit wird das Strafverfahren gegen Beschuldigte interessanterweise als ein Mechanismus zum Schutz von Freiheitsrechten verstanden. Den Strafprozess als Mittel zum Durchsetzen von außenpolitischen Zielen zu missbrauchen, ist in der Tat hochproblematisch und wird im nächsten Teil ebenfalls angesprochen. Der Behauptung, aus dem Bochumer Urteil ergebe sich, dass auch gezielte Straftaten kein Beweisverwertungsverbot begründen würden, muss hier allerdings widersprochen werden. Zwar findet sich eine gewisse Unterstellung in diesem Urteil, eine so weitreichende Aussage ist dem aber nicht zu entnehmen.

d) Campos Nave: „Ankauf einer Steuersünder-CD"

Campos Nave geht davon aus, dass eine Verwertung der Daten vor Gericht zumindest zweifelhaft sei. Als Argument führt er an, „[e]in Staat, der von seinen Bürgern ein rechtstreues Verhalten fordert, muss sich selbst auch rechtstreu verhalten". Es sei nicht einzusehen, dass der Fiskus zur Durchsetzung seiner Ansprüche illegal erlangte Beweismittel verwenden dürfe. Andernfalls bliebe zu befürchten, dass die geforderte Rechtstreue den Bürgern eines Staates nicht weitervermittelt werden könne.[709]

Campos Nave rügt hier im Kern einen Verstoß gegen das Rechtsstaatsprinzip, ohne dies im Rahmen seines Zwischenrufes näher begründen zu können. Grundsätzlich spricht einiges dafür, auch wenn im Detail manches durcheinandergeht.[710] Trotzdem führt er mit dem staatlichen Selbstwiderspruch und der Vorbildfunktion des Staates für die Rechtstreue der Bürger zwei sehr grundsätzliche – und zustimmungswerte – Argumente ins Feld.

e) Koblenzer: „‚Steuersünder-CD' – alles Schweizer Käse? Grenzen (steuer-)strafrechtlicher Ermittlungsmethoden" und „10 Fragen zum Ankauf von Steuer-CDs"

Koblenzer hat sich in zwei Beiträgen 2010[711] und 2012[712] zum Steuerdaten-CD Thema geäußert.

709 *Campos Nave*, Ankauf einer Steuersünder-CD, BB, 2010, Nr.11, „Die erste Seite".
710 *Campos Nave* behauptet beispielsweise, dass ein solcher Ankauf für Privatpersonen Hehlerei begründe. Das ist materiell-rechtlich sicherlich nicht richtig.
711 *Koblenzer*, „Steuersünder-CD" – alles Schweizer Käse?, ErbStB, 2010, S. 116ff.
712 *Koblenzer*, 10 Fragen zum Ankauf von Steuer-CDs, Steuer Tip, Nr.35/12, S. 1ff.

Nach einigen einführenden Worten zur Dogmatik der Beweisverbote thematisiert *Koblenzer* in seinem ersten Artikel zum Kauf einer Schweizer Steuerdaten-CD die hier interessierende Frage, die er folgendermaßen zusammenfasst: „Noch nicht geklärt ist allerdings die Frage, wie es sich bei Beweisen verhält, die unter Missachtung der Rechtsordnung aufgrund einer Straftat der ermittelnden Beamten erlangt wurden."[713] Er grenzt dies deutlich von der Frage einer Verwertbarkeit von strafbarerweise durch Private erlangten Daten ab und sieht diese Diskussion als wenig zielführend an. Kernfrage ist für ihn daher in den fraglichen Fällen, „ob der Staat, der der oberste Hüter der Rechtsordnung ist, unter Begehung einer eigenen, selbstständigen Straftat Beweise ermitteln und dann i.R. eines Strafverfahrens gegen den Beschuldigten verwenden darf".[714] Vergleiche mit den *agent provocateur*-Fällen lehnt er ebenfalls strikt ab.[715] Im zweiten Beitrag bekräftigt er noch einmal seine Ansicht, dass die Daten nicht verwertet werden dürfen, hieran habe insbesondere die Entscheidung des Bundesverfassungsgerichts nichts geändert.[716]

Positiv ist vor allem zu werten, dass *Koblenzer* die Fälle von der Fallgruppe der durch Private illegal beschafften Beweise abgrenzt, denn diese Fälle unterscheiden sich von den vorliegenden doch recht grundlegend.[717] Ebenso zustimmungswürdig ist seine Analyse der fehlenden Eingriffsgrundlage, die oben bereits verwertet wurde.

f) Ostendorf: „Gekaufte Strafverfolgung – Die Strafbarkeit des Erwerbs von ‚geklauten' Steuerdaten und ihre Beweisverwertung"

Ostendorf behandelt in seinem Artikel in erster Linie den *Credit Suisse*-Fall und betont insbesondere, dass die Liechtensteiner Konstellation außen vor bleiben solle, welche den Bundesnachrichtendienst eingeschlossen hatte.[718] *Ostendorf* geht dann zwar von der „Nichtstrafbarkeit der deutschen Datenkäufer" aus, hält ein Beweisverwertungsverbot aber trotzdem für möglich und geboten.

Als ersten Anknüpfungspunkt nennt er das Fehlen „einer speziellen Ermächtigungsnorm",[719] weist aber darauf hin, „dass die Rechtsprechung zum Einsatz von Vertrauenspersonen zeigt, dass das Fehlen einer Ermächtigungsnorm allein nicht zur zwangsläufigen Annahme eines Beweisverwertungsverbots führt"[720] und lehnt daher ein Beweisverwertungsverbot aus diesem Gesichtspunkt ab. Im Rahmen einer Abwägung spreche „die Höhe des Steuerschadens insgesamt" für das Vorgehen

713 *Koblenzer,* „Steuersünder-CD" – alles Schweizer Käse?, ErbStB, 2010, S. 116 (122).
714 *Koblenzer,* „Steuersünder-CD" – alles Schweizer Käse?, ErbStB, 2010, S. 116 (122).
715 *Koblenzer,* „Steuersünder-CD" – alles Schweizer Käse?, ErbStB, 2010, S. 116 (122).
716 *Koblenzer,* 10 Fragen zum Ankauf von Steuer-CDs, Steuer Tip, Nr.35/12, S. 1f.
717 Beispielhaft: *Hassemer/Matussek,* Das Opfer als Verfolger.
718 *Ostendorf,* Gekaufte Strafverfolgung, ZIS, 2010, S. 301 (301).
719 *Ostendorf,* Gekaufte Strafverfolgung, ZIS, 2010, S. 301 (305).
720 *Ostendorf,* Gekaufte Strafverfolgung, ZIS, 2010, S. 301 (306).

der Behörden.[721] Er geht nicht davon aus, dass die Daten auf anderem Wege hätten erlangt werden können.[722]

Als Nächstes geht er dann einem möglichen *Fair-trial*-Verstoß aufgrund der „unzulässigen Einschaltung von Privatpersonen zur Umgehung des prozessual Zulässigen" nach.[723] Grundsätzlich gelte die StPO in diesen Fällen jedoch nicht, als Ausnahmen identifiziert er hier drei Fallgruppen: erstens Menschenrechtsverstöße,[724] zweitens Grundrechtsverstöße durch „Verwertung des Materials" und drittens Fälle der „gezielten Veranlassung". *Ostendorf* nimmt jedoch im Ergebnis keine dieser Ausnahmen an, stellt aber andererseits fest, dass „durch das Dulden sowie das routinemäßige Zahlen einer Belohnung auf Dauer ein solcher Anreiz geschaffen werden [kann], was einem gezielten Einsatz gleichkommt".[725]

Die zentrale Figur seiner dann folgenden Argumentation im Hinblick auf ein mögliches Verwertungsverbot ist jedoch das „fair-trial-Prinzip" und § 136a StPO, welchen er als eine „Konkretisierung des fair-trial-Prinzips" betrachtet.[726] Kern seiner Argumentation ist daher eine analoge Anwendung des § 136a Absatz 1 Satz 3 StPO auf den vorliegenden Fall, da ein gesetzlich nicht vorgesehener Vorteil gewährt worden sei. Er zählt zwar eine Reihe von Fällen auf, in denen die Justiz auf die eine oder andere Art geldwerte Vorteile gewähre, schlussfolgert aber letztendlich: „Mit der Zahlung haben sie [die Steuerbehörden, Anmerkung D.W.] sich gleichsam ihrer Rolle als objektive Strafverfolgungsbehörde beraubt."[727] Im Ergebnis spreche hier daher „mehr für Unverwertbarkeit als für Verwertbarkeit der durch Ankauf erlangten Steuerdaten".[728]

Ostendorf bringt hier mit seinem Argument des wirtschaftlichen Nutzendrucks einen wichtigen Punkt in die Diskussion ein. Allerdings erscheint ein Anknüpfen an das strafbare Vorgehen unter dem Gesichtspunkt der Verletzung von Menschenrechten für die vorliegenden Fälle in der Tat abwegig.

Nicht zu folgen ist der Lösung allerdings beim Anknüpfen an die Verursachung der Straftaten durch staatliche Stellen. Mit dem zuvor Gesagten ließe sich, nach hier vertretener Ansicht, in jedem Fall auch eine „gezielte Veranlassung" begründen; weshalb *Ostendorf* diesen Weg nicht geht, ist schwer nachvollziehbar.

Sein Hauptargument aber ist eine analoge Anwendung des § 136a Absatz 1 Satz 3 StPO und hier scheinen die größten Probleme zu liegen. Die Rechtsprechung nimmt diese nur bei krassen Verstößen gegen die Menschenwürde oder bei direkter Verursachung durch staatliche Behörden an, auch die Literatur ist diesbezüglich extrem

721 *Ostendorf*, Gekaufte Strafverfolgung, ZIS, 2010, S. 301 (306).
722 *Ostendorf*, Gekaufte Strafverfolgung, ZIS, 2010, S. 301 (306).
723 *Ostendorf*, Gekaufte Strafverfolgung, ZIS, 2010, S. 301 (306).
724 *Ostendorf*, Gekaufte Strafverfolgung, ZIS, 2010, S. 301 (306).
725 *Ostendorf*, Gekaufte Strafverfolgung, ZIS, 2010, S. 301 (307).
726 *Ostendorf*, Gekaufte Strafverfolgung, ZIS, 2010, S. 301 (307).
727 *Ostendorf*, Gekaufte Strafverfolgung, ZIS, 2010, S. 301 (307).
728 *Ostendorf*, Gekaufte Strafverfolgung, ZIS, 2010, S. 301 (308).

zurückhaltend.[729] *Ostendorf* sieht dieses Problem ebenfalls, alleine seine Begründung vermag hier nicht zu überzeugen, so sympathisch das Ergebnis auch ist. Die Begründung dieser Anwendung lautet:

> „§ 136a StPO gilt gem. § 69 Abs. 3 StPO auch für die Zeugenvernehmung. Zwar wird die Information über mutmaßliche Steuerhinterzieher nicht im Wege einer Vernehmung gewonnen. § 136a StPO dient aber sowohl dem Schutz der Menschenwürde der vernommenen Person als auch der Durchsetzung eines fairen Verfahrens. Es könnte das fair-trial-Prinzip verletzt sein, wenn auf nicht ‚justizförmige' Weise Informationen beschafft werden. § 136a StPO ist eine Konkretisierung des fair-trial-Prinzips, sodass eine analoge Anwendung des § 136a StPO in Betracht kommt."[730]

Weshalb man § 136a StPO hier nun ohne verhörähnliche Situation anwenden sollte, ist mitnichten nachvollziehbar. Auch der Verweis auf den Beitrag von *Sieber* verfängt nicht. Dieser erwähnt zwar in der Tat auch, dass nach § 136a StPO das Gewähren eines gesetzlich nicht vorgesehenen Vorteils sanktioniert wird, geht aber nicht so weit, den § 136a StPO analog anzuwenden. Dieser Weg scheint für die vorliegenden Fälle (leider) versperrt zu sein.[731] Trotz aller Differenzen im Detail ist an *Ostendorfs* Beitrag zu loben, dass er den Aspekt des „Etwas-wieder-Hereinholen-Müssens" und den damit verbundenen Mangel an Objektivität im Strafverfahren herausgearbeitet hat. Dies erscheint im Hinblick auf das *Fair-trial-Prinzip* in der Tat hochproblematisch.

Schwer nachvollziehbar ist der letzte Absatz seines Artikels, den er als eine „politisch-moralische Bewertung im Sinne von political correctness" versteht. Zunächst ist hieran zu kritisieren, dass der doch recht komplexe – und sehr umstrittene – Begriff der „political correctness"[732] ähnlich einem juristischen Terminus als unstreitig vorausgesetzt und nicht weiter erläutert wird. Allein dieses Faktum macht ihn für die Diskussion bereits unbrauchbar. Jedoch scheinen überdies die anderen in diesem Abschnitt gebrachten Argumente in sich widersprüchlich zu sein. *Ostendorf* schreibt:

> „Mit der vorgetragenen Begründung für eine Unverwertbarkeit ist auch die Richtung für die politisch-moralische Bewertung vorgegeben. Ein fair-trial-Verstoß ist politisch-moralisch verwerflich. Politische Korrektheit verbietet Strafverfolgung auf diesem Wege zu betreiben."[733]

---

729 Vgl. *Matula*, Private Ermittlungen, S. 97ff. mit einer sehr ausführlichen Analyse zur Anwendbarkeit von § 136a StPO auf Private.

730 *Ostendorf*, Gekaufte Strafverfolgung, ZIS, 2010, S. 301 (307).

731 So auch *Ambos*, Beweisverwertungsverbote, S. 123.

732 Die gleiche Terminologie benutzt auch *Eicker*, Zur Strafbarkeit des Kopierens und Verkaufens sowie des Ankaufens von Bankkundendaten als schweizerisch-deutsches Tatgeschehen, Jusletter, 30. August 2010, S. 2.

733 *Ostendorf*, Gekaufte Strafverfolgung, ZIS, 2010, S. 301 (308).

Wenn die rechtliche Begründung, die sich im Wesentlichen auf den „fair-trial"-Grundsatz stützt, ohnehin schon die Richtung der moralischen Bewertung vorgibt, ist es wenig einleuchtend, wenn ein „fair-trial Verstoß" dann auch noch als „politisch-moralisch" verwerflich beschrieben wird. Das eine schließt das andere ja letztlich ein. Gefährlich wird es dann jedoch, wenn noch „political correctness" ins Spiel kommt, denn damit setzt *Ostendorf* nun alles gleich: Recht, Moral, Politik und „political correctness". Er fährt dann fort:

> „Zwar überzeugt der Hinweis nicht, dass mit dem Ankauf eine Ermunterung zu weiteren Datenausspähungen gegeben werde, ein politischer Anreiz zu Straftaten begründet werde. Weitere Datenausspähungen werden ‚uninteressant', wenn die hier vertretene Ansicht sich in der Rechtsprechung durchsetzt, dass derartige Daten im Strafprozess unverwertbar sind. ‚Interessant' ist eine Datenausspähung nur, wenn damit ‚Geld gemacht werden kann'. Bei Unverwertbarkeit werden aber die Daten nicht mehr von den Steuerbehörden gekauft werden."[734]

Natürlich werden Datenausspähungen uninteressant, wenn damit kein Geld gemacht werden kann. Der Aufsatz erschien im April 2010, gut zwei Jahre nach der „Liechtenstein- Affäre". Zu diesem Zeitpunkt gab es bereits untergerichtliche Rechtsprechung, die zumindest mit den Daten als Ermittlungsansatz und Grundlage für strafprozessuale Zwangsmaßnahmen keine Probleme hatte und es wurden auch weiterhin Daten angekauft, was letztlich auch der Grund für *Ostendorfs* Artikel war. Wie man den fortgesetzten Ankauf staatlicher Stellen von illegal erworbenen Daten nicht als „Ermunterung zu weiteren Datenausspähungen" sehen kann, bleibt unklar. Das wurde bereits im Rahmen von *Ostendorfs* dogmatischen Argumenten kritisiert. Es ging hier tatsächlich immer nur um Geld. *Ostendorf* äußert sich dazu dann jedoch weiter:

> „Aber auch die gegenteilige Rechtsauffassung führt dazu, dass Datenausspähungen von mutmaßlichen Steuerhinterziehungen keinen Sinn machen. Steuerhinterziehungen auf diesem Wege werden dann zu risikoreich, sie werden zumindest in der Masse eingestellt werden. Damit ist Datenausspähungen in diesem Bereich die Grundlage entzogen. Entscheidend für die politisch-moralische Bewertung ist aber, dass die Rechtstreue der Bürger negativ beeinflusst wird, wenn Straftaten scheinbar doch lohnen, wenn der Staat selbst Belohnungen für begangene Straftaten austeilt. Strafverfolgung mit Hilfe von Straftaten ist ein rechtsstaatlicher Widerspruch."[735]

Hier hat *Ostendorf* sicher einen Punkt, vor allem was den negativen Einfluss auf die Rechtstreue der Bürger angeht. In der Tat scheint es für Steuerhinterzieher des „kleinen" und „mittleren Segments" heute nur noch schwer möglich, Geld vor dem Fiskus „in Sicherheit zu bringen", da der hierfür zu betreibende Aufwand, beispielsweise in außereuropäischen Ländern, zum einen zu groß ist und auch nicht das

734 *Ostendorf*, Gekaufte Strafverfolgung, ZIS, 2010, S. 301 (308).
735 *Ostendorf*, Gekaufte Strafverfolgung, ZIS, 2010, S. 301 (308).

Sicherheitsgefühl wie bei Liechtensteiner und Schweizer Instituten besteht. Nichtsdestotrotz ist dieses Argument wohl daher zum einen etwas zu optimistisch und hat zum anderen einen deutlich zynischen Beigeschmack. Weiterhin scheint sich auch eher so etwas wie ein Mittelweg durchzusetzen: Zwar sind die Daten illegal erlangt und werden (daher?!) nicht als Beweise in der Hauptverhandlung verwendet, jedoch dienen sie als Ermittlungsansatz und Grundlage für Zwangsmaßnahmen und damit letztlich als Druckmittel.

g) Elke Werner: „Alles, was (Straf-)Recht ist! – ‚Steuerdaten-Affäre Schweiz'"

Werner geht für einen, mit Ausnahme des Einsatzes des Bundesnachrichtendienstes, vergleichbaren Schweizer Fall davon aus, dass ein Beweisverwertungsverbot anzunehmen sei.[736] Aus einer Strafbarkeit der handelnden Beamten zumindest gemäß § 257 Absatz 1 StGB und darüber hinaus möglicherweise vorliegenden Strafbarkeiten nach UWG, BDSG und § 258 Absatz 1 StGB[737] leitet sie einen Verstoß gegen das Rechtsstaatsprinzip ab, der wiederum zu einem Beweisverwertungsverbot führe. Eine Rechtfertigung gemäß § 34 StGB lehnt sie ab.[738]

Das Beweisverbot folge aus einer Güterabwägung „zwischen dem Rechtsstaatsprinzip einerseits und dem Interesse an der Strafverfolgung von Steuersündern andererseits".[739] Kern ihres Argumentes ist letztlich die Aussage, dass „[e]in bewusster Missbrauch staatlicher Macht und der Umstand, dass rechtswidrig erlangte Erkenntnisse auf rechtmäßige Weise nicht hätten erlangt werden können", grundsätzlich zu einem Beweisverbot führe.[740]

Was die angenommenen Strafbarkeiten angeht, kann *Werner* hier nur teilweise gefolgt werden. Problematisch ist vor allem aber die Anknüpfung an die Zielgerichtetheit. Für den Liechtensteiner Fall scheint diese nicht wahrscheinlich, für die Schweizer Fälle mag etwas anderes gelten. Allerdings bestehen auch hier Zweifel vor dem Hintergrund einer weiterhin nicht endgültig geklärten Rechtslage.

---

736 *Werner,* Alles, was (Straf-)Recht ist! – „Steuerdaten-Affäre Schweiz", IWB, 2010, S. 164 (168ff.); auf Seite 165 zählt *Werner* noch einige weitere Unterschiede auf, die jedoch für die rechtliche Bewertung von untergeordneter Bedeutung zu sein scheinen.

737 *Werner,* Alles, was (Straf-)Recht ist! – „Steuerdaten-Affäre Schweiz", IWB, 2010, S. 164 (167f.).

738 *Werner,* Alles, was (Straf-)Recht ist! – „Steuerdaten-Affäre Schweiz", IWB, 2010, S. 164 (167f.).

739 *Werner,* Alles, was (Straf-)Recht ist! – „Steuerdaten-Affäre Schweiz", IWB, 2010, S. 164 (169).

740 *Werner,* Alles, was (Straf-)Recht ist! – „Steuerdaten-Affäre Schweiz", IWB, 2010, S. 164 (169).

h) *Kauffmann: „Die Affäre Liechtenstein und Schweiz in der Praxis – Zur Verwertbarkeit der angekauften Steuerdaten-CD im Strafverfahren“*

Kauffmann stellt zu Anfang seines Beitrages fest, dass „[v]or allem moralische und ethische Argumente [...] für einen etwaigen Kauf der Steuerdaten-CD herangezogen“ würden. Dem steht er jedoch ablehnend gegenüber, denn „moralische Werte [müssten] dann außer Acht bleiben [...], sofern der Staat gegen rechtsstaatlich fest verankerte Prinzipien verstößt“.[741] Ausgehend von der Feststellung der Strafbarkeit wegen Beihilfe oder Anstiftung zum Verrat von Geschäfts- und Betriebsgeheimnissen und Begünstigung beginnt er seine Argumentation zur Verwertbarkeit der Daten.[742] Hierbei verfährt er dreigleisig. Zunächst wird unter der Überschrift „[g]ezielter Einsatz des Mitarbeiters der Bank“ ein solcher diskutiert und mit den üblichen Argumenten abgelehnt.[743] Das zweite Gleis ist der „Ankauf der CD“, das sich wiederum in verschiedene Stränge aufteilt. Zunächst stellt er zutreffend fest, dass ein solches Anknüpfen meist abgelehnt werde und auch vorliegend nicht in Betracht komme. Im Folgenden diskutiert er dann jedoch die „[s]taatliche Mitwirkung an der Beweiserhebung“ und meint damit eine Zurechenbarkeit der Handlung des Privaten.[744] Eine solche folgert er für die Steuerdaten-CD Fälle aus einem Verstoß gegen Völkerrecht, ohne weitere Differenzierung zwischen dem Liechtensteiner und den Schweizer Fällen.[745] Im Rahmen der Abwägung ergebe sich dann, dass das „Delikt der Steuerhinterziehung die [...] rechtswidrige Beschaffung der Bankdaten und den damit verbundenen Eingriff in die Persönlichkeitsrechte des Mandanten nicht rechtfertigen können“.[746] Als weiteren Unterpunkt verfolgt er ein „Beweisverwertungsverbot wegen angekaufter CD“ als alternativen Weg, falls man die vorherigen Ausführungen nicht anerkenne. Er diskutiert hier einige der oben ausgeführten Meinungen und schließt daraus, dass „strafbare Handlungen (Ankauf der CD) von Ermittlungspersonen zwingend ein Beweisverwertungsverbot nach sich ziehen [müssen], da es sich nicht alleine um einen Verfahrensverstoß handelt, sondern der Staat sich selbst ins Unrecht begibt, um willkürlich Grenzen des europäischen Rechtshilfeabkommens zu umgehen“.[747]

Am Schluss geht er noch auf ein „Beweisverwertungsverbot wegen Weitergabe der Daten an die StA“ ein. Hier diskutiert er eine Verletzung des Trennungsgebotes,

---

741 *Kauffmann,* Die Affäre Liechtenstein und Schweiz in der Praxis, JA, 2010, S. 597 (597).

742 *Kauffmann,* Die Affäre Liechtenstein und Schweiz in der Praxis, JA, 2010, S. 597 (597).

743 *Kauffmann,* Die Affäre Liechtenstein und Schweiz in der Praxis, JA, 2010, S. 597 (598).

744 *Kauffmann,* Die Affäre Liechtenstein und Schweiz in der Praxis, JA, 2010, S. 597 (598).

745 *Kauffmann,* Die Affäre Liechtenstein und Schweiz in der Praxis, JA, 2010, S. 597 (598f.).

746 *Kauffmann,* Die Affäre Liechtenstein und Schweiz in der Praxis, JA, 2010, S. 597 (599).

747 *Kauffmann,* Die Affäre Liechtenstein und Schweiz in der Praxis, JA, 2010, S. 597 (599).

welches er in § 1 BNDG verortet und vor allem eine mögliche Amtshilfe nach § 116 Absatz 1 AO, die seiner Meinung nach als *lex specialis* die Weitergabe rechtfertige.[748]

Zuletzt geht er auf Fragen der Fernwirkung ein und meint, dass vorliegend aus dem Grundsatz der Vorwirkung folge, dass bereits ein Durchsuchungsbeschluss rechtwidrig sei und daher auch die durch Hausdurchsuchungen erlangten Daten unverwertbar seien.[749]

Was die angeblich herangezogenen, moralischen und ethischen Werte angeht, wäre sicherlich interessant gewesen, woran der Autor solche festmacht. Im Mittelpunkt sollen hier aber die rechtlichen Argumente stehen. Was die Einteilung nach den verschiedenen Gleisen angeht, ist hier nicht zu widersprechen. Die Zurechnung nach den Regeln des Völkerrechts erscheint etwas unterkomplex, was auch am Umfang des Beitrages liegt.

Dass alleine die Persönlichkeitsrechte der Betroffenen im Rahmen der Abwägung ein Beweisverwertungsverbot tragen können, ist zumindest eine sehr weitgehende Behauptung, die weiter begründungsbedürftig gewesen wäre. Selbiges gilt für die Annahme einer *willkürlichen* Umgehung der Grenzen des Europäischen Rechtshilfeabkommens. Auch dies ist alles andere als unproblematisch. Tatsächlichen Widerspruch ruft der Beitrag allerdings nur bei der Darstellung der angeblichen Rechtshilfe hervor. Diese Ansicht ist so sicher nicht vertretbar, hier sei auf die obigen Ausführungen verwiesen. Die angenommene Vor- und Fernwirkung ist ebenfalls eine sehr weitgehende Annahme, wird hier jedoch geteilt.

i) Hellmann: „Ermittlungsprobleme bei grenzüberschreitender Steuerhinterziehung und ‚kreative' Lösungen bei der Informationsbeschaffung"

Hellmann diskutiert zwei Ansatzpunkte. Zum einen sei ein Beweisverwertungsverbot anzunehmen, wenn der BND bewusst seine Kompetenzen überschritten hätte. Eine derartige Kompetenzüberschreitung läge vor, wenn er die Daten für die Steuerbehörden beschafft hätte und diese nicht gewissermaßen als Nebenprodukt aus nach eigenen Kompetenzen durchgeführten Ermittlungen angefallen wären.[750] Wie man dies auch beurteile, in jedem Fall habe er aber Straftaten begangen, auch dies reiche nach Abwägung für ein Beweisverwertungsverbot.[751] Dieses gelte wegen der Umstände des *LGT*-Falls ausnahmsweise auch für „mittelbar durch die bei den Durchsuchungen und Beschlagnahmen hervorgebrachten Beweise sowie die

748 *Kauffmann,* Die Affäre Liechtenstein und Schweiz in der Praxis, JA, 2010, S. 597 (599f.).

749 *Kauffmann,* Die Affäre Liechtenstein und Schweiz in der Praxis, JA, 2010, S. 597 (600).

750 *Hellmann,* Ermittlungsprobleme bei grenzüberschreitender Steuerhinterziehung, FS Samson, S. 661 (677).

751 *Hellmann,* Ermittlungsprobleme bei grenzüberschreitender Steuerhinterziehung, FS Samson, S. 661 (677f.).

geständigen Einlassungen der Beschuldigten im Steuerstrafverfahren".[752] Dasselbe gelte für das Besteuerungsverfahren.[753]

4. 2011 Trüg: „Steuerdaten-CDs und die Verwertung im Strafprozess"

In seinem Beitrag von 2011 behält *Trüg* zwar seine ursprünglichen Ansichten im Wesentlichen bei, modifiziert jedoch einige Punkte und berücksichtigt vor allem die späteren Schweizer Fälle.

Zunächst hält *Trüg* zwar daran fest, dass die „Beweismittelgewinnung dem Staat unmittelbar, nicht lediglich mittelbar zuzurechnen" sei.[754] Für die Schweizer Fälle „begründet die Bezahlung für die Erlangung der (späteren) Beweismittel einen Grad an Einflussnahme staatlicher Behörden, der eine Zurechnung auslösen muss", so *Trüg*.[755]

Im Anschluss geht er auf eine umfangreiche Abwägung ein, in der er sich auch mit einigen in der Literatur vertretenen Meinungen auseinandersetzt. Er argumentiert, „*[g]egen* eine Verwertung" spreche „über eine negative Signalwirkung für künftige Datenlieferanten hinaus, ein manifester Vertrauensverlust der Allgemeinheit in die Integrität der Strafverfolgung".[756] Das Argument, „dass diese Beweismittel wegen des Auslandsbezugs auf anderem Wege nicht zu erlangen gewesen wären", dreht *Trüg* um und benutzt es als ein Argument gegen die Verwertung, indem er sagt, dies sei „dem Umstand der ‚Selbstbeschränkung des Staates' bei strafprozessualen Ermittlungen geschuldet, die in den abgestuften Eingriffsbefugnissen der StPO und des Verfahrensrechts ihre Verkörperung findet".[757] Für die vorliegenden Fälle fehle es an jeglicher Ermächtigungsnorm, eine „Parallele zur Rechtsprechung des *BGH* bzgl. rechtswidriger TKÜ-Maßnahmen" sei möglich, zudem führe „[d]as generelle Fehlen einer Ermächtigungsnorm [...] zu einem ‚völkerrechtlichen Reflex'". Ein Beweismittel sei dann unverwertbar, wenn „der betroffene Staat" einer Verwertung widersprochen habe und „Rechtshilfe verweigert, soweit er im Falle bestehender Rechtshilfeübereinkommen zu einer solchen Verweigerung berechtigt ist (Art. 2 Abs. 1 GG i.V.m. Art.25 GG)".[758] Ferner wiederholt er bereits genannte Argumente anderer Autoren.

Zuletzt geht er auf seine bereits früher geäußerte Meinung ein, dass „[i]n Fällen final auf Beweismittelgewinnung gerichteter Straftaten" keine Abwägung mehr nötig, sondern immer von einem Beweisverwertungsverbot auszugehen sei.[759]

---

752 *Hellmann,* Ermittlungsprobleme bei grenzüberschreitender Steuerhinterziehung, FS Samson, S. 661 (678).

753 *Hellmann,* Ermittlungsprobleme bei grenzüberschreitender Steuerhinterziehung, FS Samson, S. 661 (679).

754 *Trüg,* Steuerdaten-CDs und die Verwertung im Strafprozess, StV, 2011, S. 111 (116).

755 *Trüg,* Steuerdaten-CDs und die Verwertung im Strafprozess, StV, 2011, S. 111 (116).

756 *Trüg,* Steuerdaten-CDs und die Verwertung im Strafprozess, StV, 2011, S. 111 (116).

757 *Trüg,* Steuerdaten-CDs und die Verwertung im Strafprozess, StV, 2011, S. 111 (117).

758 *Trüg,* Steuerdaten-CDs und die Verwertung im Strafprozess, StV, 2011, S. 111 (117).

759 *Trüg,* Steuerdaten-CDs und die Verwertung im Strafprozess, StV, 2011, S. 111 (117f.).

Trüg bejaht überdies die Fortwirkung[760] wie auch die Fernwirkung, Letztere vor allem auch mit dem Argument der Disziplinierung der Strafverfolgungsorgane.[761]

Was die Argumente um die final begangenen Straftaten angeht, kann auf das bereits Gesagte verwiesen werden. Für die damit ebenfalls angesprochenen Schweizer Fälle wird man im Ergebnis wiederum auf die weiterhin nicht geklärte Rechtslage, insbesondere aufseiten der Rechtsprechung, verweisen müssen. Das völkerrechtliche Argument scheint etwas zu weit zu gehen. Ansonsten enthält die Abwägung viel Zustimmungswürdiges, insbesondere die *Trüg*'sche Feststellung, dass das Bundesverfassungsgericht entgegen teilweise geäußerten Meinungen nicht über die Verwertbarkeit oder Nichtverwertbarkeit im Hauptverfahren entschieden hat. Weiterhin stark erscheint die Bejahung der Fernwirkung als eine Ausnahme zur Regel mit dem Hinweis auf die Disziplinierung der Strafverfolgungsorgane. Die vorliegenden Fälle scheinen tatsächlich für eine solche Wirkung geeignet, hierauf wird im Rahmen der eigenen Argumentation noch eingegangen.

5. 2012 Matula: „Private Ermittlungen – Die eigen und staatlich initiierte Ermittlungstätigkeit von Privatpersonen im Kontext des strafprozessualen Täuschungsverbots“

Im Rahmen ihrer Dissertation hat *Matula* eine Ansicht zum Falle Liechtenstein und den nachfolgenden Schweizer Fällen entwickelt. Sie untersucht im Rahmen dessen verschiedene Aspekte, schließt jedoch ein Anknüpfen an den Kauf selbst und damit verbundene eventuelle Verstöße gegen materielles Strafrecht, Strafprozessrecht oder das Völkerrecht aus ihren Betrachtungen aus.[762] Stattdessen verengt sie ihre Fragestellung darauf, „ob aus der privaten Ermittlung ein Beweisverwertungsverbot folgen muss“.[763]

Erster Ansatzpunkt hierfür ist für sie die Frage, „ob die Beweiserlangung durch K in Grundrechte der betroffenen Bankkunden eingegriffen hat. Hierbei ist an das Grundrecht auf informationelle Selbstbestimmung zu denken“.[764] Ein solcher Verstoß liegt ihrer Ansicht nach vor, denn die Daten „waren nicht dazu bestimmt, nach außen getragen zu werden. Doch ebendies hat der ehemalige Angestellte durch das An-sich-bringen und Verkaufen der Daten getan.“[765]

Aus dieser Feststellung folgert sie, ein Beweisverwertungsverbot „könnte aus der staatlichen Pflicht zur Wahrung der objektiven Wertordnung“ folgen.[766] Mit Hinweis auf den Beschluss des Bundesverfassungsgerichts geht sie jedoch davon aus, dass

---

760 *Trüg*, Steuerdaten-CDs und die Verwertung im Strafprozess, StV, 2011, S. 111 (118).
761 *Trüg*, Steuerdaten-CDs und die Verwertung im Strafprozess, StV, 2011, S. 111 (118f.).
762 *Matula*, Private Ermittlungen, S. 214.
763 *Matula*, Private Ermittlungen, S. 214.
764 *Matula*, Private Ermittlungen, S. 214.
765 *Matula*, Private Ermittlungen, S. 215.
766 *Matula*, Private Ermittlungen, S. 215.

der „Kernbereich privater Lebensgestaltung“ nicht tangiert worden sei, es müsse daher „zwischen den Interessen der betroffenen Bankkunden und dem Strafverfolgungsinteresse“ abgewogen werden.[767] Die einfache Steuerhinterziehung stelle aber „nach der Wertung des § 100a StPO keine Straftat dar, welche im Rahmen der Strafverfolgung besonders intensive Eingriffe in Individualrechtsgüter“ zulasse.[768] Im nächsten Satz folgt die Feststellung: „Des Weiteren spricht für die Bankkunden ihr Interesse an der Wahrung ihrer privaten Daten und des Bankgeheimnisses.“ Hierzu wird in Fußnote 729 zum einen die Vorschrift „AGB-Banken Nr.2 Abs.1“ wiedergegeben und weiterhin auf die dazugehörige Kommentierung von *Bunte,*[769] Randnummern 79 ff. verwiesen. Zudem wird mit Hinweis auf den oben dargestellten Beitrag von *Trüg* unter anderem „das Ansehen des Rechtsstaates“ ins Feld geführt.[770]

Insgesamt kommt sie dann zu dem Ergebnis:

> „Zusammenfassend betrachtet sprechen damit die gewichtigeren Gründe gegen eine Verwertung. [...] Dies bedeutet, dass der Staat – aus seiner Pflicht, eine objektive Wertordnung zu wahren – die auf der Steuerdaten-CD befindlichen Bankkundendaten nicht zu Strafverfolgungszwecken nutzen darf.“[771]

Im Anschluss wird die Fernwirkung diskutiert und bejaht.[772]

Getrennt von dieser Argumentation zum Fall Liechtenstein fährt sie dann mit einer Diskussion der folgenden Schweizer Fälle fort. Da sich diese Argumentation von der eben vorgestellten recht grundsätzlich unterscheidet, scheint es zweckmäßig zu sein, zunächst die eben vorgestellten Argumente einer kritischen Betrachtung zu unterziehen und dann auf die Schweizer Fälle einzugehen. Zwar hat die Argumentation einige interessante Ansatzpunkte, allerdings scheint sie insgesamt zu unterkomplex. Dem Endergebnis soll hier aber nicht widersprochen werden. Zunächst einmal geht sie über die recht vielschichtige Frage hinweg, inwiefern durch einen als Privatperson handelnden, liechtensteinischen Staatsbürger und durch Entwenden von Daten bei einer liechtensteinischen Bank auf liechtensteinischem Territorium das in Deutschland bestehende allgemeine Persönlichkeitsrecht tangiert werden kann. Zwar enthält die Arbeit in den vorigen Kapiteln einige Begründungsansätze, diese werden jedoch im Detail nicht auf die vorliegenden Probleme angewendet.

Das grundsätzlich gleiche Problem der mangelnden Berücksichtigung grenzüberschreitender Bezüge stellt sich dann auch in der Abwägung. Es wird nicht begründet, wie sich aus AGBs für *deutsche Banken,* welche immer nur als Vertragsbestandteil zwischen einer deutschen Bank und deren Bankkunden Wirksamkeit entfalten, Implikationen für die hiesigen Fälle ergeben sollen.

---

767 *Matula,* Private Ermittlungen, S. 215.
768 *Matula,* Private Ermittlungen, S. 216.
769 *Bunte,* AGB-Banken und Sonderbedingungen, Rn. 79ff.
770 *Matula,* Private Ermittlungen, S. 216.
771 *Matula,* Private Ermittlungen, S. 216.
772 *Matula,* Private Ermittlungen, S. 216.

Zwar ist sicherlich ein Interesse an der Geheimhaltung ebendieser Daten aus der deutschen Rechtsordnung ableitbar, der hier gewählte Weg scheint aber nicht vertretbar. Dem Hauptargument des Wahrens einer objektiven Wertordnung soll nicht grundsätzlich widersprochen werden. Die eben dargestellten Probleme wären aber vorgängig zu lösen.

Soweit die Ausführungen zu den liechtensteinischen Fällen. Deutlich interessanter erscheint hingegen die Argumentation für die Schweizer Fälle. Diese bringt *Matula* auf die Kernfrage, „ob bezüglich dieser Daten ein Beweisverwertungsverbot greifen könnte, weil der Staat durch den Ankauf der ‚ersten' Steuerdaten-CD andere Personen dazu initiiert hat, weitere Daten zu stehlen".[773] Ihre zentrale Definition hierzu lautet:

> „Hierzu müsste der Staat durch den Ankauf der ersten Steuerdaten-CD den nachfolgenden ‚Datendieben' einen Impuls zum Handeln vermittelt haben, welcher den Wunsch nach externer Ermittlungstätigkeit implizierte und vom objektiven Durchschnittsbürger auch als solcher erkannt werden konnte. Weiter müssten die Privatpersonen geglaubt haben, im Sinne der Strafverfolgungsbehörden vorzugehen."[774]

Auf die in tatsächlicher Hinsicht nicht näher ausgeführten Schweizer Sachverhalte angewandt, kommt sie zu folgenden Ergebnissen: Das zuletzt genannte Kriterium sei zu bejahen, die Probleme sieht sie jedoch in der Frage, ob tatsächlich ein „Impuls" zu den Taten der Datenlieferanten vermittelt wurde. Hier sei zum einen problematisch, ob der Wunsch, diese Taten begehen zu lassen, verständlich gewesen sei, denn „der Adressatenkreis dieser möglichen Erklärung [sei] nicht fest umrissen" gewesen.[775] In der Folge seien daher:

> „erhöhte Anforderungen an die Konkretheit der Einwirkungshandlung zu stellen, um noch ein kommunikatives Element bejahen zu können. Ein einfaches Entgegennehmen der Steuerdaten-CD genügt diesen Anforderungen nicht. Sie könnte bestenfalls als staatliche Initiative hinsichtlich einer weiteren Ausforschungstätigkeit des K gelten, da es hier jedenfalls zu einem persönlichen Austausch kam. Um jedoch eine Zurechnung bezüglich eines unbegrenzten Adressatenkreises anzunehmen, hätte der Staat deutlicher machen müssen, dass ihm solcherart erlangte Informationen erwünscht sind."[776]

Eine Zurechnung aus diesem Gesichtspunkt scheide daher aus, eine Unverwertbarkeit sei jedoch aus den gleichen Gründen wie im Liechtenstein-Fall anzunehmen.[777]

Die hier vorgeschlagenen Kriterien überzeugen mit Einschränkung. Die Probleme scheinen alle im Tatsächlichen zu liegen. Leider führt *Matula* nicht weiter aus, welchen Sachverhalt sie annimmt. Ausgehend von dem hier vertretenen Sachverhalt

773 *Matula,* Private Ermittlungen, S. 217.
774 *Matula,* Private Ermittlungen, S. 217.
775 *Matula,* Private Ermittlungen, S. 217.
776 *Matula,* Private Ermittlungen, S. 218.
777 *Matula,* Private Ermittlungen, S. 218.

gestaltet sich die Subsumtion relativ unproblematisch. Ein Impuls wurde durch die verbale Äußerung, man werde weiterhin Steuer-CDs kaufen, und den dadurch entstandenen Markt geschaffen. Da die Daten nicht anders als durch „externe Ermittlungstätigkeit" zu beschaffen waren und dies sowohl vom Durchschnittsbürger und – erwiesenermaßen – vom Durchschnittsbankangestellten so verstanden werden konnte, scheint auch dieser Punkt unproblematisch. Was die einzelnen Datenbeschaffer gedacht haben, ist eine Tatsachenfrage, die hier nicht beantwortet werden kann. In jedem Fall erscheint es aber alles andere als abwegig, dass sie auch davon ausgingen, dass ihr Verhalten von deutschen Strafverfolgungsbehörden gebilligt würde und ihnen insbesondere keine Strafverfolgung, sondern stattdessen Belohnung zuteilwerden würde.

Insofern ist *Matulas* Meinung unklar, wenn sie schreibt, der „Staat [habe] deutlicher machen müssen, dass ihm solcherart erlangte Informationen erwünscht sind".[778] Wenn die hier implizierte Voraussetzung tatsächlich wäre, dass ein konkreter Täter konkrete Anweisungen zu erhalten habe, wäre letztlich nur die bisher allgemeine Meinung wiedergegeben, diese aber nicht weiterentwickelt. So soll das Argument anscheinend aber nicht verstanden werden. Die höchste Schwelle scheint tatsächlich der abstrakte Adressatenkreis zu sein, hierauf wird im Rahmen des Vorstellens des eigenen Standpunktes noch einmal eingegangen.

Insbesondere kann man noch anmerken, dass es im ersten *Credit Suisse*-Fall aller Wahrscheinlichkeit nach eine Vielzahl von Treffen zwischen Steuerfahndern und dem Vermittler der Daten gab. Nachweislich fand wiederholte Kommunikation zwischen beiden Parteien statt.[779] Zumindest in diesem Fall dürfte die Zurechnung auch nach *Matulas* Anforderungen zwingend sein.

6. 2013

a) Dose: „Übermittlung und verfahrensübergreifende Verwendung von Zufallserkenntnissen"

Dose geht von einer grundsätzlichen Verwendbarkeit der Erkenntnisse im Steuerstrafverfahren aus, es müsse sich dann „jedoch um echte Zufallserkenntnisse gehandelt haben".[780] Ebendies sei vorliegend nicht der Fall, was auch das Bundesverfassungsgericht in seinem Beschluss zu den Daten-CDs gesehen, jedoch falsch interpretiert habe.[781] Der BND sei hier, wie oben im fünften Kapitel bereits dargestellt, „unzulässigerweise" tätig geworden. Die „unzulässige Zufallserkenntnisausforschung" habe dann zur Folge, dass die Daten weder im Hauptverfahren noch „als

778 *Matula,* Private Ermittlungen, S. 218.

779 Vgl. OLG Innsbruck, 7 Bs 553/11y.

780 Vgl. *Dose,* Übermittlung und verfahrensübergreifende Verwendung von Zufallserkenntnissen, S. 246.

781 *Dose,* Übermittlung und verfahrensübergreifende Verwendung von Zufallserkenntnissen, S. 247.

Spurenansatz für die anschließenden Ermittlungsmaßnahmen" hätten verwendet werden dürfen. Sie widerspricht mit dieser These ausdrücklich dem Beschluss des Bundesverfassungsgerichts.[782]

Dose dürfte damit die verwertungsfeindlichste Meinung im ganzen Diskurs um die Liechtenstein Datenträger vertreten und ist darüber hinaus (soweit ersichtlich) die einzige Autorin, die explizit dem Beschluss des Bundesverfassungsgerichtes widerspricht.

b) Pfisterer: „Walking a Fine Line – A Contextual Perspective on the Purchase of ‚Stolen' Banking Data by German Authorities"

Pfisterer hält die Fragen rund um das Beweisverwertungsverbot in den Steuer-CD Fällen auch Mitte 2013 für noch nicht endgültig geklärt und stellt in den Mittelpunkt seiner Betrachtungen den Beschluss des Bundesverfassungsgerichts sowie am Rande auch eine Entscheidung des FG Köln.[783] Er hält die Entscheidung des Bundesverfassungsgerichts aufgrund des dort für gewöhnlich angelegten Maßstabes nicht für sehr überraschend und sieht sich damit auch auf der Seite der überwiegenden Ansicht in der Literatur.[784] *Pfisterer* kommt im Rahmen seiner Betrachtungen letztlich aber zu dem Ergebnis, dass es außerordentlich bedenklich stimme, wenn nicht einmal Straftaten von offizieller Seite ein verfassungsrechtlich begründetes Beweisverwertungsverbot auslösen würden. Dies sei nicht akzeptabel und verstoße im Ergebnis gegen die „rule of law", der sich auch die deutsche Regierung verschrieben habe.[785]

Danach unterstreicht er eine Besonderheit in den Steuerhinterziehungsfällen: Hier sei letztlich der Staat („government") sowohl Betroffener als auch Gesetzgeber und Gesetzesvollstrecker. Gerade dies müsse dazu führen, die Gesetze besonders streng zu beachten.[786] Zuletzt geht er noch auf die allgemeine politische und die rechtspolitische Diskussion ein sowie die Initiative zur Datenhehlerei.[787]

Pfisterer ist vor allem hoch anzurechnen, dass er mit seinem Beitrag die Diskussion weiter über die deutsche Sprachgrenze hinausträgt. Inhaltlich interessant ist der Hinweis, dass sich in diesen Fällen der Staat tatsächlich in allen Rollen außer – bisher – der des Angeklagten befindet. Dies scheint in der Tat ein weiterer Grund dafür zu sein, in diesen Fällen strenger als üblich zu verfahren. Was das Argument mit den Straftaten angeht, dürfte hier die von ihm unerwähnte Finalität der springende Punkt sein. Vor dem Hintergrund einer klaren Rechtslage wären diese Taten wohl nicht begangen worden. Falls doch, wären die Entscheidungen der einfachen

---

782 *Dose*, Übermittlung und verfahrensübergreifende Verwendung von Zufallserkenntnissen, S. 246f.

783 *Pfisterer*, Walking a Fine Line, German Law Journal, 2013, S. 926ff.

784 *Pfisterer*, Walking a Fine Line, German Law Journal, 2013, S. 926 (938).

785 *Pfisterer*, Walking a Fine Line, German Law Journal, 2013, S. 926 (940).

786 *Pfisterer*, Walking a Fine Line, German Law Journal, 2013, S. 926 (941).

787 *Pfisterer*, Walking a Fine Line, German Law Journal, 2013, S. 926 (942ff.).

Gerichte wohl anders ausgefallen. Andernfalls hätte es deutlich größere Chancen für eine Annahme beim Bundesverfassungsgericht gegeben. In dieser Weite scheint das Argument daher schwer vertretbar.

C. Rechtsprechung

Nun sollen noch die – praktischerseits – wichtigsten Meinungen, nämlich die der Rechtsprechung, diskutiert werden. Wie bereits anklang, sind entsprechende Entscheidungen leider rar.[788]

In aller Regel werden die hier interessierenden Verfahren wohl über eine Einstellung nach § 153a StPO gegen Geldauflage gelöst, auch Strafbefehle sind häufig.[789] Zu Hauptverhandlungen kommt es fast nie und wenn doch, sind der oder die Angeklagten in aller Regel geständig und/oder es kommt zu einer Absprache. So auch im *Zumwinkel*- Verfahren, in dem soweit bekannt ein Beweisverwertungsverbot keine Rolle gespielt hat.[790] Bekannt sind daher über die hier vorzustellenden Urteile nur Entscheidungen, die auf Geständnissen beruhen.

---

788 Vgl. hierzu nur die einzige empirische „Kleinstudie" von *Wagner*, Straflose Steuerflucht, Cicero, 3/2011, S. 92ff. Ansonsten beziehen sich alle weiteren Aussagen auf die mit Steuerstrafverteidigern durchgeführten Gespräche. Dem Verfasser ist bewusst, dass dieses Vorgehen methodisch seine Schwächen hat. Das Kernargument dieser Arbeit ist jedoch kein empirisches. Zudem passen diese Aussagen zu den kaum vorhandenen Veröffentlichungen von Steuerdaten-CD Urteilen in den juristischen Fachzeitschriften und Diensten. Auch nachdem über den vielleicht bisher einzig „streitig" gelösten Fall in der *FAZ* berichtet wurde, waren im Nachhinein keine Stimmen zu weiteren solchen Fällen zu vernehmen. Man kann daher zumindest vermuten, dass es auch keine, oder sehr wenige, weitere Fälle gibt. Diese Aussage dürfte auch noch für Anfang 2017 gelten. Dem Autor sind insoweit nur einige neuere finanzgerichtliche Urteile bekannt. Da zudem Anfragen zur Akteneinsicht bei den StA Bochum und Düsseldorf unbeantwortet blieben bzw. aufgrund des Steuergeheimnisses ablehnend beschieden wurden, ist eine weitere empirische Überprüfung schwer. Dennoch ist es interessant zu sehen, wie einerseits die allgemeine Öffentlichkeit diese Fälle wahrnimmt, andererseits der juristische Diskurs diese behandelt und welch marginale Rolle andererseits Gerichte in diesen Fällen gespielt haben. Allein zur Illustration dieser Aussage dienen die folgenden Ausführungen.

789 Beide Erledigungswege liegen sozusagen „im Trend", vgl. hierzu und vor allem auch zur Kritik dieser Tendenzen *Fornauf*, Die Marginalisierung der Unabhängigkeit der Dritten Gewalt im System des Strafrechts, S. 144ff.

790 Vgl. hierzu auch die folgende, absolut zustimmungswürdige Aussage von *Jahn*, Grundfragen und aktuelle Probleme der Beweisverwertung im Straf- und Steuerstrafverfahren, FS Stöckel, S. 259 (259f.), wo er sagt, „dass in Wirtschaftsstrafverfahren auch diejenigen rechtlichen Gesichtspunkte eine tragende Rolle spielen können, die in der öffentlichen Hauptverhandlung gar nicht verhandelt werden. [...] Über Fragen der Beweisverbote ist in dem Bochumer Strafverfahren gegen Klaus Zumwinkel, soweit sich dies aus der ausführlichen verfahrensbegleitenden

Dies hat sicher verschiedene Gründe, liegt aber in erster Linie daran, dass alle Beteiligten im Regelfall kein Interesse an Urteilen haben. Im Rahmen von Absprachen oder der Einstellung gegen Auflagen oder im Strafbefehlsverfahren lässt sich die letztlich zu zahlende Summe (Steuernachzahlung, Verzugszinsen, gegebenenfalls Strafe) meist deutlich reduzieren und die Sache wird nicht öffentlich verhandelt.[791] Letzteres ist vor allem für Banken ein bedeutendes Argument, wenn deren Mitarbeiter wegen Beihilfe oder Anstiftung in den Fokus der Strafverfolgungsbehörden geraten.[792] Zudem fallen in der Regel bei umfassender Kooperation die Steuern deutlich niedriger aus, denn meist dürfte zwischen geschätzten und tatsächlichen Erträgen eine erhebliche Diskrepanz bestehen. Jedoch ist natürlich auch für Privatpersonen die Aussicht attraktiv, dass über den eigenen Fall zum einen nicht öffentlich verhandelt wird, die „Strafe"[793] niedriger ausfällt und vor allem auch recht schnell ermittelt wird, während ein Gang durch die Instanzen sehr lange dauern kann.[794]

Außerdem ist die Beweislage zu berücksichtigen. Die Aussagen von Strafverteidigern dazu, ob bei den Durchsuchungen „etwas" gefunden wird, fallen extrem unterschiedlich aus. Zum Teil wurde diese Frage dergestalt beantwortet, dass immer etwas gefunden werde. Dies liege daran, dass es psychologisch schwierig sei, keinerlei Beweise für sein Vermögen bei sich zu Hause zu verwahren. Zum Teil würden bei den Durchsuchungen zwar nicht die gesuchten Akten gefunden, jedoch Zufallsfunde gemacht. In diesen Fällen ergebe sich dann ein guter „Humus" für eine Einigung, so ein Strafverteidiger.

Die Fälle, in denen tatsächlich gar nichts gefunden wird, dürften daher relativ selten sein und nur in diesen ist die „streitige" Lösung praktisch möglich, denn ein Beweisverwertungsverbot mit Fernwirkung ist in der Praxis extrem selten, sodass

---

Berichterstattung erschließt, nicht gesprochen worden. Nichts anderes gilt, soweit bislang bekannt, für die noch nicht nach den Opportunitätsvorschriften der Strafprozessordnung eingestellten Parallelverfahren in Bochum und an anderen Orten gegen einen wohl nicht geringen Teil der rund 4.500 Kunden der LGT-Treuhand." Klar zu widersprechen ist hier insofern *Gössel*, der Verständnis dafür äußert, dass die Staatsanwaltschaften Fragen der Verwertung von Steuerdaten-CDs „nicht selbst im Rahmen des Ermittlungsverfahrens klären, sondern den Gerichten überlassen wollen", *ders.*, Über Anomalien des steuerstrafrechtlichen Ermittlungsverfahrens und die daraus resultierenden Gefahren, FS Geppert, S. 137 (148). Die vorliegenden Fälle zeigen vielmehr, dass an einer solchen Klärung wohl eher kein Interesse besteht. Hierzu auch *Kühne*, Die Verwertbarkeit von illegal erlangten Steuerdaten im Strafverfahren, FS Roxin, S. 1269 (1285), der diese Aufgabe für die vorliegenden Fälle explizit der Staatsanwaltschaft zuschreibt.

791 Ergebnis der Gespräche mit den befragten Strafverteidigern.

792 Ergebnis der Gespräche mit den befragten Strafverteidigern.

793 Der Begriff ist hier nicht in einem technischen Sinn gemeint. In der Regel wird wohl durch den Täter nicht differenziert, ob Aufschlag und Verzugszinsen oder Strafe gezahlt werden. Entscheidend dürfte immer die letztlich entstandene Summe sein, auch wenn sich dies aus einer normativen Warte ganz anders darstellt.

794 Ergebnis der Gespräche mit den befragten Strafverteidigern.

man den Mandanten in diesen Fällen nur zu einer „gütlichen“ Lösung raten kann. Zudem besteht ab einer gewissen Hinterziehungshöhe oder Vorgeschichte immer das Risiko einer Freiheitsstrafe, die kein Betroffener leichtfertig riskieren wird. Insofern ist es nicht verwunderlich, dass nur ein einziger Fall bekannt geworden ist, der „streitig“ durchgefochten wurde. Dieser Fall mit rechtskräftigem Urteil wird daher nun im Detail vorgestellt.

Es erscheint jedoch nicht abwegig, dass es hierzu in Zukunft noch öfter kommen könnte. Es gibt durchaus auch Anwälte, die zu einer rein defensiven Strategie raten, wenn eine Hausdurchsuchung keine Ergebnisse gebracht hat. Konkret heißt das: keine Selbstanzeige, keine Aussagen, nur Abwarten. Zurzeit sieht es so aus, als würden diese Verfahren erst einmal nicht bearbeitet. Bei absoluten Verjährungsfristen von im Extremfall über 20 Jahren ab Abgabe der Steuererklärung ist es im Prinzip durchaus möglich, dass diese Fälle die Rechtsprechung in Zukunft beschäftigen werden. Dann wäre es deutlich wahrscheinlicher, dass Fälle durch alle Instanzen gehen. Abzuwarten bleibt zudem, ob der Bundesfinanzhof hierzu ein Grundsatzurteil sprechen wird. Insbesondere dessen heutiger Präsident hat sich mehrfach sehr kritisch zu den Daten-CDs geäußert.[795] Die bisherige Rechtsprechung scheint für eine Verwendung im Besteuerungsverfahren jedoch offen zu sein.[796]

Für den weiteren Gang dieser Verfahren ist zudem zu berücksichtigen, dass die Qualität des Materials durchgehend schlechter geworden ist.[797] Waren im *LGT*-Fall noch Scans von Originaldokumenten vorhanden, so sind für die späteren Fälle meist nur noch Excel-Tabellen verschiedener Art im Umlauf.[798] Für den ersten *Credit Suisse*-Fall ist zudem bekannt, dass der Datenbeschaffer die Daten handschriftlich vom Bildschirm übertragen und dann in Tabellen zusammengefasst hat.[799] Dieses Verfahren ist selbstredend recht fehleranfällig. Ob solche Daten insofern überhaupt Beweiswert haben, erscheint mehr als fraglich.[800] Hinzu kommen die Aussagen, die solche Daten machen können, falls sie denn stimmen. Alleine ein Depotwert beweist rein gar nichts, denn das Depot kann aus verschiedensten Werten (am einfachsten Gold) bestehen, die keinerlei Zinsgewinn bringen und deshalb in der Steuererklärung nicht berücksichtigt werden müssen.[801] Dafür, dass dies nicht selten der Fall gewesen sein könnte, spricht die Motivlage der Beschuldigten: Nach übereinstimmender Aussage aller befragten

---

795 Vgl. z.B. das Interview mit *Rudolf Mellinghoff*, veröffentlicht am 15.3.2013 auf Spiegel Online, abrufbar unter: http://www.spiegel.de/wirtschaft/interview-mit-finanzhof-praesident-mellinghoff-zu-erbschaftsteuer-a-888636.html [zuletzt abgerufen am 20.1.2014].

796 Vgl. FG Münster, NZWiSt, 2014, S. 312ff.; FG Köln, ZWH, 2011, S. 33ff.

797 Siehe Kapitel 2.

798 Ergebnis der Gespräche mit den befragten Strafverteidigern. Vgl. außerdem OLG Innsbruck, 7 Bs 553/11y.

799 OLG Innsbruck, 7 Bs 553/11y.

800 Vgl. dazu auch *Joachim Jahn*, Straffrei trotz Steuer-CD, FAZ.NET, 27.7.2013.

801 Ergebnis der Gespräche mit den befragten Strafverteidigern.

Steuerstrafverteidiger spielt die Steuerhinterziehung als *Motiv* bestenfalls eine Nebenrolle.[802] In der Regel dürfte es den Betroffenen um einen pfändungs- und inflationsfesten „Notgroschen" gegangen sein. Nach Aussage der befragten Steuerstrafverteidiger sind als Hintergrundmotive vor allem gewisse Makroängste evident, also beispielsweise in den 40er/50er-Jahren Angst vor Rückfall in die Diktatur, in den 60er/70er-Jahren Angst vor einem Angriff der Warschauer-Pakt-Staaten, Hyperinflation und zuletzt die Eurokrise.[803] Fälle wie *Zumwinkel* oder *Hoeneß* dürften von daher die Ausnahme gewesen sein, sowohl die Motivlage als auch den Hinterziehungsbetrag betreffend. Nach Aussagen der befragten Steuerstrafverteidiger handelte es sich bei dem angelegten Geld wohl in aller Regel um ursprünglich versteuertes und legal erworbenes Kapital.[804] Zum Teil könnte dies auch anders gewesen sein. Nach übereinstimmender Aussage aller befragten Anwälte hat aber unter anderem aufgrund von Verjährungsregeln der Ursprung des Kapitals in keinem Verfahren je eine Rolle gespielt.[805]

1. Einzig bekannter, bisher in „streitiger" Hauptverhandlung gelöster Fall[806]

Der Fall beginnt in Bochum. Auf den *LGT*-Datenträgern befanden sich auch Daten über Anlagen der Beschuldigten. Die Finanzbehörden hatten festgestellt, dass die betreffenden Personen über eine liechtensteinische Familienstiftung gehaltene Konten verfügt haben könnten, welche dann nicht ordnungsgemäß deklariert worden wären und somit eine Steuerhinterziehung hätten begründen können. Das Verfahren wurde von der Staatsanwaltschaft Bochum betrieben.

a) AG Bochum, Entscheidung vom 10.4.2008 (64 Gs 1491/08) und vom 8.4.2009 (64 Gs 35 Js 220/07-1491/08)

Die Staatsanwaltschaft Bochum erwirkte einen Durchsuchungsbeschluss beim AG Bochum. Dieser Durchsuchungsbeschluss war nicht zugänglich. Die Durchsuchung fand zumindest in den Privaträumen der Beschuldigten statt, ob darüber

---

802 Hierzu passt auch die sehr geringe Zahl derjenigen, die durch Steueramnestieregelungen der vergangenen Jahre, zum Beispiel dem „Gesetz zur Förderung der Steuerehrlichkeit", ihr Vermögen „legalisiert" haben. Einige Zahlen finden sich zum Beispiel bei *Göres/Kleinert,* Die Liechtenstein Finanzaffäre, NJW, 2008, S. 1353 (1358). Diese sprechen von weniger als 100 Personen mit liechtensteinischen Stiftungen bei dieser Amnestie. Das wurde freilich weder in der öffentlichen noch in der juristischen Diskussion so gesehen. Vgl. z.B. *Hellmann,* Ermittlungsprobleme bei grenzüberschreitender Steuerhinterziehung, FS Samson, S. 661 (661), der hier von „Stiftungen [...] zum Zwecke der ‚Steuerersparnis'" spricht.

803 Ergebnis der Gespräche mit den befragten Strafverteidigern. Vgl. zum Ganzen auch *Wohlwend,* Der Datendieb, S. 19ff.

804 Ergebnis der Gespräche mit den befragten Strafverteidigern.

805 Ergebnis der Gespräche mit den befragten Strafverteidigern.

806 Es handelt sich um den gleichen Fall, über den auch der EGMR entschieden hat: Entscheidung vom 6.10.2016, Az. 33696/11.

hinaus noch andere Domizile durchsucht wurden, ist nicht bekannt. Bei diesen Durchsuchungen wurde (wohl) nichts gefunden, was den Verdacht gestützt hätte. Es wurden (wohl) auch keine sonstigen Zufallsfunde gemacht.

Gegen diesen Durchsuchungsbeschluss gingen die Beschuldigten vor. Es kam zu einer Entscheidung des Amtsgerichts Bochum mit dem Aktenzeichen 64 Gs 35 js 220/07-1491/08 vom 8.4.2009. Diese Entscheidung ist ebenfalls, soweit bekannt, unveröffentlicht.

b) LG Bochum, Entscheidung vom 7.8.2009 (2 Qs 2/09)

Im Anschluss daran kam es zu einer weiteren Entscheidung des LG Bochum im Beschwerdeverfahren, Aktenzeichen 2 Qs 2/09 vom 7.8.2009. Diese Entscheidung wurde gekürzt veröffentlicht und auch verschiedentlich zitiert.

Die Beschwerden wurden vom Landgericht Bochum als unbegründet zurückgewiesen.[807] Zur Begründung führt das Gericht im Wesentlichen aus, die Beweismittel seien nicht mit einem Beweisverwertungsverbot zu belegen, selbst „wenn dabei [durch Beschaffung der Daten durch den BND, Anmerkung D.W.] nach innerstaatlichem Recht rechtswidrig oder gar strafbar gehandelt worden sein sollte".[808] Selbiges gelte auch für einen etwaigen Völkerrechtsverstoß, außerdem sei dieser der Bundesrepublik nicht zuzurechnen.[809] Weitere Argumente sind aus der Entscheidung nicht ersichtlich. Damit war der ordentliche Rechtsweg erschöpft und es wurde Verfassungsbeschwerde beim Bundesverfassungsgericht erhoben.

c) Bundesverfassungsgericht, Beschluss vom 9.11.2010 (2 BvR 2101/09)

Das Bundesverfassungsgericht hat diese Verfassungsbeschwerde nicht zur Entscheidung angenommen und sich darauf gestützt, dass es „von Verfassungs wegen nicht zu beanstanden [sei], dass die Fachgerichte den Verdacht, die Beschwerdeführer hätten Kapitaleinkünfte aus Vermögen Liechtensteiner Stiftungen gegenüber den deutschen Finanzbehörden nicht erklärt, auch auf die Erkenntnisse der Daten aus Liechtenstein gestützt haben".[810]

Das unter verfassungsrechtlichen Gesichtspunkten stärkste Argument, der Einsatz des Bundesnachrichtendienstes in dieser Sache, wurde jedoch nicht gehört. Der Beschwerdeführer habe sich diesbezüglich im fachgerichtlichen Verfahren nicht genügend bemüht, den Sachverhalt aufklären zu lassen. Er habe diesen Gesichtspunkt erst im Verfassungsbeschwerdeverfahren aufgeworfen, so das Gericht.[811]

Im Übrigen habe die Sache keine Aussicht auf Erfolg.[812] Das Bundesverfassungsgericht zieht sich in der weiteren Argumentation auf seinen sehr formalen

---

807 LG Bochum, HRRS, 2009, Nr.1112, S. 1 (1).
808 LG Bochum, HRRS, 2009, Nr.1112, S. 1 (2).
809 LG Bochum, HRRS, 2009, Nr.1112, S. 1 (3).
810 2 BvR 2101/09, Rn. 40.
811 2 BvR 2101/09, Rn. 36f.
812 2 BvR 2101/09, Rn. 38.

Beurteilungsmaßstab zurück, der sich im Wesentlichen auf eine Willkürkontrolle beschränkt. Zum einen sei „anerkannt, dass Verfahrensfehlern, die ein Verwertungsverbot für ein Beweismittel zur Folge haben, nicht ohne weiteres Fernwirkung für das gesamte Strafverfahren zukommt".[813] Weiterhin bestehe „von Verfassungs wegen kein Rechtssatz des Inhalts, dass im Fall einer rechtsfehlerhaften Beweiserhebung die Verwertung der gewonnen [sic!] Beweise stets unzulässig wäre", zudem sei dies primär Sache der Fachgerichte.[814] Im Übrigen stellten die Beschwerdeführer bei der Frage der Rechtswidrigkeit des Datenerwerbs „lediglich ihre eigene Rechtsauffassung derjenigen der Fachgerichte entgegen", dies reiche jedoch nicht aus.[815] Vielmehr sei „[e]in Beweisverwertungsverbot [...] von Verfassungs wegen [...] bei schwerwiegenden, bewussten oder willkürlichen Verfahrensverstößen, bei denen die grundrechtlichen Sicherungen planmäßig oder systematisch außer acht gelassen worden sind, geboten".[816] Man beschränke „im Bereich des Strafprozessrechts seine Kontrolle auf die Prüfung, ob das Fachgericht bei der Rechtsfindung die gesetzgeberische Grundentscheidung respektiert und von den anerkannten Methoden der Gesetzesauslegung in vertretbarer Weise Gebrauch gemacht" wurde.[817] Alles andere, vor allem die Abwägung zwischen „Verfahrensverstoß" und „Strafverfolgungsinteressen", sei Sache der einfachen Gerichte.[818] Explizit offen gelassen wird im Anschluss die Frage der Strafbarkeit der Amtsträger[819] und die mögliche Völkerrechtswidrigkeit.[820] Zudem stimmt das Bundesverfassungsgericht der Auffassung der einfachen Gerichte zu, dass „die Verwendung der fraglichen Daten für die Annahme eines Anfangsverdachts nicht den absoluten Kernbereich privater Lebensgestaltung berührt".[821]

Zuletzt sollen hier noch einige Ausführungen zur Rolle des Bundesnachrichtendienstes aus dem vorletzten Absatz des Beschlusses wiedergegeben werden. Auf diese wird im Einzelnen noch einzugehen sein:

> „Amtsgericht und Landgericht sind davon ausgegangen, dass der Bundesnachrichtendienst die Daten im Wege der Amtshilfe lediglich entgegengenommen und weitergeleitet habe. Weder der Bundesnachrichtendienst noch die Strafverfolgungsbehörden hätten veranlasst, dass die Daten hergestellt, beschafft oder auf sonstige Weise erfasst worden seien. Der Informant habe sich vielmehr von sich aus an den Bundesnachrichtendienst gewandt. Die angegriffenen Entscheidungen haben diesen Sachverhalt dahingehend gewürdigt, dass eine Verletzung des Trennungsgebots von vornherein

813 2 BvR 2101/09, Rn. 42.
814 2 BvR 2101/09, Rn. 43.
815 2 BvR 2101/09, Rn. 55.
816 2 BvR 2101/09, Rn. 45.
817 2 BvR 2101/09, Rn. 46.
818 2 BvR 2101/09, Rn. 47.
819 2 BvR 2101/09, Rn. 49f.
820 2 BvR 2101/09, Rn. 51f.
821 2 BvR 2101/09, Rn. 57.

> ausscheidet. Dieses Gebot besagt, dass Geheimdienste keine polizeilichen Zwangsbefugnisse besitzen dürfen, also etwa keine Vernehmungen, Durchsuchungen, Beschlagnahmen durchführen oder anderen Zwang ausüben dürfen. *Sie dürfen mithin nicht zur gezielten Erlangung von Zufallsfunden für nicht-nachrichtendienstliche Zwecke eingesetzt werden* [...], [Hervorhebung, D.W.]. Die Behauptung der Beschwerdeführer, der Bundesnachrichtendienst sei nur eingeschaltet worden, um dessen besondere Möglichkeiten auszunutzen, ist durch nichts belegt."[822]

Vor den Hintergrund der bisherigen Rechtsprechung zu den Beweisverwertungsverboten ist die Entscheidung wenig überraschend[823] und in den meisten Punkten folgerichtig und stimmig. Eine *landmark decision*, wie *Pfisterer* meint, kann in diesem Beschluss nicht erblickt werden.[824] Aus der gewählten Perspektive stellen sich die meisten Probleme nicht, die in dieser Arbeit entfaltet wurden, da von willkürlichen und vollkommen unvertretbaren Urteilen der einfachen Gerichte in der Tat nicht ausgegangen werden kann.[825] In diesem Fall ist der Kernbereich privater Lebensgestaltung eindeutig nicht betroffen.

Vorliegend bestehen die Probleme überwiegend auf dem Gebiet des einfachen Rechts und dementsprechend ist die hiesige Arbeit konzipiert. Insbesondere muss festgehalten werden, dass das Bundesverfassungsgericht explizit offengelassen hat, ob das Handeln der Staatsdiener rechtmäßig war,[826] ob Völkerrecht verletzt wurde, ob die Daten im Hauptverfahren verwendet werden dürfen und ob einem eventuellen Beweisverwertungsverbot Fernwirkung zukommen sollte. Auch dies ist eine Frage einfachen Rechts, die das Bundesverfassungsgericht nur am Willkürmaßstab beurteilt hat.

Es sei daher festgestellt, dass das Hauptargument vom Beschluss des Bundesverfassungsgerichts unberührt ist: die Verwendung der Daten in den verschiedenen Verfahrensstadien. Das Bundesverfassungsgericht hat sich zu diesem Punkt nicht geäußert. *Wohlers* bringt dies in seiner kurzen Urteilsanmerkung auf den Punkt, wenn er sagt:

> „Wenn aber Verfahrensfehler allenfalls ausnahmsweise ein Verwertungsverbot begründen sollen, dann kann die These, dass auch die Verfolgung ‚im Rahmen der geltenden Gesetze' zu erfolgen hat, nicht ganz so ernst gemeint sein. Die hierin zum Ausdruck kommende Geringschätzung der prozessualen Förmlichkeit des (Straf-)Verfahrens ist zwar bedauerlich, entspricht indes einer heute offenbar weit verbreiteten Haltung."[827]

---

822 2 BvR 2101/09, Rn. 59.

823 *Jahn,* Gutachten 67.DJT, C 48.

824 *Pfisterer,* Walking a Fine Line, German Law Journal, 2013, S. 926 (927).

825 In diese Richtung tendiert allerdings *Kühne,* Die Verwertbarkeit von illegal erlangten Steuerdaten im Strafverfahren, FS Roxin, S. 1269 (1285f.).

826 So auch *Pfisterer,* Walking a Fine Line, German Law Journal, 2013, S. 926 (935).

827 *Wohlers,* Anmerkung zu BVerfG JZ 2011, S. 249ff., JZ 2011, S. 252 (253).

Vor allem in der Presse und durch Politiker wird jedoch regelmäßig vertreten, dass Bundesverfassungsgericht habe die Praxis „abgesegnet". Auch in der rechtswissenschaftlichen Diskussion sind solche Argumente aufgetaucht. So meinte denn beispielsweise *Coen*, mit diesem Beschluss sei „weitgehende Rechtssicherheit für die Durchführung von Ermittlungsverfahren in diesen Fällen" gewährleistet.[828] Ähnlich äußerte sich *Kaiser*,[829] vorsichtiger *Joecks*.[830] Nach hier vertretener Ansicht ist der Entscheidung besagte Wertung nicht zu entnehmen. *Pfisterer* ist behutsamer, wenn er meint: „The BVerfG decision itself has effectively justified the dubious conduct of German authorities with retroactive effect and has enabled them to continue as before."[831] Da hier das Augenmerk mehr auf den praktischen Auswirkungen liegt, ist diese Aussage zunächst einmal plausibler. Angesichts des Ausgangs des hiesigen Falls und dem Fehlen sonstiger Fälle ist eine solche Aussage aber dennoch mit Vorsicht zu genießen. *Pfisterer* bezieht sich dann in seinem Aufsatz auch nur noch auf die Entscheidung eines Finanzgerichts.[832]

Problematisch sind hingegen die Ausführungen zur Rolle des Bundesnachrichtendienstes. Es erscheint hier sehr fraglich, von welchem Sachverhalt das Bundesverfassungsgericht ausgeht und ob die Entscheidung anders ausgegangen wäre, wenn der hier rekonstruierte Sachverhalt zugrunde gelegt worden wäre.[833] *Kühne* hat dies mit den Worten kommentiert: „Das ist sicherlich bestenfalls blauäugig. Aber vorwerfbar ist, wenn das BVerfG nicht prüft, ob denn das Verhalten des BND als staatliches nicht auch der Staatsanwaltschaft zugerechnet werden muss."[834] Wie oben gezeigt, hat *Dose* wiederum sehr eindrücklich argumentiert, dass echte Zufallsfunde hier nicht vorliegen und dem Bundesverfassungsgericht damit explizit widersprochen.[835] In jedem Falle bleiben an diesem Punkt eine Reihe von Fragen offen und man wird letztlich auch hier sagen müssen, dass dem Beschluss aufgrund diverser Unklarheiten im tatsächlichen Bereich nicht entnommen werden kann, dass das Trennungsgebot *tatsächlich nicht verletzt* worden ist. Insgesamt kann man *Kühne* zustimmen, der seinen Beitrag mit der Feststellung schließt, der Beschluss

---

828 *Coen,* Ankauf und Verwertung deliktisch beschaffter Beweismittel in Steuerstrafverfahren aus völkerrechtlicher Sicht, NStZ, 2011, S. 433 (433).

829 *Kaiser,* Zulässigkeit des Ankaufs deliktisch erlangter Steuerdaten, NStZ, 2011, S. 383 (383).

830 *Joecks,* Die Verwertung „illegal" beschaffter Daten, SAM, 2011, S. 21 (25); *ders.*, StPO, 3.A, Einleitung, Rn. 224a.

831 *Pfisterer,* Walking a Fine Line, German Law Journal, 2013, S. 926 (941).

832 *Pfisterer,* Walking a Fine Line, German Law Journal, 2013, S. 926 (938f.).

833 Vgl. 2 BvR 2101/09, Rn. 36f., die nach hiesiger Deutung aussagen, dass alles in Zusammenhang mit dem BND nur sehr unvollständig durch die einfachen Gerichte aufgeklärt wurde und Raum für Interpretation lässt.

834 *Kühne,* Die Verwertbarkeit von illegal erlangten Steuerdaten im Strafverfahren, FS Roxin, S. 1269 (1285).

835 Siehe Kapitel 5 IV; *Dose,* Übermittlung und verfahrensübergreifende Verwendung von Zufallserkenntnissen, S. 246f.

sei „die blanke Verweigerung sich in Fiskalsachen auf einen rechtsstaatlichen Diskurs einzulassen".[836]

d) *AG Nürnberg, Urteil vom August 2012 (46 Ds 513 Js 1382/11)*[837]

Letztlich endete das betrachtete Strafverfahren mit Freispruch,[838] denn „[e]in Tatnachweis war aus tatsächlichen Gründen nicht möglich."[839] Dies sei „[u]nabhängig von der Frage, ob die auf dem Datenträger vorhandenen Unterlagen verwertbar sind".[840] Eine zunächst eingelegte Berufung der Staatsanwaltschaft wurde im Oktober 2012 zurückgezogen,[841] das Urteil ist damit rechtskräftig.

In der Anklageschrift hat die Staatsanwaltschaft Folgendes zur Verwertbarkeit der Beweise vertreten:

> „Seit Bekanntwerden des Ankaufs der vorliegenden sowie anderer Daten CDs fanden in der Literatur und auch in der Rechtsprechung eine umfängliche Auseinandersetzung hinsichtlich der Frage der Verwertbarkeit dieses Beweismittels im Strafverfahren sowie mit der damit zusammenhängenden Frage der Zulässigkeit der Beweisgewinnung statt. Auf eine Wiedergabe des Meinungsstandes wird insoweit verzichtet und neben den in diesem Verfahren ergangenen Entscheidungen inklusive der von den Angeschuldigten herbeigeführten Entscheidung des Bundesverfassungsgerichts vom 09.11.2010 auf die Darstellung des Landgerichts Düsseldorf vom 17.09.2010, wistra 2011, 37ff sowie auf den Aufsatz von Kaiser, NStZ 2011, 383 und den dort zitierten Fundstellen Bezug genommen.
>
> Der dortigen Auffassung, dass bereits die Beweisgewinnung zulässig war und somit auch der Beweisverwertung keine Überlegungen entgegengehalten werden können, ist zuzustimmen. Jedenfalls wäre selbst bei einem Verstoß im Rahmen der Beweisgewinnung bei der Frage der Beweisverwertung von einer Verwertbarkeit der Daten auszugehen, da das Interesse des Staates an der Tataufklärung dem Interesses [sic!] der Angeschuldigten an dem Schutz der nicht den Kernbereich ihrer Lebensführung betreffenden Daten deutlich überwiegt, insbesondere deshalb, weil es sich bei diesen Daten um grundsätzlich den Steuerbehörden zu offenbarenden [sic!] Daten handelt auf die der Staat im Innland [sic!] vollumfänglich Zugriff nehmen dürfte, somit ein eventueller Verstoß bei der Beweisgewinnung ‚[sic!] der jedenfalls nicht auf einem bewussten, schwerwiegenden Verfahrensverstoß beruhte, nur daraus resultiert, dass sich die Angeschuldigten bewusst und mit verschleiernden Maßnahmen dazu entschlossen haben, diese Daten dem Zugriff der Steuer- und Ermittlungsbehörden zu

836 *Kühne,* Die Verwertbarkeit von illegal erlangten Steuerdaten im Strafverfahren, FS Roxin, S. 1269 (1286).
837 Mittlerweile in gekürzter Form auch veröffentlicht in der HRRS, 2013, Nr.838.
838 AG Nürnberg, 46 Ds 513 Js 1382/11.
839 AG Nürnberg, 46 Ds 513 Js 1382/11, S. 4.
840 AG Nürnberg, 46 Ds 513 Js 1382/11, S. 5.
841 Verfügung der Staatsanwaltschaft Nürnberg Fürth, Az. 513 Js 1382/11.

entziehen. Eine weitere Sachaufklärung über den Erwerb der Daten CD erscheint daher aus hiesiger Sicht nicht geboten.

Der sich als Lieferant dieser Daten CD bekennende Heinrich Kieber ist Gegenstand einer Vielzahl von Publikationen und hat 2010 im Internet selbst ein 652 Seiten umfassendes Buch mit dem Titel: Der Fürst. Der Dieb. Die Daten. Veröffentlicht, [sic!] dass sich auch zu der Daten CD der LGT Bank äußert (Link bei www.wikipedia.de unter „Heinrich Kieber") [sic!]"[842]

Soweit die Aussagen der Staatsanwaltschaft. Wenig bemerkenswert erscheint die vertretene Meinung und deren Quellen. *Kaisers* Meinung leidet in jeder Hinsicht an massiven Schwächen, die bereits hinlänglich dargestellt wurden und auf die hier nur verwiesen werden soll. Das Urteil des LG Düsseldorf lässt sich wenig bis gar nicht auf Argumente ein, wenngleich es diese zumindest wahrnimmt. Im Detail wird dies im nächsten Abschnitt diskutiert.

Auf das Argument, der Staat hätte Zugriff auf die Daten gehabt, wenn sie im Inland verwahrt worden wären, kann man nicht pauschal antworten. Sicherlich enthielt das *LGT*-Konvolut in großem Umfang Daten, welche nicht im Rahmen der Steuererklärung zu offenbaren gewesen wären. Ob in dem hier verhandelten Fall solche Daten vorlagen, ist nicht bekannt, da eine Sichtung der gesamten Prozessakte nicht möglich war. Eventuell war dies nicht der Fall. Wären die Daten im Inland verwahrt worden, hätte man sie unter Umständen im Rahmen eines Steuerstrafverfahrens beschlagnahmen und vor Gericht verwenden können.

Die Anklageschrift ist im Hinblick auf die Erlangung der Daten bemerkenswert knapp. Das Prozessprotokoll und die Vernehmung des damit beschäftigten Steuerfahnders tragen zu den problematischsten Punkten um den BND-Einsatz nichts Nennenswertes bei und wurden bereits ausgewertet.[843] Dass der *Kieber*'sche Tatsachenbericht unkommentiert in der Anklageschrift herangezogen wird, ist an sich schon bemerkenswert. Ansonsten finden sich zur Erlangung der Daten nur noch folgende Ausführungen in der Anklageschrift:

„Der Steuerfahndung Wuppertal wurden in 2007 Geschäftsunterlagen der in Vaduz ansässigen LGT = Liechtenstein Global Trust Treuhand AG, eine Tochtergesellschaft der LGT Bank in Liechtenstein AG [sic!] *zugänglich gemacht* [Hervorhebung durch D.W.], die sodann vorausgewertet und nach Verifizierung weitergeleitet wurden **(Bl. 445 d.A.)**

Hierzu gehörten auch Dokumente, die auf Vermögensanlagen der Angeschuldigten bei der [Auslassung zur Anonymisierung] Stiftung auf einem Nummernkonto der LGT Bank hinwiesen **(Bl.2ff d.A.).**

Die steuerstrafrechtlichen Ermittlungen wurden zunächst von der Schwerpunktstaatsanwaltschaft Bochum unter dem Az. 350 Js 1/08 bundesweit geführt."[844]

---

842 Anklageschrift der Staatsanwaltschaft Nürnberg-Fürth, Az. 513 Js 1382/11, S. 7f.
843 Kapitel 2.
844 Anklageschrift der Staatsanwaltschaft Nürnberg-Fürth, Az. 513 Js 1382/11, S. 4.

Das Urteil enthält zur höchst strittigen Frage des Beweisverwertungsverbotes leider keine tiefergehenden Ausführungen. Man kann insofern wohl sagen, dass das Gericht hier zwar eine bestens vertretbare Lösung für den Fall gefunden hat, den eigentlichen Problemen damit aber aus dem Weg gegangen ist.

Insgesamt lässt sich daraus für das hiesige Thema nur schließen, dass ein Beweisverwertungsverbot keinesfalls durch das Urteil ausgeschlossen wird und dass durchaus Bedenken hinsichtlich der Verwertung vermutet werden können.

2. LG Düsseldorf, Beschluss vom 17.9.2010 (14 Qs 60/10)

Der Beschluss des LG Düsseldorf ist in seiner Konstellation mit dem des LG Bochum vergleichbar. Es ging wiederum um eine Beschwerde gegen eine Durchsuchung. Es dürfte sich um einen Fall von der ersten *Credit Suisse*-CD gehandelt haben.

Das Gericht hat festgestellt, dass die namentliche Nennung der Angeklagten auf der CD mit einem nicht bei den deutschen Steuerbehörden deklarierten Guthaben als Anfangsverdacht ausreicht. Die Daten unterlägen auch keinem Beweisverwertungsverbot, denn „[b]ereits das Vorliegen einer staatlichen Beweiserhebung erscheint hier nach Auffassung der Kammer fraglich".[845] Diese seien nicht „von den Ermittlungsbehörden [...] selbst ermittelt worden". Es handele sich „um von einer Privatperson ‚ermitteltes' Datenmaterial".[846] Eine Unverwertbarkeit sei nur in bestimmten Ausnahmefällen anzunehmen, welche hier aber nicht vorlägen. In dem Zusammenhang geht das Gericht davon aus, dies sei der Fall, „wenn die Beweisbeschaffung des Privaten extrem menschenrechtswidrig war, die Verwertung des Materials einen eigenen und ungerechtfertigten Grundrechtseingriff bildet oder das privat-deliktische Vorgehen *durch Ermittlungsbehörden gezielt ausgelöst wurde* [Hervorhebung D.W.]". Diese Möglichkeit wird im Urteil diskutiert und abgelehnt. Dies könnte in direktem Gegensatz zur Beweiswürdigung im Schweizer Verfahren gegen die Datenbeschaffer stehen beziehungsweise genauer gegen die Ermittlungsergebnisse, welche im Rechtshilfeverfahren zwischen der Schweiz und Österreich weitergegeben wurden. Dies allerdings nur, sofern es sich tatsächlich um Material von der ersten *Credit Suisse*-CD handelt.[847]

Zudem wird festgestellt, eine Strafbarkeit der handelnden Beamten liege nicht vor. Diskutiert werden in diesem Zusammenhang Hehlerei sowie die Teilnahme an einem Ausspähen von Daten, welche nicht in Betracht komme, „weil der Vorgang der Zugangsverschaffung zu den Daten im Zeitpunkt der Kontaktaufnahme des Informanten mit der Finanzverwaltung bereits abgeschlossen und die Tat mithin bereits beendet war".[848]

Soweit ersichtlich, hält das Gericht eine Strafbarkeit der Beamten nach § 17 Absatz 1, 2 Nr. 2 UWG und nach § 257 Absatz 1 StGB zwar für tatbestandlich gegeben,

---

845 LG Düsseldorf, wistra, 2011, S. 37 (38).
846 LG Düsseldorf, wistra, 2011, S. 37 (38).
847 Vgl. OLG Innsbruck, 7 Bs 553/11y.
848 LG Düsseldorf, wistra, 2011, S. 37 (38).

diese seien jedoch „durch die allgemeine Ermittlungsbefugnis gemäß §§ 399 Abs.1, 404 AO i.V.m. §§ 161 Abs. 1, 163 Abs.1 StPO gedeckt".[849] Der Informant sei „zu einer entsprechenden Zeugenaussage verpflichtet gewesen [...]. Die Offenbarung der Daten als solche stellte damit nur den Zustand her, den die Strafprozessordnung mit der Aussagepflicht eines Zeugen erreichen will".[850] Die Steuerbehörden hätten ohne Weiteres die Befugnis derartiges Material entgegenzunehmen und dafür zu bezahlen.

Abweichende Ansichten aus der Literatur würden „zumeist mit moralisierenden Betrachtungen begründet, die unberücksichtigt lassen, dass kein ausdrückliches Verbot existiert, steuerrechtlich relevantes Material gegen Entgelt zu erwerben".[851] Dann heißt es dazu weiter: „Da die Leistung eines Entgelts – wie oben ausgeführt – keine Eingriffsqualität hat, ist auf der anderen Seite eine ausdrückliche Ermächtigungsgrundlage für ein solches Vorgehen nicht erforderlich."[852] Zudem wird ein Verwertungsverbot „aus völkerrechtlichen Gründen" ausgeschlossen.[853]

Auch dieses Urteil berührt das hier zentrale Argument der Unverwertbarkeit der Daten als Beweise in der Hauptverhandlung nicht, hat aber eine klare Tendenz in Richtung Verwertbarkeit. Dass Hehlerei, wie vom Gericht festgestellt, nicht einschlägig ist, ist hier kaum noch der Rede wert. Auch ein Ausspähen von Daten scheidet in der hiesigen Konstellation wohl aus. Interessanterweise gehen die Richter davon aus, dass es „kein ausdrückliches Verbot [...], steuerrechtlich relevantes Material gegen Entgelt zu erwerben"[854] gibt. Dies steht in gewissem Gegensatz zu der – implizit gemachten – Aussage, dass die handelnden Beamten tatbestandlich UWG-Straftatbestände und den Straftatbestand der Begünstigung verwirklicht haben. Zwischen der Frage des Verbotenseins und der Rechtfertigung ist insofern strikt zu unterscheiden.

Was die Rechtfertigung angeht, steht die Argumentation auf äußerst tönernen Füßen. In den allgemeinen Ermittlungsnormen der StPO und AO kann man lange vergeblich nach der Möglichkeit, Beweise für enorme Geldbeträge zu kaufen, suchen. Dass gewohnheitsrechtlich Belohnungen ausgelobt werden können, ist eine ganz andere Frage, denn diese werden nicht für das *strafbare* Beschaffen von Beweisen ausgelobt.[855] Dies muss den Ermittlungsbehörden bekannt sein, die hier ganz bewusst einen Markt geschaffen haben.

Ebenfalls sehr angreifbar ist das Argument, der Informant habe ohnehin andernfalls aussagen müssen und dies auch gekonnt, denn in der hiesigen Konstellation hatte die verhandelnde Person überhaupt keinen direkten Zugriff auf die Daten. Insofern erscheint es höchst fraglich, was sie hätte aussagen können. Problematischer ist jedoch,

849 LG Düsseldorf, wistra, 2011, S. 37 (38).
850 LG Düsseldorf, wistra, 2011, S. 37 (38).
851 LG Düsseldorf, wistra, 2011, S. 37 (38).
852 LG Düsseldorf, wistra, 2011, S. 37 (38).
853 LG Düsseldorf, wistra, 2011, S. 37 (39).
854 LG Düsseldorf, wistra, 2011, S. 37 (38).
855 Siehe Kapitel 6.

dass die Behörden lieber zahlten, als diese Person schlicht als Zeuge vorzuladen oder die Daten zu beschlagnahmen.[856]

D. Zusammenfassende Betrachtung der vorgestellten Meinungen

Die oben dargestellten Meinungen aus der Literatur dokumentieren den mehrheitlichen Standpunkt, die hier infrage stehenden Daten mit einem Beweisverwertungsverbot zu belegen. Die Rechtsprechung hat für die vorliegenden Fälle bisher zu keiner gemeinsamen Stimme gefunden. Zwar gibt es in jedem Fall eine große Anzahl von Durchsuchungsbeschlüssen, die sich anscheinend auf die Daten gestützt haben und auch im Beschwerdeverfahren noch Bestand hatten. Daraus lässt sich jedoch nicht ableiten, dass die Daten in der Hauptverhandlung verwendet werden dürfen.

Es ist dogmatisch und praktisch möglich, dazu eine andere Meinung zu vertreten. Das Urteil des Amtsgerichts Nürnberg lässt zumindest vermuten, dass man zögerte, die Daten heranzuziehen. Weitere Rechtsprechung ist nicht bekannt, insbesondere kein einziges Verfahren, in dem die Daten selbst als Grundlage für ein Strafurteil verwendet wurden. Dem Beschluss des Bundesverfassungsgerichts lässt sich aufgrund des eingeschränkten Prüfungsmaßstabes zudem nicht entnehmen, dass die Verwendung der Daten möglich ist.

Die vorliegende Konstellation und die zugehörigen Meinungen haben eine Reihe von Problemen in der Dogmatik des Beweisverwertungsverbots deutlich gemacht. Keine Meinung kann für sich in Anspruch nehmen, auf Grundlage der bestehenden Rechtsprechung ein eindeutiges Ergebnis vorherzusagen.

Es gibt eine Reihe von Argumenten aus der Wissenschaft, welche für die vorliegende Konstellation eindeutig zu einem Beweisverwertungsverbot kommen.[857] Allerdings wird auf die riesige Literaturproduktion zu den Beweisverwertungsverboten relativ wenig Bezug genommen. Dies mag daran liegen, dass ein Großteil der Beiträge einen eher praktisch als wissenschaftlich orientierten Blickwinkel hat. Zudem ist das Thema hochpolitisiert und die durch die Strafverfolgung betroffenen Personen sind in der Regel finanziell in der Lage, hochspezialisierte Rechtsanwälte zu engagieren.

Von diesen stammt ein nicht unwesentlicher Teil der oben dargestellten Meinungen. Zuweilen hat sich mit den Staatsanwälten auch die „Gegenseite" geäußert. Man wird von daher unterstellen dürfen, dass einige Beiträge interessengeleitet geschrieben wurden. Dies schließt weder echte Empörung aufseiten der Schreibenden

---

856 Relativierend kann man hier die Aussage eines Ministerialbeamten vor dem rheinland-pfälzischen Verfassungsgerichtshof anführen, der sinngemäß aussagte, dass man nicht immer in persönlichen Kontakt mit den Datenlieferanten stehe und deren Identität, in den ihm bekannten Fällen, auch nie erfahren habe. Eine tatsächliche Übergabe, bei der man Zugriff haben könnte, gibt es somit nicht zwangsläufig.

857 Z.B. *Sydow,* Kritik der Lehre von den „Beweisverboten", S. 116f.

aus, noch verhindert es die Beurteilung der Argumente nach objektiven Kriterien. Allerdings wird so ein Licht auf die je nach Profession extrem verwertungsfeindlichen oder verwertungsfreundlichen Positionen geworfen.

Herauskristallisiert hat sich, dass nur von zwei grundsätzlichen Ansatzpunkten für ein mögliches Beweisverwertungsverbot ausgegangen wird. Dies ist zum einen die Rechtswidrigkeit der Taten des Datenlieferanten selbst und zum anderen die Rechtswidrigkeit der Taten staatlicher Stellen. In der Regel wird an die Taten der staatlichen Stellen angeknüpft, eine direkte Anknüpfung an die Taten des privaten Datenlieferanten ist auf Grundlage der Rechtsprechung und eines Großteils der Lehre nur in sehr extremen Fallkonstellationen möglich,[858] welche hier kaum vertretbar erscheinen.

Was die Rechtsprechung angeht, drängt sich der Eindruck auf, dass hier ein extrem verwertungsfreundlicher und gegen Argumente weitgehend immunisierter Kurs eingeschlagen wird. Leider sind die Fälle, an denen man dies nachweisen könnte, mehr als rar.

858 Vgl. LR-*Gössel*, StPO, 26.A, Einleitung Abschnitt L, Rn. 112f.

Kapitel 8: Eigener Standpunkt

Die bisherigen Darstellungen zeigen Folgendes: Weder im allgemeinen Diskurs um die Beweis(verwertungs)verbote[859] noch im Diskurs dieser Verbote, konkret im Fall der Steuerdaten-CDs,[860] gibt es allgemeine Grundlagen, auf denen konsentierte Ergebnisse aufbauen könnten. Allerdings finden sich einige grundsätzliche Ansätze und Unterscheidungen, die ein Fundament für die eigenen Überlegungen liefern. Hierzu zählt die Unterscheidung zwischen selbstständigen und unselbstständigen Beweisverwertungsverboten.[861] Unselbstständige ergeben sich aus einem Gesetzesverstoß bei der Erhebung, selbstständige Beweisverwertungsverbote ergeben sich direkt aus der Verfassung.[862] Worin die „Erhebung" in den vorliegenden Fällen besteht, ist rechtlich nicht endgültig geklärt und muss insbesondere von den üblichen Fällen der durch Private ursprünglich erlangten Beweise abgegrenzt werden.[863] Weiterhin ist insbesondere aus den praktisch orientierten, gängigen Meinungen zu ersehen, dass nicht jeder Verstoß gegen ein Beweiserhebungsverbot automatisch zu einem Beweisverwertungsverbot führen soll,[864] sondern das Ergebnis einer Abwägung ist.[865] Die Abwägung als Instrument stammt originär aus dem Strafrecht und resultierte aus einer Zeit des Umbruchs. Sie war eine Reaktion auf gesellschaftliche Veränderungen[866] und ist seit den Anfängen mit der Beweisverbotsdiskussion verknüpft.[867] Die hier angewandten staatlichen Vorgehensweisen und die technischen Voraussetzungen des Vorgehens des privaten Datenlieferanten unterscheiden sich grundsätzlich von bisherigen Fallgruppen. Deshalb scheint die Abwägung als Instrument geeignet, um rechtsstaatlich vertretbare Ergebnisse zu erzielen. Die Auswahl

---

859 Vgl. *Meyer-Goßner,* StPO, 56.A, Einleitung, Rn. 55a mwN und Kapitel 7 A.

860 Vgl. Kapitel 7 B.

861 LR-*Gössel,* StPO, 26.A, Einleitung Abschnitt L, Rn. 121 mit der entsprechenden Herleitung und mwN; *Meyer-Goßner,* StPO, 56.A, Einleitung, Rn. 50; *Jahn,* Grundfragen und aktuelle Probleme der Beweisverwertung im Straf- und Steuerstrafverfahren, FS Stöckel, S. 259 (264); *ders.,* Beweiserhebungs- und Beweisverwertungsverbote im Spannungsfeld zwischen den Garantien des Rechtsstaates und der effektiven Bekämpfung von Kriminalität und Terrorismus, C 32.

862 LR-*Gössel,* StPO, 26.A, Einleitung Abschnitt L, Rn. 121.

863 Vgl. zu dieser Fallgruppe LR-*Gössel,* StPO, 26.A, Einleitung Abschnitt L, Rn. 112f.; *Jahn,* Grundfragen und aktuelle Probleme der Beweisverwertung im Straf- und Steuerstrafverfahren, FS Stöckel, S. 259 (279f.).

864 *Jahn,* Gutachten 67.DJT, C 35; Kapitel 7.

865 *Joecks,* StPO, 3.A, Einleitung Rn. 188a; *ders.,* Die Verwertung „illegal" beschaffter Daten, SAM, 2011, S. 21 (23); *Jahn,* Gutachten 67.DJT, C 58ff.; Kapitel 7.

866 *Rückert,* Abwägung – die juristische Karriere eines unjuristischen Begriffs, JZ, 2011, S. 913 (914ff.).

867 Vgl. *Beling,* Die Beweisverbote als Grenzen der Wahrheitserforschung im Strafprozess, S. 33f.

der Abwägungsparameter bedeuten bei jeder Abwägung einen Vorentscheid,[868] der für das Ergebnis enorm wichtig ist und aufgrund des Begründungsdefizits bei der Auswahl natürlich Widerspruch hervorrufen muss.[869] Dementsprechend ist die Abwägung als Technik umstritten und es gibt gute Argumente gegen ein solches Abwägen,[870] vor allem wenn Strafnormen bewusst verletzt wurden.[871] Auf diese Fragen wäre aber zumindest für die vorliegenden Probleme nicht mehr einzugehen, wenn sich ohnehin bereits aus einer Abwägung ergäbe, dass nicht verwertet werden darf. Weiterhin ist den meisten Meinungen eine gewisse Fokussierung auf Individualrechte zu entnehmen, seien dies nun die „Rechtskreistheorie"[872] und die Abwägungsparameter im „Vielfaktorenansatz" des Bundesgerichtshofes,[873] die Beweisbefugnislehre,[874] die Lehre von den Informationsbeherrschungsrechten[875] oder andere „gängige" Ansätze.[876]

Gegen all diese Ansätze soll im Einzelnen nicht argumentiert werden. Das Beweisverwertungsverbot ist primär eine rechtsstaatliche Institution, die dem Schutz des Individuums vor dem Staat dient. Dies allein ist jedoch keine erschöpfende Erklärung. Beweisverwertungsverbote sind zwar Ausdruck tiefergehender Regeln, das ändert aber nichts daran, dass sie zumindest *praktisch* eine Ausnahme darstellen,[877] denn nicht jede Beweiserhebung ist problematisch, von daher bleiben diese Regeln meist implizit und kommen nicht in den Blick. In einem so verstandenen Sinne sind sie dann ein rechtsstaatliches Korrektiv, das am konkreten Fall erst die verschiedensten rechtsstaatlichen Grundsätze explizit werden lässt.[878] Nach hiesigem Verständnis ist dies die „Klammer", welche die kritischen Stimmen des

868 Vgl. grundsätzlich *Vogel/Christensen,* Korpusgestützte Analyse der Verfassungsrechtsprechung: Eine Abwägung von Prinzipien findet nicht statt, Rechtstheorie, 2013, S. 29 (32ff.).

869 Vgl. *Jahn,* Gutachten 67.DJT, C 49, der mangelnde Rechtssicherheit beklagt und Metakriterien fordert. Das ist grundsätzlich natürlich richtig. Ziel des Diskurses muss das Finden solcher Metakriterien sein. Nur ist für den vorliegenden Bereich nach gut 100 Jahren Diskurs offensichtlich, dass die Gemengelage außerordentlich komplex ist.

870 Grundsatzkritik bei *Schilling,* Illegale Beweise mwN; siehe auch *Jahn,* Gutachten 67.DJT, C 62; insgesamt zur Abwägung auch *Rückert,* Abwägung – die juristische Karriere eines unjuristischen Begriffs, JZ, 2011, S. 913 (921ff.).

871 *Trüg,* Steuerdaten-CDs und die Verwertung im Strafprozess, StV, 2011, S. 111 (117).

872 Vgl. die Darstellung dieser bei *Cramer/Bürgle,* Die strafprozessualen Beweisverwertungsverbote, S. 23ff.

873 *Jahn,* Gutachten 67.DJT, C 45ff.

874 *Jahn,* Gutachten 67.DJT, C 66ff.

875 *Amelung,* Informationsbeherrschungsrechte im Strafprozeß.

876 Systematisch und übersichtlich dargestellt z.B. bei LR-*Gössel,* StPO, 26.A, Einleitung Abschnitt L, Rn. 128ff oder *Jahn,* Gutachten 67.DJT, C 53ff.

877 Vgl. insgesamt zum Regel – Ausnahme Verhältnis *Jahn,* Gutachten 67.DJT, C 24f.

878 Die These vom Ausnahmecharakter vertritt der BGH und dürfte herrschender Meinung entsprechen. Sehr kritisch, was diesen Ausnahmecharakter angeht, ist

oben dargestellten Diskurses zusammenhält. Es gibt implizit vorhandene Rechtsgrundsätze, die sich als erhebliche Vorbehalte im Diskurs Bahn gebrochen haben. Diese jedoch in dogmatische Kategorien zu fassen, ist nicht immer einfach. Im Rahmen dieses Diskurses wurden immer wieder wenig ausbuchstabierte Argumente genannt, die man wohl auf die ein oder andere Art unter den Oberbegriff *überindividuell* fassen kann und die sich auf den eigentlichen Kern des Problems zu beziehen scheinen.[879]

In der Diskussion wurden derartige Argumente mitunter als „moralisch oder moralisierend" bezeichnet und von daher gleich verworfen.[880] Dem ist jedoch zumindest entgegenzuhalten, dass sie die Grundlage der Rechtsordnung bilden, im Gegensatz zu den, von der Gegenseite in der Regel mehr oder weniger offen ins Feld geführten, fiskalischen und im Ergebnis utilitaristischen Argumenten, die der wirtschaftlichen Sphäre entstammen und als grundlegend rechtsfremd anzusehen sind.

Insofern sind in der nun durchzuführenden Abwägung alle Argumente zu berücksichtigen, die man der Sphäre des Rechts zurechnen kann. Dazu zählen insbesondere die allergrundlegendsten Argumente, nämlich die Grundlagen der Rechtsordnung als solcher, das heißt der demokratischen Willensbildung. Wenn diese Rückbindung der administrativen Macht an die demokratische Willensbildung nicht sichergestellt ist, kann deren Machtausübung nicht mehr legitimiert werden. So merkt denn auch *Habermas* in *Faktizität und Geltung* an: „Unter machttheoretischen Gesichtspunkten erklärt sich die Logik der Gewaltenteilung erst daraus, daß die funktionale Trennung zugleich den Vorrang der demokratischen Gesetzgebung und die Rückbindung der administrativen Macht an die kommunikative sichert."[881]

Diese Topoi in jedem Fall des Rechtsverstoßes eines Staatsdieners explizit zu machen, ist nicht die hier vertretene Meinung. Zwar dürften diese Argumente bei jedem Rechtsverstoß als Problemfeld im Hintergrund stehen, allerdings zeichnen sich die hiesigen Fälle durch ein gewisses *pattern* zusammen auftretender Phänomene aus, die in dieser Kumulation neu sind. Vor diesem Hintergrund ist dann die Abwägung vorzunehmen.

Überindividuelle Argumente sind in der deutschen Diskussion eher unpopulär. Zu nennen wäre hier neben den „Überlegenheitsargumenten" vor allem das US-amerikanische Argument der Disziplinierung der Polizei, welches die deutsche Strafrechtswissenschaft zumeist exklusiv dem materiellen Strafrecht beziehungsweise dem Dienstrecht überlässt.[882] Dieses Argument wird hier nicht im Vordergrund

---

Dallmeyer, Beweisführung im Strengbeweisverfahren, S. 149ff. mit sehr beachtlichen Argumenten.

879 Als Bezeichnung für eine heterogene Gruppe von Argumenten taucht dieser Begriff im allgemeinen Diskurs um die Beweisverwertungsverbote des Öfteren auf.

880 Z.B. LG Düsseldorf, wistra, 2011, S. 37 (38).

881 *Habermas,* Faktizität und Geltung, S. 230.

882 So zum Beispiel *Amelung,* Informationsbeherrschungsrechte im Strafprozeß, S. 17ff.; *Götting,* Beweisverwertungsverbote in Fällen gesetzlich nicht geregelter Ermittlungstätigkeit, S. 42ff. Sehr offen für dieses Argument jedoch z.B. *Dallmeyer,*

stehen, ist aber auch nicht so leicht von der Hand zu weisen, wie dies für gewöhnlich getan wird. Insbesondere liegt dem hiesigen Ansatz eine Spur mehr Misstrauen gegenüber der Ausübung von Macht durch staatliche Stellen zugrunde,[883] als dies im deutschen Beweisverwertungsdiskurs meist der Fall ist.

Das hiesige Argument möchte insbesondere darlegen, dass Beweisverwertungsverbote neben ihrer individualschützenden Wirkung auch eine überindividuelle Funktion haben, welche sich auf die Gesellschaft und die Demokratie als Ganzes bezieht. Sie sind insofern ein Puzzlestück in einem System von *checks and balances*, das die Demokratie als solche überhaupt erst ermöglicht.[884]

Für eine derartige Fokussierung spricht vor allem, dass das Vorgehen staatlicherseits vollständig überindividuell motiviert war. Es erscheint mithin abwegig, dass die Bestrafung des individuellen Täters eine große Rolle gespielt hat. Es ging vielmehr um fiskalische Interessen als direktes Ziel sowie um außenpolitische Interessen als mittelbares Ziel. Wie noch zu zeigen sein wird, kann man insbesondere die dem *LGT*-Fall nachfolgenden Fälle in ein *pattern* einordnen, dessen Implikationen das Gemeinwesen als Ganzes betreffen.

Die hiesige Bearbeitung versucht die grundsätzlichen Implikationen der hier vorliegenden Probleme in den Blick zu bekommen, das Strafverfahren ist insofern mit einem Wort von *Hassemer/Matussek* ein „empfindlicher Anzeiger der Rechtskultur".[885] Dies kann aber nur ein Puzzleteil für den Gesamtdiskurs sein, mit dem insbesondere nicht gesagt werden soll, dass es für die vorliegenden Fälle nicht möglich wäre, aus den Grundrechten oder sonstigen, das Individuum schützenden Normen ein Beweisverwertungsverbot abzuleiten. Des Weiteren wäre das Ableiten eines

---

Beweisführung im Strengbeweisverfahren, S. 164ff. mit überzeugenden Argumenten. Kritischer, aber zumindest als willkommenen Nebeneffekt ansehend, *Jahn,* Gutachten 67.DJT, C 57f.

883 Vgl. zu diesen in der US-amerikanischen Diskussion deutlich radikaler zu findenden Topoi *Warren,* Democratic theory and trust, Democracy&Trust, S. 310 (310ff.). Das gilt sowohl für die hier noch heranzuziehende Diskussion um Vertrauen und Demokratie als auch für die Beweisverwertungsverbote, vgl. hierzu *Steward,* The Road to *Mapp v. Ohio* and Beyond: The Origins, Development and Future of the Exclusionary Rule in Search-and-Seizure Cases, Columbia Law Review, 1983, S. 1365 (1365ff.). Allerdings gibt es gerade hierzu Gegenargumente, die vor allem empirisch begründet werden und zu beweisen versuchen, dass die *exclusionary rule* nicht den gewünschten Effekt auf die Polizei hat, vgl. hierzu *Slobogin,* Why Liberals Should Chuck the Exclusionary Rule, University of Illinois Law Review, 1999, S. 363 (363ff.).

884 Dies ist ein demokratisches Metaprinzip, welches insbesondere im Strafverfahren gilt. Vgl. hierzu *Schünemann,* Die Zukunft des Strafverfahrens, ZStW, 2007, S. 945 (945ff.).

885 *Hassemer/Matussek,* Das Opfer als Verfolger, S. 5.

solchen aus dem Völkerrecht oder sonstigem Verfassungsrecht,[886] insbesondere dem Trennungsgebot denkbar.

Man mag ein solches Vorgehen im Vergleich mit den dargelegten Beweis(verwertungsverbots)theorien als unterkomplex empfinden. Die hier gewählte Vorgehensweise hat aber den Vorteil, dass sie durch die Übernahme einer gewissen Terminologie und den damit verbundenen Vorstellungen zumindest in basalen Punkten an den bisherigen dogmatischen Diskurs anschlussfähig bleibt, aber auch einen Brückenschlag zu den grundsätzlichen Problemen versucht. Damit werden, in Abgrenzung zu den Gegenmeinungen, keine rechtsfremden Elemente an die Theorie herangetragen, sondern die Dogmatik wird unmittelbar an die Grundfesten der Demokratie als solche rückgekoppelt. Es geht hier also um die „internen Beziehungen zu Moral und Politik", welche die Rechtsordnung unterhält, wie *Habermas* das ausgedrückt hat.[887]

Recht wird als solches nur legitim durch eine Rückbindung an demokratische Diskurse.[888] Deliberative Demokratie ist aber von Vorbedingungen abhängig, welche diese in der Praxis zumindest deutlich erleichtern.[889] Alles, was diese Vorbedingungen unterminiert, entstammt damit der Sphäre des Rechts. Man kann dieses Argument daher nicht dergestalt angreifen, dass hier, in einem herkömmlichen Sinne verstanden, moralisierende Kategorien eingeführt werden, von denen das Recht frei zu halten sei.

In dieser Arbeit stehen jedoch die Steuerdaten-CDs im Fokus und nicht die Demokratie insgesamt. Das vorliegende Argument ist daher als Explizierung eines kleinen Teils einer entgegenkommenden demokratischen Kultur[890] zu verstehen. Selbstverständlich spielen Steuerdaten-CDs hierfür insgesamt nur eine sehr untergeordnete Rolle. Aber all das ändert nichts an der Veritabilität des Argumentes. Diese hier beschriebenen, neuen staatlichen Taktiken unterminieren das in die Lebenswelten[891] eingelassene demokratische Selbstverständnis. Es ist bedauerlich, dass unangemessene Ermittlungstaktiken und deren etikettierenden Effekte meist Bevölkerungsteile treffen, die sich dagegen auf dem ordentlichen Rechtsweg mangels finanzieller Mittel schwerer wehren können als die hier infrage stehende Klientel.

Aber auch das ändert nichts am Argument. Radikaler formuliert kann man es vielleicht so ausdrücken: Diese über die Jahrzehnte in der Bevölkerung erlernten und

---

886 *Haensle/Reichold,* Heiligt der Zweck die Mittel?, DVBl, 2010, S. 1277 (1278f.), vor allem zum „Gebot der Steuergerechtigkeit" und dem „Rechtsstaatsprinzip", welches durch den Ankauf „angetastet" sei. Ein Beweisverwertungsverbot leiten die Autoren aus der Verletzung dieses Prinzips allerdings nicht ab.

887 *Habermas,* Wie ist Legitimität durch Legalität möglich?, KJ, 1987, S. 1(1).

888 *Habermas,* Faktizität und Geltung, S. 47ff.

889 Vgl. *Warren,* Democratic theory and trust, Democracy&Trust, S. 310 (336ff.).

890 Vgl. *Habermas,* Faktizität und Geltung, S. 366, 434.

891 Vgl. *Habermas,* Faktizität und Geltung, S. 434f.

durch gewisse Eigenlogiken der Aufmerksamkeit in den Presseorganen verstärkten Rationale können heute auch Bevölkerungsschichten treffen, die vorher von solch etikettierenden Praktiken nicht betroffen waren. Man kann dem Argument jetzt natürlich eine zynische Drehung geben und dies als einen Ausdruck der kommutativen Gerechtigkeit begreifen und sogar begrüßen. Dies dürfte auch der Hintergrund vieler Äußerungen in der institutionalisierten Politik sein.[892]

Nähert man sich der ganzen Sache etwas rationaler, vermögen solche emotiven Elemente in der Diskussion am rationalen Kern des Problems nichts zu ändern. Das Vorgehen bleibt, was es ist: ein richtigerweise rechtlich nicht zu rechtfertigender Angriff auf lebensweltliche Grundressourcen[893] unserer Gesellschaft.

So viel sei zum Hintergrund des Argumentes gesagt und nun widmen wir uns der praktischen Übertragung dieser Ideen in die Sprache des Strafrechts: Wie sich gezeigt hat, gibt es grundsätzlich zwei Stränge, an denen angeknüpft werden kann, nämlich zum einen das Handeln des Datenlieferanten und zum anderen das Handeln des Staates und seiner Bediensteten. Das Anknüpfen an die Taten des Datenlieferanten im *LGT*-Fall ist sehr problematisch, für die Schweizer Fälle hingegen höchst vielversprechend. Jeder einzelne Strang kann nach hier vertretener Ansicht bereits ein Beweisverwertungsverbot begründen. Ein so verstandenes Beweisverwertungsverbot bewirkt, dass aus gewissen Tatsachen, vorliegend sind dies primär die Daten auf den Steuerdaten-CDs, keine Schlüsse gezogen werden dürfen, sondern man diese vielmehr insgesamt exkludieren muss.[894] Solche Schlüsse aus Beweisen werden vor allem in der Hauptverhandlung gezogen. Jedoch auch die Verfahrensabschnitte vor der Hauptverhandlung ziehen derartige Schlüsse, insbesondere wenn es um die Anordnung strafprozessualer Ermittlungseingriffe geht.[895] Zu klären ist insofern, ob aus diesen Tatsachen in den vorherigen Verfahrensstadien Schlüsse gezogen werden dürfen, auf denen beispielsweise Zwangsmaßnahmen basieren.

---

892 In Idealform auf den Punkt gebracht von *Hans-Christian Ströbele*, den die *Zeit* mit folgender Aussage zitiert, nachdem er im Parlamentarischen Kontrollgremium über die Aktivitäten des BND in der Liechtenstein-Affäre aufgeklärt worden war: „Eine eventuelle Eigeninitiative des BND sei nicht mit dem Gesetz vereinbar, sagte Ströbele. Er empfinde allerdings mehr als nur ‚klammheimliche Freude', dass es ‚die Richtigen' getroffen habe. Keinem Gericht sei es nach seinem bisherigen Kenntnisstand untersagt, ‚bemakelte Unterlagen' – die Datendateien – zu verwerten.", abrufbar unter: http://www.zeit.de/online/2008/08/steuerskandal-treffen-merkel-hasler-bnd/seite-2 [zuletzt abgerufen 3.1.2014].

893 Vgl. *Offe*, How can we trust our fellow citizens?, Democracy&Trust, S. 42 (43).

894 Vgl. zu dieser Funktionsbeschreibung *Jahn*, Gutachten 67.DJT, C 25.

895 *Jahn*, Gutachten, 67.DJT, C 84ff.

A. Anknüpfen an die Straftaten der Staatsdiener einschließlich des Bundesnachrichtendienstes

Zunächst kann man an das strafrechtswidrige Verhalten der Staatsdiener selbst anknüpfen.

I. Verstoß gegen Recht bei der Beweiserhebung

Es stellt sich zunächst die Frage, wie die Beweiserhebung hier verstanden werden kann. In der Regel wird für den Beweiserhebungsvorgang in Fällen, in denen Private strafbar Beweismaterial erlangt haben, davon ausgegangen, dass die eigentliche Beweiserhebung durch den Privaten erfolgte und die staatlichen Stellen diese Beweise gewissermaßen nur übernehmen, insofern findet auf staatlicher Seite keine rechtswidrige Beweiserhebung statt, an die man anknüpfen könnte.[896] Im Grundsatz ist gegen diese Ansicht nichts einzuwenden. Die vorliegenden Fälle unterscheiden sich aber von den bisher bekannten und müssen daher auch anders beurteilt werden. Zwar wurden die Daten ursprünglich durch den Datenlieferanten erlangt. Im Folgenden wurden aber die Beweismittel durch Behörden im Anschluss durch *eigenes Tun* – nämlich Bezahlung – also mithin *aktiv* erlangt. Es erscheint jedoch unsachgerecht oder besser gesagt willkürlich, diese beiden Anteile so voneinander zu trennen.[897] Vielmehr ist davon auszugehen, dass auch der staatliche Anteil des Gesamtvorgangs Teil der Beweiserhebung ist.[898] Es ist damit allerdings nicht gemeint, dass die Tat des Datenbeschaffers hier *zugerechnet* wird.[899] Dieser Weg ist nach hier vertretener Ansicht ausgeschlossen, wie noch zu zeigen sein wird. Angeknüpft wird allein an die Tat oder Taten der Staatsdiener in dem Moment, in dem sie die Beute der ursprünglichen Tat gegen Geldzahlung erwarben und dadurch gegen Strafgesetze verstießen. Hierfür war insbesondere keine Ermächtigungsgrundlage vorhanden. Ein Erheben von Beweisen in dieser Art und Weise ist rechtswidrig. Damit wurde durch die Beweiserhebung gegen Beweiserhebungsverbote verstoßen.

Fraglich (aber letztlich unerheblich) ist, welcher Art von Beweiserhebungsverbot man dies zuordnen könnte. Anschließend an das Generalgutachten von *Peters* auf dem 46. *DJT*[900] werden üblicherweise Beweisthema-, Beweismittel- und Beweismethodenverbote unterschieden. Diese Unterscheidung ist gewissermaßen kanonisiert und wird in aller Regel erwähnt, wenn es um Beweisverbote geht. Dem

896 Darauf stütze sich in den vorliegenden Fällen auch das LG Düsseldorf, wistra, 2011, S. 37 (38).

897 Vgl. *Kölbel*, Zur Verwertbarkeit privat-deliktisch beschaffter Bankdaten, NStZ, 2008, S. 241 (242).

898 *Kölbel*, Zur Verwertbarkeit privat-deliktisch beschaffter Bankdaten, NStZ, 2008, S. 241 (242).

899 Ebenso *Trüg*, Steuerdaten-CDs und die Verwertung im Strafprozess, StV, 2011, S. 111 (116).

900 *Peters*, Gutachten 46. DJT, S.91 (106ff.).

wird jedoch „keine inhaltliche Bedeutung mehr beigemessen",[901] insbesondere die Antwort auf die Frage, was ein Beweismethodenverbot denn sein könnte, bleibt neben den eindeutigen Beispielen des § 136a StPO meist ohnehin bemerkenswert blass.[902] Da vorliegend die Bankakten ausländischen Ursprungs grundsätzlich als Beweise dienen können, erscheint es nicht einleuchtend, hier ein Beweisthema- oder Beweismittelverbot anzunehmen. Das Problematische an der Beweiserhebung war vielmehr das „Wie", also die Methode der Erhebung, denn diese verstieß zumindest auch gegen Strafgesetze. Somit kann man vorliegend wohl von einem Beweismethodenverbot ausgehen.[903] Allerdings spielt diese Kategorisierung weiter keine Rolle, wichtig ist einzig das Vorliegen eines Beweiserhebungsverbotes.

II. Abwägung

Fraglich ist nun, wie dies in Hinblick auf die Verwertung im Strafprozess zu beurteilen ist, also ob die Voraussetzungen für ein unselbstständiges Beweisverwertungsverbot vorliegen. Es ist in der Dogmatik nicht allgemein anerkannt, dass aus der Strafbarkeit des Verhaltens von Staatsdienern automatisch ein Verwertungsverbot folgt.[904] Hier wird vielmehr in der Regel zwischen verschiedenen, im Einzelnen nicht klaren Faktoren abgewogen.[905] Dass es bisher keine konkreten Maßstäbe für die Auswahl dieser Faktoren gibt, ist zwar höchst bedauerlich, öffnet aber die Diskussion für sehr grundlegende Argumente, insbesondere in einem Fall wie dem vorliegenden.

---

901 *Jahn,* Gutachten 67.DJT, C 27ff mwN. Ganz ablehnend zum Beispiel: *Rogall,* Beweiserhebungs- und Beweisverwertungsverbote im Spannungsfeld zwischen den Garantien des Rechtsstaates und der effektiven Bekämpfung von Kriminalität und Terrorismus, JZ, 2008, S. 821f.: „Ihre weitere Systematisierung i. S. von Beweisthemaverboten, Beweismittelverboten, Beweismethodenverboten und relativen Beweiserhebungsverboten ist heuristisch ohne Wert und sollte besser unterbleiben." So auch schon *ders.*, Gegenwärtiger Stand und Entwicklungstendenzen der Lehre von den strafprozessualen Beweisverboten, ZStW, 1979, S. 1(3).

902 Vgl. LR-*Gössel,* StPO, 26.A, Einleitung Abschnitt L, Rn. 140ff.; *Meyer-Goßner,* StPO, 56.A, Einleitung, Rn. 54.

903 So auch *Koblenzer,* „Steuersünder-CD" – Alles Schweizer Käse?, ErbStB, 2010, S. 116 (122).

904 *Joecks,* StPO, 3.A, Einleitung, Rn. 191.

905 Vgl. zum Vorgehen der Rechtsprechung *Jahn,* Gutachten 67.DJT, C 38ff.; Abwägungslehren gibt es jedoch auch im Schrifttum in verschiedenen Ausprägungen, vgl. LR-*Gössel,* StPO, 26.A, Einleitung Abschnitt L, Rn. 153f. Mit dem hiesigen Argument wird jedoch nicht in Anspruch genommen, einer dieser Theorien zu folgen (sofern man in der Rechtsprechung des BGH eine konsistente Theorie sehen will), das Argument soll vielmehr möglichst weit anschlussfähig bleiben.

1. *Pro Verwertung*

Für die Verwertung der Daten könnten folgende Argumente sprechen, die alle unter dem Vorbehalt stehen, dass die fraglichen Daten überhaupt Beweiswert haben und damit auch das Potenzial haben, zu einer Verurteilung zu führen.

a) Fiskalische Interessen

Zunächst einmal wurden in der Diskussion, sowohl in der allgemeinen öffentlichen[906] als auch von einigen Befürwortern der Verwertung, fiskalische Interessen genannt.[907] In deren Hintergrund stehen immer das Gemeinwesen als Ganzes und dessen Finanzierungsgrundlagen.[908] Ob man dem individuellen Straftäter die hohen Hinterziehungsbeträge insgesamt entgegenhalten darf oder nur den Hinterziehungsbetrag, der sich aus seinen individuellen Taten ergibt, wäre an dieser Stelle zu erörtern. Da das Strafverfahren sich immer nur mit der individuellen Tat beschäftigen kann, scheint Ersteres jedoch nicht rechtens zu sein. Es kann von daher im individuellen Verfahren immer nur um den individuellen Hinterziehungsbetrag gehen. Weiterhin kann man sich fragen, ob man solche Argumente überhaupt im Rahmen der Beweisverwertung berücksichtigen kann, denn letztlich entstammen diese Argumente nicht der Sphäre des Rechts. Es erscheint daher problematisch, solche Wertungen überhaupt in diese Sphäre einzuführen. Da solche jedoch in der Diskussion genannt wurden, sollen sie zur Fortführung des Argumentes hier zunächst unter folgenden weiteren Vorbehalten eingeführt werden.

aa) Nutzen des Ankaufs von Steuerdaten-CDs

Zuerst kann man sich fragen, welcher Nutzen sich überhaupt aus den Steuerdaten-CDs und deren Verwertung ergeben kann. Erhofft wurden eine erhebliche und nachhaltige Erhöhung des Steueraufkommens sowie die Bestrafung der Täter von Steuerhinterziehung. In der öffentlichen Debatte wurde durch diverse Vertreter der institutionalisierten Politik immer wieder das Argument genannt, dass der Kauf der Steuerdaten-CDs der einzige Weg sei, um auf diesem Gebiet zu Steuergerechtigkeit zu kommen. Weiterhin könne man nur so diese spezielle Form der Steuerhinterziehung[909] bekämpfen und damit ein deutlich erhöhtes Steueraufkommen erreichen.

---

906 Siehe Kapitel 3.

907 Z.B. *Ambos*, Allgemeininteresse überwiegt, Datev Magazin, 2/2010, S. 42 (44).

908 Z.B. *Schroth*, Ankauf und Verwertung rechtswidrig erlangter Daten, Politik – Recht – Ethik, S. 186 (205).

909 Explizit wurde dies so nie formuliert, es geht aber im Wesentlichen um zwei Steuerarten: Kapitalertragsteuern und Erbschaftssteuer. Um diese zu hinterziehen, sind, vereinfacht gesagt, folgende Wege „klassischerweise" gangbar: Das Kapital wird auf einem normalen Bankkonto oder Depot angelegt. Dieses war/ist dann durch das Bankgeheimnis geschützt, das heißt die deutschen Steuerbehörden erfahren von möglichen Erträgen von der Bank nichts, auch nicht auf Anfrage.

Dem ist jedoch entgegenzuhalten, dass empirische Erhebungen implizieren, dass das Strafrecht nur sehr begrenzt dazu in der Lage ist, mehr *tax compliance*[910] herzustellen. Es gibt vielmehr eine Reihe progressiver Instrumente zur Bekämpfung von Steuerhinterziehung und legaler Steuervermeidung, die an besseren Kontrollmöglichkeiten und an veränderter Kommunikation staatlicher Stellen ansetzen und daher sowohl mildere als auch besser geeignete Mittel darstellen.

α) Steuerhinterziehung als gesellschaftliches Phänomen

Zunächst einmal sollte man zur Kenntnis nehmen, dass Steuerhinterziehung ein extrem verbreitetes gesellschaftliches Phänomen ist. Naturgemäß sind alle hier vorliegenden Zahlen wenig aussagekräftig. Methoden zur verlässlichen Aufklärung des Dunkelfeldes gibt es nicht.[911] Es geht insofern lediglich darum zu zeigen, wie fiskalisch marginal die vorliegenden Fälle für das Gesamtbild sind. Die Datenlage ist schwierig, *Richter* vermutet auf Basis diverser Studien, dass die jährliche Steuerhinterziehung in Deutschland etwa 40 Mrd. € betragen dürfte, die Aufklärungsquote sieht er bei 2 %.[912] *Schmitz/Wulf* schätzen, unter Bezugnahme auf Veröffentlichungen der EU-Kommission, das Ausmaß im Bereich zwischen 50 und 60 Milliarden Euro.[913] Diese Quantitäten verdeutlichen, wie gegenstandslos zum Teil in der Diskussion gebrachte Argumente sind, die in Richtung eines „Staatsnotstandes“ oder Ähnlichem gingen und das Gemeinwesen als Ganzes durch diese „skrupellose“ Personengruppe gefährdet sahen. Allerdings haben die hinterzogenen Summen für sich genommen ein beträchtliches Ausmaß und gehen deutlich über das hinaus, was man für gewöhnlich mit „kleinerer Kriminalität“ identifiziert. Nichtsdestotrotz stellt sich das Bild gesamtgesellschaftlich doch deutlich anders dar. Fiskalische Interessen, die sich bezogen auf den Gesamthaushalt des Bundes und aller Länder bestenfalls im Bereich von ein paar Zehntelprozent bewegen[914] und nur einen

---

Insbesondere in Fällen von größeren Vermögen werden oft juristische Personen zwischengeschaltet, d.h. in Liechtenstein vor allem Stiftungen oder Anstalten, zum Teil auch „ausgefallenere“ Konstrukte wie Panama-Gesellschaften oder Gebilde, die sich den üblichen Einordnungen entziehen wie der *Trust*. Letztere dienen vor allem der Verschleierung des tatsächlichen Eigentümers. Zur Steuerhinterziehung ist all dies bestens geeignet.

910 *Tax compliance* ist der zentrale Begriff des gewünschten Zustandes in der Finanzpsychologie.

911 MK-*Schmitz/Wulf*, StGB, 1.A, § 370 AO, Rn. 28ff. Vgl. insgesamt zu diesem Problem auch *Alm/Torgler*, Do Ethics Matter?, Journal of Business Ethics, 2011, S. 635 (639ff.).

912 *Richter*, Geplante Steuerhinterziehung und ihre effiziente Bestrafung, S. 1.

913 MK-*Schmitz/Wulf*, StGB, 1.A, § 370 AO, Rn. 28.

914 Das Steueraufkommen von Bund, Ländern und Gemeinden bewegte sich zwischen 2008 und 2013 immer zwischen 550 und 600 Milliarden Euro pro Jahr (vgl. für 2013 http://www.handelsblatt.com/politik/deutschland/mehr-als-600-milliarden-euro-diw-erwartet-hoehere-steuereinnahmen/7204068.html, zuletzt abgerufen 23.12.2013). Seriöse Zahlen für die Mehreinnahmen durch Steuerdaten-CDs gibt es nicht. Diese

minimalen Anteil an der Steuerhinterziehung insgesamt darstellen, rechtfertigen in keinem Falle das vorliegende Vorgehen. Und damit kommen wir zurück zur Frage der gesamtgesellschaftlichen Relevanz der hier infrage stehenden Vorgänge: Das Argument der relativen Bedeutungslosigkeit der aufgedeckten Taten hat freilich zum einen eine nicht unproblematische Grundlage, denn die tatsächlichen Zahlen lassen sich kaum, wie bei allen Kriminalitätsstatistiken, solide verifizieren.

Zudem kann man immer weiter aus einer utilitaristisch und fiskalisch motivierten Warte heraus argumentieren. Die nun folgenden Lösungsansätze schlagen unter anderem vor, den zuständigen Behörden mehr Personal und sonstige Mittel zur Verfolgung auch der kleinen und mittleren Steuerhinterziehungsdelikte an die Hand zu geben. Diese können aber mit Sicherheit nicht die Kosten-Nutzen-Ratio erzielen, die man mit dem Kauf einer Steuer-CD und der Verfolgung einiger großer Fälle erreicht. Dies wäre aber zumindest ein gerechtigkeitsorientierter Ansatz, der sich am immer wieder angeführten Gebot der gleichmäßigen Besteuerung orientieren würde und nicht an rein utilitaristischen Motiven, die dem Handeln staatlicher Stellen zugrunde liegen.

β) Bekämpfung der Steuerhinterziehung außerhalb des Strafrechts

Welche Rolle das Strafrecht überhaupt dabei spielen kann, wenn es darum geht, die Bürger dazu zu bringen, Steuern zu zahlen, scheint eine weitgehend offene Frage zu sein. Es gibt zumindest deutliche Anhaltspunkte dafür, dass es bessere Mittel gibt, um mehr *tax compliance* zu erreichen.[915] In diesem Zusammenhang soll auf Erkenntnisse hingewiesen werden, welche die Rolle des Strafrechts beim Erhöhen von *tax compliance* als relativ gering veranschlagen.

Zunächst einmal wären hier Steuerabkommen[916] zu nennen. Steuerabkommen sind, wie die Steuerabkommen mit Liechtenstein[917] und der Schweiz[918] gezeigt haben, durchaus abschließbar und in jedem Fall ein milderer Eingriff, um *tax compliance* herzustellen,

---

dürften auch schwer zu erheben sein. Selbst wenn man die Mehreinnahmen über den gesamten Zeitraum seit 2008 in einem höheren dreistelligen Millionenbereich pro Jahr ansetzt, wird klar, wie gering dies bezogen auf das Steueraufkommen insgesamt ist.

915 In der juristischen Diskussion wird hier des Öfteren mit eher „vorpolitischen“ und nicht empirischen Punkten argumentiert, so zum Beispiel dem „Gemeinsinn“, bei *Birk*, Steuermoral, Steuerkultur und Rückwirkung von Steuergesetzen, FS Spindler, S. 13 (13ff., vor allem 17f.) mwN.

916 Es geht hier nur um eine grobe Skizzierung, deshalb genügt der sehr undifferenzierte Begriff „Steuerabkommen“ für jede Art von bi- und multilateralen Abkommen, die einen praktischen Effekt auf das Steueraufkommen haben können. Hierunter fallen dann Doppelbesteuerungsabkommen ebenso wie Abkommen zum Austausch von steuerlich relevanten Daten oder Abkommen, die gewisse steuerliche Mindesthöhen oder die Besteuerung gewisser Sachverhalte festlegen, zum Beispiel in der EU.

917 Vgl. zur Reichweite *Hellmann,* Ermittlungsprobleme bei grenzüberschreitender Steuerhinterziehung, FS Samson, S. 661 (668).

918 Dieses wurde freilich von der BRD nie ratifiziert.

als die Abschreckungswirkung des Strafrechts. Seit dem Inkrafttreten des Steuerabkommens mit Liechtenstein dürfte die Steuerflucht dorthin massiv abgenommen haben, zumindest hat sich die Anlagesumme massiv reduziert und die Anfragen massiv erhöht.[919] Das Abkommen mit der Schweiz ist bekanntlich bisher nicht in Kraft getreten. Mehr Steuerfahnder sind ebenfalls ein Mittel, eine höhere *tax compliance* herzustellen.[920]

Am interessantesten sind neue Ansätze aus der Finanzpsychologie. Diese nimmt aus ihrer empirischen Perspektive heraus das Strafrecht nur als Teil einer Kosten-Nutzen-Kalkulation wahr. Ob Steuern gezahlt werden, hängt demnach wohl zu einem wesentlichen Teil davon ab, wie hoch sie sind,[921] mit welcher Attitüde die Finanzbehörden sie eintreiben,[922] wie zufrieden die Bürger mit der Ausgabe der Steuergelder sind[923] und nicht zuletzt von der Steuermoral auf individueller Ebene.[924] Alles in allem sind dies viele Faktoren, die bei strafrechtlichen Verfahren keinerlei Rolle spielen. Insbesondere die Art des Eintreibens könnte vorliegend problematisch gewesen sein. Alle anderen Fragen liegen hier zwar ebenfalls außerhalb des Fokus, aber es geht ja nur darum zu zeigen, dass das Strafrecht zur *tax compliance* wenig beitragen kann. Aus Sicht der Betroffenen agieren die Strafverfolgungsbehörden hier als Instrument im Rahmen des Eintreibevorgangs. Dass das Strafverfahren hier als Teil einer „kinder and gentler tax administration“[925] (so eine Forderung aus der Finanzpsychologie) wirkt, darf aber bezweifelt werden.

---

919 Interview mit Liechtensteiner Autor *Sigvard Wohlwend.*

920 Dieses Argument findet man im juristischen Diskurs öfter, vgl. z.B. bei *Gössel,* Über Anomalien des steuerstrafrechtlichen Ermittlungsverfahrens und die daraus resultierenden Gefahren, FS Geppert, S. 137 (143). Auch in der Finanzpsychologie wird es vertreten, vgl. *Alm/Torgler,* Do Ethics Matter?, Journal of Business Ethics, 2011, S. 635 (645ff.). Einschränkend muss man hier aber wohl sagen, dass die „Entdeckungswahrscheinlichkeit“ keinen sehr großen Einfluss auf das „Steuerzahlverhalten“ hat, so *Schmidtchen,* Vom nichtmarginalen Charakter der Steuermoral, Stand und Entwicklung der Finanzpsychologie, S. 185 (186) mwN.

921 Die Ergebnisse sind hier allerdings ambivalent, so *Kirchler/Hoelzl/Wahl,* Enforced versus voluntary tax compliance, Journal of Economic Psychology, 2008, S. 210 (215f.).

922 *Schöbel,* Steuerehrlichkeit, S. 292 stellt mit Hinweis auf diverse Studien aus dem westlichen Ausland fest, „dass Steuerehrlichkeit auch im Umgang der Steuerverwaltung mit Steuerpflichtigen kultiviert werden kann“. Vgl. auch *Alm/Torgler,* Do Ethics Matter?, Journal of Business Ethics, 2011, S. 635 (645ff.).

923 *Alm/Torgler,* Do Ethics Matter?, Journal of Business Ethics, 2011, S. 635 (645ff.) mwN.

924 *Schmidtchen,* Vom nichtmarginalen Charakter der Steuermoral, Stand und Entwicklung der Finanzpsychologie, S. 185 (185ff.). Hier wird „Steuermoral“ jedoch entgegen den in der Rechts- und Geisteswissenschaft eher zu findenden Ansätzen als eine komplexe Form der Verfolgung von Eigeninteressen verstanden, ebd., S. 207ff.

925 Auf diesen Begriff bringen *Alm/Torgler,* Do Ethics Matter? Tax Compliance and Morality, Journal of Business Ethics, 2011, S. 635 (635ff.) ihren Ansatz.

bb) Zwischenergebnis

Der unmittelbare fiskalische Nutzen des Ankaufs ist zwar schwer zu quantifizieren, es spricht jedoch einiges dafür, dass die Hinterziehung von Steuern durch Kapitalanlagen in der Schweiz und Liechtenstein bezogen auf die Gesamtsteuerhinterziehung nur einen kleinen Bruchteil ausmacht. Allerdings können in extremen Einzelfällen sehr hohe individuelle Hinterziehungssummen zusammenkommen. Es ist höchst fraglich, ob das Strafrecht im Bereich der Steuerstraftaten die durch die Politik gesetzten Ziele erfüllen kann. Der Effekt der Steuer-CDs dürfte insgesamt sehr gering ausgefallen sein. Es gibt grundsätzlich andere Ansätze, die vielversprechend scheinen und weiter erforscht werden sollten. Insofern muss man die stets hochgehaltenen fiskalischen Argumente insgesamt relativieren.

b) Strafe und Strafrechtspflege

Weiterhin wurde in der Diskussion vielfach ein Interesse an der Bestrafung der Täter ins Feld geführt.[926] Zweifellos ist dies zumindest ein Argument, das aus der Sphäre des Rechts stammt. Fraglich ist aber, was von einer Bestrafung dieser Tätergruppe zu erwarten ist. In der Diskussion waren zahlreiche Argumente zu hören, welche in diese Richtung gingen.

aa) Vergeltung

Das frühere „Kavaliersdelikt" Steuerhinterziehung erscheint heute für einen nicht unerheblichen Teil der Bevölkerung besonders strafwürdig zu sein. Hinter solchen Argumenten kann man einen Wunsch nach *Vergeltung* des erlittenen Unrechts vermuten, denn Opfer der Steuerhinterziehung sind letztlich alle, die von den Ausgaben des deutschen Staates profitieren und das sind zumindest alle auf deutschem Staatsgebiet lebenden Personen. Empirisch kann man darauf hinweisen, dass nur ein minimaler Anteil der tatsächlichen Täter im technischen Sinne bestraft wird.[927] Finanzielle Einbußen durch Auflagen, Nachzahlung von Steuern mit entsprechenden Zinsen etc. dürften allerdings in den Augen der Bevölkerung zumindest einen vergleichbaren Effekt haben.

---

926 Hinter diesem Argument beziehungsweise verbunden damit steht auch die sogenannte Funktionstüchtigkeit der Strafrechtspflege, wie vor allem die Rechtsprechung diesen im Einzelnen unklaren Topos nennt. Die Kritik daran ist zu umfangreich, um hier dargestellt zu werden. Vgl. stellvertretend aber *Schilling*, Illegale Beweise, S. 154ff.

927 Die Zahlen sind hierzu leider schlecht. Bekannt ist nur die „Kleinstudie" von *Wagner*, Straflose Steuerflucht, Cicero, 2011, S. 92ff.

bb) Spezialprävention

Weiterhin könnte man auch an spezialpräventive Argumente denken, also im weitesten Sinn eine Einwirkung auf den Täter, um diesen in Zukunft von Straftaten abzuhalten, sei dies nun aus Furcht vor nochmaliger Bestrafung oder Einsicht.[928] Soweit ersichtlich, wurden solche Argumente in der Diskussion nur am Rande vertreten.[929] Für die vorliegenden Fälle ist diesbezüglich auch nichts weiter bekannt. Gespräche mit Strafverteidigern legen nahe, dass es sich bei den Tätern in der Regel um gutsituierte Mitglieder der bürgerlichen Gesellschaft, in der Regel in höherem, teils auch sehr hohem Alter handelt, die meist noch keinen Kontakt mit der Strafjustiz hatten. Ob diese Personen aufgrund einer Bestrafung zukünftig ihr Verhalten ändern werden, wird man an dieser Stelle als offene Frage betrachten müssen.

cc) Generalprävention

Neben diesen Argumenten waren generalpräventive Argumente[930] am stärksten in der Diskussion vertreten. Diese äußerten sich vor allem in dem Wunsch, Selbstanzeigen zu generieren, die Steuersolidarität wiederherzustellen und künftige Steuerhinterziehungen insgesamt zu unterbinden.[931] Es sollte der Bevölkerung durch diese Aktionen vermittelt werden, dass niemand über dem Gesetz steht und damit das Vertrauen in den Rechtsstaat gestärkt werden. Dieses Vorgehen dürfte zumindest, was die etikettierenden Effekte angeht, erfolgreich gewesen sein. Inwiefern in Zukunft Personen von Steuerflucht abgehalten werden, bleibt fraglich.[932] Zumindest die vormals einfachen Wege in die Schweiz und nach Liechtenstein sind jedoch deutlich steiniger geworden, was freilich überwiegend auf außenpolitische Initiativen und einem Umdenken in diesen Ländern zurückgeht.

---

928 Vgl. zu diesen Argumenten und deren Kritik *Günther,* Kritik der Strafe I, WestEnd, 2004, S. 117 (124ff.).

929 Die Steuersolidarität könnte man zwar auch täterzentrierter auffassen, diese erscheint jedoch bei der Generalprävention „besser aufgehoben" zu sein.

930 Vgl. zur Generalprävention und deren Kritik insgesamt: *Günther,* Kritik der Strafe I, WestEnd, 2004, S. 117 (122ff.). In der Diskussion um die Beweisverwertungsverbote werden generalpräventive Aspekte mitunter eher für das Begründen eines Beweisverwertungsverbotes herangezogen, vgl. dazu, vor allem auch bezogen auf die hiesigen Fälle: *Pawlik,* Zur strafprozessualen Verwertbarkeit rechtswidrig erlangter ausländischer Bankdaten, JZ, 2010, S. 693 (699f.).

931 Vgl. hierzu aus rein öffentlich-rechtlicher Sicht und die generalpräventiven Aspekte aus dem „Gebot der Steuergerechtigkeit, Art. 3 I GG" ableitend, *Haensle/Reichold,* Heiligt der Zweck die Mittel?, DVBl, 2010, S. 1277 (1278).

932 Vgl. grundsätzlich eine empirisch-normativ angelegte Dissertation zu dieser Frage, die in der Zusammenfassung feststellt: „Steuerehrlichkeit in der Demokratie lässt sich somit nicht lediglich als das Ergebnis wirksamer Abschreckungsmechanismen verstehen.", *Schöbel,* Steuerehrlichkeit, S. 291.

2. Contra Verwertung

Gegen eine Verwendung spricht jedoch ebenfalls eine Reihe von Argumenten.

a) Staats- und demokratietheoretische Argumente: Selbstwiderspruch, sittliche Überlegenheit und die Grundlagen der Demokratie

Im Folgenden wären gegen die fiskalischen und damit im Kern utilitaristischen Argumente einige staats- und demokratietheoretische Argumente zu diskutieren, die im siebten Kapitel zum Teil schon thematisiert wurden.

aa) Selbstwiderspruch

Zunächst soll auf das Argument vom staatlichen Selbstwiderspruch eingegangen werden. Es geht hier um die simple Forderung, dass der Staat sich nicht selbstwidersprüchlich verhalten soll. Ein eindeutiger Ursprung dieses Argumentes war nicht auszumachen. Letztlich scheint es sich um ein Argument zu handeln, das seine Wurzel in der menschlichen Grundausstattung hat. Es sind keine Gegenargumente im eigentlichen Sinne bekannt.

In der Diskussion kam dieses Argument vorliegend in zwei Varianten auf: Entweder als recht pauschaler Vorwurf, dass Straftaten begehen, um Straftaten aufzuklären, ein Widerspruch in sich sei,[933] oder als Vorwurf, dass *final* oder *zielgerichtet* oder *bewusst* Straftaten durch Staatsdiener begangen worden seien.[934] Trotz Unklarheiten im Einzelnen schien hiermit mehr als bloßer Vorsatz gemeint zu sein. An einer solchen Vorstellung wurde im Rahmen der Diskussion der verschiedenen Meinungen immer wieder Kritik geübt, da sich nach hiesiger Sicht eine *finale* oder *zielgerichtete* oder *bewusste* Begehung von Straftaten vor dem Hintergrund einer weitgehend unklaren Rechtslage kaum mit einem derartigen Vorwurf verträgt, insbesondere nicht zum Zeitpunkt des ersten Ankaufs.[935] Diese Äußerungen haben vor dem Hintergrund der bestehenden Dogmatik ihren Sinn, vorliegend geht es aber eher um einen theoretischen Standpunkt. Aus einer solchen Perspektive erscheint es zweifelhaft, weshalb man auf die individuell handelnden Personen und deren Wissen um das Recht abstellen sollte. Diese Vorstellung scheint in den Vorwürfen immer enthalten zu sein. *Teubner* hat den Kern des Arguments vom Selbstwiderspruch im Recht aus der *Außenperspektive* wie folgt beschrieben:

---

933 Z.B. *Bruns*, Liechtenstein oder das Beweisverwertungsverbot, StraFo, 2008, S. 189 (191).

934 Z.B. *Trüg/Habetha*, Beweisverwertung trotz rechtswidriger Beweisgewinnung, NStZ, 2008, S. 481 (490).

935 Vgl. auch *Ignor/Jahn*, Der Staat kann auch anders, JuS, 2010, S. 390 (394, inbs. Fn.49).

„In Rechtverhältnissen ebenso wie in rechtlich ungeregelten Sozialbeziehungen, in persönlichen Kontaktsystemen ebenso wie in bürokratischen Organisationen ist ein Mechanismus nachweisbar, der sich allgemein so formulieren läßt: *Gegenüber Normverstößen sind die Sanktionsmöglichkeiten dessen eingeschränkt, der selber Normverstöße begangen hat.*“[936] [Hervorhebung D.W.]

Die rechtlichen Figuren, die auf diesem Grundgedanken fußen, heißen zum Beispiel: *„unclean hands doctrine“*, *„tu quoque“* oder *„venire contra factum proprium“*. Auch das *„estoppel“*-Prinzip geht in die gleiche Richtung. Diese Argumente sind in erster Linie im Zivilrecht stark, im Strafrecht sind sie zwar bekannt, aber weniger verbreitet. Hier, wie auch im rechtstheoretischen Bereich, liest man öfter vom „Selbstwiderspruch“. Der Kern scheint jedoch immer der gleiche zu sein und wurde von *Teubner* treffend beschrieben. Aus der Außenperspektive und retrospektiv lässt sich das hiesige Problem nach dem oben Gesagten relativ problemlos beschreiben. Aus der Außenperspektive betrachtet, kommt es aber nicht darauf an, ob dieser Normverstoß auch *final* begangen wurde. Fraglich ist von daher also, ob man tatsächlich auf die Perspektive der handelnden Personen abstellen sollte, denn an der eigentlichen Widersprüchlichkeit ändert dies nichts. Der Staat als abstrakte Entität setzt sich zu seinen eigenen Regeln auch dann in Widerspruch, wenn die handelnde Person hierfür nicht individuell strafrechtlich verantwortlich ist.[937] Der Staat als abstrakte Entität muss seine Vorbildfunktion, vertreten durch seine Amtsträger, dadurch erfüllen, dass er sich den in demokratischen Prozessen durch Gesetze selbst gesetzten Grenzen entsprechend verhält, ansonsten wird er dieser Vorbildfunktion nicht gerecht. Dass sich diesbezüglich Probleme ergeben könnten, wenn Staatsdiener *nicht zielgerichtet* strafrechtliche Verbote brechen, zeigt die oben dargestellte Diskussion. Der Verhinderung eines solchen Eindrucks muss das Verbot des widersprüchlichen Handelns staatlicher Stellen dienen.

Ein Abstellen auf die Perspektive der konkret handelnden Personen erscheint von daher nicht sinnvoll. Für die Frage des staatlichen Selbstwiderspruchs ist damit nicht darauf abzustellen, ob die zur Ausübung staatlicher Macht *handelnde Person* in dem Wissen agierte, gegen ein strafrechtliches Verbot zu verstoßen. Jede andere Sichtweise führt dazu, dass Unsicherheiten hinsichtlich der Grundlage staatlichen Handelns, seien diese nun rechtlicher oder tatsächlicher Natur, auf das rechtsunterworfene Individuum abgewälzt werden, was mit rechtsstaatlichen Vorstellungen schwer vereinbar ist.

---

936 *Teubner*, Gegenseitige Vertragsuntreue, S. 1.

937 Vgl. hierzu auch Artikel 17 Absatz 3 des deutsch-schweizerischen Steuerabkommens: „Beteiligte an Straftaten oder Ordnungswidrigkeiten, die im Zusammenhang mit dem Erwerb steuererheblicher Daten von Bankkunden vor Unterzeichnung dieses Abkommens begangen wurden, werden weder nach schweizerischem noch nach deutschem Recht verfolgt; bereits hängige Verfahren werden eingestellt. Davon ausgeschlossen sind Verfahren nach schweizerischem Recht gegen Mitarbeitende von Banken in der Schweiz.“

Als Rechtfolge sind die „Sanktionsmöglichkeiten dessen eingeschränkt, der selber Normverstöße begangen hat".[938] Vorliegend bedeutet dies, so erlangtes Beweismaterial kann nicht gegen den Rechtsunterworfenen verwendet werden.

bb) Überlegenheitsargumente

Ein anderes Argument aus der Debatte um die Steuerdaten-CDs ist die *ethische* oder *sittliche Überlegenheit* des Staates,[939] welche auch für die Beweisverwertungsverbote insgesamt einer der meist diskutierten Begründungsansätze ist.[940] Die Forderung nach der ethischen Überlegenheit des Staates bringt eine Reihe von problematischen Implikationen mit sich. Es geht hier vor allem darum, ob Recht ein gewisses ethisches Fundament braucht und ob Strafverfolgung eine ethische Tätigkeit oder zumindest eine Tätigkeit mit ethischem Fundament ist.[941] Zwar kann aufgrund der unübersehbaren Menge an Literatur kein endgültiges Fazit gezogen werden, es scheint aber, als habe dieses Argument in jüngerer Zeit deutlich an Strahlkraft verloren, auch wenn es selten in einer größeren Abhandlung zu den Beweis(verwertungs)verboten fehlen dürfte.

Letztlich liegen hier viele Probleme im Detail, vor allem was die fehlenden Abgrenzungen zwischen Moral und Ethik und die Verbindung von Recht zu einer dieser beiden oder beiden oder keiner dieser Kategorien in den Argumenten angeht. Insofern ist insbesondere in Arbeiten, welche diese Aspekte nur am Rande streifen, oft unklar, was gemeint ist. Man kann insofern vielleicht von einer Unterbestimmung dieser Begriffe im hiesigen Kontext sprechen.[942] Vermutlich ließe sich der Großteil der damit verbundenen Probleme dadurch lösen, dass die allesamt

---

938 *Teubner,* Gegenseitige Vertragsuntreue, S. 1.

939 In Kapitel 7 umfänglich nachgewiesen.

940 Vgl. *Dallmeyer,* Beweisführung im Strengbeweisverfahren, S. 196; *Amelung,* Informationsbeherrschungsrechte im Strafprozeß, S. 23f., 42; *Ambos,* Beweisverwertungsverbote, S. 18f.; *Götting,* Beweisverwertungsverbote in Fällen gesetzlich nicht geregelter Ermittlungstätigkeit, S. 37f.; *Weichbrodt,* Der verbotene Beweis im Straf- und Zivilprozess, S. 58f.; *Bockemühl,* Private Ermittlungen im Strafprozeß, S. 102; *Koriath,* Über Beweisverbote im Strafprozeß, S. 57ff.; *Otto,* Grenzen und Tragweite der Beweisverbote im Strafverfahren, GA, 1970, S. 289ff.; *Keller,* Privatisierung von Polizeifunktionen und strafprozessuale Beweisverwertungsverbote, FS Grünwald, S. 267 (270f.); *Peres,* Strafprozessuale Beweisverbote und Beweisverwertungsverbote, S. 34f.; *Peters,* Die ethischen Grundlagen des Strafprozesses, FS Würtenberger, S. 77ff.; *Bienert,* Private Ermittlungen, S. 63ff.; *Rehbein,* Die Verwertbarkeit von nachrichtendienstlichen Erkenntnissen, S. 152ff.; *Jahn,* Gutachten 67.DJT, C 49.

941 Inwiefern sie dies sein kann, kann man z.B. bei *Peters,* Die ethischen Grundlagen des Strafprozesses, FS Würtenberger, S. 77ff. nachlesen.

942 Insofern scheint es, als vermengten sich hier verschiedene Diskurse. Vgl. zu diesem Problem der Vermischung verschiedener Diskurse über praktische Probleme: *Günther,* Warum es Anwendungsdiskurse gibt, Jahrbuch für Recht und Ethik 1, S. 378 (387ff.). So aber nicht bei *Peters,* Die ethischen Grundlagen des

problematischen Vorannahmen klar herausgearbeitet werden. Insgesamt scheint dieses Argument vor allem in der vorliegenden Diskussion primär eine Chiffre für ein real existierendes Problem zu sein, das sich in verschiedener Form immer wieder stellt, jedoch auf anderer Ebene und mit anderem Vokabular besser entfaltet werden kann. Nach hier vertretener Ansicht ist ein ethisches Fundament des Staates, verstanden als ein breiter und aus materiellen Werten bestehender Grundkonsens, nicht nötig und heute wohl auch schwer möglich. Insofern kann der Staat keine ethische Überlegenheit „ausüben". Gesetze tragen im Ansatz aber immer auch die Handschrift einer bestimmten Lebensform, *Habermas* nennt dies die „ethische Imprägnierung jeder Rechtsgemeinschaft".[943] Aber auch wenn es ethische „Spurenelemente" in Gesetzen gibt, scheint der Verweis auf ein sittliches Argument die hier vertretenen Ergebnisse nicht tragen zu können. Der Vorschlag ist insofern, den Diskurs eher auf ein breiteres und weniger strittiges Fundament zu stellen. Das wäre die Demokratie als solche und deren Rahmenbedingungen. Gegen ein solches Argument könnte man allenfalls einwenden, dass Demokratie auf die vorgeschlagenen Rahmenbedingungen verzichten kann, was letztlich zu schwierigen empirischen Fragen führen würde. Zumindest der Kern des Argumentes wäre aber nicht berührt, sofern man nicht gegen die Demokratie an sich Einwände erhebt (was in den hier interessierenden Zusammenhängen nie getan wird).

cc) Rahmenbedingungen für demokratische Willensbildung

Wie *Habermas* in seinem Werk *Faktizität und Geltung* überzeugend nachgewiesen hat, ist ein Rechtsstaat auf Volkssouveränität und damit zwingend demokratische Verfahren angewiesen.[944] Recht ist damit permanenten Änderungsprozessen sowohl auf der Rechtssetzungs- als auch auf der Rechtsanwendungsebene unterworfen. Insofern müssen im Modus der Rechtsanwendung die Entstehungsbedingungen wieder rückgekoppelt werden, das heißt Recht muss in seiner Anwendung auf seine Entstehungsbedingungen Rücksicht nehmen.[945]

Gelebte Demokratie beschränkt sich nicht auf den institutionalisierten politischen Prozess selbst, sondern die demokratische Haltung „[muss] als Lebensform [...] in allen Bereichen des gesellschaftlichen Lebens eine Rolle spielen",[946] wie dies *Hartmann* nach seiner Auseinandersetzung mit den Schriften *Deweys* formuliert hat. Damit rücken die Rahmenbedingungen der demokratischen Willensbildungen in den Fokus. Die staatsbürgerlichen Einstellungen, welche diese unterstützen, bilden

---

Strafprozesses, FS Würtenberger, S. 77ff., der sein Argument in jeder Hinsicht klar ausbreitet, dem inhaltlich aber dennoch zu widersprechen ist.

943 Vgl. *Habermas,* Kampf um Anerkennung im demokratischen Rechtsstaat, Die Einbeziehung des Anderen, S. 237 (255).

944 So auch schon *Habermas,* Wie ist Legitimität durch Legalität möglich?, KJ, 1987, S. 1ff.

945 Vgl. *Habermas,* Faktizität und Geltung, S. 230ff.

946 *Hartmann,* Kreativität der Gewohnheit, S. 302.

sich nicht unter beliebigen Bedingungen aus.[947] Demokratische Willensbildung ist vielmehr kein voraussetzungsloser Prozess, sondern fordert aufseiten der Teilnehmenden ein voraussetzungsreiches Set an Bedingungen.[948] Daraus folgend muss das Rückgrat eines jeden demokratischen Rechtsstaates eine gewisse *tatsächlich praktizierte Demokratie* sein, in der diese Rahmenbedingungen zumindest grundsätzlich verwirklicht sind. Demokratische Institutionen, und vor allem das *Vertrauen* in dieselben, spielen dabei in der *Praxis* eine wichtige Rolle,[949] was in verschiedenen Zusammenhängen immer wieder betont wurde.[950] Der Staat und seine Institutionen können solche Bedingungen nicht alleine herstellen.[951] Es ist aber nicht zu leugnen, dass sie auf diese erheblichen Einfluss nehmen können.[952] Letztlich gewinnen wir unser Vertrauen in Institutionen durch induktiven Schluss aus deren Vorverhalten, insofern wird dann auch klar, weshalb so viel dafürspricht, dass staatliche Institutionen, vor allem auch Strafverfolgungsbehörden, deutlich leichter negativ auf

---

947 *Hartmann,* Kreativität der Gewohnheit, S. 11ff.

948 *Günther,* Welchen Personenbegriff braucht die Diskurstheorie des Rechts?, Das Recht der Republik, S. 83 (83ff.); *ders.,* Schuld und kommunikative Freiheit, S.245ff; *Warren,* Democratic theory and trust, Democracy&Trust, S. 310 (337).

949 *Hardin,* Do we want to trust in government?, Democracy&Trust, S. 22 (22ff.) mit einer kurzen Ideengeschichte; *Warren,* Introduction, Democracy&Trust, S. 1(3ff.), stellt verschiedene, sich widersprechende Zugänge zu diesem schwierigen Begriff und Verhältnis vor. Vgl. auch *Offe,* Wie können Mitbürger einander vertrauen?, Vertrauen, S. 241 (285), der diesbezügliche Probleme auf dem Gebiet der ehemaligen Warschauer-Pakt-Staaten beschreibt, denen er mangelndes Vertrauen in Institutionen zuschreibt; *Warren,* Democratic theory and trust, Democracy&Trust, S. 310 (318ff.) mit einer übersichtlichen Zusammenfassung dieses Problems in verschiedenen Theorieströmungen.

950 *Hartmann,* Kreativität der Gewohnheit, vor allem S. 193f.; nochmals insgesamt zusammenfassend S. 316ff.; grundsätzlich: *ders.,* Vertrauen als demokratische Erfahrung, Politisches Vertrauen, S. 77 (77ff.); *Warren,* Introduction, Democracy&Trust, S. 1 (3f.); *Inglehart,* Trust, well-being and democracy, Democracy&Trust, S. 88 (88ff.) geht davon aus, das kulturelle Faktoren eine große Rolle spielen, bestreitet aber nicht, dass sich solches Vertrauen trotzdem durch Ereignisse verändern kann; *Warren,* Democratic theory and trust, Democracy&Trust, S. 310 (336ff.) zu Vertrauen in deliberativen Demokratietheorien und deren Komplementärverhältnis.

951 Im Kern ist hier das angesprochen, was im rechtswissenschaftlichen Bereich als „Böckenförde Paradoxon" diskutiert wurde. Diese Diskussion ist ausufernd und kann hier nicht dargestellt werden. Verwandte Diskussionen gibt es auch in der Politikwissenschaft, Soziologie, Philosophie und Demokratietheorie. Sehr kritisch, was das „Herstellen" von Vertrauen durch staatliche Institutionen angeht: *Warren,* Introduction, Democracy&Trust, S. 1 (15); *Inglehart,* Trust, well-being and democracy, Democracy&Trust, S. 88 (88ff.).

952 *Inglehart,* Trust, well-being and democracy, Democracy&Trust, S. 88 (88ff.).

bestehende Einstellungen einwirken können, als diese positiv hervorzubringen.[953] Verhalten sie sich im Hinblick auf diese Rahmenbedingungen problematisch, richtet dies weit größeren Schaden an, als Vertrauen durch korrektes Handeln aufgebaut werden kann.[954] So meint denn auch *Offe* in einem Aufsatz:

> „Je stärker meine gesetzlich verbürgten Rechte sind, die sich ja als Sanktionsdrohungen gegen potenzielle Verletzer meiner Rechte auswirken, desto leichter und weniger riskant wird es für mich, Vertrauensbeziehungen einzugehen. Ich kann mich dann sozusagen darauf verlassen, dass Dritte (zum Beispiel Gerichte) mir schadensbegrenzend zur Hilfe kommen werden."[955]

Es scheint nichts dagegen zu sprechen, dies auf die Beziehung Bürger – Fiskus zu übertragen und ein Beweisverwertungsverbot als einen Teil wirksamen Individualschutzes anzusehen, der darüber hinaus Auswirkungen auf die Gesamtgesellschaft hat. Daraus würde dann folgen, dass man staatlichen Institutionen mehr Vertrauen entgegenbringen kann, wenn man sich besser gegen staatliche Eingriffe unautorisierter Art gerichtlich schützen kann.

Diese Argumente entstammen nicht dem unmittelbar rechtwissenschaftlichen Diskurs, werden dort allerdings zum Teil mit ähnlichen Vorzeichen sowie ähnlicher Zielrichtung diskutiert und erscheinen von daher problemlos anschlussfähig. Dies lässt sich an den oben angesprochenen „Überlegenheitsargumenten" zeigen, die in der Tendenz ähnliche Vorstellungen im Kern transportieren: Dort geht es im Ergebnis um die Schwächung rechtsstaatlicher Institutionen. Näher an der hiesigen Problematik sind Argumente aus der sogenannten „V-Mann Diskussion" und der Debatte um „Angst im Rechtsstaat", in deren Rahmen verschiedene Beiträge entstanden, die – zugegebenermaßen zu anderen Zeiten und in deutlich anderen Kontexten – bewiesen haben, dass diese Phänomene das Potenzial haben, demokratischen Strukturen zu schaden. Hierauf haben beispielsweise *Frankenberg,*[956] *Denninger*[957] und viele mehr[958] immer wieder hingewiesen. Auch *Hassemer* hat betont, dass das Grundvertrauen in staatliche Institutionen Schaden nimmt, je mehr der Staat sich

953 Vgl. *Hardin,* Do we want to trust in government?, Democracy&Trust, S. 22 (30ff.), der mit dem Begriff „trust" für dieses Phänomen Probleme hat. *Hartmann,* Vertrauen als demokratische Erfahrung, Politisches Vertrauen, S. 77 (77ff.), bei dem man (zumindest implizit) herauslesen kann, dass staatliche Stellen eher zum Verlust bereits bestehenden Vertrauens als zum Aufbau von Vertrauen beitragen können.

954 Vgl. *Hartmann,* Vertrauen als demokratische Erfahrung, Politisches Vertrauen, S. 77ff, der einige solche Fälle mit Bezug auf andere Autoren darstellt.

955 *Offe,* Wie können Mitbürger einander vertrauen?, Vertrauen, S. 241 (280).

956 *Frankenberg,* Angst im Rechtsstaat, KJ, 1977, S. 353 (353ff.).

957 *Denninger,* Verfassungstreue und Schutz der Verfassung, Staatsrechtslehrertagung, 1978, S. 8 (8ff.); *ders.*, Freiheit durch Sicherheit?, StV, 2002, S. 96 (101f.).

958 Vgl. hierzu auch die durch private Sicherheitsdienste produzierte Politik der Angst: *Beste,* Private Elemente der Strafverfolgung, 22. Strafverteidigertag, S. 175 (181).

auf solche heimlichen Taktiken verlegt.[959] Zudem gab es bereits in den 80er-Jahren in der Diskussion um den Einsatz sogenannter V-Leute die Forderung nach dem „Gebot der Offenheit staatlichen Handelns“. Dort wurde vertreten, dies folge aus dem Rechtsstaatsprinzip. Inhaltlich wurde verlangt, dass der Staat dem Bürger grundsätzlich offen gegenübertritt. Geschützt werden sollte so das *Vertrauensverhältnis der Öffentlichkeit in den Staat.*[960] Diese Idee lässt sich auf den vorliegenden Sachverhalt problemlos übertragen. Es macht im Ergebnis keinen großen Unterschied, ob der Bürger sich vor der Spitzelei durch Mitbürger ängstigt, welche diese sozusagen zunächst auf eigene Rechnung, aber mit dem Vertrauen auf eine Entlohnung durchführen, oder ob dies auf direkte oder indirekte Anweisung staatlicher Organe hin geschieht. Das Vertrauen wird in beiden Fällen nachhaltig erschüttert, wenn der Staat der letztliche Nutznießer ist.[961]

In der neueren Diskussion wurden verwandte Argumente zum Beispiel von *Mende* und *Rehbein* genannt. *Mende* merkte beispielsweise in der Diskussion um die illegal durch Private erlangten Beweismittel an, „letztlich würde durch ein solches Verhalten das Strafurteil zunehmend seine rechtsfriedenstiftende Wirkung und Integrität verlieren“.[962] Auch *Rehbein* hat in den *LGT*-Fällen gefragt: „Was kann einen Strafprozess mehr gefährden, als wenn die Behörden gezielt Straftaten begehen, um an einzelne Beweismittel zu gelangen?“[963]

Es erscheint demnach außerordentlich plausibel, dass der höchst problematische Umgang staatlicher Institutionen mit den vorliegenden Fällen das Vertrauen vor allem in die Finanzbehörden und Strafverfolgungsorgane, jedoch auch Gerichte, Regierungen und andere Institutionen, erschüttern kann. Als Zwischenergebnis bleibt festhalten: Demokratie erfordert verlässliche Rahmenbedingungen.[964] Rechtmäßiges Handeln staatlicher Organe kann ein solches fördern, rechtswidriges kann massive Schäden hervorrufen.

b) Eindringen strafrechtsfremder Denkstrukturen in das Strafverfahren

Ein weiterer Ansatzpunkt für Kritik sind die hinter dem Vorgehen stehenden Denkmuster, also Denkstrukturen, die den eigentlichen Strukturen des Rechts insgesamt und dem Strafrecht im Besonderen zuwiderlaufen. Unter diesem Oberbegriff verbergen sich verschiedene Einzelphänomene.

---

959 Vgl. *Hassemer/Matussek,* Das Opfer als Verfolger, S. 45, 54, 65ff., 85.
960 *Haas,* V-Leute in Ermittlungs- und Hauptverfahren, S. 91ff. mwN.
961 *Sendler,* dargestellt in Kapitel 7A.
962 *Mende,* Grenzen privater Ermittlungen durch den Verletzten einer Straftat, S. 209.
963 *Rehbein,* Die Verwertbarkeit von nachrichtendienstlichen Erkenntnissen, S. 228.
964 Insofern liegt es nicht fern, hierin einen verfassungsrechtlichen Gehalt zu erblicken, denn demokratische Willensbildung und deren Ausgestaltung ist der Kern des Grundgesetzes. Eine grundsätzliche Anschlussfähigkeit an die „Beweisbefugnislehre“ ist damit nicht fernliegend.

Zunächst gilt als Grundprinzip, dass im Strafverfahren nur solche Argumente einen Platz haben dürfen, die aus der Sphäre des Strafrechts stammen.[965] Vorliegend geht es aber primär um fiskalische Interessen. Zwar werden über den Straftatbestand der Steuerhinterziehung auch solche geschützt, problematisch wird es vorliegend aber dadurch, dass das hiesige Vorgehen sich nicht an den Maximen einer rechtsstaatlichen Strafverfolgung orientiert, sondern hier ein Muster angewandt wird, das aus marktwirtschaftlichen Zusammenhängen bekannt ist. Es wird etwas investiert, das heißt vorliegend Steuerdaten-CDs gekauft, um dadurch Mehreinnahmen zu erzielen. Die eigentlichen Zwecke des Strafrechts treten dadurch in den Hintergrund.[966] *Ostendorf* hat insofern sehr treffend darauf hingewiesen, dass die Strafverfolgungsbehörden sich genötigt sehen könnten, etwas wieder hereinzuholen.[967] Dies widerspricht jedoch ganz klar deren Auftrag als Organen der Rechtspflege. Dieses Problem verstärkt sich mit der insgesamt zu beobachtenden Tendenz, dass der Staatsanwalt zum Teil richterähnliche Aufgaben übernimmt.[968] Insbesondere in den hiesigen Fällen ist diese Tendenz zu beobachten.[969] Es drängt sich daher der Verdacht auf, dass es bei den Verfahren vor allem um die fiskalischen Interessen

965 Dies kann man systemtheoretisch, diskurstheoretisch oder strafrechtsdogmatisch erklären. Eine Festlegung ist hier nicht erforderlich.

966 Vgl. zur zunehmenden Orientierung an ökonomischen Imperativen im Strafverfahren auch *Fornauf,* Die Marginalisierung der Unabhängigkeit der Dritten Gewalt im System des Strafrechts, S. 138ff.

967 *Ostendorf,* Gekaufte Strafverfolgung, ZIS, 2010, S. 301 (307); vgl. auch grundsätzlich *Garland,* Kultur der Kontrolle, S. 217ff., wobei dessen Ausführungen zur „Kommerzialisierung der Strafjustiz“ in den USA und GB sich hier wohl eher nicht direkt übertragen lassen. Eher anschlussfähig scheint jedoch sein Argument einer Veränderung der „Grundrezepte“, verstanden als „Denkgewohnheiten und geläufige Argumentationsmuster“, die sich von einem „sozialen“ zu einem „ökonomischen“ Imperativ verschoben hätten, S. 334ff. Vor allem auf folgendes Zitat sei in diesem Zusammenhang hingewiesen: „Der ökonomische Denkstil zeichnet sich wie sein Vorgänger, das soziale Denken, eher durch thematische und kulturelle Kohärenz – der Erfolg einer ‚Vorlage‘, die überall zur Anwendung kommt – denn durch strenge Logik oder eine strenge Begriffskultur aus. Es handelt sich um ein buntes Sammelsurium von Techniken, Modellen, Analogien und Handlungsanleitungen, die durch den Appell an die ökonomische Rationalität lose miteinander verbunden sind.“, S. 338.

968 *Frank/Titz,* Zwischenruf: Neues Selbstbewusstsein der Staatsanwälte?, ZRP, 2008, S. 127ff. Vgl. hierzu, was deren Verhältnis zur Steuerfahndung und die Rolle in den Steuerdaten-CD Fällen angeht, *Gössel,* Über Anomalien des steuerstrafrechtlichen Ermittlungsverfahrens und die daraus resultierenden Gefahren, FS Geppert, S. 137(144ff.).

969 Ergebnis der Gespräche mit den Strafverteidigern; *Wagner,* Straflose Steuerflucht, Cicero, 3/2011, S. 92ff.

der Bundesländer geht, eine Orientierung an Gerechtigkeitsgesichtspunkten ist kaum nachweisbar.[970]

Insofern ergibt sich hier ein großes Problem in Sachen Machtbalance, denn es ist für die möglichen Täter extrem riskant, sich auf ein Strafverfahren einzulassen.[971] Vielmehr kann die Exekutive hier weitgehend unreglementiert ihre gesamte Macht zu fiskalischen Zwecken ausspielen.[972] Die Judikative ist in den vorliegenden Fällen von der Exekutive marginalisiert worden und spielt nur eine Nebenrolle, was sicherlich nicht der gesetzlichen Konzeption entspricht.[973] *Hassemer* hat dies in einem anderen Zusammenhang als die Formalisierungsleistung des Strafverfahrens wie folgt beschrieben:

> „Das Konzept der Formalisierung verlangt vielmehr, daß der ermittelnde und strafende Staat als ein ‚Dritter' handelt, der im Konflikt zwischen Effektivität und Justizförmigkeit der Strafverfolgung den Schutz der Menschenrechte immer garantiert; nur wenn und insoweit er dies tut, ist sein Gewaltmonopol legitim."[974]

Dies passt auch zum vorliegenden Problem: Der Staat ist hier kein neutraler Dritter,[975] sondern setzt seine ureigensten Finanzierungsinteressen durch und benutzt überdies das Strafverfahren zum Vorantreiben außenpolitischer Interessen. Damit missachtet er grundlegende Prinzipien des (Straf-)Rechts. Insgesamt lässt sich festhalten, dass für die hier interessierenden Verfahren wenig von der normativen Konzeption des Strafprozessrechts in der Praxis nachzuweisen ist. Vielmehr orientieren sich alle Beteiligten an einer Form der Nutzenmaximierung.[976]

---

970 Auch *Kühne,* Die Verwertbarkeit von illegal erlangten Steuerdaten im Strafverfahren, FS Roxin, S. 1269 (1279) sagt im Rahmen seiner völkerrechtlichen Argumentation: „Wirtschaftliches Handeln der staatlichen Datenkäufer liegt aber vor, weil es um den privatrechtlichen Ankauf von Daten geht, die für den Käufer ein Vielfaches des Kaufpreises wert sind."

971 Ergebnis der Gespräche mit den Strafverteidigern.

972 Vgl. zur gesetzgeberischen Konzeption, in der dieses Problem laut *Gössel* bereits angelegt ist, *ders.*, Über Anomalien des steuerstrafrechtlichen Ermittlungsverfahrens und die daraus resultierenden Gefahren, FS Geppert, S. 137 (138ff.).

973 Vgl. hierzu insgesamt *Fornauf,* Die Marginalisierung der Unabhängigkeit der Dritten Gewalt im System des Strafrechts, S. 21ff.; *Schünemann,* Die Zukunft des Strafverfahrens, ZStW, 2007, S. 945 (950ff.).

974 *Hassemer,* Unverfügbares im Strafprozeß, FS Maihofer, S. 183 (202).

975 Vgl. zur Rolle des Gerichts als einem unparteilichen Dritten auch *Habermas,* Faktizität und Geltung, S. 288f.

976 So auch *Ignor/Jahn,* Der Staat kann auch anders, JuS, 2010, S. 390 (394); *Jahn,* Grundfragen und aktuelle Probleme der Beweisverwertung im Straf- und Steuerstrafverfahren, FS Stöckel, S. 259 (271); *Betzinger/Rutemöller,* Zwischenruf: Grenzen der Rechtsstaatlichkeit, ZRP, 2008, S. 95 (96).

c) *Strafe und Strafrechtspflege*

Das Argument der Vergeltung ist mit einer Reihe von Problemen behaftet, hierfür gibt es in modernen Gesellschaften angemessenere Mittel.[977] Das Vorgehen kann nur unter Vorbehalt auf einen solchen Begründungsansatz gestützt werden.

Was die Spezialprävention angeht, waren die Ergebnisse uneindeutig. Naheliegend erscheint es allerdings, dass die fraglichen Straftäter den auf illegal erlangtem Beweismaterial basierenden Schuldspruch und die folgende Strafe als außerordentlich ungerecht empfinden werden und die intendierte Spezialprävention daher fehlgeht.[978] Dieses Argument hat in der allgemeinen Diskussion um die Beweisverwertungsverbote seinen festen Platz und wurde von *Löffelmann* folgendermaßen aus den Argumenten von *Roxin, Osmer, Volk, Rogall, Ranft, Schäfer* und *Widmaier* zusammengefasst:

> „Der Staat ist gehalten, durch die strenge Beachtung der das Strafverfahren regelnden Normen und den Verzicht auf Beweismittel, die nicht unter Beachtung dieser Normen gewonnen werden können oder gewonnen wurden, das Rechtsbewußtsein in der Gesellschaft wie auch bei dem betroffenen Straftäter zu stärken und dadurch sowohl generalpräventiv zu wirken als auch spezialpräventiv die Resozialisierung des Straftäters zu begünstigen."[979]

Das würde klar für ein Beweisverwertungsverbot sprechen. Weitere Straftäter durch öffentlichkeitswirksame Bestrafung zu Selbstanzeigen zu bringen, stellt eine Instrumentalisierung der Betroffenen dar, die mit strafrechtlichen Zwecksetzungen nicht

---

977 *Günther,* Kritik der Strafe I, WestEnd, 2004, S. 117 (120ff.).

978 *Haas,* V-Leute in Ermittlungs- und Hauptverfahren, S. 106f., der dieses Argument für die V-Mann Problematik folgendermaßen formuliert hat: „Gerät aber nicht der Rechtsstaat an seine Grenzen, wenn er die Regeln brechen muß, die er beschützen soll, und relativiert er nicht damit das Strafrecht? Ein Unbehagen ist nicht zu verbergen, wenn der Staat das Recht brechen darf, welches er wiederherstellen soll, um eben jener Wiederholung willen. Zudem ist der Strafzweck der Spezialprävention bei einem solchen Vorgehen leicht vereitelt. Das Strafverfahren soll den Täter zur Reue und Einsicht bewegen, damit sich seine Persönlichkeit in der Gesellschaft wieder bewähren kann. Diese als eine sittliche zu verstehende Funktion des Strafverfahrens muß aber dem Betroffenen als unlauter erscheinen, wenn der ihn ‚läuternde' Staat sich dazu sittlich mißbilligendswerter Methoden bedient. Maßt der Staat sich ähnliche Verhaltensweisen an, für die der Betroffene verurteilt wird, der einzelne Beamte aber unbehelligt bleibt, so kann er seine Strafe nur schwer als gerecht empfinden, eine Wiedereingliederung in die Gemeinschaft ist kaum möglich."; vgl. auch *Radbruch,* Grenzen der Kriminalpolizei, FS Sauer, S. 121 (125f.).

979 *Löffelmann,* Die normativen Grenzen der Wahrheitserforschung im Strafverfahren, S. 72. Vgl. zur grundsätzlichen Kritik an spezialpräventiven Ansätzen auch *Günther,* Kritik der Strafe I, WestEnd, 2004, S. 117 (122ff.).

zu vereinbaren ist. Ob ein solch kritikwürdiges Vorgehen tatsächlich dazu führt, dass Steuergesetze besser befolgt werden, wird sich empirisch nie klären lassen.

Grundlegende Zweifel sind aber angebracht, insbesondere vor dem Hintergrund der oben dargestellten Erkenntnisse der Finanzpsychologie. Weiterhin wurde von *Gössel* in der Diskussion gefragt, ob nicht die „Praxis der Erledigung von steuerstrafrechtlichen Ermittlungsverfahren durch die Finanzbehörden negative Auswirkungen auf die Rechtstreue der einzelnen Mitglieder der Rechtsgemeinschaft haben kann".[980] Dies scheint ebenfalls zuzutreffen. Gerade der Eindruck in der Bevölkerung, man könne sich „freikaufen", den *Gössel* hier nennt,[981] dürfte dies verstärken. Wie solche zweifelhaften Urteile oder sonstige Erledigungen von Verfahren spezialpräventiven Zwecken oder der „Funktionstüchtigkeit der Strafrechtspflege" zuträglich sein könnten, ist nicht ersichtlich.

d) Außenwirkung der Bundesrepublik Deutschland und europäische Integration

Ein weiterer Ansatzpunkt für Kritik ist die Außenwirkung der Bundesrepublik Deutschland und die letztlich hinter diesem Topos stehenden, in der Verfassung ausdrücklich verankerten Grundsätze der Völkerverständigung sowie der europäischen Integration, Art. 23, 25 GG. Ob das Verhalten völkerrechtswidrig war, wurde bereits angesprochen. Auch wenn man die Völkerrechtswidrigkeit ablehnt, entspricht das Verhalten der deutschen Behörden nicht den Gepflogenheiten zweier befreundeter Nachbarstaaten. Argumente dieser Art tauchten in der Diskussion um den Erwerb der Steuerdaten-CDs auf, besonders, nachdem damit begonnen wurde, Schweizer Steuerdaten zu kaufen.[982]

Im Zusammenhang damit kann man Fragen nochmals thematisieren, die über eine rein rechtliche Bewertung hinausgehen, zum Beispiel ob es ohne die Datenkäufe zum Abschluss der für die Bundesrepublik vorteilhaften Steuerabkommen gekommen wäre und sich der Umgang mit problematischem Kapital in den betreffenden Ländern geändert hätte.

Das Thema Steuerhinterziehung ist seit Langem in der EU[983] und der OSZE[984] viel diskutiert. In jüngerer Vergangenheit wurden hier große Fortschritte erzielt. Es

---

980 *Gössel,* Über Anomalien des steuerstrafrechtlichen Ermittlungsverfahrens und die daraus resultierenden Gefahren, FS Geppert, S. 137 (150).

981 *Gössel,* Über Anomalien des steuerstrafrechtlichen Ermittlungsverfahrens und die daraus resultierenden Gefahren, FS Geppert, S. 137 (151).

982 So zum Beispiel *Hans-Rudolf Merz*, damaliger Finanzminister der Schweiz zu etlichen Anlässen, Nachweise bei *Wagner,* Die „Liechtenstein-Affäre", SAM, 2008, S. 101 (103).

983 Vgl. hierzu die Ausführungen von *Bürger,* Steuerflucht, S. 331ff.

984 Vgl. bereits 1996 den Report „Harmful tax competition, An emerging global issue". Dieses Thema ist auch weiterhin auf der Tagesordnung, vgl. z.B. „OECD will ab 2014 Steueroasen austrocknen", Meldung bei *Spiegel online,* http://www.spiegel.de/wirtschaft/soziales/oecd-will-ab-2014-steueroasen-austrocknen-a-908750.html [zuletzt abgerufen 1.7.2013].

gibt insofern Abkommen, die sich dieser Probleme annehmen.[985] Die in den Heimatländern nicht versteuerten *offshore*-Vermögen sind für gewisse Länder hochlukrativ. Im Rahmen der Globalisierung und diversen – diesem Phänomen zuzuordnenden – Liberalisierungen haben Erleichterungen in Sachen Kapitalverkehr dazu geführt, dass immer mehr Kapital in sogenannten Steuerparadiesen oder *offshore*-Finanzplätzen angelegt wurde.

Andererseits gibt es auch innerhalb der „Steueroasen",[986] vor allem in der Schweiz, einen entsprechenden Diskurs.[987] All dies sind deutliche Indizien dafür, dass es Möglichkeiten eines verständigungsorientierten Ergebnisses hätte geben können. Diese Art von Ergebnis wird jedoch für gewöhnlich nicht in kurzer Zeit erzielt, sondern ist Resultat von langen gesellschaftlichen Umdenkprozessen.

Steuervermeidung durch „Steuerflucht" ist zum überwiegenden Teil ein Problem der europäischen Integration und zum Teil ein Problem des mangelnden Umsetzungswillens sowie technischer Probleme der nationalen Gesetzgeber in Hinblick auf die Rechtssetzung. Steuerhinterziehung und Steuervermeidung könnte auch heute schon deutlich wirksamer begegnet werden.[988] Eine komplette Unterbindung wird es ohnehin nie geben. Letztlich zeigt das hiesige Phänomen, dass Probleme der Gesetzgebung und/oder des Gesetzesvollzugs zulasten von Grundrechten auf Individuen abgewälzt werden und damit der Gesellschaft insgesamt Schaden zugefügt wird.

III. Ergebnis

Die fiskalischen Gegenargumente befinden sich wertungsmäßig nicht auf derselben Stufe wie die grundsätzlichen, staats- und demokratietheoretischen Argumente. Damit werden ausdrücklich Lösungen abgelehnt, welche im Rahmen des Rechts mit Nützlichkeitserwägungen argumentieren.[989] Solche utilitaristischen Erwägungen

---

985 Vgl. zum Überblick *Czakert*, Seminar I: Der internationale Informationsaustausch bei der Festsetzung und Beitreibung von Steuern, IStR, 2010, S. 567ff.

986 Für das hier interessierende Klientel waren laut Aussagen von Steuerstrafverteidigern ohnehin nur einige Nachbarländer von größerem Interesse: Liechtenstein, die Schweiz, Luxemburg und Österreich. Die „echten" „*offshore*-Finanzplätze" haben – soweit ersichtlich – für die Steuerhinterziehung von Individualpersonen mittleren Vermögens und den in den vorliegenden Fällen gewählten, relativ einfach strukturieren Finanzgebilden keinen nennenswerten Anteil. Entsprechend gering ist der Widerstand solcher Finanzplätze in Sachen Datenaustausch, siehe beispielsweise Singapur.

987 Z.B. *Parma/Vontobel*, Schurkenstaat Schweiz? Aus der Zeit vor den Steuerdaten-CD Käufen bereits *Bürger*, Steuerflucht. Auch die jetzt eingeleitete „Weißgeldinitiative" ist sicher zumindest auch ein Ergebnis dieses Diskurses und nicht nur des Druckes aus den USA, Deutschland und anderen Ländern.

988 *Bürger*, Steuerflucht, S. 443.

989 Vgl. hierzu auch *Günther*, Warum es Anwendungsdiskurse gibt, Jahrbuch für Recht und Ethik 1, S. 378 (388), der darauf hinweist, dass bereits *Kant* gesagt hat, dass

haben in dieser Diskussion keinen Platz. Es geht vielmehr darum, eine klare Linie aufzuzeigen und in einem eng umgrenzten Bereich mehr Rechtsstaatlichkeit durchzusetzen. Nur auf Basis von Vertrauen kann es zu gesellschaftlicher Kooperation kommen und ein Fundament demokratischer Gewohnheit gebildet werden.[990] Die Tatsache, dass der Staat und dessen Diener sich regelkonform verhalten, bildet eines der Fundamente hierfür. Vor allem diese demokratische Gewohnheit ermöglicht erst das Staatswesen als solches. Das stille und sich in *unzähligen Handlungen der Staatsbürger manifestierende Vertrauen* bildet die Grundlage des Staates. Das Recht trägt zur Ausgestaltung der Grundlage für verständigungsorientiertes Handeln bei. Eingriffe in diese Sphäre haben damit auch Auswirkungen auf die staatliche Basis. Anders gesagt: Der demokratische Rechtsstaat erodiert mit solchen Taktiken sein eigenes Fundament. Ein Beweisverwertungsverbot erscheint aus diesen Gesichtspunkten daher folgerichtig und dringend geboten.

B. Anknüpfen an einen Verstoß gegen Nachrichtendienstrecht

Weiterhin kommt ein Beweisverwertungsverbot unter dem Aspekt des Anknüpfens an das Tätigwerden des Bundesnachrichtendienstes infrage.

I. Verstoß gegen Recht bei der Beweiserhebung

Wie oben gezeigt, gibt es keine normative Grundlage für die Datenweitergabe oder den Erwerb zu Zwecken der Strafverfolgung und Steuererhebung oder für Amtshilfe zu diesen Zwecken. Fakt ist aber, dass die Daten bei der Steuerfahndung angekommen sind. Zumindest aus der Außenperspektive agierte damit der BND als verlängerter Arm der Steuerfahndung und damit der Strafverfolgungsbehörden. Dabei ist es unerheblich, auf welche der möglicherweise getätigten Handlungen man abstellt. Der Kern des Problems bleibt immer gleich: ein nicht rechtfertigbarer Einsatz nachrichtendienstlicher Methoden durch die Strafverfolgungsbehörden.

Das nachrichtendienstliche Vorgehen betrifft, ebenso wie das strafrechtswidrige, das „Wie" des Vorgehens, also letztlich die Methode. Den Strafverfolgungsbehörden ist ein solcher Einsatz zumindest durch einfaches Recht verboten. Insofern verstieß die so vorgenommene Beweiserhebung wiederum gegen ein Beweiserhebungsverbot. Hier spricht einiges dafür, dieses als Beweismethodenverbot zu qualifizieren und dann in die Abwägung einzutreten.

„moralische Gründe [...] nicht [...] durch utilitaristische Erwägungen nützlicher oder schädlicher Folgen der beabsichtigten Handlung übertrumpft werden" können. Solche liegen hier aber vor.

990 *Hartmann,* Die Kreativität der Gewohnheit, S. 147ff.

II. Abwägung

Die Abwägung ist hier unproblematisch, denn nach der Wertung des hiesigen Sachverhalts wurde gegen das Trennungsgebot verstoßen, so wie das Bundesverfassungsgericht es auch in dem Liechtenstein-Beschluss genannt hat. Dieses steht hinter den Normen des einfachen Rechts, so wie diese oben ausgelegt wurden und gegen die vorliegend verstoßen wurde. Dieses Verfassungsprinzip ist daher in die Abwägung mit einzubeziehen und hat so starkes Gewicht, dass die sinngemäß von oben zu übernehmenden „Pro"-Argumente keine Rolle mehr spielen. Die Argumente gegen eine Verwertung überwiegen auch hier eindeutig.[991]

III. Ergebnis

Die Ergebnisse sind unter dem Gesichtspunkt des Bruches von Geheimdienstrecht und der dahinterstehenden Verfassungsprinzipien unverwertbar.

C. Beweisverwertungsverbot aus Anknüpfen an das Verhalten des Datenlieferanten: das durch Private illegal erlangte Beweismittel

Ein weiterer Anknüpfungspunkt ist das Verhalten der Datenlieferanten selbst, welches gegen Strafgesetze ihrer Heimatländer sowie regelmäßig auch gegen Strafgesetze der Bundesrepublik verstößt. Es ist fast allgemein anerkannt, dass private Datenbeschaffer grundsätzlich nicht an die StPO gebunden sind.[992] Abzugrenzen davon wäre ein Anknüpfen an die Handlung selbst, die dann gewissermaßen „durchschlägt". Bisher hat die Rechtsprechung dies nur in extremen Fällen angenommen. Dabei ging es immer um Fälle von extremer Gewaltanwendung und Ähnlichem.[993] Da vorliegend derartig schwerwiegende Taten nicht ersichtlich sind, soll hierauf nicht näher eingegangen werden.

Wenn Private insbesondere strafbarerweise Beweismittel beschaffen, verursacht dies im Strafverfahren Probleme, die unter der dogmatischen Denkfigur des durch Private illegal beschafften Beweismittels diskutiert werden.[994] Im Grundsatz ist es nahezu allgemein anerkannt, dass solche Beweismittel verwertet werden dürfen,

---

991 Vgl. grundsätzlich zu dieser Konstellation auch *Rehbein,* Die Verwertbarkeit von nachrichtendienstlichen Erkenntnissen mit den gleichen Ergebnissen: S. 192 unselbstständiges Beweisverwertungsverbot falls keine Grundlage für die Beweiserhebung vorlag; S. 204 unselbstständiges Beweisverwertungsverbot, falls keine Grundlage für die Übermittlung vorlag.

992 LR-*Gössel,* StPO, 26.A, Einleitung Abschnitt L, Rn. 112ff. mwN.

993 Vgl. LR-*Gössel,* StPO, 26.A, Einleitung Abschnitt L, Rn. 113.

994 Vgl. zum Ganzen *Mende,* Grenzen privater Ermittlungen durch den Verletzten einer Straftat; *Bernsmann,* Privatisierung der Justiz?, 22. Strafverteidigertag, S. 151 (159), der solche Beweise für grundsätzlich unverwertbar hält.

da der Staat für die Rechtsverstöße nicht verantwortlich sei.[995] Eine solche Verantwortlichkeit kann sich jedoch aus einer Form von *Zurechnung* ergeben. Das private Handeln muss also dem Staat zugerechnet werden, erst dann ist ein Beweisverwertungsverbot möglich. Das heißt aber nicht, dass dieses Beweisverwertungsverbot dann zwangsläufig oder – empirisch betrachtet – auch nur wahrscheinlich ist. Weiterhin gibt es Überlegungen in Richtung „staatliche Gefährdungshaftung"[996] oder dem Anknüpfen an ein legislatives Unterlassen.[997]

Klassische Fallgruppen, bei denen durch Private illegal erlangte Beweise eine große Rolle spielen, sind V-Männer,[998] aber auch Opfer von Straftaten, die selbst ermitteln, Angehörige ermitteln lassen oder von professionellen Privatermittlern unterstützt werden.[999] In neuester Zeit kommen hierzu noch Privatermittler großer Anwaltskanzleien, die in Fällen von Wirtschaftskriminalität interne Ermittlungen leiten.[1000] Ein Auslandsbezug wird zum Teil diskutiert,[1001] ist aber eher selten, spielt vorliegend dennoch ebenfalls eine wichtige Rolle. Der vorliegende Fall ist diesen Konstellationen im Ergebnis jedoch strukturell unähnlich und daher klar abzugrenzen. Die Erkenntnisse aus den oben genannten Fallgruppen spielen insofern zwar eine Rolle für die Argumentation, die Übertragbarkeit auf die vorliegenden Fälle muss jedoch einer kritischen Überprüfung unterzogen werden.

I. LGT-Fall

Zunächst wäre an den schwerwiegendsten Verstoß zu denken, bei dem es unstreitig zu sein scheint, dass eine Verwertung ausgeschlossen ist, nämlich eine die Menschenwürde verletzende Erlangung der Beweismittel. Eine solche ist jedoch vorliegend aus keinem Gesichtspunkt heraus ersichtlich und scheidet daher aus. Übrig bliebe daher nur noch die Zurechnung, die einzig im Fall direkter Anstiftung unstrittig ist. Vorliegend haben staatliche Stellen den Datenlieferanten jedoch nicht

---

995 *Jahn,* Grundfragen und aktuelle Probleme der Beweisverwertung im Straf- und Steuerstrafverfahren, FS Stöckel, S. 259 (279ff.). Bereits auf den Erhebungsakt stellt aber eine Gruppe von Autoren ab, z.B. *Mende,* Grenzen privater Ermittlungen durch den Verletzten einer Straftat, S. 245.

996 *Mende,* Grenzen privater Ermittlungen durch den Verletzten einer Straftat, S. 203f.

997 *Mende,* Grenzen privater Ermittlungen durch den Verletzten einer Straftat, S. 207.

998 *Jahn/Kirsch,* Fragen der Criminal Compliance im Schnittfeld von materiellem Recht, Strafverfahrens- und Verfassungsrecht, Rn. 2.

999 Vgl. *Hassemer/Matussek,* Das Opfer als Verfolger; *Mende,* Die Verwertungsproblematik der privaten Beweisermittlungen; *Bienert,* Private Ermittlungen und ihre Bedeutung auf dem Gebiet der Beweisverwertungsverbote; *Bockemühl,* Private Ermittlungen im Strafprozeß.

1000 *Jahn,* Grundfragen und aktuelle Probleme der Beweisverwertung im Straf- und Steuerstrafverfahren, FS Stöckel, S. 259 (278).

1001 Dies wurde kürzlich z.B. am Fall *El Motassdeq* diskutiert, bei dem Erkenntnisse im Ausland unter Folter gewonnen worden sein könnten. Vgl. hierzu *Matula,* Private Ermittlungen, S. 95ff.

zur ursprünglichen Entwendung der Daten angestiftet. Man kann nicht einmal annehmen, dass es eine kausale Verursachung des ursprünglichen Entwendens der Daten gab. Eine Zurechnung nach den gängigen Meinungen[1002] scheidet daher in jedem Fall aus.

Es gibt jedoch noch einige, weniger verbreitete Meinungen, mit denen eine Zurechnung durchaus vertretbar wäre. Zu nennen wäre hier vor allem *Mende*. Er schreibt hierzu: „Indem die Organe des Staates die rechtswidrig erlangten Ermittlungsergebnisse Dritter übernehmen, müssen sie also zugleich die Verantwortung für die Entstehung derselben tragen."[1003] *Mende* begründet seinen interessanten Gedankengang mit dem Argument, dass „der Staat mit dieser Übernahme die Vertiefung der mit dem Makel der Rechtswidrigkeit behafteten Beweislage" bewirke.[1004] Diese von ihm „Gefährdungshaftung"[1005] genannte Konzeption ist in der Literatur eine Einzelmeinung geblieben.[1006]

Insbesondere soll dieser Meinung entgegengehalten werden, dass alle ihre Argumente im Kern auf ein staatliches Tun abzielen und von daher keine echte Alternative zu den Ansätzen „klassischen" Typs bieten, was treffend als „Verursachungshaftung" bezeichnet wird. Anknüpfungspunkt ist letztlich das *Handeln* staatlicher Stellen bei der Verwertung. Hierin ist aber keine neue Form der Zurechnung zu sehen, sondern ein eigenständiges Unrecht.

Weitere Anknüpfungspunkte sind nicht ersichtlich, ein Anknüpfen an das Verhalten des Datenlieferanten selbst scheidet daher für den *LGT*-Fall aus, somit ist auch ein unselbstständiges Beweisverwertungsverbot aus diesem Gesichtspunkt ausgeschlossen.

1002 Vgl. hierzu statt vieler *Godenzi*, Private Beweisbeschaffung im Strafprozess, S. 170ff. mwN.

1003 *Mende*, Grenzen privater Ermittlungen durch den Verletzten einer Straftat, S. 204.

1004 *Mende*, Grenzen privater Ermittlungen durch den Verletzten einer Straftat, S. 204, mit Verweis auf *Koriath*.

1005 *Mende*, Grenzen privater Ermittlungen durch den Verletzten einer Straftat, S. 203f., daneben meint *Mende*, könne auch der „Gedanke der Beweishehlerei" und der „Gedanke der Ingerenzhaftung" eine Zurechnung auslösen. Der Gedanke des „Gewährenlassens der Privatermittler" taucht dann aber auch bei *Jahn/Kirsch*, Fragen der Criminal Compliance im Schnittfeld von materiellem Recht, Strafverfahrens- und Verfassungsrecht, Rn. 78 wieder auf, hier unter dem deutlich zustimmungswürdigeren Vorzeichen, dass sich der „Staat in Gestalt der zuständigen Strafverfolgungsbehörden aus seiner ureigenen Verantwortung für die Ermittlungen (§§ 152, 160 StPO) teilweise verabschiedet und diese **strafrechtswidrig** handelnden **Privatpersonen überlässt."** Der Gedanke der Beweishehlerei ist in der Diskussion lange bekannt, alleine auf dieses „Rechtsgefühl" eine Zurechnung zu stützen, fällt allerdings schwer. Vgl. hierzu dennoch ebenfalls *Bernsmann*, Privatisierung der Justiz?, 22. Strafverteidigertag, S. 151 (159).

1006 So *Godenzi*, Private Beweisbeschaffung im Strafprozess, S. 178f., eigene Nachforschungen führten zu keinem anderen Ergebnis.

II. Schweizer Fälle

Für die Schweizer Fälle stellt sich die Lage anders dar.

1. *Verstoß gegen Recht bei der Beweiserhebung*

Ein Beweiserhebungsverbot könnte sich wiederum aus der Strafbarkeit der Erhebung ergeben. Diesbezüglich gilt die gleiche Argumentation wie für die Liechtensteiner Fälle, sofern die handelnden Beamten (zumindest rechtswidrig) gegen Strafgesetze verstoßen haben, wovon regelmäßig auszugehen sein dürfte. Vorliegend soll jedoch nicht auf den Verstoß durch den Datenerwerb selbst, sondern auf die originäre Strafbarkeit der Beschaffung abgestellt werden. Diese müsste also *zurechenbar* sein. Eine solche Zurechnung wäre unproblematisch nur zu bejahen, falls Staatsdiener die Lieferanten unmittelbar zum Entwenden der Daten angestiftet hätten.[1007] Alles andere wird als Großthema „Verwertung von durch Private illegal beschafften Beweismitteln" seit Langem in Literatur und Rechtsprechung ausgiebig diskutiert.[1008] Fraglich ist insofern die Übertragbarkeit der Ergebnisse dieser Debatte. Entwickelt hat sich die Fallgruppe in erster Linie aus den sogenannten U-Haft Fällen, V-Mann Fällen und Hörfallen.[1009]

All diesen Fällen ist jedoch gemein, dass es entweder direkten Kontakt zwischen Staatsdienern und „Beauftragten" gab oder sich Personen von selbst gemeldet haben, letztlich wie im *LGT*-Fall. Die vorliegenden Fälle zeichnen sich hingegen dadurch aus, dass die gewünschten Erkenntnisse nur durch wenige und sehr grobe Merkmale bestimmt sind. Es geht um Daten, welche zum Beitreiben von Steuern verwendbar sind. Die potenzielle Menge an möglicherweise interessanten Daten ist damit riesig. Soweit bekannt, gab es, vom ersten *Credit Suisse*-Fall abgesehen, keinen direkten Kontakt zwischen Staatsdienern und Datenlieferanten vor der Tat. Vielmehr wurden die Akteure durch medial vermittelte Aufrufe verbunden mit einem gewissen Vorverhalten – Kauf von Steuerdaten-CDs – „aktiviert". Nach hier vertretener Auffassung wurde durch dieses Tun ein Markt geschaffen, welcher deutlich effektiver als eine klassische Anstiftung funktionierte. Hier musste nicht nach möglicherweise interessanten Personen gesucht werden, sondern die entsprechenden Datenbeschaffer wurden von selbst vorstellig, allerdings immer durch eine bewusste Impulssetzung von staatlicher Seite.[1010]

1007 *Jahn,* Gutachten 67.DJT, C 101, der dies sogar als unstreitig bezeichnet.

1008 Vgl. *Matula,* Private Ermittlungen; *Bienert,* Private Ermittlungen und ihre Bedeutung auf dem Gebiet der Beweisverwertungsverbote mwN.

1009 Vgl. *Bienert,* Private Ermittlungen und ihre Bedeutung auf dem Gebiet der Beweisverwertungsverbote, S. 26ff. mwN vor allem aus der Rechtsprechung und S. 39ff für einen Überblick über einige Literaturmeinungen.

1010 Dass zumindest eine kausale Verursachung der Taten vorlag, ist zwar eine hier nicht klärbare Tatsachenfrage, scheint aber unproblematisch der Fall zu sein.

Fraglich ist daher, wie dies rechtlich zu werten ist. Klar ist einzig: „Zurechnung bedeutet mehr als bloße Verursachung“,[1011] konsequenterweise von den hier zitierten Autoren um den zustimmungsfähigen Satz ergänzt: „Ansonsten ist hier vieles dogmatisch unklar und nicht nur an den Rändern unscharf.“[1012]

Die Frage ist also, ob das hiesige Vorgehen einen Zurechnungszusammenhang auslösen soll oder nicht. Um diese Frage zu beantworten, muss man etwas weiter ausholen und sich fragen, wie Staaten neuerdings ihre Macht ausüben. Es geht zum einen darum, dass der Staat immer mehr Machtausübung an Private delegiert oder dieses bewusst duldet.[1013] Das ist unter gewissen Gesichtspunkten an sich schon problematisch und man kann das vorliegende Phänomen sicher auch grundsätzlich als ein Unterphänomen davon begreifen. Dieser sehr weite und nicht auf das Straf- und Strafverfahrensrecht begrenzte Diskurs kann hier jedoch nicht entfaltet werden, das Argument konzentriert sich vielmehr auf das Phänomen *Überschreitung der selbst gesetzten Grenzen durch das Zwischenschalten Privater*. Was das „Outsourcen“ von Ermittlungen angeht, mag es zwar sein, dass es ein „staatliches Ermittlungsmonopol nach Art des staatlichen Gewaltmonopols“ nicht gibt.[1014] Das heißt aber keinesfalls, dass der Staat durch Privatisierung seine Grenzen überschreiten darf. Wenn sich im Rahmen dessen ergibt, dass die vorliegend gewählte Umgehung der eigenen Grenzen durch den Einsatz von Privatpersonen ein *pattern* „üblicher“ staatlicher Machtausübung außerhalb der klassischen Maßnahmen ist, so wird man auf der Wertungsebene auch konsequenterweise sagen müssen, dass der Staat sich diese Art der bewussten Machtausübung genauso zurechnen lassen muss wie jede andere.

a) Anstiftung

Hier ist wiederum zwischen den verschiedenen Schweizer Fällen zu differenzieren. Der erste *Credit Suisse*-Fall wurde in der Schweiz und Österreich teilweise gerichtlich aufgearbeitet. Aus diesen Gerichtsakten und Urteilen ergeben sich Anhaltspunkte dafür, dass hierbei das Verhalten der involvierten Steuerfahnder die Grenze

---

1011 *Jahn/Kirsch,* Fragen der Criminal Compliance im Schnittfeld von materiellem Recht, Strafverfahrens- und Verfassungsrecht, Rn. 75; ebenso *Jahn,* Gutachten 67.DJT, C 101f.; *ders.,* Grundfragen und aktuelle Probleme der Beweisverwertung im Straf- und Steuerstrafverfahren, FS Stöckel, S. 259 (280).

1012 *Jahn/Kirsch,* Fragen der Criminal Compliance im Schnittfeld von materiellem Recht, Strafverfahrens- und Verfassungsrecht, Rn. 75; vgl. auch *Jahn,* Grundfragen und aktuelle Probleme der Beweisverwertung im Straf- und Steuerstrafverfahren, FS Stöckel, S. 259 (280).

1013 Vgl. *Braum,* Strafrechtliche Grenzen der Privatisierung, 22. Strafverteidigertag, S. 161ff.; *Beste,* Private Elemente der Strafverfolgung, 22. Strafverteidigertag, S. 175ff.; *Jahn/Kirsch* benutzen für dieses Phänomen insgesamt das Wort „outsourcing“ im Sinne eines nicht rechtstechnischen Begriffes, *dies.,* Fragen der Criminal Compliance im Schnittfeld von materiellem Recht, Strafverfahrens- und Verfassungsrecht, Rn. 3.

1014 *Godenzi,* Private Beweisbeschaffung im Strafprozess, S. 82.

der Anstiftung zu Straftaten überschritten haben könnte.[1015] Dies wäre im Rahmen eines Prozesses als Tatsachenfrage zu klären. Sollte dies tatsächlich der Fall gewesen sein, wäre auch mit der herrschenden Meinung eine Zurechnung zwingend und ein Beweisverwertungsverbot in jedem Falle geboten und auch praktisch sehr wahrscheinlich. Dieser Fall ist jedoch, soweit ersichtlich, ein Sonderfall.

Eine Anstiftung scheitert ansonsten, zumindest nach herrschender Meinung, in jedem Falle an der relativen Unbestimmtheit des Kreises möglicher Täter.[1016] Auch an der Bestimmtheit der Tat[1017] kann man zumindest Zweifel haben. Praktischerseits dürfte es schwer zu ermitteln sein, welcher Täter von welchem oder welchen Aufrufen angestiftet wurde. Dass es tatsächlich individuelle Kommunikation zwischen Aufrufenden und Beschaffenden gegeben hat, ist nie behauptet worden und erscheint alles andere als wahrscheinlich. Eine Anstiftung ist für diese Fälle aber auch nicht zu fordern, denn es geht hier nicht darum, dass einer Individualperson strafrechtlich eine oder mehrere konkrete Taten zugerechnet werden, sondern um die bewusste Verursachung solcher Taten durch den Staat.

b) *Zurechnung auf anderem Wege: Ein* pattern *einer neuen Form der staatlichen Machtausübung?*

Für die anderen Fälle gibt es keine solchen, wertungsmäßig durch die Dogmatik geklärten Anknüpfungspunkte. Hier beschränkt sich eine mögliche Anknüpfung auf das *Gesamtgebaren staatlicher Stellen und der institutionalisierten Politik*, das heißt vor allem den *LGT*-Ankauf und – je nach Fall – die späteren Ankäufe selbst. Zudem sind die verbal geäußerten Absichten hochrangiger Vertreter der Exekutiven des Bundes und einzelner Länder, man werde auch in Zukunft Steuerdaten-CDs kaufen, in Anschlag zu bringen.[1018] Es gab also massive Tatanreize für potenzielle

1015 Vgl. den Beschluss des OLG Innsbruck, 7 Bs 553/11y, vor allem S. 43ff. sowie die Anklageschrift im Verfahren SV.10.0018-BUL vor dem Bundesstrafgericht in Bellinzona gegen den überlebenden Datenbeschaffer.

1016 Vgl. hierzu allg.: LK-*Schünemann,* StGB, 12.A, § 26, Rn. 48ff. mwN.

1017 Vgl. hierzu allg.: LK-*Schünemann,* StGB, 12.A, § 26, Rn. 39ff. mwN.

1018 Geäußert hat dies *Albig* als einer der ersten auf der Regierungspressekonferenz am 18.2.2008 auf die Frage, ob weiterhin angekauft werden wird: „In jedem ähnlichen Fall wird es einen ähnlichen Abwägungsprozess geben. Wie der Abwägungsprozess am Ende aussieht, hängt von der jeweiligen Situation ab. Es macht keinen Sinn, allgemein zu formulieren, wie man sich verhält." Später dann vor allem die Äußerungen von *Walter-Borjans.* 2014 auch der Koalitionsvertrag zwischen *CDU* und *Grünen* in Hessen: „Es muss im Interesse der Mitarbeiterinnen und Mitarbeiter sichergestellt werden, dass sie im Zusammenhang mit dem Ankauf von Steuerdaten nicht strafrechtlich belangt werden können. Die Beteiligung Hessens an Ankäufen von Steuerdaten durch andere Länder kann unter dieser Maßgabe, ebenso wie ein Ankauf federführend durch Hessen selbst, erfolgen.", S. 11, Abrufbar unter: http://www.gruene-hessen.de/partei/files/2013/12/Koa-Vertrag-gesamt.pdf [Zuletzt abgerufen 2.1.2014].

Datenlieferanten in der Form von angekündigten und sehr großzügigen Entlohnungen.[1019] Nach vorliegend vertretener Auffassung bedeutet dies auf der Wertungsebene, dass hierdurch bewusst und gezielt, mithin *final*, ein *Markt* für illegal erlangte und steuerlich relevante Daten geschaffen wurde.[1020] Ob diese Wertung ausreicht, um als Folge auch eine *Zurechnung* der Taten auszulösen, bleibt fraglich.

Man könnte nun meinen, dass die Steuerdaten-CD Fälle eine außergewöhnliche Konstellation darstellen und eine Singularität in der Rechtsgeschichte bleiben werden. Die jüngsten Entwicklungen scheinen jedoch eher in die Gegenrichtung zu weisen und sprechen dafür, dass hier ein Phänomen sichtbar wird, das *Garland* in einem etwas anderen Zusammenhang folgendermaßen beschrieben hat:

> „Schließlich können Staaten ihre Möglichkeiten der Terrorbekämpfung auch dadurch erweitern, dass sie andere staatliche Akteure in die Verantwortung nehmen [...], oder dass sie – etwas profaner – das Sicherheitsbewusstsein privater Akteure erhöhen (etwa mit Hilfe von Wachsamkeitskampagnen, bei denen die Bürger dazu aufgefordert werden, den Behörden alles zu melden, was ihnen verdächtig vorkommt). In diesen Fällen versucht der Staat *die Grenzen, die ihm gesetzt sind, zu überwinden, indem er seine Führungsfunktion mit der Lenkungsfunktion von anderen verbindet – eine Strategie, in der viel Potential steckt, die jedoch kluger Diplomatie bedarf und letztlich jede Fähigkeit zu exklusivem staatlichen Handeln untergräbt.*“[1021] [Hervorhebung D.W.]

Auf dieser Basis soll nun das vermutete *pattern* untersucht werden.

aa) Datenhehlerei

Der § 202d Absatz 3 Nr.2 StGB weist auf eine neue Tendenz bei der Ausübung staatlicher Gewalt hin. Die These ist, dass der Staat versucht, auf eine neue Form des „Outsourcens“ bei der Beweisbeschaffung zu setzen. Dies betrifft insbesondere die Beweisbeschaffung mit illegalen Mitteln.

Eine solche auf ein gesetzliches Fundament zu stellen, beabsichtigte die Gesetzesinitiative zur Datenhehlerei.[1022] Diese erste Gesetzesinitiative verfiel nach Beschluss

---

1019 Die Bezahlung scheint sich wohl auf 10 % der zusätzlich erwarteten Steuern eingependelt zu haben. In der mündlichen Verhandlung vor dem Verfassungsgerichtshof Rheinland-Pfalz sagte ein Ministeriumsmitarbeiter sinngemäß, dass durch die Datenprobe zumindest der „Kaufpreis“ wieder hereinkommen müsse.

1020 Im ersten *Credit Suisse*-Fall gibt es deutliche Hinweise, dass ebendies auch die Taten verursacht hat. Hier wurden zum Beispiel beim Täter zahlreiche Zeitungsausschnitte zur Liechtenstein-Affäre gefunden, vgl. hierzu OLG Innsbruck, Az. 7 Bs 553/11y.

1021 *Garland,* Kultur der Kontrolle, Vorwort, S. 24f., vgl. auch S. 217ff. zur „Kommerzialisierung der Strafjustiz“; S. 307: „Entdifferenzierung“, das heißt dem aus der Hand geben von „Verbrechenskontrolle“ durch staatliche Stellen.

1022 Die Initiative geht auf einen Entwurf des Landes Hessen aus dem Jahr 2012 zurück. Ursprünglich sollte der Straftatbestand als § 259a StGB-E eingefügt werden, SSW-*Jahn*, StGB, 3.A, § 259, Rn. 4.

durch den Bundesrat und der Weiterleitung an den Bundestag der Diskontinuität.[1023] Bereits dieser ursprüngliche Entwurf enthielt in seinem damaligen Absatz 5 die hier vor allem interessierende und höchst kritikwürdige Regelung, welche letztlich Staatsdiener bei der Ausführung ihrer „Pflicht" von der Strafbarkeit ausnehmen sollte.[1024] Der ursprüngliche Entwurf enthielt zudem in Anlage 2 eine sehr weitgehende Bewertung der Rechtslage, in der insbesondere vertreten wurde, dass Ankäufe von Steuerdaten-CDs auch bisher nicht strafbar gewesen seien.[1025]

Jahre später kam der Straftatbestand der Datenhehlerei wieder auf die politische Agenda und wurde in veränderter Form im Rahmen des Gesetzes über die sogenannte „Vorratsdatenspeicherung" mit beschlossen. In der Öffentlichkeit diskutiert wurde insbesondere der Ausschluss von Journalisten aus dem Tatbestand.[1026] Darüber hinaus hat der Straftatbestand in der öffentlichen Debatte wenig Beachtung gefunden. Die bisher überwiegende Ansicht scheint es zu sein, dass der Straftatbestand verfehlt ist oder nur einen minimalen Anwendungsbereich aufweist.[1027] Ob dies der Fall ist, ist hier nicht weiter von Interesse. Es spricht in jedem Fall viel dafür, dass es sich bei dem neuen Straftatbestand primär um ein weiteres Stück symbolischer Gesetzgebung im Bereich des Strafrechts handelt. In diesem Kontext ist auch der § 202d Absatz 3 Nr.2 StGB zu verstehen. Nach hier vertretener Ansicht kann diese Vorschrift nichts an der Strafbarkeit des Ankaufs von Steuerdaten-CDs ändern,[1028] denn es handelt sich um keinen allgemeinen Rechtfertigungsgrund.[1029]

1023 *Golla/von zur Mühlen*, Der Entwurf eines Gesetzes zur Strafbarkeit der Datenhehlerei, JZ, 2013, S. 668 (668, Fn.6).

1024 Hierzu enthielt der dem Bundestag zugeleitete „Entwurf eines Gesetzes zur Strafbarkeit der Datenhehlerei" insb. folgende Passage: „Gedacht ist hierbei vor allem an die Fälle des Erwerbs von sogenannten Steuer-CDs. Hierzu enthält § 202d Absatz 5 Satz 2 StGB- E [dieser enthielt bereits im Kern die heute in § 202d Abs. 3 Gesetz gewordene Regelung, Anm. D.W.] eine ausdrückliche Klarstellung des gesetzgeberischen Willens, dass Amtsträger beim Ankauf von Datenmaterial zur ausschließlichen Verwendung in einem Besteuerungsverfahren nicht mit Strafe bedroht werden dürfen.", BT-Drucksache 17/14362, S. 15.

1025 „In diesem Zusammenhang stellt der Bundesrat fest, dass der Ankauf sogenannter Steuer-CDs bereits nach dem geltenden Recht zulässig ist.", BR-Drucksache 284/13 (Beschluss), Anlage 2.

1026 Heute § 202d Abs.3 Nr.2 StGB, in der ursprünglichen Initiative des Bundesrates nicht enthalten.

1027 *Stuckenberg*, Der missratene Tatbestand der neuen Datenhehlerei (§ 202d StGB), ZIS, 2016, S. 526ff.; *Neuhöfer*, Datenhehlerei nach § 202d StGB, jurisPR-Compl, 4/2015, Anm. 6; noch zum Entwurf: *Golla/von zur Mühlen*, Der Entwurf eines Gesetzes zur Strafbarkeit der Datenhehlerei, JZ, 2013, S. 668ff.; *Franck*, Datenhehlerei nach dem künftigen § 202d StGB, RDV, 2015, S. 180ff.; *Beck/Meinicke*, Stellungnahme der DGRI zum Entwurf eines Gesetzes zur Strafbarkeit der Datenhehlerei (Drucks. 18/1288) (RefE), CR, 2015, S. 481ff.

1028 So auch BeckOK-*Weidemann*, StGB, Stand Dezember 2016, § 202d, Rn. 33.1.

1029 BeckOK-*Weidemann*, StGB, Stand Dezember 2016, § 202d, Rn. 17.

Solche Ankäufe bleiben daher auch weiterhin strafbar. Hätte man hieran etwas ändern wollen, hätte eine Eingriffsgrundlage geschaffen werden müssen. Ob eine solche verfassungsgemäß ausgestaltet werden kann, sei hier dahingestellt. Auch wenn dieser Legalisierungsversuch somit praktisch weitgehend bedeutungslos bleiben dürfte, sind Stoßrichtung und Symbolik dennoch zu kritisieren.

bb) Whistleblowing

In dieselbe Richtung deutet das Phänomen des *Whistleblowing*. Der Begriff *Whistleblowing* wurde von dem amerikanischen Rechtsanwalt und Aktivisten *Ralph Nader* maßgeblich geprägt, um ihn gegen *„snitching"* und ähnlich abwertende Begriffe bewusst abzugrenzen und dem „Verpfeifen" eine positive Konnotation zu geben.[1030] Anfangs war *Whistleblowing* als eine für *NGOs* konzipierte Taktik gedacht, um gegen übermächtige Konzerne vorzugehen.[1031] Heute gibt es deutliche Hinweise dafür, dass der Staat sich diesen, mittlerweile (wohl) in der Bevölkerung positiv besetzten Begriff zu fiskalischen Zwecken zunutze machen will.

In diese Richtung weist unter anderem eine Studie zu einem *Whistleblowing*-System des LKA Niedersachsen.[1032] In der Regel wird das Phänomen *Whistleblowing* in der rechtswissenschaftlichen Diskussion in Deutschland im Bereich des Arbeitsrechts diskutiert, *Engländer* hat insofern ganz richtig angemerkt, es werde „lediglich am Rande [...] wahrgenommen, dass Whistleblowing auch strafrechtliche Fragen aufwirft".[1033]

1030 Die englische Version von *Wikipedia* schreibt den Begriff *Nader* zu und verweist auf *Nader/Petkas/Blackwell,* Whistleblowing – The Report of the Conference on Professional Responsibility, einen Konferenzband aus dem Jahre 1972. Die Themen der „Keynotes" dieser Konferenz waren: *Nader,* An Anatomy of Whistle Blowing; *Proxmire,* The Whistle Blower as Civil Servant; *Townsend,* The Whistle Blower as Entrepreneur; *Miller,* Whistle Blowing and the Law. Besonders interessant ist freilich der „Whistle Blower" als „Entrepreneur". Leider wird in dem Vortrag nicht ganz klar, was damit gemeint war. Der Begriff als solcher scheint aber auf die hiesigen Datenbeschaffer hervorragend zu passen. *Lutterbach,* Die strafrechtliche Würdigung des Whistleblowing liefert zwar in Kapitel 1 unter der Überschrift „Etymologie des Begriffs und angloamerikanische Herleitung" sehr interessante Assoziationen in der englischen Sprache, allerdings wird dort *Nader* und der Sammelband nicht genannt. Weitere Nachforschungen haben keine frühere Wortverwendung in dem heutigen Sinne als den Sammelband von *Nader* u.a. ergeben.

1031 Vgl. *Nader/Petkas/Blackwell,* Whistleblowing – The Report of the Conference on Professional Responsibility.

1032 *Backes/Lindemann,* Staatlich organisierte Anonymität als Ermittlungsmethode bei Korruptions- und Wirtschaftsdelikten.

1033 *Engländer/Zimmermann,* Whistleblowing als strafbarer Verrat von Geschäfts- und Betriebsgeheimnissen?, NZWiSt, 2012, S. 328 (329). So aber zum Beispiel *Lutterbach,* Die strafrechtliche Würdigung des Whistleblowing, S. 64, wobei die Autorin insgesamt hervorhebt, dass die Abgrenzung zwischen dem, was als „Whistleblowing" bezeichnet wird, und dem, was als „Denunziation" bezeichnet

In der Diskussion um die Steuerdaten-Fälle fiel der Begriff ebenfalls zuweilen.[1034] *Heinrich Kieber* hat sich selbst immer als *Whistleblower* bezeichnet.[1035] Soweit ersichtlich wurde dieser Begriff in der deutschen Debatte als Fremdzuschreibung nur spärlich verwendet.[1036] Er markiert für den vorliegenden Fall gewissermaßen eine Linie: Die Minderheit derjenigen, welche den hiesigen Fall unter das *Whistleblowing* subsumiert haben, hält das Agieren des Datenlieferanten auch nicht für strafbar. Diejenigen, die diesen Begriff nicht in einem affirmativen Sinne benutzen, halten das Vorgehen nicht für rechtens und in der Regel auch für strafbar.[1037] *Whistleblowing* scheint daher einfach eine Metapher für ein Verhalten zu sein, das eigentlich unerwünscht, verboten, strafbar oder zumindest verpönt ist und welches durch das Aufsetzen dieses Begriffes und in Anlehnung an US-amerikanische Rechtsvorstellungen positiv besetzt werden soll.[1038]

Zumindest die Erfahrungen mit dem bereits genannten System des LKA Niedersachsen wurden jedoch wissenschaftlich untersucht und können als katastrophal bezeichnet werden.[1039] Hier wurden im Wesentlichen Personen aus dem sozialen

---

wird, schwerfällt und im Einzelnen sehr unklar ist. Vgl. auch *Walther,* Dürfen Compliance-Organisationen deliktisch erlangte Bankdaten ankaufen?, CCZ, 2013, S. 254ff., der den Zustand, dass ebendies illegal und strafbar ist, beklagt und letztlich hier in Richtung gleicher Befugnisse für Compliance Beauftragte plädiert, die – vermeintlich – staatlichen Stellen zustehen.

1034 Auf verschiedenste Art und Weise, meist ablehnend, verwenden den Begriff in der hiesigen Diskussion: *Ambos,* Beweisverwertungsverbote, S. 113; *Kölbel,* Zur Verwertbarkeit privat-deliktisch beschaffter Bankdaten, NStZ, 2008, S. 241 (244); *Schünemann,* Die Liechtensteiner Steueraffäre als Menetekel des Rechtsstaats, NStZ, 2008, S. 305 (308); *Trüg,* Steuerdaten-CDs und die Verwertung im Strafprozess, StV, 2011, S. 111 (112); *Satzger,* Der Staat als „Hehler"?, FS Achenbach, S. 447 (450); *Rehbein,* Die Verwertbarkeit von nachrichtendienstlichen Erkenntnissen, S. 224.

1035 Z.B. *Kieber,* Der Fürst. Der Dieb. Die Daten., S. 602f.

1036 Das betrifft die dem Verfasser bekannten Veröffentlichungen. Da alle überregionalen und (wohl) auch viele regionalen Zeitungen über den Fall berichtet haben, ist ein Überblick ausgeschlossen.

1037 Insofern interessant *Engländer/Zimmermann,* Whistleblowing als strafbarer Verrat von Geschäfts- und Betriebsgeheimnissen?, NZWiSt, 2012, S. 328 (329), der zwar die Liechtenstein Steuer-CD hier direkt nach US-amerikanischen Fällen nennt, in denen er den Begriff *Whistleblowing* gebraucht, für diesen und andere deutsche Fälle dann aber von „Informationen eines Insiders" spricht.

1038 Man kann hier eine Linie vom „Nicht-andere-Verpetzen" bis zur Treuepflicht des Arbeitnehmers gegenüber dem Arbeitgeber ziehen, diskutiert wird das Thema in aller Regel auch im Arbeitsrecht, so auch *Engländer/Zimmermann,* Whistleblowing als strafbarer Verrat von Geschäfts- und Betriebsgeheimnissen?, NZWiSt, 2012, S. 328 (328).

1039 Der Bericht schließt mit den Worten: „Es besteht kein vernünftiger Grund, das BKMS beizubehalten.", *Backes/Lindemann,* Staatlich organisierte Anonymität als Ermittlungsmethode bei Korruptions- und Wirtschaftsdelikten, S. 106.

Nahbereich wegen Bagatelldelikten denunziert[1040] und es gab keinerlei Hinweise auf nennenswerte Kriminalität.[1041] Viele dieser Hinweise dürften sogar aufseiten des Hinweisgebers strafbar gewesen sein (Verleumdung, üble Nachrede, falsche Verdächtigung).[1042] Dieses *BKMS* genannte Programm läuft weiterhin,[1043] zudem wird das Thema *Whistleblowing* insgesamt intensiv in verschiedenen Zusammenhängen in der Rechtswissenschaft diskutiert.[1044]

In den USA ist die Implementierung solcher Vorschriften zum *Whistleblowing* deutlich weiter fortgeschritten[1045] und die dortige Steuerbehörde betreibt seit 2006 ein solches Programm,[1046] welches sie folgendermaßen auf ihrer Webseite beschreibt:

> **„Who can get an award?**
>
> The IRS may pay awards to people who provide specific and credible information to the IRS if the information results in the collection of taxes, penalties, interest or other amounts from the noncompliant taxpayer.
>
> The IRS is looking for solid information, not an ‚educated guess' or unsupported speculation. We are also looking for a significant Federal tax issue – this is not a program for resolving personal problems or disputes about a business relationship.
>
> **What are the rules for getting an award?**
>
> The law provides for two types of awards. If the taxes, penalties, interest and other amounts in dispute exceed $2 million, and a few other qualifications are met, the IRS

1040 *Backes/Lindemann,* Staatlich organisierte Anonymität als Ermittlungsmethode bei Korruptions- und Wirtschaftsdelikten, S. 101, z.B. „Leiter eines Arbeitsamtes habe sich eine Gartenbank schenken lassen".

1041 *Backes/Lindemann,* Staatlich organisierte Anonymität als Ermittlungsmethode bei Korruptions- und Wirtschaftsdelikten, S. 105ff.

1042 *Backes/Lindemann,* Staatlich organisierte Anonymität als Ermittlungsmethode bei Korruptions- und Wirtschaftsdelikten, S. 102f.

1043 https://www.bkms-system.net/bkwebanon/report/clientInfo?cin=lka149ni&language=ger [Zuletzt abgerufen 04.01.2017].

1044 Eine kleine Auswahl von Aufsätzen neueren Datums: *Rudkowski,* Kernprobleme einer gesetzlichen Regelung zum Schutz von Whistleblowern, CCZ, 2013, S. 204ff.; *Simonet,* Notwendigkeit eines Gesetzes zum Schutz von Whistleblowern?, RdA, 2013, S. 236ff.; *Buchert,* Der Irrweg der EU-Kommission – Zu den Überlegungen über eine Einführung einer staatlichen Whistleblower-Prämie, CCZ, 2013, S. 144ff.; *Zimmer,* Whistleblowing – Wichtige Erkenntnisse oder gefährliches Pflaster?, CCZ, 2013, S. 31ff.; *Bauschke,* Whistleblowing – ein Zwischenbericht, ÖAT, 2012, S. 271ff.

1045 So auch in vielen anderen, vor allem angelsächsischen Ländern. Vergleiche hierzu die umfassenden Ausführungen bei *Lutterbach,* Die strafrechtliche Würdigung des Whistleblowing in Kapitel 2.

1046 *Wohlwend,* Der Datendieb, S. 206.

will pay 15 percent to 30 percent of the amount collected. If the case deals with an individual, his or her annual gross income must be more than $200,000. If the whistleblower disagrees with the outcome of the claim, he or she can appeal to the Tax Court. These rules are found at Internal Revenue Code IRC Section 7623(b) – Whistleblower Rules.

The IRS also has an award program for other whistleblowers – generally those who do not meet the dollar thresholds of $2 million in dispute or cases involving individual taxpayers with gross income of less than $200,000. The awards through this program are less, with a maximum award of 15 percent up to $10 million. In addition, the awards are discretionary and the informant cannot dispute the outcome of the claim in Tax Court. The rules for these cases are found at Internal Revenue Code IRC Section 7623(a) -Informant Claims Program, and some of the rules are different from those that apply to cases involving more than $2 million.

If you decide to submit information and seek an award for doing so, use IRS Form 211. The same form is used for both award programs."[1047]

Die Tatsache, dass bereits im Rahmen dieser Einführung des *Whistleblower*-Programms der Hinweis gegeben wird, das Programm sei nicht dazu da, persönliche Konflikte zu lösen, spricht für sich.

Insgesamt kann man die Betrachtungen mit der Feststellung abschließen, dass es sicherlich Phänomene gibt, die einen positiven Effekt für die Gesamtgesellschaft haben können. Aus diesen – nicht regierungsnahen – Zusammenhängen stammt auch das Konzept. Hiervon zu trennen sind jedoch staatliche Bestrebungen. Diese dürften insbesondere einen fiskalischen Hintergrund haben, denn die – untechnisch gesprochen – Strafzahlungen verschiedenster Art im Wirtschaftsstraf- und Wettbewerbsrecht sind enorm. Im Falle des *IRS*-Programmes sind fiskalische Motive sogar die einzigen.

Ziel dieses kurzen Abschnittes konnte und sollte es nicht sein, eine umfassende Darstellung des Konzeptes *Whistleblowing* zu erarbeiten und zu bewerten. Es sollte nur gezeigt werden, dass auch hier der Staat versucht, durch „Privatpersonen-‚aktivierende'-Taktiken", primär aus fiskalischen Gründen, in einen Bereich einzudringen, der ansonsten nicht zugänglich ist. Es erscheint nicht vollkommen ausgeschlossen, dass Bürger im Rahmen dessen zu Straftaten „aktiviert" werden. Allerdings ist dies hier erheblich unwahrscheinlicher. Das grundsätzliche Muster durch den Einsatz Privater in Bereiche einzudringen, zu denen die Ermittlungsbehörden aus gutem Grund nur unter gewissen Voraussetzungen Zugang haben,[1048] liegt auch hier vor und stellt einen Teil des *patterns* dar.

1047 http://www.irs.gov/uac/Whistleblower-Informant-Award [zuletzt abgerufen 7.1.2014].

1048 Vgl. *Backes/Lindemann*, Staatlich organisierte Anonymität als Ermittlungsmethode bei Korruptions- und Wirtschaftsdelikten, S. 103f.

cc) Technische Neuerungen

Diese neuen Taktiken werden in ihrer Gefährlichkeit noch durch die Tatsache potenziert, dass die Masse der Datensammlung heute durch Private geschieht und der Staat Zugriff auf diese Daten zu bekommen versucht, die er selbst niemals erheben dürfte. Durch technische Neuerungen, die es möglich machen, extrem große Datenmengen auf extrem kleinen Speichermedien abzulegen, ohne dass dies am Originaldatenbestand notwendigerweise sichtbar ist, verschärft sich das Problem.[1049]

Jeder Mobilfunkbetreiber und jeder Internetprovider erhebt heute geschäftsbedingt ein Vielfaches dessen, was ein Rechtsstaat anlasslos an Daten sammeln dürfte. Wenn aber alle Daten ohnehin vorhanden sind, muss der Staat nur Strategien entwickeln, dieser Daten habhaft zu werden. Immer mehr Menschen speichern persönliche Daten an Orten außerhalb ihres, durch ihre eigene Wohnung geschützten, Bereiches. Damit werden diese Daten tendenziell in Zukunft anfälliger für Ausspähung und Missbrauch. Wie aber wird man in Zukunft verfahren, wenn der Polizei die in der *cloud* gespeicherten Kalender, Geschäftsunterlagen oder Privatfotos angeboten werden? Wird man dann ebenfalls kaufen?

c) Zwischenergebnis Zurechnung

Die gerade beschriebenen Phänomene zeigen, dass es staatlicherseits Tendenzen gibt, die – losgelöst von Einzelpersonen – ein gewisses Muster ergeben, welches bestehenden rechtsstaatlichen Standards zuwiderläuft. Das Phänomen des Überschreitens der selbst gesetzten Grenzen durch den Einsatz von Privatpersonen auf unterschiedliche Art und in unterschiedlichen Zusammenhängen ist all diesen Einzelereignissen gemeinsam. Das Eindringen *staatlicher Macht* in solche *privaten Zusammenhänge* und die technischen Neuerungen, die dies begünstigen, sind insofern als Wegbereiter anzusehen.

Ebensolche Tendenzen rechtfertigen aber eine Zurechnung der vorliegenden Taten. Es geht hier nicht um Einzelfälle, sondern eine neue Art staatlicher Tätigkeit. Der Zurechnung von Machtausübung darf der Staat sich aber nicht durch das Zwischenschalten von Privatpersonen entziehen dürfen. Ein solches Vorgehen unterscheidet sich vor allem durch seine Marktförmigkeit sowie der Negierung eigener Regeln grundsätzlich von den V-Mann Fällen und Ähnlichem. Ein V-Mann wird nicht zum Begehen von Straftaten angeheuert, sondern wegen seines Einblicks in ein gewisses Milieu. Dass diese Personengruppe nicht selten in der Praxis Straftaten begeht, um an die ersehnten Belohnungen zu kommen, ist in jedem Falle problematisch und kritisch zu beobachten. Das hat allerdings eine andere Qualität als das „Aktivieren" von Personen zum Beschaffen von Informationen, die *ausschließlich* strafrechtswidrig beschafft werden können. Solchen Tätigkeiten

---

1049 So auch aus öffentlich-rechtlicher Sicht vor dem Hintergrund der Schweizer Fälle *Haensle/Reichold,* Heiligt der Zweck die Mittel?, DVBl, 2010, S. 1277 (1283), die daher eine neue Eingriffsgrundlage fordern.

sollte mit allen zur Verfügung stehenden Mitteln entgegengetreten werden. Wenn nicht mehr eine insgesamt recht gut kontrollierte, staatliche Macht Beweise erhebt, sondern diese Tätigkeiten zunehmend *outsourct*, ist dies eine Tendenz, die das Potenzial hat, die demokratische Grundordnung zu untergraben. Dem Strafprozessrecht als „geronnenem Verfassungsrecht"[1050] kommt es im Ergebnis noch mehr als dem materiellen Strafrecht zu, solchen Tendenzen entgegenzutreten. Das materielle Strafrecht allein ist dazu nicht (mehr) in der Lage. Wenn man diesen Tendenzen nicht Einhalt gebietet, werden die Gerichte weiter marginalisiert und es verschiebt sich zunehmend mehr Macht in Richtung Exekutive.

Auch wenn solche Argumentationen im Rahmen von Beweisverwertungsverboten ungewöhnlich scheinen, stammen diese Wertungen doch eindeutig aus der Sphäre des Rechts. Wie beim staatlichen Selbstwiderspruch und den Rahmenbedingungen der Demokratie geht es hier um die Grundlagen der staatlichen Ordnung. Man mag einwenden, dass es nicht die Aufgabe eines Amts- oder Landgerichts ist, solche Ziele zu verwirklichen. Dem ist jedoch entschieden zu widersprechen. Das Strafrecht soll durch seine befriedende Funktion eigentlich gerade dazu beitragen, einen gesellschaftlichen Zusammenhalt durch gerechte Urteile zu wahren. Auch wenn es in der deutschen Rechtsvorstellung eine grundsätzliche Unterscheidung zwischen materieller und formeller Gerechtigkeit gibt,[1051] stehen beide Seiten doch miteinander in Verbindung und sind nicht zwei vollkommen voneinander losgelöste Bereiche. Gerade dann kommt aber den Gerichten im demokratischen Rechtsstaat die Rolle zu, gerechte Urteile zu fällen, und das heißt solche, die sich sowohl unter materiellen als auch formellen Gesichtspunkten an rechtsstaatlichen Prinzipien orientieren.

Für die späteren Fälle scheint daher ein Anknüpfen an das bewusste und gewollte Verursachen der Taten auch unterhalb der bisher gängigen Begründungsmuster auszureichen, um dem Staat die Taten der Privaten, die soweit ersichtlich immer auch strafbar waren, zuzurechnen. Was das bewusste und gewollte Verursachen des Tatentschlusses angeht, ist hier ein stark normativierter Maßstab anzulegen. Zwar mag es sein, dass bei den Aufrufen bei der konkreten Einzelperson auch der Wille vorlag, solche Tatentschlüsse hervorzurufen. Hierauf könnte man unter Umständen abstellen und würde dann in massive Beweisprobleme zumindest hinsichtlich der Kausalität geraten. Zudem erscheint ein solches Abstellen nicht den problematischen Kern des hiesigen Vorgehens zu treffen. Es geht um ein Gesamtgebaren, um eine neue Taktik, eine bestimmte Art der Erzeugung einer gewissen Stimmung. Den Zurechnungszusammenhang muss daher das *pattern* als solches auslösen, denn der Staat übt seine Macht losgelöst von den Handlungen von Einzelpersonen aus. Staatliche Machtausübung im Rahmen üblicher Vorgehensweisen geschieht aber normativ betrachtet immer bewusst, das gilt auch für diese besondere Form der

1050 Urheberschaft dieses Begriffs ist umstritten.

1051 Vgl. hierzu zum Gebrauch dieser Topoi im Bereich der Beweisverwertungsverbote *Jahn*, Gutachten 67.DJT, C 44f.

Machtausübung. Die besseren Argumente sprechen damit für eine Zurechnung der Handlungen der Privaten. Diese haben die Daten strafbar erlangt und das ist dem Staat als eigenes Tun zuzurechnen. In diesem zurechenbaren Rechtsbruch ist das Beweiserhebungsverbot zu sehen.

2. *Abwägung*

Damit ist wiederum im Rahmen der Abwägung zu klären, ob die besseren Gründe für oder gegen eine Verwertung sprechen. Die Argumente gegen eine Verwertung aus dem *LGT*-Fall kann man zumindest sinngemäß anführen, denn letztlich geht es hier um die gleichen Topoi. Insbesondere die oben angesprochenen Fragen des Vertrauens könnte man hier wieder aufwerfen. In der obigen Diskussion stand in erster Linie das Vertrauen in Institutionen im Mittelpunkt der Betrachtungen sowie deren Bedeutung für die Demokratie als solche. Man kann das Argument hier noch um einen Schritt erweitern, denn deliberative Demokratie erfordert neben dem Vertrauen in Institutionen primär das Vertrauen der Staatsbürger untereinander. Die hier beschriebenen „aktivierenden" Vorgehensweisen staatlicher Stellen werden diesem Vertrauen nicht zuträglich sein. Insbesondere die Beispiele von *Backes/Lindemann*[1052] legen hier ein beredtes Zeugnis ab. Auch die oben zitierten Argumente von *Frankenberg*[1053] und *Denninger*[1054] sind grundsätzlich anschlussfähig. Außerdem kommt auf der Ebene der Abwägung noch deutlich erschwerend die Verursachung hinzu. Überdies war für die späteren Fälle die gesamte rechtliche Problematik bekannt. Alles in allem spricht die Abwägung auch hier dezidiert gegen eine Verwertung.

3. *Ergebnis*

Was die Schweizer Fälle angeht, erscheint unter Zuhilfenahme eines an den hiesigen Fällen geschärften Begriffs der Zurechnung auch der erprobte Weg der „klassischen" Zurechnung des Verhaltens der Privaten zum Staat möglich zu sein. Bei der anschließenden Abwägung müssen die gleichen Argumente eine Rolle spielen, denn auch hier geht es um das Begehen von Straftaten zum Sanktionieren von Straftaten. Darüber hinaus hat sich aber ebenfalls gezeigt, dass dies kein isoliertes Phänomen darstellt, sondern sich in eine ganze Reihe von Phänomenen einreiht, die das Potenzial haben, demokratische Verständigung und damit den Rechtsstaat als Ganzes nachhaltig zu unterminieren.

Insofern spricht alles dafür, hier eine neue Fallgruppe anzuerkennen, welche diese neuen und außerordentlich invasiven Eingriffe abdeckt. Wenn ein solcher Fall vorliegt, sollte auf der Ebene der Abwägung die Nichtverwertung indiziert sein. In

---

1052 Die realen Fallbeispiele sind über das ganze Buch verteilt, vgl. insofern *Backes/Lindemann,* Staatlich organisierte Anonymität als Ermittlungsmethode bei Korruptions- und Wirtschaftsdelikten, S. 1ff.

1053 *Frankenberg,* Angst im Rechtsstaat, KJ ,1977, S. 353 (353ff.).

1054 *Denninger,* Verfassungstreue und Schutz der Verfassung, Staatsrechtslehrertagung 1978, S. 8 (27ff.).

den vorliegenden Fällen muss hier, wie aus der obigen Argumentation bereits hervorgegangen ist, auch nicht viel mehr argumentatives Gewicht in die Waagschale geworfen werden, denn die Grundlagen demokratischer Verständigung sind in jedem Fall wiederum höher zu gewichten als fiskalische Interessen geringen Ausmaßes.

D. Folgen der Überlegungen für die verschiedenen Verfahrensstadien

Es hat sich gezeigt, dass es eine Reihe von guten Gründen für ein Beweisverwertungsverbot gibt. Wenn man dieser Meinung folgt, ergibt sich freilich die Folgefrage, ob ein solches „nur" für die Hauptverhandlung gilt oder auch Wirkung in den anderen Verfahrensstadien zeitigt.

I. Beweis in der Hauptverhandlung als Grundlage für eine strafrechtliche Verurteilung

Wenn man ein Beweisverwertungsverbot annimmt, ist für die Hauptverhandlung keine weitere Begründung mehr nötig. Insofern ist mit den oben aufgezählten Argumenten davon auszugehen, dass diese Informationen nicht als Grundlage eines Strafurteils verwendet werden dürfen.

In diesem Zusammenhang sei hervorgehoben, dass dies weder durch den Beschluss des Bundesverfassungsgerichts[1055] noch – soweit bekannt – in einem Verfahren vor den ordentlichen Gerichten jemals ausdrücklich abgelehnt wurde. Weiterhin sind keine Schuldsprüche bekannt, die sich ausdrücklich auf die Steuerdaten-CDs stützen. Die eigentlichen Probleme ergeben sich durchweg in den der Hauptverhandlung vorangehenden Verfahrensabschnitten.

II. Fernwirkung

In Deutschland stehen Rechtsprechung und Wissenschaft der Fernwirkung von Beweisverwertungsverboten im Strafverfahren extrem kritisch gegenüber.[1056] Es gibt nur wenige Fälle, in denen die Rechtsprechung eine solche angenommen hat.[1057] Das gilt besonders für die Fallgruppe der durch Private illegal erlangten Beweise.[1058] Begründet wird diese Haltung ausschließlich kriminalpolitisch mit dem „Lahmlegungsargument", welches besagt, dass die gesamte Strafrechtspflege zum Erliegen

---

1055 So auch *Zimmermann*, Urteilsanmerkung zu 2 BvR 2101/09, FD-StrafR 2010, 311378.

1056 *Eisenberg*, StPO, 3.Kapitel, Rn. 403ff.; LR-*Gössel*, StPO, 26.A, Einleitung Abschnitt L, Rn. 106ff.; *Meyer-Goßner*, StPO, 56.A, Einleitung, Rn. 57; *Joecks*, StPO, 3.A, Einleitung, Rn. 228f.; *Jahn*, Gutachten 67.DJT, C 92ff. jeweils mwN.

1057 Nachweise bei LR-*Gössel*, StPO, 26.A, Einleitung Abschnitt L, Rn. 105ff.

1058 *Mende*, Grenzen privater Ermittlungen durch den Verletzten einer Straftat, S. 230ff. mwN.

kommen würde, ginge man von einer extensiven Interpretation der Fernwirkung aus.[1059] In der Literatur gibt es überdies das Argument, dass man sich zu sehr an der *fruit of the poisonous tree doctrine* orientiere.[1060] Dieser Vorwurf ist jedoch zu pauschal, denn auch dieses Prinzip hat viele Ausnahmen.[1061]

Es ist nichts dagegen einzuwenden, die Beweisverwertungsverbote nicht zu weit zu fassen. Wenn es aber zu derartig großen Abweichungen von der Regel kommt, verfängt auch das „Lahmlegungsargument" nicht. Die große Masse der Verfahren wird von Beweisverwertungsverboten ohnehin unberührt bleiben. Empirische Hinweise darauf, dass das Strafverfahren lahmgelegt wird, sind schwach. Bisher ergab sich die Lahmlegung des Strafverfahrens eher aus der Unterfinanzierung der Justiz, weniger aus dem Schutz von Angeklagtenrechten oder der Integrität der Rechtsordnung. Damit soll nicht gesagt werden, dass jeder Verfahrensfehler zu einem Beweisverwertungsverbot mit Fernwirkung führen soll. Wenn aber Strafnormen verletzt wurden, scheint dies die einzig richtige Lösung. In der Literatur findet man daher auch deutlich weitergehende Stimmen.[1062] Dem ist im Kern zuzustimmen. Nach hier vertretener Ansicht dienen die Beweisverwertungsverbote in erster Linie dem Schutz des durch die Strafverfolgung Betroffenen.[1063] Daher kann es nur folgerichtig sein, diese umfassend auszugestalten, um ihnen maximale praktische Wirksamkeit zu verschaffen. Gerade die vorliegenden Fälle zeigen die vollkommene Entwertung eines Beweisverwertungsverbotes, wenn man es auf die Verwertung in der Hauptverhandlung beschränkt. Das Versenden einer Botschaft an die Steuer- und Strafverfolgungsbehörden, die durch materielles Strafrecht oftmals schwer zu erreichen sind, kann als willkommener Nebeneffekt angesehen werden.

III. Vorauswirkung

Eine strafprozessuale Zwangsmaßnahme mit dem Wissen zu erlassen, dass alle Ergebnisse derselben unverwertbar sind, ist mit rechtsstaatlichen Grundsätzen schlechthin unvereinbar.[1064] *Kühne* hat dies im Rahmen seiner Kritik am Liechtenstein-Beschluss auf folgenden Punkt gebracht:

1059 *Jahn,* Gutachten 67.DJT, C 92f. mwN.

1060 *Jahn,* Gutachten 67.DJT, C 94.

1061 *Ambos,* Beweisverwertungsverbote, S. 129ff. Vgl. konkret zu einer solchen Ausnahme *Wagner,* The Good Faith Exception to the Exclusionary Rule, Journal of Criminal Justice, 1987, S. 75ff.

1062 *Mende,* Grenzen privater Ermittlungen durch den Verletzten einer Straftat, S. 230ff. mwN; *Jahn,* Gutachten 67.DJT, C 94 mwN; *ders.,* Grundfragen und aktuelle Probleme der Beweisverwertung im Straf- und Steuerstrafverfahren, FS Stöckel, S. 259 (283f.); *Hassemer,* sieht in der restriktiven Rechtsprechung zur Fernwirkung sogar einen „Verlust an Rechtskultur", *ders.,* Unverfügbares im Strafprozeß, FS Maihofer, S. 183 (203f.).

1063 So auch *Mende,* Grenzen privater Ermittlungen durch den Verletzten einer Straftat, S. 233.

1064 LR-*Gössel,* StPO, 26.A, Einleitung Abschnitt L, Rn. 125; *Meyer-Goßner,* StPO, 56.A, Einleitung, Rn. 57e (in seiner Terminologie: „Frühwirkung"); *Jahn,* Grundfragen und aktuelle Probleme der Beweisverwertung im Straf- und Steuerstrafverfahren,

„Warum Beweisverwertungsverbote im Stadium des Ermittlungsverfahrens grundsätzlich anders wirken sollen als in der Hauptverhandlung, bleibt das Geheimnis des Gerichts. Eine solche Ansicht würde die entscheidende Phase der Beweisgewinnung, das Ermittlungsverfahren, in Hinblick auf Beweis(verwertungs)verbote ungeschützter stellen als die Hauptverhandlung selbst. Das würde die Staatsanwaltschaft von rechtlichen Bedingungen weitgehend befreien und es ermöglichen, mithilfe von letztlich unverwertbaren, weil grob rechtswidrig erhobenen Beweisen, ein Verfahren einschließlich aller denkbaren Zwangsmaßnahmen zu betreiben."[1065]

Dem ist nichts hinzuzufügen.

IV. Fortwirkung

Die Fortwirkung[1066] hat den gleichen Stellenwert wie die Fernwirkung. Sie sichert das Beweisverwertungsverbot ebenfalls gegen seine praktische Entwertung ab.[1067] Von daher ist sie für die vorliegenden Fälle ebenfalls zu befürworten.

F. Ergebnis: eigener Ansatz

Wie die Ergebnisse zeigen, war das Modell eines Vielfaktorenansatzes mit einer Abwägung als Kern zumindest dazu geeignet, den Diskurs um die Steuerdaten-CDs in dogmatische Formen zu überführen. Problematisch ist, dass sich die Auswahl der Abwägungsparameter kaum rationalisieren lässt. Vor dem Hintergrund einer weiterhin unklaren Rechtslage, bietet ein solches Vorgehen des Offenlegens von Erwägungen aber zumindest den Vorteil einer diskursiven Überprüfbarkeit. Diese dürfte dafür sorgen, dass sich Elementarprinzipien im Strafprozess nicht durch Abwägung abschleifen.[1068] Der hiesige Ansatz kann nicht in Anspruch nehmen, alle Gesichtspunkte berücksichtigt zu haben. Im Fokus standen lediglich einige relevant erscheinende Positionen, die in der sonstigen Diskussion zu kurz kamen.

Was das Anknüpfen an die Taten der Staatsdiener angeht, hat sich gezeigt, dass vorliegend über eine rein passive Annahme hinaus signifikante staatliche Zwischenschritte für das Erhalten von Beweismaterial nötig waren. Da diese insbesondere rechtswidrig und/oder strafbar waren, war auch dieser Teil der Beweiserhebung

---

FS Stöckel, S. 259 (282); *Kauffmann,* Die Affäre Liechtenstein und Schweiz in der Praxis, JA, 2010, S. 597 (600).

1065 *Kühne,* Die Verwertbarkeit von illegal erlangten Steuerdaten im Strafverfahren, FS Roxin, S. 1269 (1285).

1066 Vgl. zum Konzept *Meyer-Goßner,* StPO, 56.A, Einleitung, Rn. 57a; *Jahn,* Gutachten 67.DJT, C 90.

1067 *Jahn,* Grundfragen und aktuelle Probleme der Beweisverwertung im Straf- und Steuerstrafverfahren, FS Stöckel, S. 259 (282f.).

1068 Diesen Vorwurf erhebt *Jahn,* Gutachten 67.DJT, C 62 gegen die Abwägung. Dass dies in der Praxis nachweisbar ist, spricht nicht gegen das grundsätzliche Argument.

verboten. Hier war dann in eine Abwägung einzutreten, die vorliegend klar gegen eine Verwertung vor Gericht spricht. Die Anknüpfung an das Tätigwerden des BND ist vorliegend ebenfalls möglich. Ein Anknüpfen an die Handlung des Datenlieferanten ist für den *LGT*-Fall ausgeschlossen, weil von staatlicher Seite keine Anreize für die ursprüngliche Datenbeschaffung gesetzt wurden. Gut vertretbar scheint dies jedoch für die Schweizer Fälle, denn die besseren Gründe sprechen für das Auslösen einer Zurechnung durch das Schaffen eines Marktes. Bei der anschließenden Abwägung kamen die eingangs erwähnten Argumente sinngemäß wieder zum Tragen. Diese sprechen auch in den Schweizer Fällen gegen eine Verwertung im Strafverfahren.

Was die Verwertung in den anderen Verfahrensstadien angeht, führt es das Institut des Beweisverwertungsverbotes geradezu *ad absurdum*, wenn man auf der einen Seite gewisse Erkenntnisse zwar nicht zur Grundlage eines Urteils machen darf, diese andererseits aber ausreichen lässt, um Hausdurchsuchungen durchzuführen und deren Ergebnisse dann zur Grundlage des Urteils macht. Sinngemäß gilt dies auch für Geständnisse, die unter dem Eindruck solcher staatlichen Zwangsmaßnahmen gemacht wurden.

Gerade hier scheint das Argument aber schlechte Chancen zu haben, denn was die Fernwirkung angeht, ist zumindest die Rechtsprechung sehr restriktiv. Für die Vorwirkung gilt grundsätzlich dasselbe. Es erscheint praktisch unwahrscheinlich, dass Staatsanwaltschaften eine solche von sich aus annehmen, bevor tatsächlich *in einer Hauptverhandlung* geklärt wurde, dass die Daten nicht verwendet werden dürfen. Die Klärung dieser Frage wurde bisher in der Praxis jedoch, nach allem was man weiß, tunlichst vermieden.

Kapitel 9: Rechtspolitik – Private Beweisbeschaffung im Strafverfahren

Nach der Darstellung der Ansätze, die sich auf das geltende Recht beziehen, soll nun expliziert werden, wie solche Fälle in Zukunft gelöst werden *sollten*. Für die oben dargestellte Lösung nach geltendem Recht sprechen zwar die besseren Gründe, dennoch befindet man sich in einer Grauzone und muss das Fehlen von klar definierten Regeln feststellen.[1069] Entsprechend umstritten ist die Lösung der hiesigen Fälle. Eine eindeutige Regelung ist aber wünschenswert und dem Gesetzgeber vorbehalten.

A. Problemstellung

Die Konzeption des Gesetzgebers vertraut in dem aufgezeigten Spannungsfeld im Bereich der durch Private beschafften Beweise primär auf das materielle Strafrecht.[1070] Dies scheint aber den Problembereich nur unzureichend zu verfassen. In der Diskussion um die Anwendung von bereits geltendem Recht gibt es Ansätze, welche diese Probleme sehen und zu lösen versuchen. Ein Anknüpfungspunkt, der bereits nach geltendem Recht möglich ist und in die Diskussion eingebracht wurde, ist die analoge Anwendung des § 136a StPO.[1071] Dieser greift allerdings nur dann, wenn zumindest eine verhörähnliche Situation vorliegt. Solche Vorstöße sind in jedem Falle zu begrüßen, gehen aber nicht weit genug.

Insofern ist hier zu fragen, wie dies besser ausgestaltet werden könnte. Gesetze sind im demokratischen Rechtsstaat das Ergebnis von Diskursen. Diese sind nicht auf die Gesetzgebungsorgane beschränkt, sondern rufen jeden Bürger zu einer Beteiligung auf. In diesem Sinn soll der rechtspolitischen Diskussion ein Argument hinzugefügt werden.[1072] Den Oberbegriff für diese Probleme könnte man „private Beweisbeschaffung im Strafprozess" nennen. Soweit ersichtlich, wird dieses Thema

---

1069 Was die Strafbarkeit des Ankaufs angeht, vgl. auch *Klengel/Gans*, Datenhehlerei – Über die Notwendigkeit eines neuen Straftatbestands, ZRP, 2013, S. 16 (16f.).

1070 Vgl. *Godenzi*, Private Beweisbeschaffung im Strafprozess, S. 2f.

1071 *Jahn*, Grundfragen und aktuelle Probleme der Beweisverwertung im Straf- und Steuerstrafverfahren, FS Stöckel, S. 259 (280f.); *Jahn/Kirsch*, Fragen der Criminal Compliance im Schnittfeld von materiellem Recht, Strafverfahrens- und Verfassungsrecht, Rn. 74ff.

1072 Vgl. auch *Heine*, Der staatliche Ankauf von strafbar erlangten Steuer-Daten, FS Roxin, S. 1087 (1101f.): „Denn es geht um eine Straftat im Umfeld eines Konfliktes politischer Systeme. Wo ist hier ein Halten? Nach welchen Kriterien werden hier die Limite für noch berücksichtigungsfähige Kollektivinteressen gesetzt? Müssen wir die Frage thematisieren, ob die Gefahr von den Behördenmitgliedern usw. pflichtwidrig herbeigeführt und die Notstandslage vorhersehbar war? Geht es dann um ‚Steueroase' gegen ‚Raubritter-Steuersystem'? Soll dies der Strafrichter allein

nur fragmentarisch diskutiert. Insbesondere legal durch Private erlangte Beweise werden sehr selten problematisiert.

1. *Illegale Beweisbeschaffung durch Private*

Dies sind alles Probleme, die sich alleine faktisch, also nicht aus der Innenperspektive der Dogmatik, sondern aus der Außenperspektive stellen. Von Privaten illegal beschaffte Beweise werden in der Regel verwertet, wie die obige Darstellung gezeigt hat. Der schmale Grat zu möglichen Ausnahmen ist die Zurechnung, von Extremfällen einmal abgesehen. Daraus kann man nur schließen, dass man das Wirken eines Privaten aus der Innenperspektive der Dogmatik nur schwer einordnen kann. Betrachtet man den Konflikt so, dann stellt sich in der Tat kein Problem. Die Rolle, die Private *tatsächlich* spielen, lässt sich in der Sprache der Dogmatik kaum fassen.

Wenn man den Komplex Beweisverwertungsverbote jedoch aus der Außenperspektive betrachtet, so wird sich der Blick einzig auf Machtverhältnisse, Wissen und Vorgehensweisen richten. Dies scheint auch der Kern des vorliegenden Konflikts zu sein, dessen Rekonstruktion sich in den Kategorien der Dogmatik schwierig gestaltet. In den vorliegenden Fällen verfügten eben Private über Wissen, welches der Staat niemals im Rahmen seiner gesetzlichen Mittel hätte erlangen können (Außenperspektive). Dass dies der Fall ist, ist Ausdruck eines sich selbst limitierenden Rechtsstaates und nicht die Folge einer praktischen Unfähigkeit dazu (Innenperspektive). Aus der Außenperspektive betrachtet, gleicht die vorliegende Tat im Ergebnis und seinen Auswirkungen einer umfänglichen Durchsuchung im analogen Zeitalter. Im analogen Zeitalter wäre es mithin unmöglich gewesen, eine Lastwagenladung voller Akten (für den *LGT*-Fall vermutlich rund 500,000 DIN A 4 Seiten, also etwa 1250 handelsübliche Aktenordner) als Privater zu entwenden ohne Aufsehen zu erregen. Aus der Außenperspektive betrachtet, hat sich hier die Machtbalance massiv zulasten der Beschuldigten verschoben. Private wurden durch den technischen Fortschritt in die Lage versetzt, Beweise zu beschaffen, die in früherer Zeit nur durch eine Gruppe von nicht unwesentlicher Größe und Ausstattung hätte bewältigt werden können. Dem entspricht reziprok die Auswertung der Daten. Die Digitalisierung ermöglicht eine Durchsuchung nach Stichworten, dies mit 1250 Aktenordnern zu versuchen, erfordert erhebliche personelle Kapazitäten.

Wenn man dies nun aus der Außenperspektive betrachtet, stellt sich die Frage, wie das deutsche Strafverfahrensrecht mit den durch Private illegal erlangten Beweismitteln verfährt. In einem ersten Zugriff wird man nur sagen können: anders als mit den direkt durch staatliche Stellen illegal erlangten Beweismitteln. Wenn man einen wertenden Blick auf das Ganze wirft, ergibt sich eine *Privilegierung des privat illegal beschafften Beweismittels im Strafverfahren.*[1073] Man kann sich dann aber

---

entscheiden – oder ist dies nicht der durchschlagende Beleg für die Notwendigkeit einer Entscheidung eines Großkonflikts durch Gesetz?"

1073 In diese Richtung auch *Braum*, Strafrechtliche Grenzen der Privatisierung, 22. Strafverteidigertag, S. 161 (171): „Nochmals insgesamt: Es ist eine Privilegierung

aus der Außenperspektive wiederum fragen, weshalb das so ist. Hier kommen dann die oben genannten Themen aus der Innenperspektive in den Blick.

Nach dem eben Gesagten stellt sich aber die Frage, weshalb man das von Privaten illegal beschaffte Beweismittel weiterhin privilegieren *sollte*. Dogmatisch lässt sich eine Antwort auf diese Frage zwar finden, dies wurde oben zur Genüge ausgeführt. Auch wenn der Topos in der Dogmatik so nie erwähnt wird, scheint diese doch auf der impliziten Annahme zu beruhen, dass das, was Private tun, grundsätzlich für den einzelnen Rechtsunterworfenen wenig gefährlich ist. Gefährlich wird der Private in der Vorstellung der Dogmatik daher eigentlich nur, wenn er ein „Instrumentarium" benutzt, das für staatliche Stellen schlechthin unzulässig ist, zum Beispiel Folter und sonstige rohe Gewalt. Dann macht auch die bestehende Dogmatik eine Ausnahme. Aber nicht nur Gewalt ist gefährlich für die Ausübung von Grundrechten in der Demokratie insgesamt, auch andere Handlungen können diese gefährden. Dies gilt auch für die Handlungen der Datenlieferanten.

Das scheint die Ursache der Empörung in der diesbezüglich deutlich sensibleren Juristenwelt zu sein, welche in den Kategorien der Dogmatik so schwer auszudrücken war. Die *tatsächliche Qualität* des Tuns verursachte den Aufschrei. Das Begehen der Straftaten ist selbstredend zu verurteilen, scheint aber die Entrüstung allein nicht zu erklären. Diese Empörung wurde dann mit der übermäßigen Belohnung dieser Taten durch staatliche Stellen noch potenziert. Aus diesen Gründen scheint die Gefahr, die von solchen Handlungen ausgeht, ähnlich groß zu sein, wie wenn staatliche Stellen selbst so handeln oder unmittelbar dazu anstiften. Aus ebendiesem Grunde ist eine Privilegierung des von Privaten erlangten Beweismittels nicht grundsätzlich angezeigt. Man wird sich in Fällen mit so deutlichem Machtgefälle immer fragen müssen, ob dies rechtsstaatlichen Grundsätzen entsprechen kann und eine Verwertung angezeigt ist oder nicht.

Auch in der Strafprozessordnung findet sich ein Begründungsmuster, dem eine im Kern ähnliche Problemlage zugrunde zu liegen scheint, insbesondere in den §§ 98a-c StPO. Eine Anwendung der §§ 98a-c StPO erscheint auf die vorliegenden Fälle zwar nicht möglich,[1074] der Grundgedanke dieser Vorschriften hat aber große Ähnlichkeit mit den eben vorgestellten Konstellationen und eignet sich zur Ableitung einer grundsätzlichen Wertung des Gesetzgebers. Soweit ersichtlich hat § 98a StPO in der Praxis wenig Anwendung erfahren,[1075] insofern ist auch die wissenschaftliche Beschäftigung mit dieser Vorschrift eher gering. Der § 98a StPO enthält jedoch den Kerngedanken, dass *der elektronischen Verarbeitung von Daten ein höheres Gefahrenpotenzial innewohnt als der manuellen*. Dieser Kerngedanke durchzieht

gesellschaftlicher Macht festzustellen. Diese Privilegierung konterkariert die Prinzipien des demokratisch-rechtsstaatlichen Strafrechts. Private Gewalt aber stößt an die Grenzen des normativen, seine historische Verantwortung reflektierenden Strafrechts."

1074 Ich danke *Thomas Koblenzer* für die Idee, dies zu prüfen.

1075 SK-*Wohlers*, StPO, 4.A, § 98a, Rn. 8.

auch das gesamte Datenschutzrecht. Eben deshalb umfasst der § 98a StPO unstreitig nicht den Abgleich von Hand.[1076] In der Literatur zu dieser Vorschrift findet sich außerordentlich wenig über die Quelle dieses Gefahrenpotenzials.[1077] Dieser neuralgische Punkt der Vorschrift wird erstaunlicherweise kaum reflektiert. Die Vorschrift ist aber das beste Beispiel dafür, dass die StPO tatsächlich eine Unterscheidung zwischen den als deutlich gefährlicher angesehenen EDV-Daten und normalen Informationen beziehungsweise Beweismitteln enthält, welche der Polizei schon immer zugespielt wurden. Wenn man diesen Begründungsansatz des *höheren Gefahrenpotenzials* betrachtet, lassen sich schwerlich die Argumente der Gegenseite halten. Es besteht eben ein virulenter Unterschied, ob man die gesamten Kundenberaterdaten einer Bank zugespielt bekommt oder einige fotokopierte Seiten.

2. Legale Beweisbeschaffung durch Private

Wenn man für die Fortführung des Argumentes davon ausgeht, dass (deutsche) Gesetze nicht gebrochen wurden, scheiden alle diskutierten Zurechnungsfiguren aus. Aus Sicht der Dogmatik wird in der Regel kein Problem gesehen. Diese Fälle, in denen keine strafbaren oder sonst rechtswidrigen Handlungen vorliegen, sind aber nicht *per se* unproblematisch. Diskutiert werden diese in der Literatur bisher meist unter den Topoi vom Verletzten als Verfolger,[1078] internen Untersuchungen durch Kanzleien,[1079] *filesharing* oder neuestens *streaming*-Fällen,[1080] bei denen Private den Datenverkehr überwachen, die von privaten Providern gespeicherten *IP*-Adressen abfragen und dies dann an die Staatsanwaltschaften und/oder die Zivilgerichtsbarkeit weitergeben. Die meisten Daten werden heute von Unternehmen gesammelt und nicht vom Staat. Dies bedeutet eine faktische Machtverlagerung. Nach hier vertretener Ansicht muss hierauf auch die Dogmatik reagieren. Technische Neuerungen und grenzüberschreitende Sachverhalte dürften die Faktoren sein, welche hier die Fortentwicklung in Zukunft weiter beeinflussen werden.

1076 KMR-*Jäger*, StPO, Stand Oktober 2012, § 98a, Rn. 5; SK-*Wohlers*, StPO, 4.A, § 98a, Rn. 4.

1077 Siehe *Siebrecht*, Rasterfahndung, S. 125; *Klever*, Die Rasterfahndung nach § 98a StPO, S. 68f.; *Hettinger*, Entwicklungen im Strafrecht und Strafverfahrensrecht der Gegenwart, S. 66ff.; LR-*Menges*, StPO, 26.A, § 98a, Rn. 1, 2, 5, 8–11; SK-*Wohlers*, StPO, 4.A, § 98a, Rn. 2, 4, 21, 22; KMR-*Jäger*, StPO, Stand Oktober 2012, § 98a, Rn. 1–2, 19–23, die den technischen Teil alle sehr vage halten.

1078 *Hassemer/Matussek*, Das Opfer als Verfolger.

1079 Vgl. *Jahn*, Grundfragen und aktuelle Probleme der Beweisverwertung im Straf- und Steuerstrafverfahren, FS Stöckel, S. 259 (278f.).

1080 Vgl. hierzu *Buermeyer*, Juristische Analyse: Streaming-Abmahnungen jenseits der roten Linie; Beschluss des LG Köln, 209 O 188/13, in dem das Gericht ein Beweisverwertungsverbot aufgrund der privaten Datenerhebung für das eigentliche, zivilrechtliche Verfahren explizit für möglich hält, ebd., S. 3. Das Beispiel ist allerdings insofern fragwürdig, als hier die Beweiserlangung durchaus rechtswidrig oder sogar strafbar erfolgt sein könnte.

Insgesamt wird es mehr Fälle geben, in denen Private eine Informationsmacht haben, die weit über die Kompetenz und Befugnis des Staates hinausgehen. Mit Ausnahme des Verletzten als Verfolger sind die eben angesprochenen Fallgruppen alle neueren oder neuesten Datums. Problematisch kann dies aus dem hier gewählten und sehr begrenzten Blickwinkel des Strafverfahrens immer nur dann werden, wenn staatliche Stellen private Erkenntnisse verwerten wollen, die sie selbst nicht hätten erheben dürfen oder können. Dass Private, das Einverständnis der „Überwachten" vorausgesetzt, Daten erheben dürfen, scheint grundsätzlich zum einen weniger problematisch zu sein, auch wenn es hier im Bereich des Datenschutzes sicherlich viel zu sagen gäbe. *Bernsmann* hat dieses Problem auf folgenden Punkt gebracht, der sich gut als Ausgangsposition für weitere Überlegungen eignet:

> „Für die Verwertbarkeit oder Nicht-Verwertbarkeit privater Ermittlungen, die ohne Straftaten auskommen, ergibt sich aus den bisherigen Überlegungen nichts. Hier geht es nicht um die Selbstwidersprüchlichkeit eines Staates, der einerseits Straftaten mißbilligt, im gleichen Atemzug aber nur zu gern ihren Ertrag abschöpft. Stattdessen geht es aber um die durchaus naheliegende Gefahr einer Verzerrung der Beweislage zu Lasten des Beschuldigten. In diesem Zusammenhang ist die Rede von einer möglichen Kontaminierung von Beweisquellen jedenfalls dann nicht ganz unberechtigt, wenn private Ermittlungen großen Stils z.B. zu Vorvernehmungen von Zeugen inklusive etwa von Lichtbildvorlagen geführt haben. Aber ich habe Mühe, Beweiserhebungs- oder gar Verwertungs-Verbote zu machen, solange solche Ermittlungen nicht ausdrücklich verboten sind."[1081]

Fraglich erscheint daher, ob es neben den oben angesprochenen Konstellationen für gewisse Fallgruppen auch noch andere Erwägungen geben kann, die ein Beweisverwertungsverbot aus dem *Handeln von Datenlieferanten* oder der *Natur der Daten* rechtfertigen. In der Praxis werden solche Vorgehensweisen von staatlicher Seite bewusst geduldet, wenn nicht sogar bewusst gefördert. Man wird also den Umgang mit Beweisen immer mehr hinterfragen müssen, welche von Individuen oder Organisationen gewonnen wurden, deren faktische, technische und finanzielle Möglichkeiten diejenigen der staatlichen (Strafverfolgungs-)Behörden bei Weitem übersteigen. Diese Individuen oder Organisationen sind in der Regel an kein (staatliches/deutsches) Verfahrensrecht gebunden,[1082] sondern allenfalls an die absoluten Grenzen des Strafrechts. Somit ergeben sich für das Strafrecht oftmals faktische und rechtliche Probleme, die Sachverhalte bei grenzüberschreitenden Bezügen zu erfassen.

Das materielle Strafrecht kann die gesellschaftlichen Machtverhältnisse nicht angemessen abbilden und verfassen. Im derzeit existierenden System scheint aber ebendiese Rolle dem Strafrecht zugedacht zu werden. Das gesamte deutsche

1081 *Bernsmann,* Privatisierung der Justiz? – Ein Fallbeispiel, 22. Strafverteidigertag, S. 151 (159f.).

1082 Zu den jüngsten Entwicklungen: *Jahn/Kirsch,* Fragen der Criminal Compliance im Schnittfeld von materiellem Recht, Strafverfahrens- und Verfassungsrecht, Rn. 18ff.

Strafverfahrensrecht ist wiederum auf einen übermächtigen – und in seiner Macht zu begrenzenden – Staat zugeschnitten und mit übermächtigen Privaten schlicht überfordert. Aus der Innenperspektive und für die „üblichen" Fälle, in denen staatliche Stellen tatsächlich in Eigenregie den Sachverhalt ermittelt haben, ist hiergegen auch nichts einzuwenden. Diese Sichtweise ist als solche vor dem Hintergrund einer Dogmatik, die immer von den Grundrechten und deren Funktion als Abwehrrechten gegen den Staat her argumentiert, und aus der *Innenperspektive* heraus vollkommen stringent. Die Grundrechte sollen dafür sorgen, dass eine gewisse Machtbalance gewahrt bleibt und der Einzelne gegenüber dem Kollektiv nicht durch dessen erdrückende Macht marginalisiert wird. Dass eine solche Situation nicht nur gegenüber staatlichen, sondern auch gegenüber privaten Rechtspersonen auftreten kann, ist ebenfalls bekannt. Die Folgen daraus werden in bestimmten Rechtsbereichen, insbesondere im Arbeitsrecht, ausgiebig diskutiert. Vor diesem Hintergrund sollten neue Regelungen erwogen werden. In diesem Gesamtbereich wäre es ausdrücklich wünschenswert, wenn ein gesamtgesellschaftlicher Konsens oder zumindest Kompromiss gefunden würde, den der Gesetzgeber in Recht zu gießen hätte.[1083] Vor dem Hintergrund der bisherigen gesetzgeberischen Aktivität in Sachen Beweis(verwertungs)verboten ist dies aber unwahrscheinlich, weshalb eine in diesen Punkten problemorientierte Rechtsprechung bereits ein vielversprechender Anfang wäre.

B. Schlussfolgerungen

Wie gezeigt wurde, ist das Strafverfahrensrecht schlecht für die Integration der durch Private legal wie illegal erlangten Beweismittel gerüstet. Die zunehmend aus einer Vielzahl technischer und sozialer Umwälzungen resultierenden Fälle verlangen aber nach einer Lösung. Diese kann die bestehende Dogmatik (noch) nicht anbieten. Der Grund liegt in ihrer Staatszentriertheit, die ein adäquates Abbilden der tatsächlichen Machtverhältnisse verhindert.

Wie schon *Sendler* in den 1950er-Jahren erkannt hat, kann von den Handlungen einer Privatperson aber ein ähnliches Gefahrenpotenzial ausgehen wie von staatlichen Stellen. Private Unternehmen haben heute Überwachungsmöglichkeiten, über welche der Staat nicht verfügt. Aus dieser Feststellung muss man schließen, dass auch für Fälle wie den vorliegenden etwas grundsätzlich anderes zu gelten hat. Die Frage von Zurechnung oder Nichtzurechnung der strafbaren Handlungen zu staatlichen Stellen geht noch nicht weit genug. Selbstverständlich hat dieses Argument weiterhin seine Berechtigung, insbesondere in Fällen direkter Anstiftung, also des klassischen *agent provocateur* und in den oben beschriebenen Fällen.

Dennoch reicht all dies noch nicht aus. Man wird in der Beweisverbotsdogmatik nicht umhinkommen, den abstrakten *Grad der Gefahr* mit einzubeziehen. Die unterschiedlichen Machtbefugnisse von Privaten und öffentlichen Stellen werden

---

1083 Vgl. auch *Haensle/Reichold,* Heiligt der Zweck die Mittel?, DVBl, 2010, S. 1277 (1283), die für solche Fälle eine neue Eingriffsgrundlage fordern.

zunehmend vermischt und Private können der Geheimsphäre der Bürger in einem Maße gefährlich werden, dass vorher unbekannt war. Dementsprechend müssen diese privaten Geheimverhältnisse adäquat geschützt werden. Diese Gefahr mag zwar latent schon immer vorhanden gewesen sein. Es ist aber schlicht bis vor Kurzem nicht vorstellbar gewesen, dass ein Mitarbeiter ein komplettes Bankarchiv entwendet und an verschiedene staatliche Stellen weitergibt. Auch eine Datenmacht, wie sie verschiedene Internetkonzerne heute ausüben, ist beispiellos.

Niemand, der sich heute regulär im Internet bewegt, ist Herr seiner Daten. Es erscheint in höchstem Maße schwierig, diesen Bereich zu kodifizieren. So ist es eher abwegig, dass man heute und in Zukunft nur beim *Erfassen* von Daten ansetzen kann. Dies ist technisch kaum möglich und schwer kontrollierbar. Überdies erscheint es in einem internationalen Umfeld, in dem die Vorstellungen zum Einzelnen und seiner Privatsphäre massiv divergieren, auch politisch nicht durchsetzbar.

Insofern müsste im Rahmen des Strafprozessrechts der Erhebungszusammenhang eine größere Rolle im Verfahren spielen. Wie aber soll man dann für Schutz in einem so verstandenen Sinne sorgen? Der einzig mögliche Ansatzpunkt scheint das Ignorieren gewisser Daten zu sein. So könnte man auf diesem Umweg ein gewisses Maß an Privatsphäre, zumindest für staatliche Verfahren, insbesondere das Strafverfahren gewährleisten. Grundsätzlich könnte man sich daran orientieren, wie einschneidend das Verfahren ist. Das Strafverfahren stünde hier selbstredend an der Spitze. Solche Überlegungen mögen zunächst einmal unvertraut klingen und scheinen sich schwer mit einer Reihe dogmatischer Vorstellungen zu vertragen. Dennoch kann man sich hier schon fragen, welche Reaktionen der Verkauf von Daten an Steuer- oder Strafverfolgungsbehörden zum Beispiel durch international tätige Internetkonzerne hervorrufen würden.

Für die Zukunft scheint ein Beweisverwertungsverbot rechtstechnisch die beste Option, um problematischen Tendenzen vorzubeugen. Das materielle Strafrecht scheint zur Kontrolle der Justiz nur bedingt geeignet. Es geht dann um „die normativen Grenzen der Wahrheitserforschung", wie *Löffelmann* dies ausgedrückt hat. Der Sinn und Zweck des Beweisverwertungsverbotes ist – im Sinne eines einschneidenden Korrektivs – unrechtmäßiges staatliches Handeln aus der richterlichen Entscheidungsfindung auszuschließen und auf diese Weise, einen entscheidenden Beitrag zur Rechtsstaatlichkeit des Verfahrens zu leisten.

Damit soll nicht gesagt werden, dass es der Sinn der Beweisverbote ist, die Strafverfolgungsbehörden zu disziplinieren, sondern einfach nur, dass mit einem Beweisverwertungsverbot klargestellt wird, dass eine Linie überschritten wurde und dies nicht mehr rechtsstaatlichen Standards entspricht.[1084] Das Beweisverwertungsverbot scheint dafür sehr geeignet, denn es wirkt als direktes Gegenteil

1084 Nach üblicher Auffassung ist dies in erster Linie eine Sache des materiellen Strafrechts. Vgl. für die Steuerdaten-CD Fälle auch *Eicker*, Zur Strafbarkeit des Kopierens und Verkaufens sowie des Ankaufens von Bankkundendaten als schweizerisch-deutsches Tatgeschehen, Jusletter, 30. August 2010, S. 2.

der problematischen Handlung in den Kern des Strafverfahrens hinein.[1085] Damit unterscheidet es sich von Strafrabatten, Disziplinarverfahren gegen handelnde Personen und der Verwirkung des Strafanspruches. Als Nebenprodukt sendet es dann freilich auch eine Botschaft an die Strafverfolgungsbehörden. Dies ist keinesfalls unerwünscht, als tatsächliches Argument („Disziplinierung der Strafverfolgungsorgane") taugt dieser Gedankengang jedoch nicht, denn man käme hier wiederum in einen unvermeidlichen Instrumentalisierungsdiskurs, den es jedoch zu vermeiden gilt. Eine ausgereifte Theorie kann hier nicht geliefert werden und natürlich würde man in der Praxis große Probleme haben, solche Grundsätze anzuwenden. Am grundsätzlichen Problem, welches gelöst werden muss, ändert dies aber nichts. Wenn insofern nur das Problembewusstsein für solche Fälle etwas geschärft würde, wäre schon viel gewonnen.

Für die Zukunft sollten Gesetzgeber und Rechtswissenschaft daher Konzepte entwickeln, wie mit solchen Fallgestaltungen umgegangen werden soll. Falls dies nicht geschieht, wird der Staat zum einen seiner – auch dem Straftäter geschuldeten – Schutzfunktion nicht gerecht. Zum anderen mag diese Taktik, wie *Garland* dies bereits angedeutet hat, dazu führen, dass der Staat sein Machtfundament und die Quellen seiner Legitimation untergräbt. Die Probleme, vor solchen Entwicklungen zu schützen, standen bisher kaum oben auf der Agenda der Strafrechtswissenschaft. Man wird sich in Zukunft aber immer mehr mit solchen Fällen beschäftigen müssen.

C. Ergebnis

Es hat sich gezeigt, dass sich im Bereich der durch Private ermittelten Beweise Probleme ergeben, die sich aus der Binnenperspektive der Dogmatik nicht angemessen rekonstruieren lassen. Dies ist aktuell bereits in manchen Konstellationen problematisch. Der technische Fortschritt und damit verbundene Tendenzen lassen jedoch vermuten, dass diese Entwicklung erst ganz am Anfang steht.

Soweit ersichtlich stehen zumindest Teile der Politik diesen Entwicklungen recht offen gegenüber und meinen, dass man solche Daten ohne Weiteres in das Strafverfahren „importieren" dürfen sollte. Dem wurde hier entschieden widersprochen. Ein solches Vorgehen birgt ein großes Gefahrenpotenzial für die staatliche Ordnung sowie für die Demokratie als solche und sollte daher extrem kritisch beobachtet werden. Die besseren Argumente scheinen dafürzusprechen, der Rechtsprechung die Möglichkeit zu eröffnen, die Gewinnung von Beweisen umfassend zu überprüfen und gegebenenfalls auszuschließen. Dies ist im Grundsatz durch Beweisverwertungsverbote möglich. Diese Überlegungen tragen vor allem der Tatsache Rechnung, dass private Datenerhebungen ein Ausmaß erreichen können, das schlechthin

1085 *Garland* beschreibt das Beweisverwertungsverbot als ein Instrument des Schutzes *„vor dem* Staat", das er (in den USA) in der Defensive sieht, seit der öffentliche Diskurs vor allem „Schutz *durch den* Staat" fordert, *ders.*, Kultur der Kontrolle, Einleitung, S. 58.

untragbar ist. Es erscheint eher abwegig, dies auf der Seite der Datenerhebung wirksam unterbinden zu können. Insofern ist hier ein System des Schutzes des Bürgers, welches primär auf das materielle Strafrecht setzt, durch Strafprozessrecht wirksam zu ergänzen.

Kapitel 10: Gesamtergebnis

Was den Sachverhalt angeht, ergeben sich vor allem im Bereich des Tätigwerdens des Bundesnachrichtendienstes Defizite. Was die Qualität der Daten und die grundsätzlichen Abläufe anbelangt, konnten aber ausreichende Fundierungen für die meisten rechtlichen Fragen rekonstruiert werden.

Eine kleine Analyse des öffentlichen Diskurses rund um die sogenannten Liechtenstein-Fälle hat ergeben, dass sich dieser stark von dem durch Juristen geführten unterscheidet. Der juristische Diskurs steht dem Erwerb deutlich kritischer gegenüber, aufseiten der restlichen Bevölkerung dürfte es geringere Vorbehalte geben.

Die rechtliche Prüfung dieser Vorkommnisse hat ergeben, dass sich der Datenlieferant im *LGT*-Fall nach liechtensteinischem und deutschem Recht strafbar gemacht haben dürfte. Selbiges dürfte in den Schweizer Fällen gelten. Rechtfertigungsgründe greifen nach hier vertretener Sicht regelmäßig nicht ein. Der Bundesnachrichtendienst dürfte seine Kompetenzen überschritten haben. Darüber hinaus dürften auch deutsche Amtsträger zumindest rechtswidrig Straftatbestände verwirklicht haben. Dies betrifft sowohl eigene Taten als auch die Teilnahme an Taten der Datenbeschaffer. Rechtfertigungsgründe liegen nach hier vertretener Ansicht regelmäßig nicht vor. Entschuldigungsgründe sind möglich.

Was die Beweis(verwertungs)verbote angeht, ist die Rechtslage mehr als unklar. Ein Beweisverwertungsverbot ist jedoch für alle Stadien des Strafverfahrens sehr gut vertretbar und wird auch in der Literatur breit vertreten. Interessant war es aber vor allem in diesem Zusammenhang zu sehen, was für eine verschwindend geringe Bedeutung dieses Institut, vor allem für die vorliegenden Fälle, in der Rechtspraxis hat. Dies hat neben der extrem restriktiven Dogmatik im Bereich der Rechtsprechung vor allem institutionelle Gründe. Die Exekutive kann ihre ureigensten Fiskalinteressen hier sehr effizient und weitgehend unkontrolliert durch Gerichte durchsetzen. Dass dieses Vorgehen einen positiven Effekt auf die Steuereinnahmen in Zukunft hat, kann man mit guten Gründen bezweifeln. In jedem Fall dürfte der fiskalische Effekt insgesamt als gering einzuschätzen sein. An dieser Stelle soll aber auch betont werden, dass das Beitreiben von Steuern eines der ureigensten Rechte der Staaten ist. Der Straftatbestand der Steuerhinterziehung sichert die Durchsetzung dieses Rechts ab. Wenn der Staat aber auf Methoden wie die hier beschriebenen zurückgreift und die Strafrechtspflege für fiskalische Zwecke und das damit verbundene Durchsetzen außenpolitischer Ziele missbraucht, untergräbt er das eigene Fundament und damit die Quelle seiner Legitimität. Das Thema hat daher Implikationen, die weit über die hiesigen Fälle hinausgehen.

FRANKFURTER KRIMINALWISSENSCHAFTLICHE STUDIEN

Band 1 Peter Böning: Die Lehre vom Unrechtsbewußtsein in der Rechtsphilosophie Hegels. 100 S., 1978.

Band 2 Wolfgang Schneider: Kriminelle Straßenverkehrsgefährdung (§ 315c Abs. 1 Ziff. 2, Abs. 3 StGB). Eine kriminologische und strafrechtliche Untersuchung zur Problematik dieser Verkehrsstraftaten unter Berücksichtigung ausländischer Rechte. 342 S., 1978.

Band 3 Lothar Kuhlen: Die Objektivität von Rechtsnormen. Zur Kritik des radikalen labeling approach in der Kriminalsoziologie. 178 S., 1978.

Band 4 Günther Grewe: Straßenverkehrsdelinquenz und Marginalität. Untersuchungen zur institutionellen Regelung von Verhalten. 148 S., 1978.

Band 5 Dieter Haberstroh: Strafverfahren und Resozialisierung. Eine Studie über Verstehen und Nicht-Verstehen, über Verstanden-Werden und Nicht-Verstanden-Werden und deren Bedingungen in der Hauptverhandlung. 202 S., 1979.

Band 6 Thomas Vogt: Die Forderungen der psychoanalytischen Schulrichtungen für die Interpretation der Merkmale der Schuldunfähigkeit und der verminderten Schuldfähigkeit (§§ 51 a.F., 20, 21 StGB). 182 S., 1979.

Band 7 Andreas Michael: Der Grundsatz in dubio pro reo im Strafverfahrensrecht. Zugleich ein Beitrag über das Verhältnis von materiellem Recht und Prozeßrecht. 214 S., 1981.

Band 8 Ilias G. Anagnostopoulos: Haftgründe der Tatschwere und der Wiederholungsgefahr (§§ 112 Abs. 3, 112 a StPO). Kriminalpolitische und rechtssystematische Aspekte der Ausweitung des Haftrechts. 1984.

Band 9 Helga Müller: Der Begriff der Generalprävention im 19. Jahrhundert. Von P.J.A. Feuerbach bis Franz v. Liszt. 1984.

Band 10 Frowin Jörg Kurth: Das Mitverschulden des Opfers beim Betrug. 1984.

Band 11 Martin J. Worms: Die Bekenntnisbeschimpfung im Sinne des § 166 Abs. 1 StGB und die Lehre vom Rechtsgut. 1984.

Band 12 Jong-Dae Bae: Der Grundsatz der Verhältnismäßigkeit im Maßregelrecht des StGB. 1985.

Band 13 Helmut Fünfsinn: Der Aufbau des fahrlässigen Verletzungsdelikts durch Unterlassen im Strafrecht. 1985.

Band 14 Christoph Krehl: Die Ermittlung der Tatsachengrundlage zur Bemessung der Tagessatzhöhe bei der Geldstrafe. 1985.

Band 15 Walter-Hermann Kiehl: Strafrechtliche Toleranz wechselseitiger Ehrverletzungen - Zur ratio legis der §§ 199, 233 Strafgesetzbuch -. 1986.

Band 16 Matthias Krahl: Die Rechtsprechung des Bundesverfassungsgerichts und des Bundesgerichtshof zum Bestimmtheitsgrundsatz im Strafrecht (Art. 103 Abs. 2 GG). 1986.

Band 17 Patrick Carroll Campbell: § 220a StGB. Der richtige Weg zur Verhütung und Bestrafung von Genozid? 1986.

Band 18 Winfried Hassemer (Hrsg.): Strafrechtspolitik. Bedingungen der Strafrechtsreform. 1987.

Band 19 Felix Herzog: Prävention des Unrechts oder Manifestation des Rechts. Bausteine zur Überwindung des heteronom-präventiven Denkens in der Strafrechtstheorie der Moderne. 1987.

Band 20 Astrid Michalke-Detmering: Die Mindestanforderungen an die rechtliche Begründung des erstinstanzlichen Strafurteils. Zur Auslegung des § 267 StPO. 1987.

Band 21 Lothar Kuhlen: Die Unterscheidung von vorsatzausschließendem und nichtvorsatzausschließendem Irrtum. 1987.

Band 22 Michael Buttel: Kritik der Figur des Aufklärungsgehilfen im Betäubungsmittelstrafrecht (§ 31 BtMG). 1988.

Band 23 Matthias Kögler: Die zeitliche Unbestimmtheit freiheitsentziehender Sanktionen des Strafrechts. Eine vergleichende Untersuchung zur Rechtslage und Strafvollstreckungspraxis in der Bundesrepublik Deutschland und den USA. 1988.

Band 24 Klaus Lüderssen / Cornelius Nestler-Tremel / Ewa Weigend(Hrsg.): Modernes Strafrecht und ultima-ratio-Prinzip. 1990.

Band 25 Jürgen Taschke: Die behördliche Zurückhaltung von Beweismitteln im Strafprozeß. 1989.

Band 26 Daniela Westphalen: Karl Binding (1841-1920). Materialien zur Biographie eines Strafrechtsgelehrten. 1989.

Band 27 Sigrid Jans: Die Aushöhlung des Klageerzwingungsverfahrens. 1990.

Band 28 Dimitris Spirakos: Folter als Problem des Strafrechts. Kriminologische, kriminalsoziologische und (straf-)rechtsdogmatische Aspekte unter besonderer Berücksichtigung der Folterschutzkonvention und der Pönalisierung der Folter in Griechenland. 1990.

Band 29 Stephan Moll: Strafrechtliche Aspekte der Behandlung Opiatabhängiger mit Methadon und Codein. 1990.

Band 30 Stefan Werner: Wirtschaftsordnung und Wirtschaftsstrafrecht im Nationalsozialismus. 1991.

Band 31 Xanthi Bassakou: Beiträge zur Analyse und Reform des Absehens von Strafe nach § 60 StGB. 1991.

Band 32 Rainer Runte: Die Veränderung von Rechtfertigungsgründen durch Rechtsprechung und Lehre. Moderne Strafrechtsdogmatik zwischen Rechtsstaatsprinzip und Kriminalpolitik. 1991.

Band 33 Olaf Hohmann: Das Rechtsgut der Umweltdelikte. Grenzen des strafrechtlichen Umweltschutzes. 1991.

Band 34 Klaus Jochen Müller: Das Strafbefehlsverfahren (§§ 407 ff. StPO). Eine dogmatisch-kriminalpolitische Studie zu dieser Form des schriftlichen Verfahrens unter besonderer Berücksichtigung der geschichtlichen Entwicklung – zugleich ein Beitrag zum StVÄG 1987. 1993.

Band 35 Sang-Don Yi: Wortlautgrenze, Intersubjektivität und Kontexteinbettung. Das strafrechtliche Analogieverbot. 1991.

Band 36 Birgit Malsack: Die Stellung der Verteidigung im reformierten Strafprozeß. Eine rechtshistorische Studie anhand der Schriften von C. J. A. Mittermaier. 1992.

Band 37 Rüdiger Schäfer: Die Privilegierung des "freiwillig-positiven" Verhaltens des Delinquenten nach formell vollendeter Straftat. Zugleich ein Beitrag zum Grundgedanken des Rücktritts vom Versuch und zu den Straftheorien. 1992.

Band 38 Cornelius Nestler-Tremel: AIDS und Strafzumessung. 1992.

Band 39 Christine Gutmann: Freiwilligkeit und (Sozio-)Therapie – notwendige Verknüpfung oder Widerspruch? 1993.

Band 40 Walter Kargl: Der strafrechtliche Vorsatz auf der Basis der kognitiven Handlungstheorie. 1993.

Band 41 Jürgen Rath: Zur strafrechtlichen Behandlung der aberratio ictus und des error in objecto des Täters. 1993.

Band 42 Martin Fischer: Wille und Wirksamkeit. Eine Untersuchung zum Problem des *dolus alternativus.* 1993.

Band 43 Regina Harzer: Der Naturzustand als Denkfigur moderner praktischer Vernunft. Zugleich ein Beitrag zur Staats- und Rechtsphilosophie von Hobbes und Kant. 1994.

Band 44 Helmut Pollähne: Lockerungen im Maßregelvollzug. Eine Untersuchung am Beispiel der Anwendung des nordrhein-westfälischen Maßregelvollzugsgesetzes im Westfälischen Zentrum für Forensische Psychiatrie (Lippstadt). 1994.

Band 45 Hans-Joachim Leonhardt: Rechtsmittelermessen der Staatsanwaltschaft. Eine Gegenüberstellung von § 296 StPO mit Nummern 147 und 148 Richtlinien für das Strafverfahren und das Bußgeldverfahren (RiStBV). 1994.

Band 46 Rolf Grünebaum: Zur Strafbarkeit des Therapeuten im Maßregelvollzug bei fehlgeschlagenen Lockerungen. 1996.

Band 47 Barbara Bialas: Promille-Grenzen, Vorsatz und Fahrlässigkeit. 1996.

Band 48 Christine Pott: Die Außerkraftsetzung der Legalität durch das Opportunitätsdenken in den Vorschriften der §§ 154, 154a StPO. Zugleich ein Beitrag zu einer kritischen Strafverfahrensrechtstheorie. 1996.

Band 49 Wolfgang Köberer: *Iudex non calculat.* Über die Unmöglichkeit, Strafzumessung sozialwissenschaftlich-mathematisch zu rationalisieren. 1996.

Band 50 Institut für Kriminalwissenschaften Frankfurt a.M. (Hrsg.): Vom unmöglichen Zustand des Strafrechts. 1995.

Band 51 Petra Kamberger: Treu und Glauben (§ 242 BGB) als Garantenstellung im Strafrecht? 1996.

Band 52 Anastassios Triantafyllou: Das Delikt der gefährlichen Körperverletzung (§ 223a StGB) als Gefährdungsdelikt. (Zugleich ein Beitrag zur Dogmatik der Gefährdungsdelikte). 1996.

Band 53 Norbert Kissel: Aufrufe zum Ungehorsam und § 111 StGB. Grundrechtlicher Einfluß bei der Feststellung strafbaren Unrechts. 1996.

Band 54 Susanne Ehret: Franz von Liszt und das Gesetzlichkeitsprinzip. Zugleich ein Beitrag wider die Gleichsetzung von Magna-charta-Formel und Nullum-crimen-Grundsatz. 1996.

Band 55 Stefan Braum: Geschichte der Revision im Strafverfahren von 1877 bis zur Gegenwart. Zugleich eine Kritik der Kontinuität politischer Macht im Recht. 1996.

Band 56 Katja Diel: Das Regreßverbot als allgemeine Tatbestandsgrenze im Strafrecht. 1997.

Band 57 Christoph Koller: Die Staatsanwaltschaft – Organ der Judikative oder Exekutivbehörde? Die Stellung der Anklagebehörde und die Gewaltenteilung des Grundgesetzes. 1997.

Band 58 Frank Schößler: Anerkennung und Beleidigung. Rechtsgut und Strafzweck des § 185 StGB. 1997.

Band 59 Regina Engelstädter: Der Begriff des Unfallbeteiligten in § 142 Abs. 4 StGB. Zugleich eine Kritik an aktuellen Zurechnungslehren. 1997.

Band 60 Jörg Reinhardt: Der Ausschluß und die Ablehnung des befangen erscheinenden Staatsanwaltes. 1997.

Band 61 Jens Christian Müller-Tuckfeld: Integrationsprävention. Studien zu einer Theorie der gesellschaftlichen Funktion des Strafrechts. 1998.

Band 62 Peter Maria Rohe: Verdeckte Informationsgewinnung mit technischen Hilfsmitteln zur Bekämpfung der Organisierten Kriminalität. Zugleich eine rechtsvergleichende Analyse der polizeilichen Abhörbefugnisse in den U.S.A. 1998.

Band 63 Dirk Fabricius: Was ein Lehrbuch lehrt ... Eine exemplarische Untersuchung von Jakobs *Strafrecht – Allgemeiner Teil*. 1998.

Band 64 Stefan Sinner: Der Vertragsgedanke im Strafprozeßrecht. 1999.

Band 65 Sebastian Schattenfroh: Die Staatsphilosophie Giovanni Gentiles und die Versuche ihrer Verwirklichung im faschistischen Italien. 1999.

Band 66 Athanassia Dionyssopoulou: Der Tatbestand der Geldwäsche. Eine Analyse der dogmatischen Grundlagen des § 261 StGB. 1999.

Band 67 Klaus von Lampe: *Organized Crime*. Begriff und Theorie organisierter Kriminalität in den USA. 1999.

Band 68 Christian Hanssen: "Trennung der Märkte". Rechtsdogmatische und rechtspolitische Probleme einer Liberalisierung des Drogenstrafrechts. 1999.

Band 69 Institut für Kriminalwissenschaften und Rechtsphilosophie Frankfurt a.M. (Hrsg.): Irrwege der Strafgesetzgebung. 1999.

Band 70 Konstantinos Chatzikostas: Die Disponibilität des Rechtsgutes Leben in ihrer Bedeutung für die Probleme von Suizid und Euthanasie. 2000.

Band 71 Bettina Wirmer-Donos: Die Strafrechtstheorie Karl Christian Friedrich Krauses als theoretische Grundlage des spanischen Korrektionalismus. 2001.

Band 72 Christine Löw: Die Erkundigungspflicht beim Verbotsirrtum nach § 17 StGB. 2001.

Band 73 Florian Ufer: Der Verwertungswiderspruch in Theorie und Praxis. Prozessuale Obliegenheiten des Verteidigers und ihre Bedeutung für die Rechtsposition des Beschuldigten. 2002.

Band 74 Katja Melzer: Psychisch kranke Straftäterinnen. Frauen im Maßregelvollzug. 2001.

Band 75 Gregor Kuntze-Kaufhold: Lebenswelt und Unparteilichkeit. Kriterien für eine Rechtsanwendungslehre am Beispiel der Analyse von fünf Hauptverhandlungen in Strafverfahren. 2002.

Band 76 Iris Kristina Passek: Die erstinstanzliche Zuständigkeit der Oberlandesgerichte in Staatsschutzstrafsachen. Historische Entwicklung und aktuelle Probleme. 2002.

Band 77 Michael Krebs: Die Weisungsgebundenheit des Staatsanwalts unter besonderer Berücksichtigung des rechtstatsächlichen Aspekts. 2002.

Band 78 Kerstin Degenhardt: Europol und Strafprozeß. Die Europäisierung des Ermittlungsverfahrens. 2003.

Band 79 Domenico Siciliano: Das Leben des fliehenden Diebes: Ein strafrechtliches Politikum. 2., überarbeitete und ergänzte Auflage. 2013.

Band 80 Marc Colussi: Produzentenkriminalität und strafrechtliche Verantwortung. 2003.

Band 81 Thilo Lars Hild: Grenzen einer strafrechtlichen Regulierung des Kapitalmarktes. Eine kriminalrechtliche Untersuchung von Börsengängen und Aktienhandel in Deutschland und den USA. 2004.

Band 82 Philipp Rau: Schweigen als Indiz der Schuld. Ein Vergleich des deutschen und englischen Rechts zur Würdigung des Schweigens des Beschuldigten. 2004.

Band 83 Alexandra Pfeiffer: Die Regelung der Lebendorganspende im Transplantationsgesetz. 2004.

Band 84 Elena Fischer: Recht auf Sterben?! Ein Beitrag zur Reformdiskussion der Sterbehilfe in Deutschland unter besonderer Berücksichtigung der Frage nach der Übertragbarkeit des Holländischen Modells der Sterbehilfe in das deutsche Recht. 2004.

Band 85 Jörg Ziethen: Grundlagen probabilistischer Zurechnung im Strafrecht. 2004.

Band 86 Stefanie Schork: Ausgesprochen schuldig. Dogmatische und metadogmatische Untersuchungen zum Schuldspruch. 2005.

Band 87 Claudia Schubert: Verbotene Worte? Versuch einer Neubestimmung im Umgang mit rassistischen Äußerungen jenseits des Strafrechts. 2005.

Band 88 Ulfrid Neumann / Cornelius Prittwitz (Hrsg.): Kritik und Rechtfertigung des Strafrechts. 2005.

Band 89 Denis Basak: Die Zuständigkeitsregeln internationaler Strafgerichte und Art. 101 GG. Zum Verhältnis der deutschen Strafgerichtsbarkeit zu den Internationalen Tribunalen für Jugoslawien und Ruanda sowie zum Ständigen Internationalen Strafgerichtshof. 2005.

Band 90 Hsiao-Wen Wang: Der universale Strafanspruch des nationalen Staates. Eine Untersuchung über das Weltrechtsprinzip im Internationalen Strafrecht. 2005.

Band 91 Leonie Frenz: Faktizität des Rechts in der forensischen Psychiatrie. Eine Untersuchung im LKH Moringen. 2005.

Band 92 Eva-Maria Unger: Schutzlos ausgeliefert? Der Europäische Haftbefehl. Ein Beispiel für die Missachtung europäischer Bürgerrechte. 2005.

Band 93 Marcus Bastelberger: Die Legitimität des Strafrechts und der *moralische Staat*. Utilitaristische und retributivistische Strafrechtsbegründung und die rechtliche Verfassung der Freiheit. 2006.

Band 94 Marc Reiß: Rechtliche Aspekte der Präimplantationsdiagnostik. Unter besonderer Berücksichtigung der Rechte der von einem Verbot betroffenen Paare. 2006.

Band 95 Alexander Kolz: Einwilligung und Richtervorbehalt. 2006.

Band 96 Vasco Reuss: Eine Kritik der juristischen Vernunft. Rezeptionsversuche der Negativen Dialektik Adornos für die Dogmatik des Strafrechts. 2007.

Band 97 Lutz Eidam: Die strafprozessuale Selbstbelastungsfreiheit am Beginn des 21. Jahrhunderts. 2007.

Band 98 Christiane Rüdiger: Schutzinteresse und Deliktsstruktur der „Bestechungsdelikte" (§§ 331 ff. StGB). 2007.

Band 99 Urte Eisenhardt: Das nemo tenetur-Prinzip: Grenze körperlicher Untersuchungen beim Beschuldigten. Am Beispiel des § 81a StPO. 2007.

Band 100 Institut für Kriminalwissenschaften und Rechtsphilosophie Frankfurt a. M. (Hrsg.): Jenseits des rechtsstaatlichen Strafrechts. 2007.

Band 101 Nils Möckelmann: Die rechtliche, psychiatrische und gesellschaftliche Beurteilung jugendlicher Straftäter in der jüngeren deutschen Geschichte. Eine Analyse anhand zweier Strafverfahren mit Gutachten des Psychiaters Ernst Rüdin aus den Jahren 1915/1917 unter Berücksichtigung der Entwicklungen bis zur Gegenwart. 2007.

Band 102 Alexa Albrecht: Zur Erosion der Menschenrechte im demokratischen Rechtsstaat. Reaktionen der Systeme und der Zivilgesellschaft. 2007.

Band 103 Dirk Lange: Die politisch motivierte Tötung. 2007.

Band 104 Ulfrid Neumann / Cornelius Prittwitz (Hrsg.): „Personale Rechtsgutslehre" und „Opferorientierung im Strafrecht". 2007.

Band 105 Lisa Kathrin Sander: Grenzen instrumenteller Vernunft im Strafrecht. Eine Kritik der Präventionsdoktrin aus strafrechtsgeschichtlicher und empirischer Perspektive. 2007.

Band 106 Stephan Werner: Zur Notwendigkeit der Verteidigeranwesenheit während der polizeilichen Beschuldigtenvernehmung. 2008.

Band 107 Inti Schubert: Europol und der virtuelle Verdacht. Die Suspendierung des Rechts auf informationelle Selbstbestimmung. 2008.

Band 108 Bong-Jin Ko: Menschenwürde und Biostrafrecht bei der embryonalen Stammzellenforschung. 2008.

Band 109 Wanja Andreas Welke: Die Repersonalisierung des Rechtskonflikts. Zum gegenwärtigen Verhältnis von Straf- und Zivilrecht. 2008.

Band 110 Jan Helmrich: Die Berufung gewerblicher Sicherheitskräfte auf Notwehr und Nothilfe. Zugleich ein Beitrag zu den Grundlagen des Notwehr- und Nothilferechts. 2008.

Band 111 Alexander Köstler-Loewe: Strafrecht US-Style: „Three Strikes and You're Out!" Baseball, Rückfall und Kriminalpolitik? 2008.

Band 112 Christina Bott: Die Medienprivilegien im Strafprozess. Zeugnisverweigerungsrecht und Beschlagnahmeverbot zum Schutz der Medien im Strafverfahren. 2009.

Band 113 Mario Riechmann: Organisierte Kriminalität und Terrorismus. Zur Funktionalisierung von Bedrohungsszenarien beim Abbau eines rechtsstaatlichen Strafrechts. 2009.

Band 114 Dirk Simon: Präzeptoraler Sicherheitsstaat und Risikovorsorge. 2009.

Band 115 Stefan Kirsch: Der Begehungszusammenhang der Verbrechen gegen die Menschlichkeit. 2009.

Band 116 Heng-da Hsu: Zurechnungsgrundlage und Strafbarkeitsgrenze der Fahrlässigkeitsdelikte in der modernen Industriegesellschaft. 2009.

Band 117 Dennis Teschner: Die soziale Kontrolle im virtuellen Raum. Eine juristische, soziologische und soialpsychologische Untersuchung der Instrumentalisierbarkeit von Internetkriminalität. 2009.

Band 118 Daniel Schilling: Fragmentarisch oder umfassend? Wege strafrechtlichen Zugriffs bei der Veruntreuung fremden Vermögens am Beispiel des deutschen und des italienischen Untreuestrafrechts. 2009.

Band 119 Andreas Stüdemann: Die Entwicklung der zwischenstaatlichen Rechtshilfe in Strafsachen im nationalsozialistischen Deutschland zwischen 1933 und 1945. Kontinuität und Diskontinuität im Auslieferungsrecht am Beispiel der Rechtsentwicklung im NS-Staat. 2009.

Band 120 Matthias Achenbach: Strafrechtlicher Schutz des Wettbewerbs? Eine kritische Analyse von Sinn und Zweck der Straftatbestände zum Schutz des Wettbewerbs. 2009.

Band 121 Vera Backhaus: Der gesetzliche Richter im Staatsschutzstrafrecht. Zur Verfassungsmäßigkeit des § 120 Abs. 2 GVG. 2010.

Band 122 Verena Maria Brenneis: Rechtspolitische Implikationen von Gefährlichkeitsprognosen im Vollzug von Maßregeln nach § 63 StGB. Zum Subjektstatus von Eingewiesenen. 2010.

Band 123 Maike Hoenigs: Zur Existenzberechtigung des Straftatbestandes der Rechtsbeugung. Korrelat oder Widerspruch zur richterlichen Unabhängigkeit. 2010.

Band 124 Christine Würfel: Freiheit als Grundlage der Schuld. 2012.

Band 125 Charlotte Rau: Compliance und Unternehmensverantwortlichkeit. Materiellrechtliche Fragen der sanktionsrechtlichen Unternehmensverantwortlichkeit unter Berücksichtigung von Compliance-Maßnahmen. 2010.

Band 126 Marc Fornauf: Die Marginalisierung der Unabhängigkeit der Dritten Gewalt im System des Strafrechts. 2010.

Band 127 Sabine Benthin: Subventionspolitik und Subventionskriminalität. Zur Legitimität und Rationalität des Tatbestandes zum Subventionsbetrug (§ 264 StGB). 2011.

Band 128 Philipp Horrer: Bestechung durch deutsche Unternehmen im Ausland. Strafrechtsentwicklung und Probleme. 2011.

Band 129 Marianne Varwig: Zum Tatbestandsmerkmal des Vermögensschadens (§ 263 StGB). Eine kritische Untersuchung mittels der vier klassischen Auslegungsmethoden. 2011.

Band 130 Alexander Rieger: Verfassungsrechtliche Legitimationsgrundlagen richterlicher Unabhängigkeit. Zugleich eine Auseinandersetzung mit der Debatte um eine Selbstverwaltung der Justiz. 2011.

Band 131 Moritz von Schenck: Pönalisierung der Folter in Deutschland – de lege lata et ferneda. 2011.

Band 132 Kerstin Bohn: Der gesetzliche Richter als rechtsstaatstragendes Prinzip in europäischen Staaten. Eine Untersuchung der Fallzuteilung unter besonderer Berücksichtigung Englands. 2011.

Band 133 Cornelius Trendelenburg: Ultima ratio? Subsidiaritätswissenschaftliche Antworten am Beispiel der Strafbarkeit von Insiderhandel und Firmenbestattungen. 2011.

Band 134 Susana Campos Nave: Rechtsstaatliche Regeltreue? Corporate Compliance als zwingende Antwort des freiheitsliebenden Unternehmens im Wirtschaftsstrafrecht. 2012.

Band 135 Christine Ditscher: Europäische Beweise. Der Rahmenbeschluss über die Europäische Beweisanordnung zur Erlangung von Sachen, Schriftstücken und Daten zur Verwendung in Strafsachen. 2012.

Band 136 Fedor Brunner: Das Phänomen des Mietnomaden in der Rechtspraxis. Strukturelle Hintergründe, zivilrechtliche Mechanismen und Perspektiven. 2012.

Band 137 Konstantinos Diakonis: Die Geringfügigkeitsvorschriften als Teil der Problematik der Kollision zwischen primären und sekundären Prinzipien des Rechts. 2012.

Band 138 Gustavo Chan Mora: Kritik des Schuldbegriffs im Jugendstrafrecht. Eine metadogmatische Begründung des Schuldfähigkeits- und Verbotsirrtumsbegriffs. 2012.

Band 139 Julia Anna Bargenda: *Australian Law Reform Commission.* Ein Modell für Deutschland? 2012.

Band 140 Katharina Schermuly: Grenzen funktionaler Integration. Anforderungen an die Kontrolle europäischer Strafgesetzgebung durch den EuGH. 2013.

Band 141 Florian Conradi: Die Sicherungsverwahrung – Ausdruck einer zunehmenden Sicherheitsorientierung im Strafrecht? Die Entwicklung der Sicherungsverwahrung im Kontext des Spannungsverhältnisses von Freiheit und Sicherheit. 2013.

Band 142 Hyun Kyong Joo: Die positive Generalprävention im Straßenverkehr. 2013.

Band 143 Ulfrid Neumann / Cornelius Prittwitz / Paulo Abrão / Lauro Joppert Swensson Jr. / Marcelo D. Torelly (Hrsg.): Transitional Justice. Das Problem gerechter strafrechtlicher Vergangenheitsbewältigung. 2013.

Band 144 Frederico Figueiredo: Zur Möglichkeit des unmöglichen Strafrechts. Ein Versuch über die Dissonanz im System der ultima ratio. 2014.

Band 145 Moritz Bermel: Banken und Pflichten. Moderne Bankmanager und traditionelles Strafrecht. 2014.

Band 146 Björn Kruse: Compliance und Rechtsstaat. Zur Freiheit von Selbstbelastung bei Internal Investigations. 2014.

Band 147 Charlotte Schultz: Spiegelungen von Strafrecht und Gesellschaft. Eine systemtheoretische Kritik der Sicherungsverwahrung. 2014.

Band 148 Daniel Wegerich: Moderne Kriminalgesetzgebung: Produzent von Parteiverrat? Auswirkungen strafprozessualer Absprachen und Aufklärungshilfen auf den Parteiverrat in Strafsachen (§ 356 StGB). 2015.

Band 149 Lauro Joppert Swensson Jr: Vor dem Gesetz. *Transitional Justice* in Brasilien und die Problematik der strafrechtlichen Verantwortung für Straftaten der Militärdiktatur. 2015.

Band 150 Frederic Raue: Steueramnestien, Selbstanzeige und die verfassungsrechtliche Bewertung von Straffreiheitsgesetzen. Eine Untersuchung anlässlich des gescheiterten deutsch-schweizerischen Steuerabkommens. 2015.

Band 151 Ali Mosfer: Fragilitäten des Rechtsstaates seit dem 11. September 2001 im Spiegel der Rechtsprechung des Bundesverfassungsgerichts. 2015.

Band 152 Johann Amos Münch: Kollektive Haftung im Wirtschaftsstrafrecht. Ein kompetitiver und evaluativer Vergleich der Sanktionssysteme Deutschlands, Großbritanniens und Italiens. Unter besonderer Berücksichtigung von Dogmatik, Gerechtigkeit und Zweckmäßigkeit. 2016.

Band 153 Madeleine Arens: Die Strafverfahrenswirklichkeit am Khmer Rouge Tribunal im völkerstrafprozessualen Kontext. Eine Analyse der strafprozessualen Verfahrenspraxis an den ECCC und ihre Bedeutung für zukünftige Völkerstrafprozesse. 2016.

Band 154 Chun-Wei Chen: Gefährdungsvorsatz im modernen Strafrecht. Zugleich unzeitgemäße Überlegungen über die Wiederbelebung des Gefährdungsstrafrechts in der Sicherheitsgesellschaft. 2016.

Band 155 Mathias Alexander Grzesiek: Wirtschaftsdelikte im Vertrags- und Privatarztsektor. Ein Beitrag zum Prinzip der Strafgesetzlichkeit im Gesundheitswesen. 2016.

Band 156 Sugil An: Vorfeldkriminalisierung in der Risikogesellschaft. 2016.

Band 157 Franceline Delgado Ariza: Die Rolle des Strafrechts in Übergangsprozessen ohne Übergang. Überlegungen anhand des Falls Kolumbien. 2017.

Band 158 Daniel Wicklein: Steuerdaten-CDs und demokratischer Rechtsstaat. 2017.

Band 159 Sonja Geiring: Risiken von Social Media und User Generated Content. Social Media Stalking und Mobbing sowie datenschutzrechtliche Fragestellungen. 2017.

Band 160 Marc Reichhardt: Zur Bedeutung der nach § 130 OWiG verlangten Aufsichtsmaßnahmen für die Ausgestaltung eines Compliance-Systems im Unternehmen. 2017.

www.peterlang.com

www.ingramcontent.com/pod-product-compliance
Ingram Content Group UK Ltd.
Pitfield, Milton Keynes, MK11 3LW, UK
UKHW021843290926
8980IPUK00005B/612

9 783631 717424